# 马克思主义
# 与新时代新征程

Marxism and the New Journey of
the New Era

中国马克思恩格斯研究会 编

全国马克思主义论坛丛书第 **18** 辑

中央编译出版社
CCTP Central Compilation & Translation Press

图书在版编目（CIP）数据

马克思主义与新时代新征程／中国马克思恩格斯研究会编. —北京：中央编译出版社，2023.12
（全国马克思主义论坛丛书；第18辑）
ISBN 978-7-5117-4569-9

Ⅰ.①马… Ⅱ.①中… Ⅲ.①马克思主义-发展-研究-中国 Ⅳ.①D61

中国国家版本馆 CIP 数据核字（2023）第 247416 号

**马克思主义与新时代新征程：全国马克思主义论坛丛书（第18辑）**

| 责任编辑 | 翟　桐 |
|---|---|
| 责任印制 | 李　颖 |
| 出版发行 | 中央编译出版社 |
| 网　　址 | www.cctpcm.com |
| 地　　址 | 北京市海淀区北四环西路69号（100080） |
| 电　　话 | （010）55627391（总编室）　　（010）55627302（编辑室） |
|  | （010）55627320（发行部）　　（010）55627377（新技术部） |
| 经　　销 | 全国新华书店 |
| 印　　刷 | 北京印刷集团有限责任公司印刷一厂 |
| 开　　本 | 710毫米×1000毫米　1/16 |
| 字　　数 | 417千字 |
| 印　　张 | 23.25 |
| 版　　次 | 2023年12月第1版 |
| 印　　次 | 2023年12月第1次印刷 |
| 定　　价 | 128.00元 |

新浪微博：@中央编译出版社　　　微　信：中央编译出版社（ID: cctphome）
淘宝店铺：中央编译出版社直销店（http://shop108367160.taobao.com）　（010）55627331

本社常年法律顾问：北京市吴栾赵阎律师事务所律师　　闫军　梁勤
凡有印装质量问题，本社负责调换，电话：（010）55627320

# 目 录

1　贾高建　学习贯彻党的二十大精神，推进马克思主义理论研究
4　张神根　做好宣传研究阐释，不断推进马克思主义中国化时代化
6　方　忠　弘扬江苏师范大学崇德厚学学风，赓续传播马克思主义的
　　　　　　优良传统

## 一、学习贯彻党的二十大精神

11　郝立新　在推进中国式现代化进程中丰富人民精神世界
17　钟瑞添　廖玉燕　论中国共产党的百年奋斗对世界社会主义的贡献
32　康渝生　自觉担道义　自信铸辉煌
　　　　　　——学习党的二十大关于"增强文化自信"的重要论述
39　张文杰　刘欢逸　依靠顽强斗争打开事业发展新天地
45　王洪树　敢于斗争　善于斗争：新时代中国共产党斗争精神锤炼探究
54　张晓燕　杨舒庭　新时代共同富裕思想的生成逻辑、丰富内涵及其
　　　　　　　　　　实现路径

## 二、马克思主义经典著作和基本理论研究

67　俞良早　马克思社会主义社会观及其实践进程中的两次"推进波"
79　聂锦芳　"政治算术"范式与资本社会的"内部联系"
　　　　　　——重新理解威廉·配第的经济思想及其对马克思的影响
99　鲍　金　"工具与武器"：作为方法的唯物辩证法
111　寇东亮　马克思《巴黎手稿》"抽象劳动"的三重逻辑意涵
123　关　锋　"布伦纳辩论"及其马克思主义思想史效应
142　陈新夏　试论人的发展理论在马克思主义中的地位
157　王　淼　历史唯物主义视域下马克思政治经济学"术语的革命"意蕴探析
　　　　　　——基于"资本"范畴
169　李永杰　郭彩霞　《资本论》分配正义概念的道德语境与科学语境
　　　　　　　　　　——兼评伍德与胡萨米之争

1

180 曹浩瀚 《资本论》第一卷1887年英文版编译工作概述
199 林 青 作为生命政治学可知性条件的《资本论》
209 赵光辉 张海波 "生命共同体"的本体论意蕴
　　　　　　　　——基于恩格斯自然辩证法的理论视域
224 陈士聪 马克思"自我意识"的辩证法
　　　　　　——基于《博士论文》再论马克思思想的起点
237 杨 军 习惯法的扬弃：马克思历史唯物主义转向的法学注脚

## 三、马克思主义中国化时代化与习近平新时代中国特色社会主义思想研究

251 商志晓 谱写马克思主义中国化时代化新篇章
257 张树德 王会方 论拥有和掌握马克思主义科学理论指导与
　　　　　　　　把握历史主动
266 靳书君 着力构建中国马克思主义概念史学术范式
282 左路平 田旭明 新时代主流意识形态号召力提升的逻辑理路
295 何建津 深入把握中国式现代化的中国特色
302 燕连福 赵婧妹 中国式现代化新道路的时代价值、基本遵循和
　　　　　　　　未来着力点
318 成 龙 从世界大视野看中国式现代化的独特创新
335 房广顺 马洪顺 深刻认识中国式现代化的本质要求
346 洪晓楠 中国式现代化理论的系统阐释
353 释清仁 冯利华 张超颖 中国式现代化的军事篇章
361 谢惠媛 海 翔 中国式现代化的伦理意蕴及其超越

365 编后记

# 学习贯彻党的二十大精神，推进马克思主义理论研究
## ——在第十九届全国马克思主义论坛暨中国马克思恩格斯研究会2022年年会开幕式上的讲话

（2022年12月3日）

**中国马克思恩格斯研究会会长、中共中央党史和文献研究院原副院长、中共中央编译局原局长　贾高建**

各位代表、同志们：

今天，我们在这里举办第十九届全国马克思主义论坛暨中国马克思恩格斯研究会2022年年会。由于目前疫情形势依然严峻，此次会议仍只能采用线上线下相结合的方式召开。疫情防控十分重要，应坚持不懈继续认真做好；但各项常规工作也不能停顿，要采取适宜措施积极加以推进。几年来，我们研究会的工作便是本着这一原则进行安排，虽然受到了一些影响，但该做的事情一直坚持在做，包括每年一届的论坛和年会。感谢理事会各位成员和学界同仁的大力支持，也希望大家继续提供帮助，我们一起努力，推动本会的各项工作进一步展开。

本届论坛和年会的举办，正值党的二十大召开。因此会议的主题便确定为"学习贯彻党的二十大精神，推进马克思主义理论研究"。正如习近平总书记在报告中指出的，中国共产党第二十次全国代表大会，是在全党全国各族人民迈上全面建设社会主义现代化国家新征程、向第二个百年奋斗目标进军的关键时刻召开的一次十分重要的大会。这次大会系统总结了过去五年的工作和新时代十年的伟大变革，深刻分析了当前形势和任务要求，对全面建设社会主义现代化国家、全面推进中华民族伟大复兴做出了新的部署。我们一定要认真学习领会大会精神，并将其贯彻到各方面实际工作中去。

众所周知，由于历史的原因，我国的现代化建设是在一个经济文化相对落后的基础上起步的。针对这一特殊实际，我们党制定并实施了"三步走"的现代化战略，并进而形成了"两个一百年"奋斗目标，即在中国共产党成立一百年时全面建成小康社会，在中华人民共和国成立一百年时建成社会主义现代化国家。如今，第一个百年奋斗目标已经如期实现，全面建成小康社会的历史任务宣告完成。这一成就的取得对于当代中国社会发展具有极其重要的意义，值得我们为之骄傲和自豪。但是，我们不能因此而有任何的懈怠，因为还有新的、更艰巨的任务在等待着我们。习近平总书记在二十大报告中提出："从现在起，中国共产党的中心任务就是团结带领全国各族人民全面建成社会主义现代化强国、实现第二个百年奋斗目标，以中国式现代化全面推进中华民族伟大复兴。"这样一个宏伟目标的实现，无疑需要付出更多、更艰苦的努力；我们应按照二十大的战略部署，坚定历史自信、增强历史主动，在新时代新征程上踔厉奋发、勇毅前行，不断创造出新的业绩。

对于我们马克思主义理论学界来说，学习贯彻党的二十大精神，就是要在二十大精神的指导下，立足自己的职责定位，在新的阶段上进一步推进马克思主义理论研究。我们党带领人民长期奋斗的历史经验告诉我们，要推动党和国家事业顺利展开并不断取得成功，必须始终坚持以马克思主义的科学理论为指导。如今，在全面建设社会主义现代化国家的新征程中，也同样必须牢牢把握这一条。而要使马克思主义的指导作用真正发挥出来，就必须立足现阶段新的实践，大力推进马克思主义理论研究。马克思主义作为人类思想史上最重要的科学认识成果，是一个建立在严谨的科学研究基础上的科学思想体系；只有本着科学的态度，下气力进行深入研究和探讨，才能真正弄懂弄通这一理论，并将其正确地运用到实践中去。同时，马克思主义是发展的理论，而不是僵死的教条，只有在新的实践的基础上，对这一理论不断做出新的探索，拿出具有时代气息的新的研究成果，才能使其永葆生机和活力。应该说，长期以来我们在马克思主义理论研究中已经做了大量工作，并取得了许多的成绩；但同时也要看到，这方面工作还存在不足，有关这一理论的一些重大问题还需要进一步深入探讨。在新的形势下，我们应大力发扬求真务实、勇于探索的优良学风，在已有的基础上继续做出新的努力，坚持真理，修正错误，推动马克思主义理论研究不断走向深入。

马克思主义理论内容广博，对于这一理论的研究也应该从不同层次和方面共同展开。其中，马克思主义基本理论亦即原理层面的研究是最具基础性的工作，必须充分重视和加强；与此同时，要将基本理论研究与马克思主义中国化重大成果的研究结合起来，深入学习研究毛泽东思想、邓小平理论、"三个代表"重要思想、科学发展观，深入学习研究习近平新时代中国特色社会主义思想。党的二十大指出：习近平新时代中国特色社会主义思想是当代中国的马克思主义、二十一世纪的马克思主义，是中华文化和中国精神的时代精华。要深刻领悟"两个确立"的决定性意义，增强"四个意识"、坚定"四个自信"、做到"两个维护"。要重视马克思主义理论的学科建设，从整体高度统筹推进马克思主义基本原理研究、马克思主义发展史研究、马克思主义中国化研究、国外马克思主义研究以及其他相关学科的研究，努力取得更多高质量的成果。

此次论坛和年会由中国马克思恩格斯研究会、中央党史和文献研究院第四研究部、江苏师范大学共同主办，江苏师大人文社会科学研究院、江苏师大马克思主义学院、《马克思主义与现实》杂志具体承办。根据疫情期间线上会议的特点和各方面具体条件，会议在组织形式上做了一些新的调整，除原有的主论坛之外，还依据主题之下的议题设置，安排了若干分论坛；希望能通过这一措施，使会议的研讨交流更为充分。入选的会议论文已经以电子版的形式汇集编发，会后还将以此为基础，继续编辑出版"全国马克思主义论坛丛书"。

预祝本届论坛和年会圆满成功。谢谢大家！

# 做好宣传研究阐释，不断推进马克思主义中国化时代化
## ——在第十九届全国马克思主义论坛暨中国马克思恩格斯研究会2022年年会开幕式上的致辞

（2022年12月3日）

**中共中央党史和文献研究院第四研究部主任　张神根**

各位领导、各位专家学者：

　　大家上午好，非常高兴在这里举行第十九届全国马克思主义论坛暨中国马克思恩格斯研究会2022年年会，我谨代表主办方之一中央党史和文献研究院第四研究部，对大家的光临表示衷心的感谢！

　　本次全国马克思主义论坛由中国马克思恩格斯研究会、中央党史和文献研究院第四研究部、江苏师范大学共同主办。江苏师范大学作为主办方之一，从9月份开始就参与了会议的前期筹备工作，校领导和马克思主义学院的老师们就会议相关工作进行了积极的沟通与协作。在这里，我谨代表中央党史和文献研究院第四研究部，对江苏师范大学的领导、老师和同学们表示由衷的感谢！

　　马克思主义中国化时代化发展是新时代提出的一个重要课题。党的二十大报告指出，中国共产党为什么能，中国特色社会主义为什么好，归根到底是马克思主义行，是中国化时代化的马克思主义行。习近平新时代中国特色社会主义思想是马克思主义中国化时代化的最新成果，是当代中国马克思主义、21世纪马克思主义，是中华文化和中国精神的时代精华，实现了马克思主义中国化新的飞跃，我们要进一步贯彻落实。坚持和发展马克思主义，必须同中国具体实际相结合，必须同中华优秀传统文化相结合。新时代新征程马克思主义研究者的使命任务，就是为全面建设社会主义现代化强国、实现第二个百年奋斗目标、以中国式现代化全面推进中华民族

伟大复兴而团结奋斗。今天,我们在这里召开研讨会,对于学习贯彻党的二十大精神,全面贯彻落实习近平新时代中国特色社会主义思想,深刻把握不断推进马克思主义中国化时代化的深刻内涵,具有重要意义。

第四研究部作为中央党史和文献研究院研究马克思主义基本理论、国际共产主义运动史和世界社会主义理论与实践的专门部门,承担深入研究宣传马克思主义基本理论、研究马克思主义发展史和传播史、研究世界社会主义和国际共产主义运动史等工作任务,致力于打造国内外具有广泛影响力的马克思主义研究高端平台。

我部秉承我院"政治建院、编研立院、人才强院、从严治院"理念,通过重要任务和重大项目带动常规性科研工作,不断推出高质量科研成果。今年,我们完成了院五年规划重点项目《新编世界社会主义词典》(180万字)的修订工作,集中体现了当代世界社会主义的新进展、新趋势。我们正在从事院五年规划重大项目《世界马克思主义研究著作概览》(140万字)的最后收尾工作。《概览》精选马克思主义诞生以来国外研究马克思主义经典著作、基本理论、经典作家生平事业的代表性著作,提供概要性介绍,反映马克思主义在国外的研究、发展概况。

同时,第四研究部还承担我院国家高端智库研究分领域"马克思主义理论研究和世界社会主义重大问题研究"工作。2022年,围绕迎接宣传党的二十大,我部精心策划系列智库选题,充分发挥自身资源优势,加大咨政研究力度,推出了一系列高质量智库研究成果。

我部承办《马克思主义与现实》《当代世界与社会主义》两个杂志,归口管理中国马克思恩格斯研究会和中国国际共产主义运动史学会两个学会。最近,我们还举行了我院与西安交通大学共建"马克思主义理论与当代实践研究基地"、与上海交通大学共建"当代中国马克思主义对外传播研究基地"等三个研究基地的揭牌仪式,召开了研讨会,各项工作呈现出良好发展的态势。

我们各项工作成绩的取得,离不开学界各位专家的大力支持,在座很多专家都参与了我们《词典》《概览》的外审工作,参与了智库、杂志、学会、研究基地的调研和建设工作。在此,我谨代表第四研究部,衷心感谢大家一直以来对我们的大力支持。

最后,再次衷心感谢本届论坛的主办、承办各方以及与会的各位领导、专家,预祝本届论坛取得圆满成功!

谢谢!

# 弘扬江苏师范大学崇德厚学学风，赓续传播马克思主义的优良传统
## ——在第十九届全国马克思主义论坛暨中国马克思恩格斯研究会2022年年会开幕式上的致辞

（2022年12月3日）

**江苏师范大学党委书记　方　忠**

尊敬的贾高建会长，尊敬的各位专家、各位理事：

上午好！

经过一段时间的精心筹备，今天，我们相聚"云端"，隆重举行第十九届全国马克思主义论坛暨中国马克思恩格斯研究会2022年年会。在此，我谨代表江苏师范大学，对论坛的召开表示热烈的祝贺，向参加论坛的各位专家学者表示诚挚的欢迎，向支持举办本次论坛的中共中央党史和文献研究院第四研究部领导，以及中国马克思恩格斯研究会秘书处的同仁们表示衷心的感谢！

江苏师范大学是江苏省人民政府和教育部共建高校、省高水平大学建设高校。在长期的办学实践中，学校始终坚持以立德树人为根本，打造高水平的思想政治教育体系，努力提高人才培养质量、提升科学研究能力，服务经济社会发展、推进文化传承创新。

马克思主义是中国特色社会主义大学的鲜亮底色，马克思主义理论学科人才培养和思想政治理论课是我校一流师范生培养体系的重要基础。我校马克思主义学院已有40年思想政治教育师范生培养史、20年马克思主义理论学科人才培养史，是全省高水平思政课师资队伍的重要来源，特别是在苏北和淮海经济区，长期发挥思政课师资人才培养和教师教育的领军示范作用，一大批优秀校友成长为知名学者、名校长、特级教师、宣传理论骨干和地方党政系统领导干部。党的十八大以来，学校党委坚决贯彻落实

中央关于马克思主义理论学科优先发展、优势发展、优质发展的要求，大力加强马克思主义学院建设。我校马克思主义学院连续四届入选全省高校示范马克思主义学院，马克思主义理论学科和哲学学科双双进入江苏省重点学科名单。马克思主义理论学科在教育部第四轮学科评估中等次为B⁻，成绩排在全省硕士点一级学科第一名，且多年来保持在软科"中国最好学科排名"前20%—30%，其中二级学科思想政治教育软科排名全国第六。马克思主义学院聚焦马克思主义经典著作研究、马克思主义概念史研究、新时代中国特色社会主义家风文化建设等优势特色领域，主持完成四项国家社科基金重大项目，多次在《中国社会科学》发表学术论文，成果入选《国家哲学社会科学成果文库》，产生了良好的学术影响。

在马克思主义传播史上，江苏具有举足轻重的地位。五四时期，我们党的早期领导人张闻天、瞿秋白、张太雷、恽代英，早期工人运动领袖王荷波，以及沈泽民、杨杏佛等，就是传播马克思主义的中坚力量。马克思主义新思潮传入中国之初，徐州是江苏境内最早开始传播马克思主义的地区之一，诞生了全省第一个党支部——中共陇海铁路徐州站支部；决定中国前途命运的战略大决战——淮海战役，在徐海大地取得伟大胜利。徐州是一座英雄之城、红色之城，悠远厚重的汉文化传统与红色革命文化交织辉映，为专家学者研究马克思主义基本原理与中国具体实际相结合、与中华优秀传统文化相结合，提供了实践样本和典型案例。真诚欢迎各位专家学者、各位理事，等疫情阴霾散去，到江苏师范大学实地指导、现场交流！

在党的二十大报告中，习近平总书记明确提出："中国共产党为什么能，中国特色社会主义为什么好，归根到底是马克思主义行，是中国化时代化的马克思主义行。"总书记再次强调要"深入实施马克思主义理论研究和建设工程，加快构建中国特色哲学社会科学学科体系、学术体系、话语体系，培育壮大哲学社会科学人才队伍"。本次论坛设立了"学习贯彻党的二十大精神""马克思主义经典著作和基本理论研究""马克思主义中国化时代化与习近平新时代中国特色社会主义思想研究"等主要议题，收到了多篇高水平的学术论文，这是我们学习党的二十大报告、全面深化马克思主义基本理论及其中国化时代化研究的一次重要活动。

长期以来，中国马克思恩格斯研究会、中共中央党史和文献研究院第四研究部的领导和专家，通过设立研究基地、培养优秀师资、开展项目合作等方式，大力支持我校马克思主义学院和马克思主义理论学科建设。在这里，我要衷心感谢中国马克思恩格斯研究会对我校的信任，衷心感谢长期以来对我校马克思主义理论学科发展给予热情帮助和大力支持的各位专家。

预祝本次会议取得圆满成功，祝愿大家身体健康，生活愉快！谢谢！

# 一、学习贯彻党的二十大精神

# 在推进中国式现代化进程中
# 丰富人民精神世界

郝立新①

中国式现代化是多维度的社会发展进程。人们在关注物质世界和物质丰裕的同时,越来越关注人的精神世界和人的全面发展问题。党的二十大报告指出,中国式现代化的本质要求之一,就是要"丰富人民精神世界",中国式现代化是"物质文明和精神文明相协调的现代化",要"促进物的全面丰富和人的全面发展"。这些论断深刻揭示了中国式现代化的丰富意涵、本质特征和发展要求,丰富和发展了马克思主义关于社会全面进步和人的全面发展理论,为全面推进中国式现代化、全面推进中华民族伟大复兴指明了方向。为什么要强调丰富人民精神世界?精神世界的内涵是什么?丰富人民精神世界的路径是什么?这是我们迈向现代化新征程后迫切需要弄清楚的问题。

## 一、丰富人民精神世界和实现人的全面发展是科学社会主义理论与实践的价值目标

在社会主义从空想到科学、从理论到实践的发展过程中,始终存在如何健全人们精神世界、丰富人们精神生活、促进人的全面发展的问题。空想社会主义在对早期资本主义的批判和对未来社会的构想中,抨击过旧社会人们精神世界的匮乏和思想道德的扭曲,呼唤人民拥有健全的精神世界。从莫尔的《乌托邦》到康普内拉的《太阳城》,从圣西门的"实业制度"、傅立叶的"和谐制度"到欧文的"新和谐村",无不寄托了空想社会主义者超越资本主义现实的美好理想追求。在他们对未来社会的理想描述中,主张科学、艺术、工艺的进步,运用科学、艺术和工艺的现有知识来满足

---

① 郝立新,中国人民大学明德书院院长、马克思主义学院教授。

人们的需要，消除脑力劳动和体力劳动的对立，树立男女平等的观念；主张对儿童从小实施科学教育和劳动教育，通过良好的教育来促进人的良好道德的形成，促进人们的体魄和心智的全面发展。这些理想是美好的，但由于缺乏科学的理论基础、社会的物质基础和制度保障而不可避免地成为"空想"。

马克思主义的社会历史观和科学社会主义理论的确立，为回答丰富人的精神世界、满足人的精神需要、促进人的全面发展问题提供了科学的世界观和方法论。科学社会主义的实践为丰富人民的精神世界和实现人的全面发展创造了现实前提或实践基础。马克思在揭示资本主义条件下劳动异化特别是人的本质异化的基础上，呼唤在未来社会中人对自己本质的"全面占有"，实现人的自由的全面的发展。人是物质存在和精神存在的统一，是自然存在和社会存在的统一。人固然要以物质存在或自然存在为基础，但人之所以为人的根本在于在物质需要基础之上还具有精神需要、在自然需要基础上还具有社会需要。"人以其需要的无限性和广泛性区别于其他一切动物。"① 人"作为一个完整的人"，应该以"一种全面的方式""占有自己的全面的本质"。② 人的全面发展是在物质生产的基础上实现的。社会进步不仅表现在物质财富增长和丰富人的物质世界上，而且表现在促进精神财富的增长和丰富人的精神世界上。正如恩格斯所言，在未来的社会主义社会，"通过社会化生产，不仅可能保证一切社会成员有富足的和一天比一天充裕的物质生活，而且还可能保证他们的体力和智力获得充分的自由的发展和运用"③。社会主义制度的建立为消除人的片面发展、促进人的全面发展创造了条件。马克思主义创始人期待的未来社会即共产主义社会是"真正的共同体"（社会主义是其低级阶段）。在这种社会条件下，消除了片面的社会分工和由此带来的人的片面发展。"只有在共同体中，个人才能获得全面发展其才能的手段，也就是说，只有在共同体中才可能有个人自由。"④ 马克思主义关于社会全面进步和人的全面发展的基本原理，为中国式现代化的理论与实践提供了科学的指引。

## 二、丰富人民精神世界和促进人的全面发展是新时代中国式现代化的本质要求

从世界范围看，现代化进程并非只有一种模式或一种路径，其发展的

---

① 《马克思恩格斯全集》第38卷，人民出版社2019年版，第11页。
② 《马克思恩格斯文集》第1卷，人民出版社2009年版，第189页。
③ 《马克思恩格斯文集》第9卷，人民出版社2009年版，第299页。
④ 《马克思恩格斯文集》第1卷，人民出版社2009年版，第571页。

结局或后果也并非只有一种可能性。现代化进程充满矛盾。从18世纪开始欧洲开启的现代化带来了物质的丰裕和经济的繁荣,但同时也造成了人们精神生活世界的分裂、贫乏和扭曲等问题。世界在现代化进程中,不可避免地遭遇物质世界与精神世界、物的发展和人的发展之间的矛盾,存在着由于资本逻辑的泛滥、市场驱动力量的过分膨胀所导致的人的需要的畸形发展、精神世界的扭曲和贫乏。在西方现代化进程中,与现代化如影相随的"现代性"矛盾也凸显出来。正如西方学者所描述的那样:"从一开始,现代性便具有两副面孔。一副是能动的、有远见的、进步的,预示着空前的丰富、自由与满足。另一副同样清晰可见的面孔是冷酷无情,暴露出疏远、贫困、犯罪和污染等问题"。① 这种现代化进程的矛盾应该引起我们的重视。

中国式现代化不同于西方现代化的一个重要特征,就是物质文明和精神文明的协调发展,物质世界和精神世界的协调发展。当全面建成小康社会、摆脱绝对贫困、物质丰裕达到一定程度、人们的物质需求得到一定满足时,人们的精神需要或对精神生活的追求就变得尤为重要。我们在吸收和借鉴世界各国现代化建设经验的同时,应该避免西方现代化曾经出现的弊端。

重视物质文明和精神文明的协调发展,关注人民精神世界的丰富和人的全面发展,是习近平新时代中国特色社会主义思想的重要内容。我国的现代化是物质文明和精神文明相协调的现代化。2020年10月29日,习近平总书记在党的十九届五中全会第二次全体会议上的讲话中明确地指出了中国式现代化的这一特征:"我国现代化坚持社会主义核心价值观,加强理想信念教育,弘扬中华优秀传统文化,增强人民精神力量,促进物的全面丰富和人的全面发展。"② 习近平总书记关于丰富人民精神世界、促进人的全面发展的论述很丰富,其主要思想表现在以下方面。

其一,社会主义条件下的人应该是全面发展的人,是追求物质生活与精神生活相协调的人。习近平同志在浙江工作期间就指出:"人,本质上就是文化的人,而不是'物化'的人;是能动的、全面的人,而不是僵化的、'单向度'的人。人类不仅追求物质条件、经济指标,还要追求'幸福指数';不仅追求自然生态的和谐,还要追求'精神生态'的和谐;不仅追

---

① 《大不列颠百科全书(国际中文版)》(修订版)第11卷,中国大百科全书出版社2007年版,第305页。
② 习近平:《新发展阶段贯彻新发展理念必然要求构建新发展格局》,载《求是》2022年第17期。

求效率和公平，还要追求人际关系的和谐与精神生活的充实，追求生命的意义。"①

其二，人民对精神生活的需要是人民美好生活需要的重要内容。满足人民过上美好生活的新期待，必须提供丰富的精神食粮。丰富精神世界是新时代解决社会主要矛盾、满足人民美好生活的需要的要求；精神世界包括情感意志、思想观念、信仰信念、道德修养、精神气质、艺术审美等。

其三，精神生活的富裕是共同富裕的重要内容。"促进人民精神生活共同富裕。促进共同富裕与促进人的全面发展是高度统一的。要强化社会主义核心价值观引领，加强爱国主义、集体主义、社会主义教育，发展公共文化事业，完善公共文化服务体系，不断满足人民群众多样化、多层次、多方面的精神文化需求。"② 脱贫致富，不仅要做到"富口袋"，而且要做到"富脑袋"，一方面要让人民过上比较富足的生活，另一方面要提高人民的思想道德水平和科学文化水平，这才是真正意义上的脱贫致富。促进人的全面发展和社会全面进步，让广大人民群众获得感、幸福感、安全感更加充实、更有保障、更可持续。

其四，丰富人民精神生活对于中华民族伟大复兴具有重要意义。实现中华民族伟大复兴的中国梦，是精神文明与物质文明比翼齐飞、均衡发展、相互促进的结果。丰富人民精神世界的过程，就是弘扬中华优秀传统文化，彰显时代精神，举精神之旗、立精神支柱、建精神家园，塑造和提升当代中国精神、中国价值、中国力量。我们不仅要让高楼大厦在我国大地上遍地林立，而且要让中华民族精神的大厦巍然耸立。

上述思想集中到一点，即中国式现代化的本质要求是要达到物质文明和精神文明的协调发展，实现物的全面丰富和人的全面发展。丰富人民精神世界是人的全面发展必不可少的重要维度和重要内容。

## 三、丰富人民精神世界的基本思路和现实路径

中国式现代化建设是经济、政治、文化、社会和生态建设"五位一体"的系统工程和复杂过程。其中，物质文明、精神文明、政治文明、社会文明和生态文明相互交织。在现代化进程中丰富人民精神世界，需要我们认清精神世界的特点，找准精神世界存在的问题，把握构建精神世界的规律，抓住解决问题的关键和重点。

---

① 习近平：《文化育和谐》，见《之江新语》，浙江人民出版社2007年版，第150页。
② 《习近平谈治国理政》第4卷，外文出版社2022年版，第146页。

当代社会中人们精神世界出现许多新特点。伴随着现代生产力和科学技术发展，世界交往和文明交流增加，以及全球化进程加快，人们对精神世界的需求比以往更加丰富多样，对精神生活的品质要求更高。同时，由于思想文化建设不力，导致在一些地域和人群中，物质富有和精神贫乏并存；由于市场经济发展中自发产生的一些负面影响和某些腐朽文化的冲击，拜金主义、享乐主义、历史虚无主义、极端个人主义时有出现，理想信念丧失、道德滑坡等现象时有发生。这就决定了必须一手抓丰富人民的精神生活，提供更多更好的精神文化产品，以满足人民多层次、多样化的精神需求；一手抓思想教育，提升公民道德素养和思想素质，防止和克服精神世界中的不健康的因素，旗帜鲜明地反对各种错误思潮。

构建精神世界有其特殊规律。精神世界发展、精神文明建设既以物质世界和物质文明为基础，又具有自己的相对独立性。物质文明发展与精神文明发展相协调的规律性表现为二者相互制约、相互支撑。两个文明的建设要同时并举、相互适应。不能等待物质文明发展到一定程度后再去抓精神文明建设。精神世界具有不同于物质世界的性质和复杂性。丰富人民精神世界必须充分考虑人民对精神生活需求的内容和程度，要区分不同群体、不同层次的人们对精神生活的需要。要充分考虑思想文化建设不同于经济建设的特殊规律，充分考虑实现人民精神需要的获得感、满足感、幸福感。

丰富人民精神世界，需要抓住以下关键或重点。

一是要聚焦社会主要矛盾，着力解决精神文明建设中存在的不平衡不充分的问题，以更好满足人民美好精神文化生活需要。我国目前在文化教育、精神生产等方面存在城市与农村之间、东部与西部之间的不平衡，弱势群体和部分地域的人们的精神生活还不够丰富，在享受文化教育等权利方面发展还不够充分。我们应该在推动高质量发展的基础上，大力发展社会主义文化，为人民提供更加丰富优质的精神文化食粮。

二是要针对精神"缺钙"的问题，着力加强理想信念和社会主义核心价值观的教育，增强精神凝聚力和抵抗力。要把共产主义远大理想和中国特色社会主义共同理想结合起来，用社会主义核心价值观凝聚人心。要加强意识形态工作，提高识别和抵制错误观念的能力。要自觉抵制拜金主义、享乐主义、极端个人主义、历史虚无主义等错误思想，追求更有高度、更有境界、更有品位的人生，让清风正气、蓬勃朝气遍布全社会。

三是要加强文化自信，着力推动各项文化事业的发展。要加快构建中国特色的哲学社会科学，在建构中国自主的知识体系基础上建构起中国特色的学科体系、学术体系和话语体系，提高理论思维，普及科学知识，拓宽认识视野。要进一步繁荣发展文学艺术，推出更多有筋骨、有道德、有温度的文艺作品,彰显信仰之美、崇高之美。要推进文化产业发展,提供丰富健康、高质量、高品位的精神文化产品。

四是要高度重视和大力发展教育事业,着力培养堪当民族复兴重任的时代新人。要对青年学生开展积极有效的道德教育、科学教育、劳动教育、美育、体育,更加重视科学精神、创新能力、批判性思维的培养培育。提高学生的创新思维、创造精神和实践能力,提高综合素质,促进他们德、智、体、美、劳全面发展。特别是要补齐目前学校存在的劳动教育和美育等方面的短板。要在学生中弘扬劳动精神,教育引导学生崇尚劳动、尊重劳动,组织好形式多样的劳动实践,让学生在实践中养成劳动习惯,学会劳动、学会勤俭。要加强和改进美育。"如果青少年的精神世界没有童话、歌谣和大自然的云彩、花朵、鸟叫虫鸣,如果青少年的心灵世界没有动人的音符和丰富的色彩,如果青少年没有艺术爱好和艺术修养,不可能全面发展。……坚持以美育人、以文化人,提高学生审美和人文素养。"①

五是要大力开展公民道德教育,提高全民道德素养,提升社会文明水平。广泛深入开展群众性精神文明创建活动,开展社会公德、职业道德、家庭美德、个人品德教育,用中华优秀传统文化为人民提供丰润的道德滋养,弘扬中华传统美德,不断提升人民文明素养和社会文明程度。

---

① 中央党史和文献研究院编:《十九大以来重要文献选编》(上),中央文献出版社2019年版,第652—653页。

# 论中国共产党的百年奋斗对世界社会主义的贡献

**钟瑞添　廖玉燕**①

一百多年前，中国共产党的先驱循着俄国十月革命开辟的道路，创建了中国共产党。一百多年来，中国共产党始终坚持不忘初心和使命，积极推动马克思主义与中国具体实际相结合、与中华优秀传统文化相结合，在领导中国革命、建设和改革的过程中取得了彪炳史册的伟大成就。"中国特色社会主义正成为21世纪科学社会主义发展的旗帜，成为振兴世界社会主义的中流砥柱，我们党有责任、有信心、有能力为科学社会主义新发展作出更大历史贡献。"② 科学认识中国共产党百年奋斗史对世界社会主义运动的主要贡献，是增强应对国内外环境深刻变化的信心，坚定共产主义理想信念，把握斗争规律和推动世界社会主义运动振兴的必然要求。

## 一、中国革命的成功极大地改变了世界政治格局

欧洲的资本主义的发展把一切文明卷入了世界历史，"使未开化和半开化的国家从属于文明的国家，使农民的民族从属于资产阶级的民族，使东方从属于西方"③。近代中国正是在这样的历史境遇下被迫打开国门，成了被帝国主义列强任意宰割的羔羊，求得民族独立和人民解放成为中华民族面临的历史任务。当一批批仁人志士苦苦探索救国之路，但屡试屡败，深感救国无门之时，新生的中国共产党坚定地以马克思列宁主义为思想武器，决然擎起了中国革命的大旗，在落后东方大国取得了社会主义革

---

① 钟瑞添，广西师范大学马克思主义学院教授、博士生导师；廖玉燕，广西师范大学马克思主义学院博士研究生。
② 习近平：《坚持和发展中国特色社会主义要一以贯之》，《求是》2022年第18期。
③ 《马克思恩格斯文集》第2卷，人民出版社2009年版，第36页。

命胜利,"极大改变了世界政治格局,鼓舞了全世界被压迫民族和被压迫人民争取解放的斗争"①。

**(一)"中国革命分两步走"战略思想验证和发展了马克思的东方社会理论**

马克思恩格斯的"东方社会"革命理论,就是试图探索东方国家能否走出一条有异于西欧国家的向新社会过渡道路的新途径。19世纪七八十年代,马克思注意到俄国的土地公有制、土地的天然地势和农民习惯于劳动组合等一系列特殊历史发展特性,提出了如果俄国革命能够很好地利用这些特性,又能与西方革命"互相补充"的话,就有可能使俄国"不通过资本主义制度的卡夫丁峡谷"②,使"俄国土地公有制便能成为共产主义发展的起点"③的设想。但1861年以后俄国经济社会的发展,使"以农村公社为基础建立社会主义社会的可能性趋于消失"④。列宁领导的十月革命,走的是一条不同于马克思设想的"东方道路",东方社会的社会主义道路还有待于马克思主义的继承者重新探索。

中国共产党人的"中国革命分两步走"战略思想,成功地走出了一条东方相对落后的农业大国迈向社会主义的新道路,验证和发展了马克思的东方社会理论。1922年7月,党的二大接受了列宁在1921年共产国际二大上发表的关于民族和殖民地问题的深刻论述,初步提出了中国革命分两步走的设想。经过长时间的理论思考和实践探索,以毛泽东为代表的中国共产党人根据中国半殖民地半封建社会的性质,提出中国革命必须分为两步走,"第一步,改变这个殖民地、半殖民地、半封建的社会形态,使之变成一个独立的民主主义的社会。第二步,使革命向前发展,建立一个社会主义的社会"⑤。确立"中国革命分两步走"的全部依据,隐藏在中国的具体国情和时代特征之中:中国是一个半殖民地半封建国家,面临着艰巨的反帝反封建历史任务,因此不可能直接进行社会主义革命;在十月革命胜利之后爆发的中国革命,已经"属于世界无产阶级社会主义革命的一部分"⑥,"是新式的特殊的资产阶级民主主义的革命"⑦,即新民主主义革命,

---

① 《中国共产党第十九届中央委员会第六次全体会议文件汇编》,人民出版社2021年版,第28页。
② 《马克思恩格斯选集》第3卷,人民出版社2012年版,第830页。
③ 《马克思恩格斯选集》第1卷,人民出版社2012年版,第379页。
④ 俞良早:《评学术界对马克思东方社会理论的研究》,载《中国延安干部学院学报》2021年第5期。
⑤ 《毛泽东选集》第2卷,人民出版社1991年版,第666页。
⑥ 《毛泽东选集》第2卷,人民出版社1991年版,第667页。
⑦ 《毛泽东选集》第2卷,人民出版社1991年版,第647页。

它的前途只能是社会主义；基于革命的前途和穷凶极恶的敌人，这场革命只能由无产阶级及其政党来领导，实行无产阶级领导的工人、农民、小资产阶级和民族资产阶级的联合专政；由于中国是个落后的农业国，在新民主主义阶段必须实行国营经济为主导，国有经济、合作经济、个体经济、私人资本主义和国家资本主义五种经济成分并存的经济结构，以更快地创造建设社会主义的经济基础；由无产阶级领导的新民主主义文化，是"带有我们民族的特性"①的民族的、科学的、大众的文化。"中国革命分两步走"的理论与实践，开辟了东方落后国家走向新社会的成功之路，为世界社会主义运动提供了东方样板，极大地推动了东方国家无产阶级革命事业的发展。

（二）创造了在小资产阶级汪洋大海的国度建设坚强工人阶级政党的成功经验

小资产阶级的汪洋大海是近代中国社会的重要特征。在苏俄十月革命浪潮的影响下，关心中国前途命运的社会各阶层人士怀揣救亡图存的使命纷纷加入革命队伍，中国共产党成员的构成不可避免地"使党内小资产阶级出身的分子也占了大多数"②。小资产阶级作为一个过渡性阶级，本身具有两面性的特点：一方面，中国的小资产阶级由于深受帝国主义、官僚主义和封建主义的压榨，在政治上、组织上以至思想上能够接受无产阶级的影响；另一方面，当他们失去无产阶级的领导时，"还往往转而接受自由资产阶级以至大资产阶级的影响，成为他们的俘虏"③。这就给中国共产党提出了一个促进小资产阶级"无产阶级化"④的历史性课题。

中国共产党创造了在小资产阶级汪洋大海的国度建设马克思主义先进政党的成功范例。以毛泽东同志为主要代表的中国共产党人清楚地认识到，已经在党内大量存在的还没有完全无产阶级化的带着小资产阶级革命性的党员，尽管他们在组织上已经入了党，但是在思想上却还没有入党或者没有完全入党，意识中往往带有诸多非马克思主义的东西，如思想方法上的主观性和片面性、政治上的左右摇摆、组织生活方面的个人主义和宗派主义等。无产阶级政党的重要任务就是要用马克思主义理论教育帮助这些小资产阶级出身的党员，开展党内集中教育活动以提升全党的马克思列宁主义理论素养，使他们与旧有思想坚决地分清界限；方法上主要采取教育与

---

① 《毛泽东选集》第 2 卷，人民出版社 1991 年版，第 706 页。
② 《毛泽东选集》第 3 卷，人民出版社 1991 年版，第 991 页。
③ 《毛泽东选集》第 3 卷，人民出版社 1991 年版，第 992 页。
④ 《毛泽东选集》第 3 卷，人民出版社 1991 年版，第 992 页。

批评相结合的方针,揭露和批评小资产阶级思想的根源、表现和危害,与向党进攻的小资产阶级思想作坚决的斗争,"保持自己的无产阶级先进部队的纯洁性"①。同时,在党内大兴调查研究之风,加强同人民群众的血肉联系,把党和人民军队完全建立在马克思列宁主义基础之上,为中国革命的不断胜利奠定了坚实的政治基础。

### (三) 中国特色革命道路开辟了落后农业国革命新道路

"批判的武器当然不能代替武器的批判,物质力量只能用物质力量来摧毁。"② 无产阶级革命目的必须依靠革命手段才能实现。世界历史发展的基本事实是"资产阶级使农村屈服于城市的统治"③,马克思主义创始人由此看到了城市是阶级斗争的决战阵地。"年轻的中国共产党,一度简单套用马克思列宁主义关于无产阶级革命的一般原理和照搬俄国十月革命城市武装起义的经验,中国革命遭受到严重挫折。"④

以毛泽东同志为主要代表的中国共产党人,成功开辟了一条适合中国国情的革命道路。在深入研究国情的基础上,毛泽东正确地指出,中国是一个相对落后的农业大国,农民占人口的绝大多数,农民问题是中国革命的基本问题;在中国,谁赢得农民,谁就有力量,谁就能赢得革命的胜利;农民阶级与中国工人阶级有共同的敌人和共同的利益,农民只有在工人阶级领导下才能实现自身解放;土地革命是激发农民群众革命积极性和创造性的必然选择,"无疑义地是促进全国革命高潮的最重要因素"⑤,农民阶级是中国工人阶级最忠实的同盟军;弱小的中国革命力量只有在反动派统治力量相对薄弱的广大农村地区才能生存和发展起来,才能逐步形成星火燎原之势。中国共产党人提出的农村包围城市、武装夺取政权的工农武装割据的极具创造性的革命道路,是夺取中国革命胜利唯一正确的道路,赢得了中华民族伟大复兴征程上"站起来"的第一个伟大飞跃,也为广大被压迫民族的解放运动提供了具有实际参考价值的宝贵借鉴。

### (四) 开创了马克思主义中国化时代化的成功范例

马克思主义诞生于对近代最先进文明成果的批判性继承之中,又不断地验证和发展于世界社会主义革命运动。它的科学真理性和实践开放性要求人们必须把它与具体的历史条件相结合,实现马克思主义的民族化和时

---

① 《毛泽东选集》第 3 卷,人民出版社 1991 年版,第 993 页。
② 《马克思恩格斯选集》第 1 卷,人民出版社 2012 年版,第 9 页。
③ 《马克思恩格斯文集》第 2 卷,人民出版社 2009 年版,第 36 页。
④ 习近平:《在纪念毛泽东同志诞辰 120 周年座谈会上的讲话》,人民出版社 2013 年版,第 4 页。
⑤ 《毛泽东选集》第 1 卷,人民出版社 1991 年版,第 98 页。

代化。

马克思主义中国化命题的提出。马克思主义从传入中国起，很快就成为了改造中国的备选理论武器之一。早期的中国共产党人，就注意到了要把理论与中国立场、中国实际相结合。作为传播马克思主义伟大旗手的李大钊，一开始就强调必须深入考虑如何把理论"尽量应用于环绕着他的实境"①。瞿秋白也明确指出："应用马克思主义于中国国情的工作，断不可一日或缓。"② 1935 年的遵义会议，标志着中国共产党在马克思列宁主义指导下独立自主地探索中国革命斗争道路的开始。在党的六届六中全会上，毛泽东在总结中国革命正反两方面经验和教训的基础上，向全党发出了"马克思主义中国化"的伟大号召。

以毛泽东同志为主要代表的中国共产党人始终坚持将马克思列宁主义普遍真理同中国具体实际相结合，确立了实事求是、一切从实际出发的思想路线，对关于中国革命的性质、领导力量、前途、道路和动力等一系列基本问题进行了系统深入的探索，逐步形成了与中国国情高度契合的中国化马克思主义理论，引领中国革命走向了胜利。中国共产党领导人民开创了的半殖民地半封建国家进行无产阶级革命的成功范例，证明了社会主义革命道路的多样性，为其他国家社会主义者基于本国实际探索适合国情的多样化道路树立了光辉榜样。

## 二、创造了经济文化落后国家社会主义革命和建设新模式

中国共产党取得政权后，如何在一个"一穷二白"的落后农业国巩固和发展社会主义，是中国革命"下篇"所要解决的主要问题。在这个历史时期，中国共产党创造性地运用和发展了马克思列宁主义关于社会主义革命与建设的理论，成功开辟了一条具有鲜明特色的兴国之路，为世界社会主义积累了丰富的实践经验和宝贵的独创性理论成果。

（一）满目疮痍的东方大国确立起了人民当家作主的社会主义制度

马克思恩格斯没有经历过社会主义实践，所以他们非常珍惜短暂的巴黎公社革命积累的宝贵历史经验，总结了工人直接管理国家的基本原则；列宁领导的十月革命，继承了革命过程中建立的苏维埃政权形式，建立起了工农联合执政的苏维埃俄国。中国共产党人创造性地把马克思主义基本原理应用于中国具体实践，建立起了适合中国国情的人民当家作主的社会

---

① 《李大钊文集》第 3 卷，人民出版社 1999 年版，第 3 页。
② 《瞿秋白选集：政治理论编》第 4 卷，人民出版社 2013 年版，第 408 页。

主义制度，极大地丰富和发展了马克思主义。

创立了人民当家作主的中国特色政治体系。早在新民主主义革命时期，中国共产党就在革命根据地积极探索真正体现劳动人民主人翁地位的政治制度形式，不管是瑞金时期的工农兵苏维埃代表大会制度，还是延安时期以"三三制"为原则的抗日民主政权，都是以确保最广泛的人民民主为目标的。新中国成立之后，以毛泽东同志为主要代表的中国共产党人从中国的历史文化传统出发，紧密结合中国国情，确立了人民民主专政的国体，并建立了以人民代表大会制度为根本政治制度、以中国共产党领导的多党合作和政治协商制度和民族区域自治制度为基本政治制度的制度体系，为人民当家作主奠定根本政治前提和制度基础。这一套新型的政治制度体系，是中国共产党把马克思主义与中国实际相结合的结果，是从中国的土壤中生长出来、独具中国特色的政治制度体系，是对马克思主义国家学说的重大贡献。

开辟了一条社会主义和平改造道路。人民当家作主的政治体系，没有经济基础作支撑是不牢靠的，而在一个落后的农业大国建立社会主义经济基础，没有先例可循。基于对中国国情的精准把握，我们党制定了过渡时期的总路线："要在一个相当长的时期内，逐步实现国家的社会主义工业化，并逐步实现国家对农业、对手工业和对资本主义工商业的社会主义改造"①。这条总路线，引导中国共产党开创了具有"自主知识产权"的社会主义改造道路：对农业和手工业的社会主义改造必须遵循典型示范和平等自愿原则，主要通过合作社的方式渐进式地将分散的农民和手工业者组织起来，逐渐步入社会主义轨道；以和平赎买的方式对资本主义工商业进行社会主义改造，将其逐步纳入了"国家计划轨道"②。中国共产党创造的独特的社会主义改造道路，丰富和发展了马克思恩格斯和列宁曾经提出但没有成功实践的"赎买"设想，在落后的农业大国以最快的速度和最小代价建立起了社会主义经济体系，为人民民主专政奠定了经济基础，丰富和发展了科学社会主义理论，对世界社会主义做出了独创性贡献。

（二）在一穷二白的基础上开启了中国式现代化的探索

走向现代化，是人类社会的共同追求。资本主义制度统治世界数百年，用铁船坚炮构筑起了少数国家和少数人群的现代化。新中国成立后，中国共产党就肩负起了带领世界人口第一的落后国家走上现代化历史重任，立

---

① 《毛泽东文集》第 6 卷，人民出版社 1999 年版，第 316 页。
② 《李维汉选集》，人民出版社 1987 年版，第 266 页。

志破解世界社会主义运动的历史难题。

把马克思列宁主义基本原理同中国具体实践的"第二次结合",开启独立自主探索现代化建设新路。经过社会主义三大改造,中国人民在经济落后、一穷二白的基础上建立起了初步的社会主义经济基础。20世纪50年代初,苏联模式固有的弊端逐渐暴露。为了避免走苏联的弯路,毛泽东于1956年4月提出了"以苏为鉴",将马克思列宁主义基本原理同中国具体实践进行"第二次结合"的重大课题。中国共产党人汲取了苏联国家工业化过程中的经验和教训,积极探索适合中国国情的现代化发展道路:不迷信完全的计划经济,认识到社会主义社会还存在商品生产和商品交换,要尊重价值规律,提出了"三个主体"和"三个补充"的重要理论①;在处理重工业和农业、轻工业的关系上,强调注重农业、轻工业和重工业之间的平衡,既要重视生产资料的生产,也要保证生活资料生产的协调共进②;要正确处理国家、生产单位和生产者个人的关系,中央和地方的关系,要把一切积极因素全部调动起来;要高度重视教育、科技的发展,为经济快速发展提供强大的智力支持和技术支撑;要确定科学的发展战略,逐步实现农业现代化、工业现代化、国防现代化和科学技术现代化。尽管中国共产党摸索现代化建设过程并非一帆风顺,但还是"为现代化建设奠定根本政治前提和宝贵经验、理论准备、物质基础"③。

(三)在巩固和发展社会主义的系列探索中积累了宝贵经验

丰富和发展了无产阶级执政党建设理论。在中国共产党走向执政前夕,毛泽东就告诫全党,夺取全国胜利只是走完了万里长征的第一步;执政之后工作更伟大、任务更艰巨、考验更严峻;全党同志务必继续保持谦虚、谨慎、不骄、不躁的作风,务必继续保持艰苦奋斗的作风。新中国成立后,中国共产党人积极探索执政党的思想建设、组织建设和作风建设的新路子。果断处置刘青山、张子善,表明了党对贪腐官员零容忍的态度,换来一片清朗蓝天;坚持开展党员干部理论学习和知识培训,着力提高全党的理论水平和执政能力;着力消除党内存在的官僚主义、宗派主义、主观主义和贪污浪费问题,努力营造一个又有集中又有民主,又有纪律又有自由,又有统一意志,又有个人心情舒畅、生动活泼的政治局面,锻造了一个能够创造性地领导社会主义现代化建设的马克思主义政党。

---

① 《陈云文选》第3卷,人民出版社1995年版,第13页。
② 参见《毛泽东文集》第7卷,人民出版社1999年版,第24页。
③ 《习近平在学习贯彻党的二十大精神研讨班开班式上发表重要讲话强调正确理解和大力推进中国式现代化》,载《人民日报》2023年2月8日。

对新的历史条件下我国社会主要矛盾的科学把握。在社会主义改造完成后的新的历史阶段，准确把握社会主要矛盾是党和国家工作进一步展开的基本依据。经过艰辛的理论和实践的探索，1956年，党的八大明确指出，我们社会主要矛盾已经是人民对于建立先进的工业国要求同落后的农业国的现实之间的矛盾，已经是人民对于经济文化迅速发展的需要同当前经济文化不能满足人民需要的状况之间的矛盾。党的八大关于社会主要矛盾的科学定位，从理论上确定了今后一段时期内党和国家的工作中心在于经济建设，纠正了党和国家经济工作中存在的盲目冒进，为实践上科学推进社会主义经济建设指明了正确方向。

正确处理人民内部矛盾理论的形成。"在我们的面前有两类社会矛盾，这就是敌我之间的矛盾和人民内部的矛盾。这是性质完全不同的两类矛盾"①，"敌我之间的矛盾是对抗性的矛盾。人民内部的矛盾，在劳动人民之间说来，是非对抗性的"②。直面两类不同性质的矛盾，必须有不同的应对原则：对待敌我矛盾应主要采取专政的方法，对待人民内部矛盾则应当坚持民主基础上说服教育的方法原则。在这一理论指导下，我们党继承和发展了民主革命时期确立的统一战线传统，形成和发展了各民族平等互助的社会主义民族关系，不断实现和巩固全国工人、农民、知识分子和其他各阶层人民的大团结；以"长期共存、互相监督"原则确立了独具中国特色的多党合作政党制度。在文化建设发展上，确立起了"文艺为无产阶级政治服务""百花齐放，百家争鸣""古为今用，洋为中用"等一系列文艺方针，大力推动了文化事业的繁荣与发展。

### 三、在逆境中高扬旗帜重展社会主义雄风

当历史的车轮推进到20世纪下半期，中国共产党人凭借对马克思主义的执着坚守和突出的创新能力，破除了"文化大革命"中所暴露的理论与实践上的双重困惑，在世界社会主义出现严重曲折的严峻考验面前始终高擎社会主义旗帜，走出了一条中国特色的富国大道。中国特色社会主义用铁一般的事实和瞩目的建设成就，诠释了马克思主义的真理性和科学性，在世界社会主义运动低潮中挽狂澜于既倒，实现了社会主义发展的历史性跨越，开创了世界社会主义事业新篇章。

---

① 《毛泽东文集》第7卷，人民出版社1999年版，第204—205页。
② 《毛泽东文集》第7卷，人民出版社1999年版，第205页。

## （一）准确界定和理解社会主义本质，从更深层次认识社会主义发展规律

马克思主义创始人反对"教条地预期未来"，主张"通过批判旧世界发现新世界"①，强调社会主义与资本主义根本不同的基本原则，如消灭阶级剥削、实施生产资料公有制和共同组织生产与分配等。以毛泽东同志为核心的中国共产党第一代领导集体对社会主义本质及其实践进行了很多富有创见的探索和设想，但终究走了一些弯路，一度使社会主义发展陷入了困顿之中。邓小平在总结社会主义建设探索经验和教训时指出，"我们建立的社会主义制度是个好制度，必须坚持……但问题是什么是社会主义，如何建设社会主义。我们的经验教训有许多条，最重要的一条，就是要搞清楚这个问题"②。

邓小平南方谈话明确了社会主义本质。邓小平提出："社会主义制度优越性的根本表现，就是能够允许社会生产力以旧社会所没有的速度迅速发展，使人民不断增长的物质文化生活需要能够逐步得到满足。"③ 1992 年，邓小平在南方谈话中对社会主义本质进行了完整的表述，"社会主义的本质，是解放生产力，发展生产力，消灭剥削，消除两极分化，最终达到共同富裕"④。这一论断回归了唯物史观视生产力为人类社会发展根本动力的观点，把握住了社会主义建设的关键；牢牢坚持"共同富裕"这一社会主义根本价值标准，使生产力的发展服务于广大人民群众的利益；把共同富裕与解放生产力、发展生产力并列其中，共同构成了社会主义的本质规定性，克服了脱离生产力的发展、片面强调生产关系公有制和平均主义的教条主义误区，为社会主义建设提供了根本指引，为世界社会主义运动的深入发展奠定了正确的方向。

当时代推移到 20 世纪末，以江泽民同志为核心的第三代领导集体带领中国人民坚定不移坚持和发展中国特色社会主义，不断深化对社会主义现代化建设规律的认识，确立了把发展作为执政兴国第一要务的战略抉择，现代化建设取得了巨大的进步，成功地把中国特色社会主义推向 21 世纪。党的十六大之后，以胡锦涛同志为代表的中国共产党人，紧紧抓住重要的战略机遇期，聚精会神搞建设，一心一意谋发展，成功在新形势下继续推进现代化建设，使社会主义优越性得到更加充分的彰显。

---

① 《马克思恩格斯文集》第 10 卷，人民出版社 2009 年版，第 7 页。
② 《邓小平文选》第 3 卷，人民出版社 1993 年版，第 116 页。
③ 《邓小平文选》第 2 卷，人民出版社 1994 年版，第 128 页。
④ 《邓小平文选》第 3 卷，人民出版社 1993 年版，第 373 页。

**（二）准确把握时代主题，改革开放推动社会主义生机活力大迸发**

对时代主题的误判，使20世纪60—70年代中国社会主义建设一度偏离了正确的轨道，错失了赶上第三次工业革命的发展机遇，与世界各主要经济体之间的发展差距进一步拉大。20世纪80年代中期，邓小平作出了"和平与发展是当今世界的两大主题"的科学论断，从而使我们党从根本上端正了社会主义发展的立足点，进一步明确了解放和发展生产力是社会主义巩固和发展的根本；在国际关系上摆脱了片面以意识形态斗争划线外交战略定位，为我国建立起全方位多层次对外关系新格局提供了理论前提，为社会主义全面发展拓展了前所未有的国际空间。

改革开放战略为社会主义建设提供动力引擎。唯物史观认为，人类社会发展的根本动力在于生产力与生产关系之间动态发展的矛盾运动。斯大林模式一度否认社会主义社会存在矛盾，从而形成了僵化的社会管理机制和经济运行体制，阻碍了社会生产力的快速发展。尽管我党在20世纪50年代已经注意到了苏联模式的弊端，但在实践中并没有突破教条主义的束缚，片面夸大生产关系和意识形态的作用，使社会主义建设走了弯路。以邓小平同志为核心的第二代党中央领导集体毅然举起了改革开放的大旗，在社会主义内部进行一场伟大的革命。改革不是改旗易帜，而是破除一切阻碍生产力发展的僵化思想和体制机制的束缚，是社会主义制度的自我完善；开放是在和平与发展成为时代主题的时代背景下，充分利用"两个市场、两种资源"来加快社会主义跨越式发展的重大路径转变，"不以社会制度和意识形态的异同来决定亲疏、好恶"①，在两种社会制度将长期共存的历史条件下实现和平竞争。

1984年党的十二届三中全会把实行对外开放定为基本国策，必须长期坚持。党的十三届四中全会之后，江泽民同志以巨大政治勇气带领党和人民锐意推进全方位改革，以加入世贸组织为契机，构建起了全方位对外开放新格局。党的十六大之后，面对新形势新要求，以胡锦涛同志为代表的中国共产党人不断深化改革，实行了更加积极主动的开放战略，拓展新的开放领域和空间，更好地以开放促发展、促改革、促创新。

**（三）突破计划经济迷信，开创了社会主义市场经济**

高度集中的计划经济体制一度被奉为社会主义的经典，的确也为社会主义制度的巩固作出了不可磨灭的历史贡献。但其超越了现阶段生产力发展水平，弊端也是巨大的：在生产上忽视价值规律和市场机制的作用，社会资源配置效率低下；在管理上，国家对企业统得过多过死，既不能满足

---

① 《中国共产党简史》，人民出版社、中共党史出版社2021年版，第267页。

社会多样化需求，也不能调动生产单位的主动性；在分配中平均主义严重，极大压抑了企业和广大职工群众的积极性、主动性、创造性，使本该生机盎然的社会主义经济在很大程度上失去了活力。

在把握住了社会主义本质这一"牛鼻子"的基础上，开创了社会主义市场经济。理论的突破与创新是实践突破与创新的前提。邓小平作为第一个破题人，首先提出："经济工作要按经济规律办事"①。尔后，他进一步明确指出，"计划多一点还是市场多一点，不是社会主义与资本主义的本质区别。计划经济不等于社会主义，资本主义也有计划；市场经济不等于资本主义，社会主义也有市场。计划和市场都是经济手段"②。党的十四大，把建立社会主义市场经济体制确定为经济体制改革的目标；党的十五大，将"公有制为主体、多种所有制经济共同发展"明确为社会主义初级阶段的基本经济制度；党的十六大，提出了要在更大程度上发挥市场在资源配置中的基础性作用的改革方向，随之以完善市场经济体制为核心内容的制度创新不断深入，逐步形成了经济又好又快发展的良好局面。社会主义市场经济理论的创立和在中国的成功实践，为经济文化相对落后的国家发展和巩固社会主义提供了新路径，丰富和发展了科学社会主义理论与实践的时代内涵。

## 四、拓展中国式现代化，创造人类文明新形态

170年前，马克思那深邃的历史目光，看到了中国革命与欧洲革命"两极相联"③的辩证关系，并予以热切的关注和深厚的期望；170年后，中国共产党带领中国人民挖掉了千年穷根，全面建成了小康社会，开启了全面建设社会主义现代化的新征程。以习近平同志为主要代表的中国共产党人坚持"两个结合"，创立了习近平新时代中国特色社会主义思想，使科学社会主义在21世纪的中国焕发出蓬勃生机。中国式现代化成功地验证和展示了马克思主义强大的生命力，证明了社会主义制度的巨大优越性，创造了人类文明新形态，推动世界社会主义运动走向新的高潮。

（一）中国式现代化展示了人类现代化模式的新图景

现代化是人类对美好生活追求的现代表达。古希腊柏拉图的"理想国"和中国古代儒家所描绘的"大同社会"如同一辙，展示了人类对美好社会

---

① 《邓小平文选》第2卷，人民出版社1994年版，第196页。
② 《邓小平文选》第3卷，人民出版社1993年版，第373页。
③ 《马克思恩格斯选集》第1卷，人民出版社2012年版，第778页。

的向往。资本主义制度作为对封建社会的否定,在历史上曾经起到过非常革命的作用,"在它的不到一百年的阶级统治中所创造的生产力,比过去一切世代创造的全部生产力还要多,还要大"①。但它带来的必然结果是资本家财富的积累和无产阶级绝对贫困的积累。只有社会主义制度,才能"给所有的人提供健康而有益的工作,给所有的人提供充裕的物质生活和闲暇时间,给所有的人提供真正的充分的自由"②,才能实现人民共同享有的现代化。

中国共产党百年奋斗,始终致力于中华民族伟大复兴,从奠定现代化的社会制度到开启现代化建设的艰辛探索,再到引领当代世界人类现代化发展方向,充分展示了社会主义制度的巨大优越性和科学社会主义蓬勃生机。在党的二十大上,习近平总书记系统地阐述了中国式现代化的理论体系,擘画了中国式现代化的宏伟蓝图,展示了人类现代化新图景:中国共产党的领导是中国式现代化最根本特征,是确保中国式现代化目标的实现、激发建设中国式现代化的强劲动力、凝聚建设中国式现代化的磅礴力量的根本保证;中国式现代化从根本上否定了那种只有少数人享有的西方现代化模式,是人口规模巨大、全体人民共同富裕的现代化;中国式现代化彻底摒弃了西方现代化物质富裕精神空虚的状态,追求的是一种物质富裕与精神富足、物质文明与精神文明协调发展的现代化;中国式现代化否定了西方那种先发展后治理的模板,是坚持人和自然和谐共生的现代化;"中国式现代化不走殖民掠夺的老路,不走国强必霸的歪路,走的是和平发展的人间正道"③,与世界人民共享发展机遇。中国式现代化打破了西方现代化的迷思,充分彰显了社会主义引领广大发展中国家走向独立自主、繁荣富强的现代化发展道路的时代价值。

(二)中国式现代化凸显了社会主义价值取向

中国共产党人在百年现代化道路探索进程中,始终把人民幸福的实现作为自己的初心使命,始终把人民至上作为党一切奋斗的出发点和落脚点,始终把人的自由而全面的发展作为"现代化的最终目标"④。

人民至上是中国式现代化的亮丽底色。中国式现代化坚持社会主义价值取向,把实现人民对美好生活的向往作为现代化建设的根本目的,着力

---

① 《马克思恩格斯选集》第 1 卷,人民出版社 2012 年版,第 405 页。
② 《马克思恩格斯全集》第 28 卷,人民出版社 2018 年版,第 652 页。
③ 习近平:《携手同行现代化之路——在中国共产党与世界政党高层对话会上的主旨讲话》,载《人民日报》2023 年 3 月 16 日。
④ 习近平:《携手同行现代化之路——在中国共产党与世界政党高层对话会上的主旨讲话》,载《人民日报》2023 年 3 月 16 日。

维护和促进社会公平正义，着力推进全体人民共同富裕。"发展为了人民"，是中国式现代化的起点。中国共产党的百年奋斗、百年牺牲、百年探索、百年创造，就是为了找到一条切实体现人民利益的现代化道路；中国共产党带领中国人民"撸起袖子加油干"，就是为了"不断把人民对美好生活的向往变为现实"①。"发展依靠人民"，是中国式现代化发展的力量支点。"人民是历史的创造者，是决定党和国家前途命运的根本力量。"② 党的根基在人民、血脉在人民、伟力也在人民，只有充分发挥亿万人民的创造伟力，才是中国式现代化发展的人间正道。"发展成果由人民共享"，是中国式现代化的目标归宿。中国共产党以中国人民的利益为利益、以中国人民的愿望为奋斗目标。进入新时代，习近平总书记提出要从"关系党的执政基础"的政治高度认识实现共同富裕的极端重要性，在社会主义制度下，绝不能出现类似资本主义国家那样穷者愈穷富者愈富的现象，决不能在富的人和穷的人之间出现一道不可逾越的鸿沟。中国共产党以自己的成功实践，为科学社会主义添加了耀眼的案例和宝贵的理论成果。

### （三）以自觉的自我革命锻造现代化建设的坚强领导核心

无产阶级先进政党的领导是实现人类解放的前提，是"社会主义胜利的唯一保证"③。中国共产党人早就意识到，"没有中国共产党的努力，没有中国共产党人做中国人民的中流砥柱，中国的独立和解放是不可能的，中国的工业化和农业近代化也是不可能的"④。

由人民监督政府是我们党给出的跳出历史周期率的第一个答案。马克思主义政党执政的国家既有独特的优势，也不可避免地带有权力运行一般特征。从独特优势来看，马克思主义政党是人民的政党，没有任何特殊利益，始终以实现人民幸福为行动纲领，能够从根本上保持权力运行的正当性；从其一般特征而言，是权力就可能导致腐败，没有有效的监督权力就可能被滥用。中国共产党很早就开始了防止权力腐败的实践。1933 年 12 月，中华苏维埃共和国临时中央政府就颁布了《关于惩治贪污浪费行为》的训令，使反贪污反浪费斗争有法可依；著名的"窑洞对"，表明我们党已经找到了跳出治乱兴衰历史周期率的第一个答案——由人民来监督政府。新中国建立前夕，毛泽东向全党郑重提出，夺取全国胜利只是万里长征走完了第一步，务必要继续地保持谦虚谨慎、不骄不躁的作风和艰苦奋斗的

---

① 《习近平著作选读》第 2 卷，人民出版社 2023 年版，第 612 页。
② 《习近平著作选读》第 2 卷，人民出版社 2023 年版，第 17 页。
③ 《列宁全集》第 9 卷，人民出版社 2017 年版，第 257 页。
④ 《毛泽东选集》第 3 卷，人民出版社 1991 年版，第 1098 页。

作风，经受住了执政的考验。

自我革命是我们党跳出历史周期率的第二个答案，是保持党的先进性纯洁性的必由之路。"先进的马克思主义政党不是天生的，而是在不断自我革命中淬炼而成的。"① "勇于自我革命是中国共产党区别于其他政党的显著标志"②，是我们党长盛不衰的奥秘。习近平总书记告诫全党，中国式现代化前进路上挑战与考验不可避免。打铁必须自身硬。把党铸造得更加坚强有力，是确保中国式现代化行稳致远的前提和基础。党的十八大以来，中国共产党以自己成功的实践，为世界社会主义提供了一整套可供复制的马克思主义执政党建设成功范例：无私为民的立场和高度的理论自觉、使命自觉，是自我革命的勇气和底气；对执政条件下面临的"四大考验"和"四个危险"的清醒认知，是自我革命的客观依据；以党的政治建设为统领，以坚定理想信念宗旨为根基，政治建设、思想建设、组织建设、作风建设、纪律建设、制度建设一体推进，以刮骨疗毒的大无畏精神坚决清除一切侵蚀党健康肌体的病毒，是党自我革命的主要路径；把党建设成为始终走在时代前列、人民衷心拥护、勇于自我革命、经得起各种风浪考验、朝气蓬勃的马克思主义执政党，是党自身建设的基本目标。

**（四）中国式现代化展现了人类共同进步的必由之路**

"马克思主义是远大理想和现实目标相结合、历史必然性和发展阶段性相统一的统一论者。"③ 人类社会的最终归宿是共产主义社会，这是不以任何人意志为转移的客观规律，但其实现是一个漫长的历史进程，是共产党人一代接着一代接续奋斗的远大理想。

中国式现代化高扬人类共同价值观，为世界和平发展事业竖起了闪亮的标杆。"中国共产党是为中国人民谋幸福的政党，也是为人类进步事业而奋斗的政党。"④ 早在新中国建立之初，毛泽东就提出，中国应当对于人类有较大的贡献，并且预言到了21世纪，这个目标一定能够实现。走和平发展道路的中国式现代化，坚决摒弃那种充满血腥和罪恶、通过殖民和掠夺的西方式现代化道路。"中国共产党将继续同一切爱好和平的国家和人民一道，弘扬和平、发展、公平、正义、民主、自由的全人类共同价值"⑤，始终把为人类作出新的更大的贡献作为自己的使命，始终站在历史正确的一

---

① 《中共中央关于党的百年奋斗重大成就和历史经验的决议》，人民出版社2021年版，第70页。
② 《习近平谈治国理政》第4卷，外文出版社2022年版，第13页。
③ 《习近平谈治国理政》第4卷，外文出版社2022年版，第162页。
④ 《习近平谈治国理政》第3卷，外文出版社2020年版，第45页。
⑤ 《习近平谈治国理政》第4卷，外文出版社2022年版，第12页。

边,始终胸怀天下,坚持不懈地推动历史车轮向着光明的目标前进。

"人类命运共同体"理念是应对世界百年未有之大变局的中国方案。百年之大变局是从事实上"一家独大"的单极世界向协同共治的多极世界的转变,是现代化发展路径从一元走向多元的转变,也是社会主义从遭遇严重挫折向 21 世纪蓬勃生机再焕发的转变①。中国共产党所倡导和努力推动构建的人类命运共同体,"不是以一种制度代替另一种制度,不是以一种文明代替另一种文明,而是不同社会制度、不同意识形态、不同历史文化、不同发展水平的国家在国际事务中利益共生、权利共享、责任共担,形成共建美好世界的最大公约数。"② 中国共产党人始终以推动人类进步而努力,以自己的智慧和力量,推动历史车轮向着光明的前途前进。

中国式现代化的成功,"使世界范围内社会主义和资本主义两种意识形态、两种社会制度的历史演进及其较量发生了有利于社会主义的重大转变"③。代表着人间正道的中国特色社会主义道路必然会越走越宽广,体现着和平正义和幸福美好的社会主义事业必然为越来越多的人们所向往,伟大的中国共产党也一定能为充满光明前途的社会主义事业作出更大贡献!

---

① 参见孙宝华:《"百年未有之大变局"的背景、内涵与因应》,载《党政论坛》2021年第 2 期。
② 《习近平谈治国理政》第 4 卷,外文出版社 2022 年版,第 475 页。
③ 《中共中央关于党的百年奋斗重大成就和历史经验的决议》,人民出版社 2021 年版,第 63—64 页。

# 自觉担道义　自信铸辉煌
## ——学习党的二十大关于"增强文化自信"的重要论述

### 康渝生①

百年筚路蓝缕，世纪征途坎坷。我们刚刚将中国特色社会主义建设事业的丰硕成果奉献给了中国共产党的百年华诞，又在对未来美好生活的热切期盼和憧憬中迎来了中国共产党第二十次全国代表大会。一个世纪以来，在党的领导下，中国人民艰苦奋斗、玉汝于成，终于赢得了全面建成小康社会的历史性胜利，实现了第一个百年奋斗目标；面对中国特色社会主义事业的未来发展，党中央业已为我们擘画了第十四个五年规划的建设蓝图，开启了中国特色社会主义事业第二个百年奋斗目标的实践序幕。回眸百年的发展历程，当代中国共产党人豪情满怀，对建设社会主义现代化强国有着重任在肩的自觉；中国特色社会主义的践行者意气风发，对实现中华民族的伟大复兴充满了自信。党的二十大报告重申了"增强文化自信"的必要性，明确提出了"全面建设社会主义现代化国家，必须坚持中国特色社会主义文化发展道路，增强文化自信，围绕举旗帜、聚民心、育新人、兴文化、展形象建设社会主义文化强国，发展面向现代化、面向世界、面向未来的，民族的科学的大众的社会主义文化，激发全民族文化创新创造活力，增强实现中华民族伟大复兴的精神力量"的政治诉求。党中央的再度强调，不仅使我们进一步提升了"增强文化自信"的精神境界，更是为我们深入实施文化强国发展战略指明了实践方向。

一

党的十八大以来，习近平同志曾多次论及文化自信的问题，早在2014

---

① 康渝生，黑龙江大学哲学学院教授、博士生导师。

年2月24日中央政治局第十三次集体学习时,他就曾提出了"增强文化自信和价值观自信"的深刻主张。2016年5月17日,在哲学社会科学工作座谈会上,习近平同志更是进一步指出:"我们要坚定中国特色社会主义道路自信、理论自信、制度自信,说到底是要坚持文化自信。"在庆祝中国共产党成立95周年的大会上,习近平同志明确将文化自信与道路自信、理论自信、制度自信作为一个相互联系的有机整体进行了系统的阐发,不仅体现出党中央对于文化自信的高度重视,也在"四个自信"交互作用、彼此影响的意蕴中极大地拓展了民族复兴大业的动力源泉。习近平同志将文化自信视为实现中华民族伟大复兴"更基础、更广泛、更深厚"的力量源泉加以强调,阐发了蕴涵于其中的特殊重要意义。显然,基于中国特色社会主义而确立的充分文化自信,不仅蕴含着对于既往的认同,更是酝酿着对于未来的憧憬,必将成为中华民族伟大复兴不可或缺的精神动力。

文化是民族的血脉,是人民的精神家园。文化是生活在同一地域内的人们的共性生活方式的结晶,是人们对于伦理道德和秩序准则的认定与遵循。从这个意义上讲,文化正是人们在休戚与共的基础上形成的精神生活共同体。梳理中华文明发展的历史,我们或可获得这样的认识:上下五千年,中华文明铸就的历史辉煌令人刮目;近代百余载,内忧外患构筑的屈辱苦难让人唏嘘。中国近代文明的落伍足以发人深省,这也正是我们必须确立文化自信的充分理由。在我们的社会主义实践中,诸多违背初心的荒谬之举也曾导致了文化建设踯躅前行的尴尬。"文化大革命"制造了以"大革文化命"为特色的十年内乱,险些割断我们中华文明传承的血脉;改革开放后,一度泛滥的拜金主义思潮,造成了对"以经济建设为中心"的误解;思想战线上"去意识形态化"的直接恶果则是社会道德的失范和价值尺度的倾斜,中华民族的精神家园几近失落。

显然,类似"文化大革命"那样的"闭关锁国"式狂妄举措,将中华文化的发展禁锢在某种僵化的理论框架内,恰恰是缺乏文化自信的表现。然而,诉诸"全盘西化"的奴性主张,在文化建设问题上改弦更张,也会导致文化传承断裂的恶果。我们主张文化自信,就是要对民族优秀的传统文化充满自信;对中国共产党领导的人民革命文化充满自信;还要对与时俱进的马克思主义充满自信。同时,针对市场经济条件下的文化多样性,我们对于坚持党对文化建设的一元化指导作用也要充满自信。只有充分的文化自信,才有可能推进深入扎实的文化建设,构筑中国特色社会主义文化自强的坚实基础。

毫无疑问,文化自信乃文化建设所必需,文化自强则是文化自信必然的实践旨归。通过中国特色社会主义的文化建设,我们不仅可以实现思想战线上的拨乱反正,重塑社会主义的核心价值体系;也会在实践的意义上提升我们的生活品位和精神境界,重建社会主义的生活方式。毛泽东曾经论及新民主主义的文化旨趣,做出了"民族的科学的大众的文化"的概括,深刻阐发了新民主主义革命的文化底蕴。事实上,正如党的二十大所指出的那样,我们今天所面对的文化发展任务仍然是坚持面向现代化、面向世界、面向未来,建设"民族的科学的大众的"社会主义先进文化。依据这样的思路,我们或可说,实现民族复兴的关键在于文化的复兴。

## 二

毫无疑问,追溯马克思主义的理论源头,必将有助于我们提振对于当代中国特色社会主义的文化自信,凝聚继续前行、振兴中华的力量源泉。在马克思主义的理论视域中,所谓文化,无非是指以实践活动为核心的人的生活方式,是人们在现实生活的命运共同体中所形成的共性生存方式。究其本质而言,文化意味着传统。一方面,文化的存在形态不仅表现为"历史上遗留下来的文化——科学、艺术、社交方式等等",而且包括风俗习惯、伦理道德等传统积淀而成的意识形态;另一方面,作为历经传统的文化,其价值也并非犹如"小心保存在密闭棺材里的木乃伊",而是表现为历史在现实社会生活中的共振与回响。换言之,文化并非仅仅是人类精神活动及其产品的简单指谓,其价值也并不拘泥于现实生活当中的历史遗存。在其现实性上,任何形态的文化都犹如民族传承的精神血脉,给予人们的现实生活以重大影响与作用。事实上,每一个时代都具有不同于以往的文化形态,而每一个地域也都展现出各自的文化特征。文化形态的多样性并没有妨碍人类文明的与时俱进,相反,人类文化的不断发展却标志着人类掌控自身命运能力的不断提高,诚如恩格斯所言:"文化上的每一个进步,都是迈向自由的一步。"

始终坚持马克思主义的致思理路,无疑是当代中国共产党人文化强国发展战略得以确立与实施的思想渊薮。马克思认为,"权利决不能超出社会的经济结构以及由经济结构制约的社会的文化发展"。[①] 毛泽东在《新民主主义论》中指出:"一定的文化(当作观念形态的文化)是一定社会的政治和经济的反映,又给予伟大影响和作用于一定社会的政治和经济。"他们的论断不仅阐明了文化对于社会发展须臾不可或缺的重要意义,也向我们

---

① 《马克思恩格斯选集》第3卷,人民出版社2012年版,第364页。

揭示出，任何文化形态都展现着自身独特的时空特征，都具有卓尔不群的人文禀赋，因而生成了与众不同的实践价值。在现实的人类社会活动中，文化彰显着历史积淀而成的精神价值，对社会的发展起到了推动抑或延缓的制约作用。事实上，任何一种文化形态都具有与时俱进的特征，其先进性恰恰源于对实践经验的理论升华和对优秀异质文化的兼收并蓄。从这个意义上讲，我们倡导文化自信，就是要对中国特色社会主义文化的先进性充满自信。文化自信不仅是提升文化软实力所必需的实践前提，而且是推进中国特色社会主义不断前行的精神动力。

## 三

毋庸置疑，文化自信的前提是文化自觉。文化自觉的主要旨趣在于把握文化发展的准确定位，包括对文化规律的正确解读，对文化进步的深刻认识，对文化责任的主体担当等。文化自觉体现了文化主体对于文明和进步的向往与追求，是一种积极向上的内在精神力量。文化自觉意识的生成与积淀，不仅有利于提升文化自信，创造文化繁荣的先决条件，而且有助于形成文化担当，奠定文化发展的思想基础。

历经百年沧桑，中国共产党由小到大、由弱渐强，顺应了历史的发展、人民的选择。从"南陈北李"相约建党到"南湖红船"扬帆起航，早在中国共产党诞生之前，中国早期的共产主义知识分子就已经开始了复兴图强的执着追求。为拯救满目疮痍、贫穷落后的中国，先进的中国人试图向西方人讨教救国救民的真理，无论是达尔文的进化论，抑或孟德斯鸠的三权分立，各式各样的欧美方案都被引入了亟待变革维新的古老中国。然而，"帝国主义的侵略打破了中国人学西方的迷梦"，在师从西方的过程中，善良的国人不禁产生了这样的疑问："为什么先生老是侵略学生呢？"励精图治的实践诉求铸就了中国人民寻求发展真谛的内在动力，而国际共产主义运动的伟大胜利则成为中国社会变革的精准圭臬。诚如毛泽东同志所说："十月革命一声炮响，给我们送来了马克思列宁主义。十月革命帮助了全世界的也帮助了中国的先进分子，用无产阶级的宇宙观作为观察国家命运的工具，重新考虑自己的问题。走俄国人的路——这就是结论。"显然，如欲胜利，必始于自觉；但凡成功，皆源于自信。中国共产党的诞生标志着中华民族的觉醒，自此，中国人民找到了摆脱贫穷落后的锐利思想武器，也逐步明确了中国社会发展的实践路向。

回顾筚路蓝缕的百年发展历史，中国共产党人始终是中华民族优秀文化的忠实传承者和弘扬者，同时也是中国先进文化的积极倡导者和推动者。

在为中华民族解放而斗争的历史进程中,中国共产党人率先实现了文化自觉,为中国人民推翻三座大山的压迫,走上社会主义的道路提供了思想指南。在革命战争年代,文化对于赢得新民主主义革命胜利的重要性集中彰显为毛泽东所言:"没有文化的军队是愚蠢的军队,而愚蠢的军队是战胜不了敌人的。"

新中国成立以后,特别是改革开放以来,我们党始终坚持把文化建设放在党和国家全局工作的重要战略地位,开拓了中国特色社会主义的文化发展道路。从党的十七大报告着重阐释"增强国家文化软实力"的重要举措,到十七届六中全会明确制定文化强国的发展战略,当代中国共产党人实现了文化建设指导思想的与时俱进。自党的十八大以来,在全面建设小康社会的实践中,我们更是逐步摒弃了所谓"文化搭台经济唱戏"的狭隘认识,将文化建设提升为社会发展的一项主要任务。伴随着物质技术基础的日渐雄厚,当代中国共产党人全面推进了文化建设,使之真正成为中国特色社会主义经济、政治发展的助推动力。

面对全球一体化所带来的文化冲突,著名社会学家费孝通先生明确提出了"文化自觉"的概念,主张以对自身文化的自知之明参与世界多元文化的共同发展,并且以"各美其美,美人之美,美美与共,天下大同"的精辟概括诠释了"文化自觉"的历程。毋庸置疑,费孝通先生关于"文化自觉"意识的阐发对于我们旨在文化自信的实践具有深刻的启迪意义。

文化是一个民族生生不息的发展轨迹,中华文化之所以历久弥坚,不仅在于源远流长的中华民族文化原生形态铸就的强大的文化基因,而且有赖于中华民族兼收并蓄的文化包容精神。从这个意义上讲,文化自觉的任务就是要追溯文化的渊薮,为文化自信确立根据。因此,文化自觉的着眼点必然在于对传统的继承与弘扬,更多地体现出了文化的历史性。然而,确立文化自信还必须着眼于历史维度的文化对于现实维度的实践所具有的参照价值与引领意义。遵循这样的思路,总结概括我们所要坚持的文化内涵,必然逻辑地包括三个方面内容:一是马克思主义的理论传统,这是我们须臾不可离弃的精神动力源泉;二是灿烂辉煌的中华文明传统,"从孔夫子到孙中山,我们应当给以总结,承继这一份珍贵的遗产。"第三个方面则是其他国家和地区的优秀文化,这也是我们应该予以借鉴的宝贵精神财富。

## 四

从自觉走向自信,中国共产党的百年发展历程不仅深刻彰显着科学社会主义学说的伟大胜利,更是在实践上充分展示出中华民族历久弥新的文化主脉。总结百年发展的历史经验,我们的党正是秉承了"为中国人民谋幸福,为中华民族谋复兴"的拳拳初心,坚持在民族文化的传承延续中砥砺前行,才得以取得今天的辉煌成就。在中国特色社会主义的实践中,"四个自信"无疑是当代中国共产党人不断前进的发展底气,不仅为实现第一个百年奋斗目标提供了坚实的精神基础,而且为第二个百年奋斗目标奠定了必胜的思想保障。

中国特色社会主义道路既是中国社会发展规律的必然展现,更是中国人民作为社会发展主体自觉的产物。因此,我们必须坚定走中国特色社会主义道路,对中国特色社会主义的发展方向和未来命运充满信心。马克思主义的理论指引无疑是构建中国特色社会主义道路的精神底蕴,中华民族优秀的文化传统则孕育了中国道路的文化之根、精神之魂,为涵养当代中国人民的道路自信奠定了深厚的理想基石。"道路问题是关系党的事业兴衰成败第一位的问题,道路就是党的生命。"这正是当代中国共产党人实践诉求的基本立场,也是决定中国特色社会主义事业必然胜利的关键。

我们所谓理论自信,就是要对马克思主义理论特别是中国特色社会主义理论体系的科学性、真理性充满自信。毛泽东断言:"指导一个伟大的革命运动的政党,如果没有革命理论,没有历史知识,没有对于实际运动的深刻了解,要取得胜利是不可能的。"理论自信首先表现为对马克思主义理论内容的坚信不疑,通过"内化于心,外化于行"的实践路径,我们将拓展理论内蕴的精神力量。诚然,理论自信也表现为对理论先进性的高度认可,彰显着对理论价值的充分肯定。显而易见,只有坚定的马克思主义理论信仰,方能助力我们升华"只有马克思主义才能救中国"的思想境界。

中国人民创造了中国特色社会主义制度,这正是我们必须对中国特色社会主义制度的优越性充满自信的根本原因。诚如马克思所说:"不是国家制度创造人民,而是人民创造国家制度。"制度是实施政治的行为准则,政治诉求则彰显着制度建设的实践底蕴。因此可以断言,制度自信的本质在于政治自信。我们对中国特色社会主义的制度自信,不仅反映着我们对于马克思主义理论的坚定信念,而且重申了我们坚持中国特色社会主义道路的矢志不渝的决心。

我们倡导文化自信,就是要对中国特色社会主义文化的先进性充满自信。文化自信不仅是提升文化软实力所必需的实践前提,而且是推进中国特色社会主义不断前行的精神动力。毋庸置疑,坚持文化自信是当代中国共产党人一往无前的人文底蕴。中国共产党的百年奋斗历史正是印证着近代以来中华文化的革故鼎新,反映着从文化自觉到文化自信的民族精神跃迁历程。人类社会发展的历史经验已经向我们证明,以构建民族精神共同体为旨归的文化形态，必然经历由自觉而自信，进而由自信逐步自强的发展进程。诚然，文化自强并非文化霸凌主义的底气，却是不同文化交流互鉴的前提。正是遵循这样的发展逻辑，当代中国在国际交往中积极倡导人类命运共同体的构建，赢得了中国特色社会主义繁荣发展的主动权。"以文化人、以德服人"，浸润于文化自信中的政治逻辑，不仅彰显着当代中国共产党人文化强国的执政诉求，而且展示了中国特色社会主义未来发展的实践旨归。

## 五

回眸百年，建党伟业光照人间；展望未来，初心如磐重任在肩。面对第二个百年奋斗目标，当代中国共产党人信仰更加坚定，信心愈益饱满。在党中央的正确领导下，我们定会不辱使命，实现民族复兴的中国梦，把我国建设成为富强民主文明和谐美丽的社会主义现代化强国。

不忘初心，方得始终。对于中华民族文化诉求的厘清，无疑是确立文化自信的开端，也必将奠定文化自强的基石。早在中国共产党第十七届六中全会上，党中央即已做出了《中共中央关于深化文化体制改革推动社会主义文化大发展大繁荣若干重大问题的决定》，为中国特色社会主义的未来发展擘画了一幅以文化建设为中心的蓝图，并据此向全党全国人民发出了文化建设的总动员令。《决定》将中国特色社会主义文化建设的总体目标概括为："培养高度的文化自觉和文化自信，提高全民族文明素质，增强国家文化软实力，弘扬中华文化，努力建设社会主义文化强国。"从而为其后的文化建设实践提供了行动指南。从文化实践的层面看，所谓文化，无非是人类社会生活的反映，浓缩地表现为人们现实生活的方式与准则。其中包含着人们对伦理、道德和秩序的认定与遵循，从而形成了人们的精神生活共同体。或可说，文化是对人与人之间相互关系的精神厘定，标志着文化践行者在现实生活中所处的地位及其作用。因此，文化是一个民族、一个国家的集体记忆，它以物质的和非物质的形态延续传承。显然，唤醒民族的文化记忆，提升民族文化的时代境界，正是"培养高度的文化自觉和文化自信"的必由之路。

总之，中国共产党人的百年奋斗历史向我们深刻表明，民族的奋进有赖于文化的觉醒，人民的力量源自文化的自信。遵循文化自信的理念，我们不仅可以彰显中国特色社会主义渐趋成熟的文化自觉，也可以预见中华民族复兴伟业展现的文化自强。这无疑是新时代中国特色社会主义责无旁贷的神圣使命。

# 依靠顽强斗争打开事业发展新天地

张文杰　刘欢逸[①]

在党的二十大报告中,"斗争精神"是强调较多的一个关键词。"敢于斗争、善于斗争"是新时代新征程全党必须牢记的"三个务必"之一;"坚持发扬斗争精神"是全党和全国人民在前进道路上必须牢牢把握的重大原则之一。新时代新征程,面对新形势、新任务和新风险挑战,全党、全军和全国各族人民必须发扬斗争精神,增强志气、骨气、底气,不信邪、不怕鬼、不怕压,知难而进、迎难而上,全力战胜前进道路上各种困难和挑战,依靠顽强斗争打开事业发展新天地。

## 一、敢于斗争敢于胜利是党的精神品格

中国共产党是富有斗争精神的政党,敢于斗争敢于胜利,是党不可战胜的强大精神力量。回望党的百年奋斗征程,无论面对什么样的艰难困苦,中国共产党人都毫不退缩,始终保持着百折不挠和英勇顽强的斗争精神,这是党战胜各种艰难险阻、完成重大使命任务的根本保证。长征途中,红军血战湘江、四渡赤水、巧渡金沙江、强渡大渡河、飞夺泸定桥、鏖战独树镇、勇克包座、转战乌蒙山,击退了国民党反动派的围追堵截,征服了冰山雪岭和沼泽草地,最终抵达抗日前线。抗战胜利后,国民党蒋介石悍然发动内战,中国共产党领导军民奋起自卫,进行解放战争。中共中央进驻香山期间,面对国民党"划江而治"的图谋,我们党在北平和平谈判失败后发起渡江战役,迅速解放南京,接管上海,解放东南、中南、西南大部分地区。针对国内一些知识分子对于美国帝国主义的幻想,毛泽东号召"丢掉幻想,准备斗争",告诫"希望劝说帝国主义者和中国反动派发出善

---

[①] 张文杰,国防大学国家安全学院教授、博士研究生导师;刘欢逸,国防大学研究生院博士研究生。

心，回头是岸，是不可能的"。要不惧外部干涉，树立必胜信心，宜将剩勇追穷寇，把革命进行到底。

新中国成立之初，美帝国主义将战火烧到了家门口，应朝鲜劳动党和政府的请求党中央和毛泽东果断决策抗美援朝，保家卫国，"打得一拳开，免得百拳来"，敢于同以美国为首的"联合国军"进行较量，以"钢少气多"力克"钢多气少"，赢得抗美援朝战争的伟大胜利，新中国真正站稳了脚跟。这一战也打出了中国人民的精气神，充分展示了中国共产党及其领导下的人民不畏强暴、反抗强权的铮铮铁骨，和同仇敌忾万众一心的顽强品格。

党的历史，就是一部为了理想信念和初心使命，带领人民不懈奋斗的历史。党和人民取得的一切成就，不是天上掉下来的，不是别人恩赐的，而是通过不断斗争取得的。党在内忧外患中诞生、在历经磨难中成长、在攻坚克难中壮大，为了人民、国家、民族，为了理想信念，无论敌人如何强大、道路如何艰险、挑战如何严峻，党总是绝不畏惧、绝不退缩，不怕牺牲、百折不挠。党的十九届六中全会通过的《中共中央关于党的百年奋斗重大成就和历史经验的决议》，将"坚持敢于斗争"凝练为中国共产党百年奋斗的历史经验之一。百年来的伟大成就离不开艰苦奋斗，伟大斗争锻造了中国共产党坚忍不拔的意志、无私无畏的勇气、不怕牺牲的精神、百折不挠的品质，这是百年大党的成功之道和青春密码，是我们赢得胜利和继续胜利的不竭力量源泉。

## 二、把握新时代伟大斗争的历史特点

历史是不断发展的，是连续性和阶段性的统一。党在不同历史时期有不同的历史任务，其斗争内容和形式也呈现出不同的阶段性特征。当前，世界百年未有之大变局与中华民族伟大复兴战略全局相互激荡，只有观大势、谋全局，正确把握新时代斗争的历史特点，才能在斗争中赢得主动和先机。

世界百年未有之大变局加速演进，我国发展的外部环境趋于严峻。当前，世界百年未有之大变局加速演进，新一轮科技革命和产业变革深入发展，国际力量对比深刻调整，我国发展面临新的战略机遇。同时，世纪疫情影响深远，逆全球化思潮抬头，单边主义、保护主义明显上升，世界经济复苏乏力，局部冲突和动荡频发，全球性问题加剧，世界进入新的动荡变革期。来自外部的打压遏制随时可能升级。我国发展进入战略机遇和风险挑战并存、不确定难预料因素增多的时期，各种"黑天鹅""灰犀牛"事件随时可能发生。我们必须增强忧患意识，坚持底线思维，做到居安思危、未雨绸缪，准备经受风高浪急甚至惊涛骇浪的重大考验。

我国社会主要矛盾变化带来新要求，解决发展问题的难度加大。进入新时代，我国社会主要矛盾已经转化为人民日益增长的美好生活需要和不平衡不充分的发展之间的矛盾。发展不平衡不充分主要体现在发展质量和效益还不高，创新能力不够强，实体经济水平有待提高，生态环境保护任重道远；民生领域还有不少短板，城乡区域发展和收入分配差距依然较大，群众在就业、教育、医疗、居住、养老等方面面临不少难题；社会文明水平尚需提高；社会矛盾和问题交织叠加，全面依法治国任务依然繁重，国家治理体系和治理能力有待加强，等等。当前和今后一个时期，我国改革发展稳定面临不少躲不开、绕不过的深层次矛盾，党的建设特别是党风廉政建设和反腐败斗争面临不少顽固性、多发性问题，各种周期性、结构性、体制性因素将交织叠加，各种风险挑战会不断积累甚至集中显露，解决发展问题的难度加大，斗争涵盖领域的广泛性、涉及矛盾和问题的尖锐性、触及利益格局调整的深刻性、突破体制机制障碍的艰巨性、攻坚克难的复杂性都将前所未有，必须准确把握我国社会主要矛盾变化带来的新特征新要求，知难而进，迎难而上，做好在经济上、政治上、文化上、社会上、外交上、军事上各种斗争的准备。

我国正处于由大向强发展的关键阶段，国家安全处于高风险期。由大向强、将强未强之际，往往是国家安全的高风险期，这是历史的规律。历史和现实都表明，一个国家往往在两个时期面临的外部压力最大，一个是积贫积弱之时，另一个是发展振兴之时。现在，我们前所未有地接近实现中华民族伟大复兴的目标，前所未有地具有实现这个目标的能力和信心。但"木秀于林，风必摧之"。我们越发展壮大，遇到的阻力和压力就会越大，面临的外部风险就会越多，同各种敌对势力的斗争就越激烈。某些大国对我进行战略遏制和围堵的力度会不断加大，周边热点地区局势充满变数，一些历史积怨和现实冲突再度浮上水面，家门口生乱生战的可能性增大。

总之，当今之世乃大变之世，世界之变、时代之变、历史之变的特征更加明显。我国发展面临新的战略机遇、新的战略任务、新的战略阶段、新的战略要求、新的战略环境。必须准确把握新时代伟大斗争的历史特点，勇敢面对错综复杂的国际环境带来的新风险新挑战，更加积极有效应对各种不稳定不确定因素，切实维护国家主权、安全、发展利益，战胜任何有可能阻碍中华民族复兴进程的重大风险挑战。

## 三、敢于斗争善于斗争敢于胜利

实现伟大梦想，必须进行伟大斗争。社会是在矛盾运动中前进的，有矛盾就会有斗争。我们党要团结带领人民有效应对重大挑战、抵御重大风险、克服重大阻力、解决重大矛盾，必须进行具有许多新的历史特点的伟大斗争，一切贪图安逸、不愿继续艰苦奋斗的想法都是要不得的，一切骄傲自满、不愿继续开拓前进的想法都是要不得的。中华民族伟大复兴是近代以来中国人最伟大的梦想，这一梦想不是轻轻松松、敲锣打鼓就能实现的。当前及今后相当长的历史时期内，西方大国全面遏制打压我国的战略意图不会变，战略竞争和对抗上升的大趋势不会变。面对前进道路上的重大风险、强大对手，唯有主动迎战、坚决斗争才有生路出路，才能赢得尊严、求得发展；逃避退缩、妥协退让只会招致失败和屈辱，只能是死路一条。解决台湾问题、实现祖国完全统一是民族复兴的必然要求，是民族复兴进程中一场尖锐复杂的伟大斗争。党的十八大以来，习近平总书记就对台工作提出一系列重要理念、重大政策主张，形成新时代党解决台湾问题的总体方略。我们坚持一个中国原则和"九二共识"，坚决反对"台独"分裂行径，坚决反对外部势力干涉，牢牢把握两岸关系主导权和主动权。但树欲静而风不止。一个时期以来，美国和民进党当局加紧勾连，频繁制造事端。美变本加厉搞"以台制华"，放手打"台湾牌"；蔡英文及民进党当局"挟洋自重"，倚美抗陆，不断挑动局势紧张，这是当前台海局势紧张的根源。针对美国第三号人物佩洛西执意窜访台湾，我东部战区在台岛周边海空域组织了诸军兵种部队系列联合军事行动，展现了我坚决维护国家主权、安全、发展利益的坚强决心、坚定意志和强大能力。在解决台湾问题的方式上，我们始终坚持"和平统一、一国两制"的基本方针。以和平方式实现统一，最符合包括台湾同胞在内的中华民族整体利益，最有利于中国的长期稳定发展，是我们解决台湾问题的第一选择。然而，每一个主权国家都有权采取自己认为必要的一切手段包括军事手段来维护本国主权和领土的完整。如果"台独"分裂势力或外部干涉势力挑衅逼迫，甚至突破红线，我们将不得不采取断然措施。必须始终坚持做好以非和平方式及其他必要措施应对外部势力干涉和"台独"重大事变的充分准备。

实现伟大梦想，必须善于斗争。进行具有许多新的历史特点的伟大斗争，不仅要敢于斗争，还需要善于斗争，以正确的战略策略应变局、育新机、开新局。一是要牢牢把握正确斗争方向。习近平总书记指出："共产党人的斗争是有方向、有立场、有原则的"。党的性质和宗旨、初心和使命决定了我们的奋斗目的和方向。我们的斗争，不是为了斗争而斗争，也不是为了一己私利而斗争，而是为了实现人民对美好生活的向往、实现中华民族伟大复兴，这是我们的根本利益和长远利益。任何时候、每一步行动，都要有利于国家发展和民族复兴的长远目标，选择利益最大、代价和成本相对最小的方式和时间点。不能图一时之快而导致长久痛苦，不能逞一时之能而葬送国家的前途和人民的命运。有限的忍让不是懦弱，而是智慧；适当的后退不是怕谁，而是为下次大踏步的前进积蓄力量；多轮且长期的对峙博弈不是优柔寡断，而是全局谋划耐心赢得最终的胜利。二是要增强战略定力。大国博弈是一盘大棋局，是一场新形势下的持久战，可以预见和不可预见的斗争，将贯穿建设社会主义现代化强国的整个历史阶段。持久相抗，要的是理性不随性，用的是长力非蛮力，不能因为一个棋子掀翻整个棋盘。战略定力不是说说而已，不能被别人带偏节奏。三是要加强干部斗争精神和斗争本领养成，着力增强防风险、迎挑战、抗打压能力。"人在事上练，刀在石上磨。"斗争本领要通过学习和实践来获得。要认真学习马克思主义基本理论和马克思主义中国化最新成果，学会用马克思主义立场观点方法观察时代、把握时代、引领时代，夯实敢于斗争、善于斗争的思想根基。要认真学习经济、政治、历史、文化、社会、科技、军事、外交等方面的专业知识，掌握做好工作、履行职责所必备的各种知识技能，增强工作的科学性、主动性、预见性。四是要讲求斗争实效。斗争形势最复杂、最严峻的时候，往往也是最考验战略智慧和斗争方法的时候。这就要求我们抓主要矛盾、抓矛盾的主要方面，坚持有理有利有节，坚持战略判断和战术决断相统一、坚持斗争过程和斗争实效相统一，在原则问题上寸步不让，在策略问题上灵活机动，合理选择斗争方式，及时调整斗争策略，把握斗争火候，把握时、度、效，做到有的放矢、务求实效。

  实现伟大梦想，必须敢于胜利。"青山遮不住，毕竟东流去"。随着百年未有之大变局加速演进，国际力量格局和全球治理体系发生历史性变化，过去几个西方国家凑在一起就能决定世界大事的时代已经一去不复返了。当前，美西方国家内部矛盾重重，党派相互倾轧，社会对立撕裂，民众对统治集团的失望加剧。从占领华尔街运动到英国脱欧，从法国的"黄背心"运动到美国的"黑命贵"运动，"美丽风景线"一再在美西方上演，"民主灯塔"的形象黯然失色。而中国的发展壮大则向世界展现了社会主义制度和发展道路的勃勃生机。经济基础决定上层建筑，也决定着一个国家发展的前途和未来。当前中国已是全球第二大经济体，在不久的将来又将超过美国。许多国际机构预言，一旦这种情况发生，就意味着美国经济霸权将被取代，这将是历史性的一幕。对此历史大势，某些西方大国必定心有不甘而极力捣乱。70多年前,毛泽东在《丢掉幻想,准备斗争》一文中就给美国政客们讲了两个逻辑,"捣乱,失败,再捣乱,再失败,直至灭亡——这就是帝国主义和世界上一切反动派对待人民事业的逻辑","斗争,失败,再斗争,再失败,再斗争,直至胜利——这就是人民的逻辑"。80多年前,抗日战争刚开始一年,毛泽东在《论持久战》中就预见到抗日战争是一场持久战,经过战略防御、战略相持、战略反攻三个阶段,中国必将由劣势到平衡、到优势,而日本则必将由优势到平衡、到劣势。而战略相持阶段,是整个战争的过渡阶段,此阶段的战争是残酷的,也将是最困难的时期,很痛苦的时期,然而它是转变的枢纽。要排除一切悲观主义和妥协论,提倡艰苦斗争,只要熬过这一段艰难的路程,最精彩的结幕便能很好地演出来。历史证明了这一预言的科学性、正确性,也必将证明我们斗争的胜利前景。因为最根本的,我们的斗争是建立在正义性和人民支持的基础上的。党的二十大报告指出,"人民性是马克思主义的本质属性",必须坚持人民至上,站稳人民立场、把握人民愿望、尊重人民创造、集中人民智慧。只要我们始终坚持全心全意为人民服务的根本宗旨,始终保持同人民群众的血肉联系,始终接受人民批评和监督,始终同人民同呼吸、共命运、心连心,我们就能汇聚起赢得伟大斗争、开创伟大事业的磅礴力量,夺取全面建设社会主义现代化国家、全面推进中华民族伟大复兴的新胜利!

# 敢于斗争　善于斗争：
# 新时代中国共产党斗争精神锤炼探究[①]

## 王洪树[②]

党的二十大报告强调："全党同志务必敢于斗争、善于斗争"，在新时代新征程中继续"发扬斗争精神"。[③] 回顾百余年党史，敢于斗争、善于斗争是中国共产党人的鲜明政治品格。依靠斗争，中国共产党在新民主主义革命中开天辟地、在社会主义革命和建设中改天换地、在新时期改革开放中翻天覆地、在新时代建设社会主义现代化国家中惊天动地。正如习近平总书记所言："我们党依靠斗争走到今天，也必然要依靠斗争赢得未来。"[④] 向第二个百年奋斗目标迈进的号角已经吹响，建设社会主义现代化国家的征程已然开启；秉持和弘扬中国共产党的优良品格，要求我们直面风险、迎接挑战，敢于斗争、勇于胜利。新征程中，不管是什么风险，不管风险来自何方，不管风险是何等艰巨，"只要来了，我们就必须进行坚决斗争，毫不动摇，毫不退缩，直至取得胜利"。[⑤] 因为，中国共产党人敢于斗争和善于斗争的实质，是在建设共产主义社会的过程中不断摆脱黑暗、追求光明，是战胜邪恶、捍卫正义，是根除发展障碍，实现民族复兴，在斗争中维护国家和人民核心利益、重振民族信心与雄心、铸就"不信邪、不怕鬼、不怕压"和"知难而上、迎难而上"的斗争精神，进而拱卫中国的大国地位，推动构建人类命运共同体。这就要求共产党人在新时代新征程中直面

---

[①] 本文系国家社会科学基金青年项目"美好生活视域下新兴权利生成与保护的法治路径研究"（项目编号：22CFX001）的阶段性研究成果。

[②] 王洪树，四川大学马克思主义学院副院长、教授、博士生导师，四川大学中共党史党建研究院党的建设研究所所长。

[③] 习近平：《高举中国特色社会主义伟大旗帜，为全面建设社会主义现代化国家而团结奋斗》，载《人民日报》2022年10月26日。

[④] 《习近平谈治国理政》第4卷，外文出版社2022年版，第82页。

[⑤] 《习近平谈治国理政》第4卷，外文出版社2022年版，第71页。

斗争、学会斗争、善于斗争、敢打必胜。

## 一、秉持弘扬斗争精神：直面挑战

坚持马克思主义的指导地位，要求秉持斗争精神。马克思说："哲学家们只是用不同的方式解释世界，而问题在于改变世界。"① 无论是解释世界，还是改变世界，都要求我们直面客观存在的现实世界，不避困难，不畏艰险。中国共产党人更要自觉运用辩证唯物主义和历史唯物主义，不仅刀刃向内，主动进行自我革命、自我净化、自我提升、自我巩固，而且引领发展，主动进行社会革命，依靠人民群众，直面自然和社会、国内和国际隐藏的风险与挑战，有的放矢，解决主要矛盾，推动中国的螺旋式上升发展，建成社会主义现代化强国。

总结历史经验，要求继承斗争精神。回顾百年党史，中国共产党与封建势力进行了长期的艰苦斗争，土地革命既使农民翻身做了主人，又为革命积聚了创造历史的群众伟力；与官僚资本主义进行了不妥协的彻底斗争，根除了帝国主义在华的依附力量，工人阶级成为整个社会的领导阶级；与帝国主义进行了殊死斗争，中华民族赢得了尊严，屹立在世界民族之林；社会主义革命，使中国改天换地，稳步进入社会主义社会；社会主义建设，向科学技术进军，以经济建设为中心，全面推进"五位一体"的社会主义现代化国家建设。由此可见，"我们党依靠斗争创造历史，更要依靠斗争赢得未来"②。

直面新征程中风险与挑战，要求弘扬斗争精神。社会主义建设，是人类发展进展中的一项全新的进步事业。中国在社会主义道路上的蓬勃发展，既彰显了新生社会形态的优越性，也在一定意义上不断敲响旧的社会形态的丧钟。因此，"我们清醒认识到，新时代坚持和发展中国特色社会主义是一场艰巨而伟大的社会革命，各种敌对势力绝不会让我们顺顺利利实现中华民族伟大复兴"③。实现中华民族伟大复兴和建设社会主义现代化国家的新征程中，中国的改革发展可谓是正处在攻坚克难的重要阶段，必将面临更为多元、更为复杂、更为艰巨的内外挑战和伟大斗争；因此，我们必须准备更加长期的艰巨斗争、付出更加巨大的努力，采取更加切实有效的措施防范化解各种风险挑战。总之，"为了肩负历史重任，为了党和人民事

---

① 《马克思恩格斯选集》第1卷，人民出版社2012年版，第140页。
② 《习近平谈治国理政》第4卷，外文出版社2022年版，第83页。
③ 《习近平谈治国理政》第4卷，外文出版社2022年版，第82页。

业，无论敌人如何强大、道路如何艰险、挑战如何严峻，党总是绝不畏惧、绝不退缩，不怕牺牲、百折不挠"①。

维护核心利益和铸就独特品质，要求坚持斗争精神。在新中国成立之初，为维护国家主权和民族独立，中国人民毅然决然地投入抗美援朝战争。正可谓"打得一拳开，免得百拳来"。在斗争中，中国共产党不仅铸就了伟大的抗美援朝精神，而且锤炼了不畏强敌、不惧风险、敢于斗争、敢于胜利的风骨和品质。当今世界，强权政治横行；一些资本主义大国陷入政治衰败的漩涡，不断对外转嫁危机；世界日益呈现出"百年未有之大变局"的态势。抢抓时代机遇，中国共产党坚定维护自己的发展权利，高举马克思主义旗帜，坚持走社会主义道路，"比历史上任何时期都更接近、更有信心和能力实现中华民族伟大复兴的目标"②。这就要求我们直面一切阻碍力量，主动迎战，坚决斗争，以斗争寻求生路、赢得尊重、获得发展。历史昭示未来：只有不畏强敌，敢打必胜，才能维护自我核心利益、赢得他人尊重、奠定国际地位，引领人类发展。

## 二、自觉提升斗争本领：主动迎战

弘扬优秀传统文化，做现代之君子。中国优秀传统文化强调"君子之修"；"君子"是中国人的理想政治人格，是中国人作为精神存在物的根脉所在。首先，我们要自觉做到"格物致知"，认知"天之道"、"地之道"和"人之道"，理解和掌握万事万物运行的内在规律；在此学习过程中，传统文化要求我们"三人行，必有我师焉"，要见贤思齐，见不贤而反躬自省，不断砥砺自我，增强对外界的认知和自我道德修养。这将有助于夯实开展斗争的知识基础。其次，我们还要做到"修身养性"，要将所认知到的外在世界规律纳入人的内在修养之中，使人言有所据、行有所规，做到敬天保民、知行合一。这就要求现代党员干部都要力争做到"天人合一"。任何斗争行为都是"循道而为"，是"辅万物之自然而不敢为"③。最后，我们要"齐家、治国、平天下"。党员干部不仅要追求"内圣"，而且要践行"外王"之人生追求。心系家国、胸怀苍生，顺天守时、兼济天下。正所谓："天行健，君子以自强不息。"④ 近现代历史中艰苦卓绝的斗争现实也

---

① 《习近平谈治国理政》第4卷，外文出版社2022年版，第81页。
② 《习近平谈治国理政》第4卷，外文出版社2022年版，第12页。
③ 《道德经》六十四章。
④ 《周易·象传》。

一再告诫我们:"在重大风险、强大对手面前,总想过太平日子、不想斗争是不切实际的,得'软骨病'和'恐惧症'是无济于事的。"①

传承红色基因,赓续红色血脉。"中国共产党和中国人民是在斗争中成长和壮大起来的,斗争精神贯穿于中国革命、建设、改革各个时期。"② 因此,中国共产党依靠斗争创造历史,也要依靠斗争赢得未来。英勇的革命斗争积淀了厚实的红色基因。斗争精神是中国共产党人和中国人民的文化基因和优秀品质。不管发展到什么时候,我们都必须永远秉持斗争风骨,坚守斗争品质;传承红色基因,弘扬大无畏的革命精神;赓续红色血脉,铸就中华民族不屈的脊梁。不管面对任何困难,我们都要有与之战斗到底的血性,不达目的誓不罢休的执着。

加强斗争历练,学习斗争本领。经过革命和建设的洗礼,中国共产党人深刻意识到实践是检验真理的唯一标准。只有热火朝天的革命和建设实践,才能检验干部、锤炼干部。革命先辈们的成长经历也一再昭示,党员干部不经历磨砺,就难以成为信仰坚定、意志顽强、善于斗争、堪当大任的社会主义建设者和接班人。因此,习近平总书记强调:"年轻干部要自觉加强斗争历练,在斗争中学会斗争,在斗争中成长提高,努力成为敢于斗争、善于斗争的勇士。"③

坚定斗争意志,锤炼斗争品格。革命和建设,是一个大浪淘沙的历史进程。那些意志不坚定、方向不明确、本领不高强的人,往往是碰到挫折就畏缩不前,遇到困难就打退堂鼓,难以成为斗争中的中流砥柱。相反,那些执着追求理想、直面风险、不惧挑战、斗争意志坚定的人,就像高尔基笔下的海燕,呼唤着暴风雨来得更猛烈些!他们为了人民的利益、民族的复兴、社会主义现代化国家建设目标的实现,不屈不挠,一往无前。所以,实现第二个百年奋斗目标的新征程中,每个共产党党员和领导干部,都应"坚定担当责任,不断增强进行伟大斗争的意志与本领"④。

提高斗争能力,丰富斗争技能。在斗争中,不能是外行领导内行。每个共产党人都应成为各个方面斗争的行家里手。为此,我们不仅要科学认识斗争,了解斗争的规律,将斗争奠基在科学的基础上;而且我们要掌握斗争的艺术,继续坚持"有理、有利、有节"的原则,平衡好新征程过程中发展、改革与稳定的内在关系,继续缔造经济快速发展、社会长期稳定

---

① 《习近平谈治国理政》第 4 卷,外文出版社 2022 年版,第 83 页。
② 《习近平谈治国理政》第 4 卷,外文出版社 2022 年版,第 71 页。
③ 《习近平谈治国理政》第 4 卷,外文出版社 2022 年版,第 80 页。
④ 《习近平谈治国理政》第 4 卷,外文出版社 2022 年版,第 81 页。

的世界奇迹。这就要求我们"要善斗争，会斗争，提升见微知著的能力，透过现象看本质，准确识变、科学应变、主动求变，洞察先机、趋利避害。要加强战略谋划，把握大势大局，抓住主要矛盾和矛盾的主要方面，分清轻重缓急，科学排兵布阵，牢牢掌握斗争主动权"①。只有这样，我们才能在新征程中做到"任尔东西南北风，我自岿然不动"，锚定民族复兴伟大目标，有序、高效地乘风破浪、勇毅前行。

反思斗争成败，总结斗争经验。中国共产党人从不讳疾忌医，掩过避错。有错必改、有错必纠，是中国共产党的一贯作风和优良政治品质。我们总是"正确对待党在前进道路上经历的失误和曲折，从成功中吸取经验，从失败中吸取教训，不断开辟走向胜利的道路"②。在建设社会主义现代化国家的新征程中，我们更要自觉地继承和弘扬刀刃向内的自我革命精神，自觉反思革命和建设中的得失成败，胜不骄，败不馁；自觉地"经一事长一智，由此及彼，举一反三，练就斗争的真本领、真功夫"③。

## 三、勇于开展伟大斗争：敢打必胜

全体党员干部练就本领，就是为了投入惊天动地的伟大斗争之中。新征程，沧海横流，方显英雄本色。

全党全社会要准确认知斗争阶段。进入新时代，中国特色社会主义建设取得了长足进步，发生了前所未有的历史巨变。中华民族迎来了从站起来、富起来到强起来的伟大飞跃。

要坚定斗争目标。满足人民对美好生活的向往，全面建成社会主义现代化国家，实现中华民族伟大复兴，实现第二个百年奋斗目标，走近世界舞台的中央，充分彰显社会主义制度的优势，引领人类社会发展走向，推动构建人类命运共同体，就是我们在新征程中执着追求的奋斗目标。目标指引前进方向、彰显发展愿景、鼓舞人民斗志。

要夯实斗争基础。"铭记伟大胜利，推进伟大事业，必须坚持推进经济社会发展，不断壮大我国综合国力。落后就要挨打，发展才能自强。"④ 为此，我们要自力更生，艰苦奋斗，不断积聚国家软硬实力，不打无准备之仗。

---

① 《习近平谈治国理政》第4卷，外文出版社2022年版，第80页。
② 《习近平谈治国理政》第4卷，外文出版社2022年版，第20页。
③ 《习近平谈治国理政》第4卷，外文出版社2022年版，第80页。
④ 《习近平谈治国理政》第4卷，外文出版社2022年版，第77页。

要明确斗争对象。面对党内和党外，国内和国际、人类社会和自然界的各种复杂严峻的巨大挑战，我们要敢于应战。"凡是危害中国共产党领导和我国社会主义制度的各种风险挑战，凡是危害我国主权、安全、发展利益的各种风险挑战，凡是危害我国核心利益和重大原则的各种风险挑战，凡是危害我国人民根本利益的各种风险挑战，凡是危害我国实现'两个一百年'奋斗目标、实现中华民族伟大复兴的各种风险挑战"①，我们都要与之做坚决斗争，并且要战而胜之。

要弘扬斗争精神。敌人不打不垮，挑战不战不胜；面对各种风险与机遇、挑战与超越，只有勇敢者才能在斗争中把握机遇、超越自我，迎来更加美好灿烂的明天。眺望新征程，"前进道路不会一帆风顺。我们要铭记抗美援朝战争的艰辛历程和伟大胜利，敢于斗争、善于斗争，知难而进、坚韧向前，把新时代中国特色社会主义伟大事业不断推向前进"②。

要遵循斗争规律。与各种风险和挑战作斗争，不是靠蛮力、不是靠一时和一人之勇，而要自觉坚持历史唯物主义的英雄史观，依靠人民群众，汇聚形成创造历史的民族伟力；要以科学理性的态度深刻剖析风险挑战，遵循事物发展的内在规律，以量变求质变，推动事物的螺旋式发展，把斗争奠基在科学基础之上。新征程中，当代中国马克思主义、21世纪马克思主义，必然在与现实相结合的过程中创造出人类文明新形态。

要细化斗争要求。总体而言，就是要直面风险、不畏艰险，敢于斗争、善于斗争，知难而进、坚韧向前，守正创新、勇于胜利。

第一，政治层面要坚持党的领导。"铭记伟大胜利，推进伟大事业，必须坚持中国共产党领导，把党锻造得更加坚强有力。"③ 历史颠扑不破地证明，为了民族复兴、为了人民幸福，只有中国共产党不惧任何艰难险阻、不惜流血牺牲、团结亿万民众不断从胜利走向胜利。因此，在新征程新斗争中，我们要以自我革命精神推进全面从严治党，使中国共产党始终成为中国人民战胜一切风险挑战最可靠、最坚强的主心骨。

第二，认知层面，斗争必须顺应历史规律、人类发展趋势和人民大众意愿。开历史倒车，逆历史发展规律，恃强凌弱只能是回光返照，最终将被历史前进的巨轮碾得粉碎。进步必将战胜落后，正义必将战胜强权。人类社会发展规律的运行，必将使社会主义最终战胜资本主义。

第三，精神意志层面，要不畏强暴，敢于斗争。"无论时代如何发展，

---

① 《习近平谈治国理政》第4卷，外文出版社2022年版，第71页。
② 《习近平谈治国理政》第4卷，外文出版社2022年版，第76页。
③ 《习近平谈治国理政》第4卷，外文出版社2022年版，第76页。

我们都要砥砺不畏强暴、反抗强权的民族风骨。"① 在实现第二个百年奋斗目标的新征程中，中国人民不信邪、不怕鬼，不惹事、不怕事；面对任何困难风险，面对任何敌对势力，中国人民膝盖不会屈、腰杆不会弯、脊梁不会垮，中华民族是吓不倒、压不垮的。舍生忘死、向死而生的民族血性，是我们战胜一切敌人的精神保障。

第四，价值层面，为人民而战，为祖国而战，维护世界和平与正义。中国共产党的一切斗争都是为了人民。所以，斗争要依靠人民；人民战争将埋葬一切敌对势力的挑战。中国共产党的一切斗争都是为了捍卫祖国的尊严和发展利益；任何阻碍中国人民追求幸福美好的艰险、任何阻碍中华民族伟大复兴的势力、任何改变中国社会主义发展道路的图谋，中国人民必将予以迎头痛击，它们注定都会失败。

第五，队伍层面，锻造强大的钢铁洪流。我们既要深入持续地开展"不忘初心、牢记使命"主题教育、党史学习教育、"四史"学习教育等，又要从严治党，扎牢管党治党的制度笼子，强化制度的执行力；自律和他律有机结合，锻造一支信念坚定、心怀人民、本领高强、堪当大任的干部队伍。此外，我们要"铭记伟大胜利，推进伟大事业，必须加快推进国防和军队现代化，把人民军队全面建成世界一流军队。没有一支强大的军队，就不可能有强大的祖国"②。

第六，力量层面，团结一心开展人民战争。中国共产党的力量，根基在于人民。"无论时代如何发展，我们都要汇聚万众一心、戮力同心的民族力量。"③ 因为，我们所从事的事业是属于千百万人的事业，是为了人类的解放，是为了每个人自由且全面的发展。它必将赢得人民的衷心拥护、坚定支持和踊跃参与。在新征程中，中国共产党始终坚持人民立场，奉行人民主体、人民中心和人民至上理念，一定能够团结亿万民众，激发出中华民族书写人类历史的强大力量。

第七，方法层面，要多措并举和综合施治。未雨绸缪，掌握主动；及时预警风险，料敌于先；早做科学谋划，沉着应战。要保障稳定，捍卫核心利益；人民民主，奠定社会和谐安宁的基础；对敌专政，消灭一切破坏稳定甚或是进行颜色革命的反动势力；中国人民"绝不允许任何外来势力欺负、压迫、奴役我们"！④ 果断出手，坚决斗争；"唯有主动迎战、坚决

---

① 《习近平谈治国理政》第 4 卷，外文出版社 2022 年版，第 75 页。
② 《习近平谈治国理政》第 4 卷，外文出版社 2022 年版，第 77 页。
③ 《习近平谈治国理政》第 4 卷，外文出版社 2022 年版，第 75 页。
④ 《习近平谈治国理政》第 4 卷，外文出版社 2022 年版，第 12 页。

斗争才有生路出路，才能赢得尊严、求得发展，逃避退缩、妥协退让只会招致失败和屈辱，只能是死路一条"①。守正创新，善于斗争；"无论时代如何发展，我们都激发守正创新、奋勇向前的民族智慧。勇于创新者进，善于创新者胜"②。

第八，成效方面，要解决难题，办成大事。斗争必须要有成效，方能鼓舞斗争，厚植信心，坚定意志。"这几年，我们掌握应对风险挑战的战略主动，对危及党的执政地位、国家政权稳定，危害国家核心利益，危害人民根本利益，有可能迟滞甚至打断中华民族复兴进程的重大风险挑战，果断出手、坚决斗争，解决了许多长期想解决而没有解决的难题，办成了许多过去想办而没有办成的大事。"③ 因此，我们满怀信心地开启了第二个百年奋斗目标的新征程；中国共产党一诺千金，在庄严宣告诸多历史重大胜利的基础上正带领全体中华儿女以坚实的步伐实现中华民族的伟大复兴。

第九，时间方面，要久久为功。中华民族是一个拥有连绵不断五千多年文明历史的古老民族。因此，我们审视党情、国情和世情，我们追逐民族复兴目标，我们建设社会主义现代化强国，都是秉持着正确历史观和大历史观来思考和谋划这一切。因为，"我们面临的各种斗争不是短期的而是长期的，将伴随实现第二个百年奋斗目标全过程"④。中国共产党和中国人民，坚定相信社会主义必将取代资本主义的历史发展规律，正以极强的历史耐心、高远的历史视野、长时段的战略谋划，持之以恒地追求既定目标的螺旋递进和渐次实现。

## 四、实现斗争战略目标：民族复兴

新时代新征程，为了民族复兴，中国共产党正在进行具有许多新的历史特点的伟大斗争。

使命引领的斗争。作为一个使命型政党，中国共产党承载着家国富强梦想、民族复兴愿景和人类解放的政治使命。使命指引方向，激励斗志。

责任驱动的斗争。"一个时期有一个时期的历史使命和任务，一代人有一代人的历史担当和责任"⑤；正是为人民谋幸福、为民族谋复兴的历史担当和责任，使中国共产党人奋发有为，勇敢面对一切困难，"铁肩担道义，

---

① 《习近平谈治国理政》第4卷，外文出版社2022年版，第83页。
② 《习近平谈治国理政》第4卷，外文出版社2022年版，第75页。
③ 《习近平谈治国理政》第4卷，外文出版社2022年版，第83页。
④ 《习近平谈治国理政》第4卷，外文出版社2022年版，第83页。
⑤ 《习近平谈治国理政》第4卷，外文出版社2022年版，第82页。

铁血铸忠诚"。

领导有力的斗争。中国共产党是新时代新征程中的主心骨、定盘星；自觉坚持中国共产党对斗争的坚强有力领导，是我们战胜一切艰难险阻的坚实政治保障。

目标明确的斗争。满足人民大众对美好生活的追求，实现中华民族的伟大复兴，建成社会主义现代化强国，走近世界舞台的中央，推动构建人类命运共同体，就是我们的奋斗目标。中国共产党举旗定向，全体中国人民正以坚定不移的步伐向着这些目标稳步迈进。

接续发力的斗争。历史发展往往是连续性和阶段性的有机统一。只有克服一个个困难，消灭一个个阻碍势力，打通一个个堵点，战胜一个个挑战，我们才能一步一个脚印地继续缔造发展奇迹。

坚定自信的斗争。我们所从事的斗争，符合亿万民众的发展愿望、符合人类发展规律、促进人类和平和正义事业，是高尚的斗争，是必将胜利的斗争。新时代，我们要"雄赳赳、气昂昂，向着全面建设社会主义现代化国家新征程，向着实现中华民族伟大复兴的中国梦，继续奋勇前进"①。正如习近平总书记所言："有中国共产党的坚强领导，有全国各族人民的紧密团结，全面建成社会主义现代化强国的目标一定能够实现，中华民族伟大复兴的中国梦一定能够实现！"②

---

① 《习近平谈治国理政》第4卷，外文出版社2022年版，第79页。
② 《习近平谈治国理政》第4卷，外文出版社2022年版，第15页。

# 新时代共同富裕思想的生成逻辑、丰富内涵及其实现路径

张晓燕　杨舒庭①

党的十九届六中全会通过的《中共中央关于党的百年奋斗重大成就和历史经验的决议》指出，新时代是"全国各族人民团结奋斗、不断创造美好生活、逐步实现全体人民共同富裕的时代"。② 党的二十大报告指出，十八大召开以来的十年，我们党经历了三件重要大事，其中之一就是团结带领全国各族人民打赢了脱贫攻坚战，全面建成小康社会，实现了第一个百年奋斗目标，这些成就的取得为新时代更好推进共同富裕奠定了基础，提供了保障。在新的发展阶段上，我们国家比任何时候都要接近实现共同富裕这一目标。新时代共同富裕思想顺应时代潮流，把握时代脉搏，深刻回答了在我国现阶段要实现什么样的共同富裕以及如何实现共同富裕等一系列重大问题。在开启全面建设社会主义现代化国家新征程这一新的历史节点上，探究共同富裕思想具有十分重要的价值。

## 一、新时代共同富裕思想的生成逻辑

新时代共同富裕思想发端于马克思主义经典作家有关共同富裕思想的经典阐述，并在中国化马克思主义的实践中不断实现理论的创新和突破，在解决我国社会发展实际问题的现实中得到检验。

（一）理论逻辑：继承和发展马克思主义经典作家共同富裕思想

马克思主义经典作家在其著作中没有明确提出"共同富裕"这一概念，但是仔细研读原著可以发现，共同富裕思想是贯穿其著作始终的一根主线，

---

① 张晓燕，陕西师范大学马克思主义学院副教授；杨舒庭，陕西师范大学马克思主义学院硕士研究生。

② 《中共中央关于党的百年奋斗重大成就和历史经验的决议》，人民出版社2021年版，第23页。

是马克思主义经典作家终身追求的价值目标。马克思、恩格斯、列宁都对共同富裕思想做了积极探索。

在对资本主义的批判和对未来共产主义社会的伟大构想中提出共同富裕思想。马克思恩格斯生活在资本主义快速发展的时代，资本创造出了以往任何时代都不可能创造出来的财富。资本主义社会高楼林立，交通便利，商品丰富，一派欣欣向荣。但是社会物质财富日益集中在少数资本家手中，资本家愈来愈富有，工人阶级愈来愈贫穷，资本主义社会两极分化日益严重。劳动为工人创造了贫穷，劳动者在资本的驱使下越来越痛苦。资本家的富有和工人阶级的贫穷形成了鲜明的对比，工人阶级不满足于现状，逐渐开始觉醒，开始和资本家进行斗争。资本家阶级和工人阶级的矛盾日益加深。工人阶级辛苦创造出来的劳动成果归资本家所有，因此，在这种不平等的资本主义社会中不会也不能实现共同富裕。为了改变工人阶级现状，马克思分析了资本主义社会的弊病，指出资本主义私有制的存在以及资本家对剩余价值的无尽追求是造成社会两极分化的重要原因。在对资本主义社会这种不公平的分配制度的批判中以及对未来共产主义社会的构想中，马克思指出："未来社会生产将以所有人的富裕为目的"。① 劳动产品应该归工人阶级所有，所有人实现共同富裕是社会发展的最终价值旨归。恩格斯也指出，社会主义社会应该"给所有的人提供健康而有益的工作，给所有的人提供充裕的物质生活和闲暇时间，给所有的人提供真正的充分的自由"。② 工人在工作中应该感受到快乐，在生活中感受到幸福，获得自由而全面的发展。马克思恩格斯主张废除生产资料私有制，建立社会主义公有制，在新的社会制度中，人民群众的合理需求将会得到满足，成为真正的社会主人。

在进行社会主义革命的实践中发展共同富裕思想。列宁带领俄国人民推翻了资产阶级的统治，世界上第一个社会主义国家由此建立起来。首先，社会主义制度为实现共同富裕奠定了体制基础。列宁主张没收大地主、资本家的财产归劳动者所有，使工人成为国家社会和自己命运的主人。"在社会主义制度下，全体工人、全体中农、人人都能在绝不掠夺他人劳动的情况下完全达到和保证达到富足的程度"。③ 在新的社会制度里，劳动者通过辛勤劳动获得劳动产品，不再受资本家和地主阶级的剥削，劳动者成为自己所创造出来的劳动产品的主人。"在这个新的、更好的社会里不应该有穷

---

① 《马克思恩格斯全集》第31卷，人民出版社1998年版，第104页。
② 《马克思恩格斯全集》第28卷，人民出版社2018年版，第652页。
③ 《列宁全集》第35卷，人民出版社1985年版，第470页。

有富,大家都应该做工。共同劳动的成果不应该归一小撮富人享受,应该归全体劳动者享受。"① 社会主义制度为人民群众过上幸福生活提供了基础和保障,在这个社会中人人平等,大家共同劳动,共享劳动成果。其次,发展社会生产力为共同富裕提供坚实物质基础。列宁认为,"劳动生产率,归根到底是使新社会制度取得胜利的最重要最主要的东西"。② 在社会主义制度下,实行按劳分配,工人阶级不会被剥削压迫,工人积极性提高,整个社会生产率随之提升,最终会创造出大量社会财富。

任何理论的产生都需要一定的历史条件。马克思恩格斯分析了资本主义社会的弊病并指出,在那样一个生产力快速发展、物质财富极大丰富的社会中,存在着极其不公平的分配制度,工人阶级是为资本家创造剩余价值的"机器人",整个社会真正富裕的人只有资本家阶级。为了改变这种不公平的社会现状,马克思指出要推翻资本主义制度,建立人人平等的共产主义社会,实现全体人民共同富裕。中国共产党一经成立就把马克思列宁主义作为自己的行动指南,实现全体人民共同富裕始终是我们党的价值目标所在,并落实在我们党的各项方针政策和具体实践中。

(二) 历史逻辑:开拓与升华中国共产党人持续探索的共同富裕思想

"共同富裕思想的萌发、创立、完善和创新贯穿在中国共产党人的革命、建设和改革的百年实践中,体现着全体共产党人的智慧结晶和历史贡献"。③ 中国共产党一经成立就把为人民谋幸福作为自己的初心使命,回顾党的百年历史,就是中国共产党带领人民群众摆脱贫穷、逐渐走向富裕的奋斗史。在我国社会发展的不同阶段,党的历届领导人根据我国不同的国情民情对共同富裕思想进行了探索。

新中国成立初期,毛泽东在《中共中央关于发展农业生产合作社的决议》中指出,要"使农民能够逐步完全摆脱贫困的状况而取得共同富裕和普遍繁荣的生活"。④ 共同富裕思想在我国首次被提出来。经过三大改造,我国建立了社会主义制度,为进一步推进共同富裕提供了体制保障。第一个五年计划取得了圆满成功,我国的社会生产力水平得到极大提升,实现共同富裕的经济基础得以巩固。毛泽东还认识到,在我国推进共同富裕,

---

① 《列宁全集》第7卷,人民出版社1986年版,第1112页。
② 《列宁选集》第4卷,人民出版社2012年版,第16页。
③ 裴广一、葛晨:《中国共产党对实现共同富裕的百年探索与实践启示》,载《学术研究》2021年第12期。
④ 《毛泽东文集》第6卷,人民出版社1999年版,第442页。

"把时间设想得长一点,是有许多好处的,设想得短了反而有害"。① 这一论断说明,实现共同富裕这一目标不可能一步到位,不能急于求成,而是需要一个长期的、循序渐进的过程。

进入改革开放新时期,邓小平对共同富裕提出了新的见解。1992年,邓小平在南方谈话时指出,在我国要实现共同富裕,就要不断解放生产力、发展生产力。只有创造大量的社会财富,才有可能实现共同富裕,这是实现这一目标的基础要素和先决条件。邓小平从我国社会发展的具体国情出发,提出实现共同富裕的途径是先富帮助后富。在这一过程中,要允许一部分有能力有想法的人先富裕起来,而后在国家以及率先富裕起来的群体和地区的帮助下,带动我国一些偏远地区和贫困地区的人民群众逐渐发展起来,在全社会形成互帮互助的良好氛围,最终在全国范围内实现共同富裕这一伟大目标。就如何实现共同富裕这一问题,邓小平作出了具体的制度安排,提出了三步走战略,为更好地推进共同富裕做了铺垫。

江泽民对如何推进共同富思想进行了积极的探索,在党的十六大报告中指出:"制定和贯彻党的方针政策,基本着眼点是要代表最广大人民的根本利益,正确反映和兼顾不同方面群众的利益,使全体人民朝着共同富裕的方向稳步前进。"② 在走向共同富裕的征程上,他指出要进行经济体制改革,发展社会主义市场经济,不断提升我国经济发展水平,为实现全体人民共同富裕提供坚实的物质基础。根据邓小平"两个大局"思想,江泽民提出了西部大开发战略,着力缩小我国地区间发展的差距。江泽民还强调在大力发展经济的同时要兼顾好效率和公平,不断满足人民群众各项合法权益,让人民群众拥有幸福感和成就感。

胡锦涛在党的十七大报告中指出:"要始终把实现好、维护好、发展好最广大人民的根本利益作为党和国家一切工作的出发点和落脚点,尊重人民主体地位,发挥人民首创精神,保障人民各项权益,走共同富裕道路"。③ 胡锦涛强调,人民群众要在共建共享中实现共同富裕。在推进共同富裕的道路上,努力构建社会主义和谐社会。在发展经济的同时要重视对自然界的保护,保证发展的可持续性。全面贯彻以人为本这一思想,把人民的根本利益摆在首位,注重社会发展的公平性。

进入新时代,以习近平同志为核心的党中央更加扎实推进共同富裕。2021年,我国全面打赢脱贫攻坚这一硬仗,如期实现了第一个百年奋斗目

---

① 《毛泽东文集》第8卷,人民出版社1999年版,第302页。
② 《江泽民文选》第3卷,人民出版社2006年版,第540页。
③ 《胡锦涛文选》第2卷,人民出版社2016年版,第624页。

标，在中华大地上谱写了壮丽恢弘的时代凯歌。时代各有不同，使命一脉相承。中国共产党人接续探索的共同富裕思想为新时代共同富裕思想提供了深厚的历史基础，为新时代更好地推进共同富裕思想开辟了道路。

（三）现实逻辑：有力回应新时代我国社会发展的现实问题

党的十九大报告指出，中国特色社会主义进入新时代，我国社会的主要矛盾发生了变化，已经转变为人民日益增长的美好生活需要和不平衡不充分的发展之间的矛盾，解决我国社会主要矛盾已经成为我国当前社会发展面临的主要问题。站在新的历史方位，我们必须清醒认识到，我国社会发展中依然存在问题。一方面，改革开放后，人民生活水平得到极大提升，但是，进入新时代后，人民群众对于政治权利、文化权益、社会生活以及生态环境的需求日益增长，不再局限于单纯对于物质的追求，我国社会发展不充分问题制约着人民群众的生活需求。另一方面，在改革开放浪潮下，我国生产力水平和经济快速发展，但在长期的发展中出现了一些问题：地区间发展差异较大，人民群众收入差距大，基础设施不完善，社会保障不够全面等突出问题，阻碍了共同富裕的推进步伐。为了解决诸如此类的社会发展难题，新时代共同富裕思想应际而生，共同富裕的现实指向正是破解当代中国社会发展的症结所在，共同富裕的本质和阶段论都是依据社会主要矛盾认识而阐发的，对解决社会主要矛盾具有现实指导意义和重要价值。

2021年是我国第十四个五年规划的开局之年，我国取得了脱贫攻坚战的胜利，实现了第一个百年奋斗目标。在新的发展阶段上，实现共同富裕是我国社会发展的又一重大目标。新时代，要把共同富裕思想和解决我国社会发展的现实问题路径统一起来，努力解决好我国社会的主要矛盾，满足好人民群众各方面的新需求，让人民群众都能更好地享受到改革发展带来的红利，让人民群众的生活更加幸福美好。"共同富裕是社会主义的本质要求，是中国式现代化的重要特征"。① 中国式现代化是中国共产党带领中国人民所开创的有别于西方资本主义的发展道路，这一道路以实现全体人民共同富裕为根本目的。同时，新时代共同富裕思想为中国式现代化道路提供方向指引，两者相辅相成，相互促进，统一于我国社会主义建设的各个方面和整个过程。在新时代，为实现中华民族伟大复兴、走好中国式现代化道路，就必须扎实推进共同富裕。

---

① 《习近平主持召开中央财经委员会第十次会议强调　在高质量发展中促进共同富裕统筹做好重大金融风险防范化解工作》，载《人民日报》2021年8月18日第1版。

## 二、新时代共同富裕思想的丰富内涵

正确理解新时代共同富裕思想的丰富内涵，笔者认为，可以从四个维度入手：从范围看，是人民群众全体富裕；从内容看，是人民群众全面富裕；从方式看，是人民群众共建共富；从推进过程看，是人民群众渐进共富。

### （一）人民群众全体富裕

新时代共同富裕思想，从覆盖范围看，是全体人民群众的共同富裕。习近平总书记指出："全面建成小康社会，一个也不能少；共同富裕路上，一个也不能掉队。"① "共同富裕是社会主义的本质要求，是人民群众的共同期盼。我们推动经济社会发展，归根结底是要实现全体人民共同富裕。"② 共同富裕的主体是全体人民群众，是我国各地区、各民族、各行各业人民群众的共富，在推进过程中要加大对贫困地区和欠发达地区的帮扶力度，加强对弱势群体的关心力度，在这一过程中更好地促进全体人民共同富裕。2021年底，我国已经全面建成小康社会，人民生活各方面获得提升，与此同时人民群众也有了新的更高的生活需求。但是在我国社会发展过程中仍然存在一些现实问题，城乡发展差距较大，居民收入差距也比较大，每个人从事的职业不同，个人能力大小也不同，因此，不可能实现所有人同步富裕。但是，随着我国经济社会的发展，在先富带动后富方法论的指引下，有能力把富裕水平的差异性控制在合理范围内，满足人民群众的基本需求，为人民群众提供更加优渥的生活条件，逐步向着共同富裕迈进，向着实现中华民族伟大复兴的中国梦这一目标不断努力，在本世纪中叶全面建成社会主义现代化强国。

### （二）人民群众全面富裕

新时代共同富裕思想，从内容上看，是人民群众的全面富裕。共享发展就是要共享国家经济、政治、文化、社会、生态各方面建设成果。③ 在经济方面，发展仍然是我们党执政兴国第一要务，仍然是带有基础性、根本性的工作。④ 推动经济高质量发展促进共同富裕，实行供给侧结构性改革，

---

① 中央党史和文献研究院编：《习近平扶贫论述摘编》，中央文献出版社2018年版，第23页。
② 《中共中央关于制定国民经济和社会发展第十四个五年规划和二〇三五年远景目标的建议》，人民出版社2020年版，第54页。
③ 中央党史和文献研究院编：《十八大以来重要文献选编》下卷，中央文献出版社2018年版，第170页。
④ 习近平：《做焦裕禄式的县委记》，中央文献出版社2015年版，第35页。

解放发展生产力。在政治方面,维护人民群众根本政治权益,构建社会主义法治社会,保障人民群众参与管理国家和社会事务的权利。在文化方面,大力发展公益性文化事业,发展符合人民群众需求以及人民群众满意的社会主义文化。在社会治理方面,完善社会保障体系,努力实现基本公共服务均等化,在全社会形成老有所养、幼有所教、房有所住、病有所医的良好局面,努力形成稳定和谐的社会关系,为共同富裕的推进提供有利的社会环境。在生态方面,努力形成人与自然和谐共生的局面,良好的生态环境是生产力,是民生福祉的一部分,是最公平的公共产品。① 保护生态环境,为人民群众提供健康优美的生产生活条件。在"四个全面"战略布局的指引下统筹推进"五位一体"总体布局,推进新时代人民群众全面富裕,努力让人民群众都能享受我国社会各方面的发展成果,让新时代的人民群众感受到这个时代的伟大和美好。

### (三) 人民群众共建共富

新时代共同富裕思想,从实现方式看,是人民群众的共建共富。创造幸福生活要靠自己的双手,幸福生活是由奋斗得来的。首先,实现共同富裕离不开广大人民群众。伟大的历史是由伟大的人民创造的,人民群众是社会物质财富和精神财富的创造者,是推动社会历史向前发展的决定力量。在新的发展阶段上,仍然要不断提高劳动者的积极性,防止"躺平"和"内卷"现象的出现,依靠我国全体人民群众的艰苦奋斗建设美丽中国,实现共同富裕。其次,社会发展的成果由全体人民共同享有。不同于西方资本主义社会,在我国,全体人民群众是社会的主人,人民群众辛勤创造出来的各种财富最终归人民所有,人民既是创造者,也是享用者。在新时代,要不断完善收入分配制度,维护劳动者合法权益,"作出更有效的制度安排,使全体人民朝着共同富裕方向稳步前进,决不能出现'富者累巨万,而贫者食糟糠'的现象"②,而是要努力形成每个人都参与社会主义建设,每个人各尽其能,各司其职,最终都能享受到社会发展红利的这样一种美好的社会局面。共建和共享两者相互依存,相互促进,只有共建才能共享,共建为共享提供前提和物质基础,共享是共建的最终目的和价值目标,为共同富裕的推进做好铺垫。

### (四) 人民群众渐进共富

新时代共同富裕思想,从推进过程看,是人民群众的渐进共富。共同富裕的推进不可能一步到位,而是需要一个长期的历史过程,共同富裕要

---

① 《习近平关于全面建设小康社会论述摘编》,中央文献出版社2016年版,第163页。
② 《习近平关于社会主义经济建设论述摘编》,中央文献出版社2017年版,第25页。

分阶段来实现。新中国成立初期，毛泽东提出了共同富裕这一概念，随着三大改造的完成，我国建立了社会主义制度。这一制度的确立为我国的改革和发展创造了稳定的政治环境，为实现共同富裕目标奠定了体制基础。进入改革开放新时期，邓小平提出了先富带动后富的方法论，并提出了三步走战略，为推进共同富裕打牢经济根基。党的十八大以来，以习近平同志为核心的党中央把共同富裕摆在更高战略位置。从改革开放初的解决温饱问题到总体小康、奔向全面小康的历史进程，到2021年我国全面建成小康社会，在这一过程中，人民生活水平日益提升，逐步摆脱贫穷，阔步走向了社会主义发展的新征程，我国社会比以往任何时候都要接近实现共同富裕这一目标。根据党中央的决策部署，现阶段在我国推进共同富裕分两步走：从2020年到2035年，全体人民共同富裕迈出坚实步伐；从2035年到本世纪中叶，全体人民共同富裕基本实现。① 在这一发展阶段，要立足我国基本国情，始终坚定不移地坚持马克思主义基本原理，结合我国的具体国情进行战略部署，认清我国社会发展的基本规律，并遵循这一规律，循序渐进地推进共同富裕。

## 三、新时代共同富裕思想的实现路径

党的十八大以来，以习近平同志为核心的党中央将消灭农村绝对贫困作为工作的重中之重，2020年我国脱贫攻坚工作取得了举世瞩目的历史性成就，为新发展阶段扎实推进共同富裕奠定了坚实基础。"随着我国全面建成小康社会、开启全面建设社会主义现代化国家新征程，我们必须把促进全体人民共同富裕摆在更加重要的位置。"② 因此，在新的发展征程上，如何推进共同富裕这一问题变得尤为重要。

**（一）坚持中国共产党的领导是实现共同富裕的根本保障**

在新的发展阶段上推进共同富裕必须坚持党的领导。中国特色社会主义最本质的特征就是坚持中国共产党的领导，党始终发挥协调各方、总揽全局的作用。"党的领导是做好党和国家各项工作的根本保证，是我国政治稳定、经济发展、民族团结、社会稳定的根本点。"③ 坚持党的领导为共同富裕的推进提供了政治保障。首先，从党的百年发展历程看，推进共同富

---

① 习近平：《决胜全面建成小康社会，夺取新时代中国特色社会主义伟大胜利——在中国共产党第十九次全国代表大会上的报告》，载《人民日报》2017年10月28日。
② 《中共中央关于制定国民经济和社会发展第十四个五年规划和二〇三五年远景目标的建议》，人民出版社2020年版，第55页。
③ 《习近平关于社会主义政治建设论述摘编》，中央文献出版社2017年版，第30页。

裕离不开党的领导。中国共产党的百年奋斗史,就是党领导人民追求美好生活,走向共同富裕的过程。新中国成立初期,随着共同富裕思想的提出,我们党把全体人民群众实现共富共强作为自己的最终价值目标。在党的领导下,我国建立起了社会主义制度,为推进共同富裕扫清了障碍,奠定了体制基础。改革开放新时期,邓小平就如何实现共同富裕这一目标作出了具体的制度安排。进入新时代,在以习近平同志为核心的党中央的坚强领导下,我们党攻克了许多社会发展难题,社会各方面发生了巨大转变,共同富裕迈出了崭新的步伐。实践证明,从新中国成立到进入新时代,我国社会一切成就的取得都离不开我们党坚强有力的领导。其次,从国际国内发展现状来看,推进共同富裕要坚持党的领导。当前我国社会发展面临许多现实问题,推进共同富裕并不是一蹴而就的,面对复杂的问题,需要党的坚强领导才能团结全国各族人民,为实现共同富裕贡献自己的力量。同时,面对世界百年未有的大变局,在国际局势极不稳定以及面临多重发展难题的考验下,必须更加坚定地坚持党的领导,不断壮大我国经济实力,为中华民族纾困解危,为世界发展作出贡献。

(二) 坚持以人民为中心的发展思想是实现共同富裕的内在指引

在新的发展阶段上推进共同富裕必须坚持以人民为中心的发展思想。共同富裕是指全体人民实现共富,在推进过程中,必须贯彻以人为本的思想。首先,健全社会保障体系。为人民群众提供健康且高质量的医疗卫生服务,解决老百姓看不上病、看不起病的现实问题,健全城乡居民养老保险体系,推进基本公共服务均等化,实现社会发展成果由人民共享。其次,坚持我国的基本经济制度,健全我国的收入分配体系,完善我国现有的收入分配制度,同时要保护劳动者合法收入,提高低收入者收入水平,努力提升人民群众生活质量。取缔非法收入,不断扩大中等收入者比重,在全社会形成"橄榄型"收入分配结构。通过对收入分配制度的改革和完善,为推进共同富裕奠定经济基础。最后,实行就业优先的战略。从国家层面来说,优化就业结构,提升就业质量,拓宽就业渠道,鼓励劳动者自主创业。从企业层面来说,要保护劳动者合法权益。从个人层面来说,要提升自身素质,掌握专业技能,赢得就业机会。总之,在推进共同富裕的过程中,始终坚持以人民为中心的发展理念,坚持先富帮助后富的基本途径,不断向着共同富裕的目标前进。

(三) 推动经济实现高质量发展以夯实共同富裕的物质基础

推动经济实现高质量发展促进共同富裕。习近平总书记指出:"高质量发展,就是能够很好满足人民日益增长的美好生活需要的发展,是体现新发展理念的发展,是创新成为第一动力、协调成为内生特点、绿色成为普遍形态、开放成为必由之路、共享成为根本目的的发展。"① 高质量的经济发展为解决新时代我国社会的主要矛盾提供了有效的策略，同时也是助力实现共同富裕目标的重要途径。改革开放四十多年来，"我国经济进入新发展阶段，经济发展方式、经济结构、经济动能出现转换，需要促进质量变革、效率变革、动力变革"。② 我国经济发展由高速增长阶段转变为高质量发展阶段。首先，推动经济高质量发展要贯彻落实新发展理念。实施创新驱动发展战略，努力掌握核心技术，不断实现技术创新；注重协调发展，不断缩小不同地区、不同人群之间的发展差距，关注欠发达地区人民群众的发展；坚持金山银山就是绿水青山的生态文明理念，促进人与自然和谐共生；"要畅通国内大循环，促进国内国际双循环，全面促进消费，拓展投资空间"。③ 通过双循环体系，促进我国经济发展；坚持全面共享、全民共享、共建共享和渐进共享，为实现共同富裕架桥铺路。其次，推动经济高质量发展要提高经济发展的平衡性、协调性和包容性。在大力发展经济做大蛋糕的同时，兼顾公平分好蛋糕，缩小城乡之间、居民收入之间的差距，开展区域间定点帮扶，协调区域间发展。

**（四）巩固拓展脱贫攻坚成果和乡村振兴有效衔接以补齐共同富裕短板**

新发展阶段推进共同富裕必须巩固脱贫攻坚成果和乡村振兴有效衔接。中国共产党成立百年之际，我国顺利实现了第一个百年奋斗目标，在中华大地上全面建成小康社会，长期困扰我国社会发展的绝对性贫困问题得到有效解决，打赢了脱贫攻坚战。但是，在我国社会发展中仍然存在诸多现实问题。农村居民生活水平依然相对落后，我们必须意识到，脱贫摘帽不是终点，而是新生活的起点，应当做好脱贫后的继续帮扶工作，推动乡村全面振兴，防止返贫现象的发生。首先，坚持农民主体地位。发挥人民首创精神，通过教育培训，提升广大农民的专业技能水平，不断调动农民的积极性和主动性参与乡村建设，始终把农民利益放在首位，满足他们的合理诉求。同时，坚持富口袋先富脑袋的基本逻辑，坚持扶贫和扶志、扶智相结合。要加大农村教育帮扶力度，选拔一批优秀的乡村教师，改变落后的教育理念，提高贫困地区人民整体素质。其次，推进农业现代化。实施创新驱动发展战略，改变农村落后的生产生活方式，引进先进技术，发展地区特色农业，利用先进方式进行农产品的推销，不断推进农业现代化，

---

① 《习近平谈治国理政》第3卷，外文出版社2020年版，第238页。
② 裴广一、葛晨：《习近平共同富裕思想的历史逻辑、理论逻辑和实践逻辑》，载《理论探讨》2022年第3期。
③ 《中国共产党第十九届中央委员会第五次全体会议公报》，载《人民日报》2020年10月30日。

提升农产品的市场竞争力,促进农民增产增收。再次,加强农村基础设施建设。为农民提供健康的医疗卫生条件,健康的水资源,满足民众基本住房需求,保障居民身体健康。最后,加强农村环境保护力度。坚持绿水青山就是金山银山的理念,在实施乡村振兴战略大力发展农村经济的同时不忘保护生态环境,努力为人民群众提供健康的生产生活环境。

## 二、马克思主义经典著作和基本理论研究

# 马克思社会主义社会观及其实践进程中的两次"推进波"

俞良早[①]

这里所说的马克思的社会主义社会观,自然是指马克思和恩格斯的社会主义社会观,只是由于题目太长,所以用马克思一人的名字作为二人的代表。他们的社会主义社会观,指他们关于社会主义社会的观点和理想,或者说他们关于社会主义社会是何种样态(具有什么特征)社会的观点和理想。所谓进程中的"推进波",指马克思和恩格斯的观点和理想指导着、鼓舞着各国无产阶级及其劳动人民的实践。这个实践进程已有170多年,期间产生了两次大的推进波潮。上述问题,即关于马克思的社会主义社会观,学术界和理论界已经淡忘,不甚了了。其进程中的"推进波",学术界和理论界则鲜有人提及,或者说没有人以这样的提法或概念为研究方式来认识社会主义实践的历史。

## 一、马克思和恩格斯的社会主义社会观及其19世纪实践进程中的波折

马克思和恩格斯社会主义社会观的内容是什么,本是一个常识性问题。但是,目前年轻一代的理论研究和教学工作者对此未必了解,资深理论工作者中一些人对此已经淡忘,所以有必要在此略作赘述。

在马克思和恩格斯思想上,社会主义社会是没有商品生产和货币交换的社会。所谓商品生产即以出售产品为目的的生产。它是资本主义的产物或者说它是由于资本主义制度而得到空前发展的产物。社会主义社会作为资本主义社会的替代社会形态,其显著的特征之一是没有商品生产。1875

---

[①] 俞良早,南京师范大学公共管理学院教授、博士生导师。

年马克思在《哥达纲领批判》中指出:"在一个集体的、以生产资料公有制为基础的社会中,生产者不交换自己的产品。"① 这样的话,社会分配将如何进行呢?马克思在上述著作中有这样的描述:"各个生产者的个人劳动时间就是社会劳动日中他所提供的部分,就是社会劳动日中他的一份。他从社会领得一张凭证,证明他提供了多少劳动(扣除他为公共基金而进行的劳动),他根据这张凭证从社会储存中领得一份耗费同等劳动量的消费资料。他以一种形式给予社会的劳动量,又以另一种形式领回来。"② 这里的意思是,在社会主义社会,每位生产者均可参与劳动,向社会提供自己的劳动量;社会发给生产者一张凭证,证明他向社会提供的劳动量是多少;生产者根据这张凭证的记载,从社会仓库中领取一份同自己付出的劳动量相等或相适合的消费资料。显然,上述分配的过程,完全不同于商品交换和货币交换。

在马克思和恩格斯思想上,社会主义社会是没有阶级和阶级对立的社会。自原始共产主义社会解体以来,社会上一直存在着阶级和阶级对立。在资本主义社会,存在着两个主要的阶级即资产阶级和无产阶级。社会主义社会则与此截然不同。马克思和恩格斯在《共产党宣言》中写道:"如果说无产阶级在反对资产阶级的斗争中一定要联合为阶级,如果说它通过革命使自己成为统治阶级,并以统治阶级的资格用暴力消灭旧的生产关系,那么它在消灭这种生产关系的同时,也就消灭了阶级对立的存在条件,消灭了阶级本身的存在条件,从而消灭了它自己这个阶级的统治。"③ 这个论断的意思是,无产阶级在夺取政权和建立新政权以后,头等重要的任务是消灭以资本主义私有制为基础的旧生产关系。然而它们在消灭资本主义生产关系的"同时",也消灭了阶级存在的条件,消灭了阶级,消灭了它自己这个阶级的统治。

在马克思和恩格斯思想上,社会主义社会是没有国家和国家机器的社会。国家是阶级压迫的工具。国家拥有官僚、军队、警察、法庭、监狱等暴力机器,统治阶级以这些暴力机器为手段对被统治阶级实行压迫。这是马克思和恩格斯关于国家的基本理论。同时马克思和恩格斯指出,在社会主义社会,随着阶级的消亡,国家也将随之消亡。如1880年恩格斯提出:"国家真正作为整个社会的代表所采取的第一个行动,即以社会的名义占有生产资料,同时也是它作为国家所采取的最后一个独立行动。那时,国家

---

① 《马克思恩格斯选集》第3卷,人民出版社2012年版,第363页。
② 《马克思恩格斯选集》第3卷,人民出版社2012年版,第363页。
③ 《马克思恩格斯选集》第1卷,人民出版社2012年版,第422页。

政权对社会关系的干预在各个领域中将先后成为多余的事情而自行停止下来。那时，对人的统治将由对物的管理和对生产过程的领导所代替。"① 这里表达的思想是，无产阶级掌握政权以后，它的第一项任务和最后一项任务是同一项任务，即变革生产资料所有制，把资本主义私有制变为全社会占有生产资料的公有制。此任务完成之时，也是阶级的消亡之时。这时社会上没有什么需要镇压的人和事，国家也就失去了存在的意义，它将自行消亡。

马克思和恩格斯的社会主义社会观具有重要的历史意义和现实意义。它指导和推进了国际工人运动和国际共产主义运动。它是当前人类社会继续前进的思想指南。

可是，在19世纪中后期，国际无产阶级在追求实现马克思、恩格斯社会主义社会观的实践中出现过一些波折。这里所谓"波折"，一是指无产阶级的实践过程中遭遇的挫折和曲折，二是指由于实践过程的曲折导致了马克思、恩格斯思想上的省悟和转变。

1848年欧洲革命的爆发和失败以及马克思、恩格斯思想的省悟和转变，是国际无产阶级实践进程中的一次重要波折。随着马克思主义的诞生，欧洲大陆爆发1848年革命。卷入革命运动中的国家有意大利、法国、德国以及东欧一些被压迫国家。尤其是法国，发生了巴黎工人的六月起义。革命的形势使马克思、恩格斯深受鼓舞，使他们以为无产阶级同资产阶级的总决战已经开始。1895年恩格斯在总结1848年革命的经验和回顾当时马克思和自我思想认识时指出："在当时的情势下，我们不可能有丝毫怀疑：伟大的决战已经开始，这个决战将在一个很长的和充满变化的革命时期中进行到底，而结局只能是无产阶级的最终胜利。"② 这表明，在马克思和恩格斯的思想上，当时的革命可能有"一个很长的和充满变化的时期"，但是"决战已经开始"，它将"进行到底"，斗争的结局将是"无产阶级的最终胜利"。也就是说，在他们的思想上，通过眼前的这场革命，将可以实现他们理想中的社会主义社会。可是，巴黎工人的六月起义失败了，至1850年底法国革命已然失败或者说已经完全结束。其他国家的革命也同期失败了。虽然革命已经失败，但马克思和恩格斯在1850年春"还在期待不久革命力量新高涨就会到来"③，即还在盼望着进行伟大的"决战"。到1850年秋天，马克思和恩格斯才抛弃了"幻想"（恩格斯语）。他们当时在文章中指

---

① 《马克思恩格斯选集》第3卷，人民出版社2012年版，第812页。
② 《马克思恩格斯选集》第4卷，人民出版社2012年版，第382页。
③ 《马克思恩格斯选集》第4卷，人民出版社2012年版，第380页。

出:"新的革命,只有在新的危机之后才可能发生。但新的革命正如新的危机一样肯定会来临。"① 这个论断似乎表明,马克思、恩格斯完全弄清了社会的经济发展、经济危机和革命的关系,已经彻底抛弃了不久将爆发革命"决战"的不切实际的幻想。其实不然。他们说"新的革命正如新的危机一样肯定会来临",意思是说新的革命虽然不会立即爆发,但它在不久的将来肯定会来临。在 19 世纪中期,认为革命在不久的将来肯定会来临这个思想也是不切实际的。1895 年恩格斯就此说:"历史表明我们也曾经错了,暴露出我们当时的看法只是一个幻想。历史走得更远:它不仅打破了我们当时的错误看法,并且还完全改变了无产阶级进行斗争的条件。"② 他的意思是,历史事实没有证明"新的革命正如新的危机一样肯定会来临",因为在他们提出这个论断及思想后的很长一个历史时间段,没有爆发新的危机和新的革命。这就是所谓"历史走得更远","我们当时的看法只是一个幻想"。1871 年 3 月爆发了巴黎公社革命。革命胜利后,巴黎的工人掌握了政权。可是几十天以后,革命失败了。恩格斯在论述此事实时指出:"在胜利后,统治权就自然而然地、不容争辩地落到了工人阶级手中。这又表明,甚至在那时,即在本书(指马克思的著作《1848 年至 1850 年的法兰西阶级斗争》——引者注)所描述的那个时期的 20 年以后,工人阶级的这种统治还是多么不可能。"③ 还写道:"1871 年的送上来的胜利,也和 1848 年的突然袭击一样,都没有什么成果。"④ 这里表达的思想是,即使到 19 世纪 70 年代,无产阶级同资产阶级进行"决战"并取得胜利从而建立社会主义社会的条件尚不成熟。上述事实证明,1848 年革命挫折和失败后,马克思和恩格斯对进行社会革命的时机和条件的反思、省悟和转变是深刻和清晰的。

## 二、20 世纪实现社会主义社会的第一次"推进波"及其历史功绩

人们习惯于把无产阶级进行的消灭资本主义和实现社会主义社会的斗争说成"冲击波"。笔者以为,这方面的实践与其说是"冲击波",不如说是向着美好目标展开的"推进波",即向着社会主义社会的宏伟目标推进实

---

① 《马克思恩格斯选集》第 1 卷,人民出版社 2012 年版,第 541 页。
② 《马克思恩格斯选集》第 4 卷,人民出版社 2012 年版,第 382 页。
③ 《马克思恩格斯选集》第 4 卷,人民出版社 2012 年版,第 387 页。
④ 《马克思恩格斯选集》第 4 卷,人民出版社 2012 年版,第 387 页。

践的波潮。

20世纪发生的第一次"推进波",是列宁领导的十月革命和探索社会主义途径的实践以及此后苏联建设社会主义社会的实践。第一次"推进波"的过程大体是这样的。1917年十月革命胜利,建立了工农掌握政权的苏维埃政权。帝国主义国家将军队开进苏俄,以武力干涉俄国革命。苏俄国内的各种反动势力得到帝国主义的支持和援助,发动军事叛乱,力图颠覆苏维埃政权。俄共(布)和苏维埃政权建立红军,领导红军和工农群众浴血奋战,赶走了外国武装干涉者,平息了国内的反革命叛乱。苏俄转入和平建设时期,列宁领导俄共(布)和人民积极探索建设社会主义的途径。他主张苏俄以温和的、渐进的途径向社会主义社会过渡。1928—1937年,联共(布)领导人民展开并完成了国民经济建设的第一、第二个五年计划。苏联由一个落后的农业国发展为一个先进的工业国。这时联共(布)宣布苏联建成了社会主义社会。1941年6月,德国法西斯向苏联发动侵略战争,妄图消灭苏维埃政权和消灭苏联的社会主义制度。联共(布)领导全体人民奋勇抗战,打败了法西斯,保卫了祖国和保卫了社会主义制度,并且为世界反法西斯战争的胜利作出了重大的贡献。"二战"结束后,东欧和亚洲的一些国家在共产党的领导下,走上了社会主义道路。这时一个地域辽阔、人口众多的社会主义阵营出现在世界的东方。

从1917年十月革命始到20世纪50年代中期东方社会主义阵营的形成止的第一次"推进波",在人类历史上留下了不朽的功绩和影响。

第一,它打破了压迫制度"一统天下"的世界格局。十月革命以前,西欧北美各国实行资产阶级压迫制度,并且这种貌似世界上先进的制度不断地向其他地区扩展其影响。在亚非拉广大地区,有的国家实行封建专制制度,有的实行反动的农奴制度。当时的世界,可谓是压迫制度的"一统天下"。由于十月革命的胜利和苏维埃政权的建立,压迫制度"一统天下"的格局终于被打破。也就是说,一种阶级性质不同于资产阶级压迫制度和封建专制压迫制度的工农国家诞生于世界,这个国家里工农群众正在探索和尝试建立有利于自己当家作主的新制度,并且作为一种新事物向全世界扩展着自己的影响。正如列宁在《十月革命四周年》一文中所指出的:"我们已经开始了这一事业。至于哪一个国家的无产者在什么时候、在什么期间把这一事业进行到底,这个问题并不重要。重要的是,坚冰已经打破,航路已经开通,道路已经指明。"① 他的意思是,何时能够建立起马克思和恩格斯设想的社会主义社会是以后需要讨论的问题,当前应该看到的是,

---

① 《列宁全集》第42卷,人民出版社2017年版,第186页。

压迫制度"一统天下"的格局已经被击破，前进的道路和方向已经明朗。对此，习近平总书记在纪念马克思诞辰200周年大会上的讲话中也指出："列宁领导的十月革命取得胜利，社会主义从理论变为现实，打破了资本主义一统天下的世界格局。"①

第二，它建立了一种新的人民群众过幸福生活的社会制度。20世纪30年代中期，苏联党和政府宣布苏联已经建成社会主义社会。事实上，一种在经济制度上截然区别于剥削制度、大大优越于剥削制度、人民群众过幸福生活的社会制度已经产生。在资本主义经济制度下，经济危机、失业和劳动人民贫困，是不治之症。它摆脱不了周而复始的经济危机。每当经济危机发生时人民群众就陷入贫困和濒临死亡的深渊。斯大林说："我们不患资本主义的不治之症。这就是我们和资本主义不同的地方，这就是我们优越于资本主义的有决定意义的地方。"② 这个论断是十分正确和符合实际的。这种社会主义制度，有利于促进生产力的发展。

譬如，苏联第一个五年计划期间，建成了1500多个大型工厂和电站。③ 苏联第二个五年计划期间，新建成4500个大型企业。④ 这种社会主义制度有利于改善人民的生活。有资料显示，1932—1937年苏联国民经济中的工资总额从327亿卢布增至823亿卢布，即增加1.51倍。工资总额的增长为工人的工资增长和生活条件的改善创造了条件。苏联青年团第九次代表大会召开前夕对9个工业中心的7000名青年工人的调查报告表明，青年工人的月平均工资1931年1月在机器制造业中为84卢布，到1936年11月提高到299卢布，即增加2.6倍；在黑色冶金工业中，上述时期的数字先后为89卢布和252卢布，即增加1.83倍；在煤炭工业中，上述数字先后为102卢布和328卢布，即增加2.22倍；在纺织工业中，上述数字先后为70卢布和228卢布，即增加2.26倍。五年内这些工人的月平均工资增加2.3倍。其中1935年成为斯达汉诺夫工作者的工人的工资增加3倍。⑤

第三，这种社会主义制度内在的优越性，使其能够打败一切帝国主义反动势力。在苏俄国内战争时期，红军先后消灭了高尔察克、邓尼金、尤登尼奇、弗兰格尔为统领的白卫军，粉碎了他们从各个不同方向对苏维埃

---

① 习近平：《在纪念马克思诞辰200周年大会上的讲话》，人民出版社2018年版，第10页。
② 《斯大林选集》下卷，人民出版社1979年版，第269页。
③ 参见徐天新：《斯大林模式的形成》，人民出版社2013年版，第118页。
④ 参见徐天新：《斯大林模式的形成》，人民出版社2013年版，第135页。
⑤ 苏联科学院经济研究所编：《苏联社会主义经济史》第4卷，马文奇、潘天虹、李霞芬、范凯蒂译，生活·读书·新知三联书店1982年版，第612页。

政权发动的围剿，击败并从苏俄的土地上赶走了英国、法国、美国、日本、德国等帝国主义国家的武装干涉军，使苏维埃政权岿然不动。1941年6月22日凌晨4时，德军以190个师、550万官兵、3712辆坦克、4950架飞机、47260门火炮①，在1500公里的战线上，向苏联发起全线进攻。苏联人民和红军在联共（布）中央和苏维埃政府的领导下展开了英勇的卫国战争。1941年9月至12月，他们取得保卫莫斯科战役的重大胜利。1942年7月至1943年1月，他们取得斯大林格勒保卫战的重大胜利。此后，他们收复失地，解放祖国，并且兵锋指向柏林，彻底地打垮了法西斯。可以说，苏联军民对法西斯的胜利，是共产党领导的社会主义制度优越性的体现，是社会主义制度对资本主义制度的胜利。

然而，人们必须懂得，苏联模式的社会主义并非马克思和恩格斯所设想的理想的社会主义社会，并非马克思和恩格斯社会主义社会观所规范和要求的社会主义社会。甚至可以说，它距离马克思和恩格斯的社会主义社会观所规范和要求的社会主义社会还十分遥远。譬如，它没有也不可能做到消灭商品生产，没有也不可能做到消灭阶级和阶级对立，没有也不可能做到消灭国家和国家机器。况且，由于这样或那样的原因，苏联模式的社会主义社会尤其是体现这种社会主义社会的本体即社会主义的苏联，已经不复存在了。尽管如此，必须肯定，它曾经的理论和实践即20世纪发生的第一次"推进波"，是无产阶级及其政党向着理想的社会主义社会跨越出的一大步，而且是史无前例的一大步，是功绩空前的一大步，是为后来者积累正反两方面经验的一大步。

## 三、第二次"推进波"的自身轨迹和新的推进方式

20世纪70年代末80年代初，中国共产党领导人民开展改革开放，开创了事业发展的新局面，对其他共产党执政的国家产生了积极的影响。1986年越南共产党召开"六大"，决定把工作重心转移到经济建设上，全面推进革新事业。1991年老挝人民革命党召开"五大"，确定了"有原则的全面革新路线"，推进了国内的经济体制改革。1993年古巴共产党领导人卡斯特罗在有关会议上郑重宣布：古巴要改革。随即古巴政府出台了十几项经济改革举措。古巴走向了改革的道路。上述这些国家的经济改革不仅大大推进了国内经济的增长，而且促进了世界社会主义运动的发展。本文所谓20世纪发生的向着马克思和恩格斯的社会主义社会观推进实践的第二

---

① 周尚文、叶书宗、王斯德：《新编苏联史》，上海人民出版社1990年版，第398页。

次"推进波",就是指以中国共产党领导的改革开放事业为主流内容的各个共产党执政国家进行改革开放的波潮。

研究和认识第二次"推进波",一是要研究它的自身轨迹,即它沿着正确的、健康的道路前进的过程及特点。研究此问题,是要证明和阐述它之所以能够成为第二次"推进波"的重要原因。本文将以中国共产党领导的实践过程论证这个问题。

其一,在改革开放的过程中必须坚定不移地坚持共产党的领导。共产党是以马克思主义理论为武装的无产阶级的先锋队。坚持共产党的领导,包含着坚持马克思列宁主义、坚持社会主义道路、坚持人民民主专政等相关的内容。中国改革开放之初,就把坚持共产党的领导作为一个重要的原则规定下来。当时,社会出现了一股否定共产党的领导和否定社会主义道路的潮流。邓小平对此提出:"没有中国共产党,就没有社会主义的新中国。"①"在今天的中国,决不应该离开党的领导而歌颂群众的自发性。"②在实践进程中,党通过"三个代表"重要思想、党的先进性教育等,着力于提高全体党员和广大人民群众坚持党的领导的思想意识。由于坚持共产党的领导,中国的改革开放事业顶住了世界社会主义运动走向低潮的压力,经受了政治风波的考验,一步步走向成功。

党的十八大以来,改革开放和现代化建设事业不断前进,成就卓著。随着社会主要矛盾的变化,中国特色社会主义进入新时代。在新时代,国际国内形势十分复杂和严峻,改革和发展的任务十分繁重和艰巨。应对新形势,完成新的任务,是历史赋予中国共产党的崇高而重大的责任。在此背景下,以习近平同志为核心的党中央提出必须坚持党对一切工作领导的思想。与此相关联,越南共产党、老挝人民革命党、古巴共产党在领导改革开放的过程中,也高度重视坚持共产党的领导,坚决反对否定党的领导的错误思潮,所以他们的事业也能够前进在正确的、健康的轨道上。另外有一些国家如苏联和东欧原共产党领导的国家,放弃了共产党领导的原则,造成了亡党亡国的后果。

其二,在改革开放过程中必须坚持"以人民为中心"的思想和原则。在改革开放初期,邓小平在同外国友人谈话时说,中国经济发展的目标是在本世纪末达到小康水平,让人民的生活"好过"。这体现出他对改善人民生活的关心和重视。此后党在提出"三个代表"重要思想时,强调党始终代表中国最广大人民的根本利益。党的十八大以来,上述思想得到继承和

---

① 《邓小平文选》第2卷,人民出版社1994年版,第170页。
② 《邓小平文选》第2卷,人民出版社1994年版,第170页。

发展。以习近平同志为核心的党中央郑重提出并不断强调"以人民为中心"的重要论述，同时提出精准扶贫和全面建成小康社会的发展目标，以图全面提高广大人民的生活水平。

其三，在改革开放过程中必须发扬敢于实践和敢于理论创新的精神。改革开放是一番新的事业，没有现成的经验可以学习和借鉴，必须敢字当头，闯出新路。邓小平1992年春在南方谈话中指出："改革开放胆子要大一些，敢于试验，不能像小脚女人一样。看准了的，就大胆地试，大胆地闯。深圳的重要经验就是敢闯。没有一点闯的精神，没有一点'冒'的精神，没有一股气呀、劲呀，就走不出一条好路，走不出一条新路，就干不出新的事业。"① 从当时的实践看，办经济特区，是敢于"闯"的结果。建立社会主义市场经济体制，更是敢于"闯"的结果，实行"一国两制"，也是敢于"闯"的结果。党的十三届四中全会以后，党中央继承和发扬了敢于闯新路的精神，向前推进了改革开放事业。党的十八大以来，以习近平同志为核心的党中央明确地提出，必须锐意进取，不断推进理论创新、实践创新、制度创新、文化创新以及其他各方面创新，敢为天下先，走出前人没有走过的路。党以这样的要求推进了改革开放实践。

综上所述，坚持共产党的领导，坚持以人民为中心，发扬敢于走新路的精神和大胆进行创新，是中国改革开放取得成功的重要经验。本文研究和阐述这些问题，在于证明它是中国的改革开放能够成为社会主义史上朝着理想的社会主义社会前进的第二次"推进波"的重要的、主要的原因。

以中国的改革开放为主流内容的、由各共产党执政国家进行改革开放构成的推动人类社会朝着理想的社会主义社会前进的波潮，即社会主义史上的第二次"推进波"，在许多方面继承了第一次"推进波"的传统，如在事业前进方向、领导力量和依靠力量等方面坚持和继承了以前的传统。它不同于第一次"推进波"的地方，或者说它对第一次"推进波"的发展和创新，主要在于推进的方式上。现将它的新推进方式陈述如下：

第一，以共产党执政国家与世界上其他性质的国家在经济发展中"共赢"的方式推进历史。仍以中国共产党的事业为例。党的十八大以来，以习近平同志为核心的党中央领导人民展开了新一轮对外开放的热潮。共建"一带一路"是中国新一轮对外开放的重要标志。它是目前规模最大、最受欢迎的国际合作平台。在基础设施领域，"一带一路"推动了铁路、公路、水路、空路、管路、信息高速路等方面的建设。截至2018年10月，在经贸领域，中国同国外已经签订多边、双边自由贸易协定16个。中欧班列累计

---

① 《邓小平文选》第3卷，人民出版社1993年版，第372页。

开行超过1.1万列,通达欧洲15个国家的44个城市。在金融领域,中国已与17个国家核准《"一带一路"融资指导原则》。已有11家中资银行在27个沿线国家设立了71家一级机构。丝路基金已签约20多个项目,承诺投资金额超过80亿美元。中国已经先后在"一带一路"沿线国家建设了82个经贸开发区,总投资超过280多亿美元,为东道国创造超过了24.2亿美元税收和24万就业岗位。① "一带一路"建设是我国扩大对外开放的重大举措。共建"一带一路"倡议源于中国,但机会和成果属于世界各国。建立自贸试验区,是中国对外开放的又一重要举措。2018年10月16日,《中国(海南)自由贸易试验区总体方案》正式发布,海南作为南海上的一颗明珠,将凭借独特的地理区位优势,全域对外开放。在海南自贸区,将深化现代农业、高新技术产业、现代服务业的对外开放,并在医疗、教育、旅游、电信、互联网、文化、金融、航空、海洋经济、新能源汽车制造等重点领域加大开放力度。也就是说,外资将在上述这些领域以更有利的条件发挥作用,实现自身的价值。习近平总书记在党的十九大报告中指出:中国国内的经济增长以及中国的对外开放政策,使中国"对世界经济增长贡献率超过百分之三十"②。上述这些事实,或是"共赢"的结果,或者是"共赢"的条件。

第二,各个民族、各个国家之间建立"人类命运共同体"以推进历史。在中国特色社会主义新时代,以习近平同志为核心的党中央提出推动构建人类命运共同体。要达到这个目的,执政的共产党同国外其他性质的政党和组织协调行动,是十分必要的。2017年11月30日至12月3日,在北京举行中国共产党与世界政党高层对话会。会议的主题是"构建人类命运共同体、共同建设美好世界:政党的责任"。120多个国家的300多个政党和政治组织领导人参加了会议。习近平出席会议并发表重要讲话。他指出:我们要努力建设一个远离恐惧、普遍安全的世界。面对日益复杂化、综合化的安全威胁,单打独斗不行,迷信武力更不行。我们应该坚持共同、综合、合作、可持续的新安全观,营造公平正义、共建共享的安全格局,共同消除引发战争的根源,共同解救被枪炮驱赶的民众,共同保护被战火烧灼的妇女儿童,让和平的阳光普照大地,人人享有安宁祥和。我们要努力建设一个远离贫困、共同繁荣的世界。我们应该坚持你好我好大

---

① 张翼:《中国开放的大门越开越大——党的十八大以来对外开放成果述评》,载《光明日报》2018年10月23日第1版。

② 习近平:《决胜全面建成小康社会 夺取新时代中国特色社会主义伟大胜利——在中国共产党第十九次全国代表大会上的报告》,人民出版社2017年版,第3页。

家好的理念，推进开放、包容、普惠、平衡、共赢的经济全球化，创造全人类共同发展的良好条件，共同推动世界各国发展繁荣，共同消除许多国家民众依然面临的贫穷落后，共同为全球的孩子们营造衣食无忧的生活，让发展成果惠及世界各国，让人人享有富足安康。① 他说："长期以来，中国共产党同世界上160多个国家和地区的400多个政党和政治组织保持着经常性联系，'朋友圈'不断扩大。面向未来，中国共产党愿同世界各国政党加强往来，分享治党治国经验，开展文明交流对话，增进彼此战略信任，同世界各国人民一道，推动构建人类命运共同体，携手建设更加美好的世界！"② 习近平的倡议受到国外各政党和组织的欢迎和响应。

第三，提倡文明交流互鉴以推进历史。各个共产党执政的国家之间，在文明的形式和水平上存在着差异。共产党执政的国家与世界上其他性质的国家之间，在文明的形式和水平上也存在着差异。可是，实现理想的社会主义社会，要求文明和文化的融合。当全球的文明和文化融合为一个统一的整体时，才可宣告"自由人"的"联合体"的实现。可以肯定的是，当前不同文明的交流和互鉴，有利于促进不同文明和文化的融合。党的十八大以来，以习近平同志为核心的党中央形成和提出了"文明互鉴"的重要论述。如2014年3月习近平在有关会议上的讲话中指出："一个国家和民族的文明是一个国家和民族的集体记忆。人类在漫长的历史长河中，创造和发展了多姿多彩的文明。"③ 还提到："文明是平等的，人类文明因平等才有交流互鉴的前提。各种人类文明在价值上是平等的，都各有千秋，也各有不足。世界上不存在十全十美的文明，也不存在一无是处的文明，文明没有高低、优劣之分。"④ "历史告诉我们，只有交流互鉴，一种文明才能充满生命力。"⑤ 各个国家长期以来在经济、政治、文化发展中所形成的、可让人识别的文明，各式各样，各有千秋。它们只有互相交流，取长补短，才能保持旺盛的生命力。

综上所述，第二次"推进波"的推进作用表现于，在经济生活上促进各国"共赢"，在政治生活上促进各政党和政治组织共建"人类命运共同体"，在社会文明上提倡文明交流互鉴。显然，这些措施和办法有利于推动人类社会向前进，虽然向前进的步伐是缓慢的。也许人类社会在21世纪仍

---

① 参见《习近平谈治国理政》第3卷，外文出版社2020年版，第433—434页。
② 《习近平谈治国理政》第3卷，外文出版社2020年版，第428页。
③ 《习近平谈治国理政》第1卷，外文出版社2018年版，第258页。
④ 《习近平谈治国理政》第1卷，外文出版社2018年版，第259页。
⑤ 《习近平谈治国理政》第1卷，外文出版社2018年版，第259页。

然不能实现理想的社会主义社会,但是只要第二次"推进波"不停息,人类社会前进的方向总是朝着理想的社会主义社会。无论经历多长的时间,它总会诞生于人类社会。

> # "政治算术"范式与
> # 资本社会的"内部联系"
> ## ——重新理解威廉·配第的经济思想
> ## 及其对马克思的影响

聂锦芳①

  马克思的政治经济学研究与西方"古典经济学"之间存在深刻的内在关联,学界过去对此有比较多的讨论。但是,如果基于对原始文本的悉心研读,站在新的时代境遇下予以观照,就会发现这一课题仍有相当大的探究空间。比如,关于"古典经济学"的阶段划分,在20世纪有几种代表性的界定,但无论是主张从亚当·斯密到马歇尔以及庇古的"凯恩斯说",还是明确划定1790—1879年间经济学发展的"熊彼特说",乃至具体指陈"以斯密《国民财富的性质和原因的研究》出版始,到马歇尔《经济学原理》出版止"的当代《西方经济学》教科书流行的解释,都有一个共同点,即把斯密作为"古典经济学"的开端。马克思可以说是世界上最早、最全面、最系统地展开经济学说史研究并留下完整著述的思想家之一,漫长的《资本论》及其手稿的写作一定程度上也是他思考、清理和超越古典经济学过程的记录。与上述20世纪的诸种界说不同,马克思关注的视野更为展宽,他不仅最先提出了"古典经济学"的概念,更将其起源追溯到斯密之前100年,即认为"古典政治经济学在英国从威廉·配第开始"②。在西方经济学说研究史上,这是独树一帜的见解。那么,马克思是基于什么做出这一判定的?换言之,配第是在什么意义上成为"现代政治经济学的创始人"③的?苏联和国内政治经济学研究界主要是基于配第思想中与马克思所主张的"劳动价值论"的关联而做出的推断,但诸如约瑟夫·熊彼

---

① 聂锦芳,北京大学哲学系教授、博士生导师。
② 《马克思恩格斯全集》第31卷,人民出版社1998年版,第445页。
③ 《马克思恩格斯文集》第9卷,人民出版社2009年版,第244页。

特这样西方重要的经济思想史研究者却持相反的看法，认为配第的学说"并不是对价值现象的解释，更不是一种劳动价值论"①。对此又该做怎样的解释呢？本文拟重新回到配第和马克思的文本，在对其具体内容解读的基础上作出新的评判。

## 一、"资产阶级化的新贵族"及其财富思想

众所周知，资本主义统治方式脱胎于封建主义体制，但两种社会形态的转型是一个艰难的过程，充满了坎坷和矛盾，出现过前进、停滞乃至逆转。在英国，17世纪上半叶是这两种制度转换过程中最剧烈和焦灼的时期。一方面，随着农业、手工业和对外贸易的快速发展，资本主义生产获得很大的发展；另一方面，封建专制主义政治制度却构成资本主义生产方式进一步推进的严重阻障。庞大的政府、军队设置以及君主和官吏奢华的生活都需要不菲的支出，维护传统政治体制、对外发动战争更耗费着大量金钱。要应付这些巨大的开支就需要大量征税，而沉重的赋税必然妨碍工商业的发展，进而同正在兴起的市民阶层发生了尖锐的矛盾。1640年，英国爆发了资产阶级革命，但革命很快遭到挫败，封建王朝得以复辟。当然，此刻要完全恢复到从前的状态也不可能了。统治阶层不得不面对现实，承认封建土地关系业已变革的情势，开始推行有利于资本主义发展的政策。到17世纪中叶，资本主义生产关系在英国获得一定程度的发展，一些思想家开始探寻新的社会经济生活的内在联系，从理论上论证并在实践上推动比封建主义更为优越的资本主义生产方式。配第就是以"资产阶级化的新贵族"的身份登上英国学术和政治舞台的。他以自己的理论思考和实践方略，为统治者出谋划策，对制度改革提出建议，力图使国家政策有利于资本主义经济的发展和新兴资产阶级影响的扩大，进而掀开了英国古典经济学的序幕。

威廉·配第（William Petty）1623年5月26日出生于英国汉普郡伦姆赛一个小纺织作坊主家庭。当他于1687年12月16日辞世时，已经拥有英国皇家学会（Royal Society）12位创始人之一的学术影响、被斯图亚特王朝国王查理二世授封的爵士荣誉，以及爱尔兰国会议员的政治地位。配第65载人生历程颇具传奇色彩。少年时做过船舱服务员、神学院学生和海军水手，后进入荷兰莱顿大学、牛津大学学习并获医学博士学位，毕业后入职

---

① ［奥］约瑟夫·熊彼特：《经济分析史》第1卷，朱泱等译，商务印书馆1991年版，第322页。

牛津大学，担任解剖学教授，还在伦敦格雷欣学院讲授音乐。配第早期在巴黎做过哲学家托马斯·霍布斯（Thomas Hobbes，1588—1679）的秘书，在牛津工作期间又与同道创办了著名的英国皇家学会。从平民子弟到大学教授本是"鲤鱼跳龙门"般的变迁，但配第并未就此感到满足进而止步。相反，他的社会交往面不断扩展，并有机会结识高层要人。学识上的博学多才和政治上拥护资产阶级革命的坚定立场，使配第最终受到克伦威尔政府的赏识。于是他离开牛津，出任驻爱尔兰英国占领军总司令的私人医生，后来又被任命为土地总监。由于担任这两项职务期间，配第成功地控制住肆虐的疫情、勘察了爱尔兰土地并绘制成地图，他在政坛荣极一时，获多项崇高荣誉。此外，配第还是一位生意人和"投资商"，本来他的薪水就很丰厚，但他更善于寻找机会扩大自己的财富。到晚年，他拥有 27 万英亩土地，还创办过渔场、冶铁等企业。最后，必须提及配第的政策研究和理论著述。他从 25 岁（1648 年）出版第一本著述《威廉·配第就提升知识某些特殊部分的学习给哈特利布先生的建议》①起，一直笔耕不辍。即便在随军出使爱尔兰、行政工作极其繁忙时期也是如此，据说，他离开爱尔兰返回英国时，著作手稿竟装满了 53 大箱。②尤其是在晚年，配第离开政坛回到学术界，研究和著述时间更为集中，广泛涉足从政治经济学、解剖学到自然科学和数学等不同领域。其一生的代表性著作有《赋税论》《献给英明人士》《爱尔兰的政治解剖》《政治算术》《货币略论》和《政治算术论文集》等。据此，古典经济学初创时期的思想成就得以呈现出来。

配第曲折的人生经历和宽广的研究领域会给人们留下一个"多面手"乃至"万金油"的印象。然而，这只是一种表面现象。在那个转型、变动的时代，从底层到高层，从学界到政坛，从英国到世界的历练，使他能在宏大的背景下思考重大的社会问题，把握时代的症结，寻找有效的探究复杂社会的方式。配第一生的知识积累、关注重点和研究兴趣所在，既大体符合汉语"经济"的原始意旨——"经邦济世，强国富民"，更践行了有关"经济学是一门研究财富的学问"③的界说。配第始终致力于国民财富的获得、管理和处置等内容，并形成一种独特的"财富观"。

这里谨将他这方面的思考概括如下：

---

① William Petty, *The Economic Writings of Sir William Petty*, edited by Charles Henry Hull, 2 vol., Cambridge University Press, 1899, p.633.
② 陈冬野：《威廉·配第》，商务印书馆 1964 年版，第 23 页。
③ ［美］阿尔弗雷德·马歇尔：《经济学原理》，朱志泰、陈良璧译，商务印书馆 2019 年版，第 25 页。

1. 货币：社会财富的"一般代表"及其流通

在配第思想发展的早期，他与重商主义者一样把货币看作财富的现实形态，是一个国家富裕程度和实力大小的测量器。在写作于1662—1676年的《政治算术》中，他指出："产业巨大和终极的成果，不是一般财富的充裕，而是金、银和珠宝的富足。……一个国家生产金、银、珠宝，或者经营会使本国积累金、银、珠宝的产业，比经营任何别的产业都有利。"① 基于此，配第把增加金银当作一切经济活动的直接目的。到晚年，在写于1682年的《货币略论》中，他的观点有所变化，认为货币尽管是社会财富的一般代表，但不是财富的唯一形态，而是社会财富的一个组成部分而已。因此，也不能单纯以货币的多寡来衡量一国的贫富，"因为最有钱的人很少或者根本不把钱放在身边，而是把它变成或者辗转变成很能赚钱的商品；同样地，整个国家也可以这样做"②。

配第特别关注货币的流通问题。他认为，如果社会上货币的流通量减少，将导致失业增长、产业减少等严重社会后果；所以，货币流通量与发展生产和减少失业具有内在关联。他专门探讨了货币的发行问题，在当时这被表述为"变更铸币价值"，就是国家为提高（或降低）货币的名义价值，将一定重量的白银分割（归并）成更多（少）枚数的重量小（大）的白银，但这些白银在名目上与分割（归并）前的一样，这种提高（降低）了名义价值后的白银就可以换取更多（少）的商品。配第指出，提高或降低货币价值是变相地向依靠固定租金、年俸、津贴等收入维持生活的人征税的方式，是一种对人民影响很坏且不公的课税方法。"它为了使赝品变成真品，不惜不体面地在铸币上面刻上国王的头像，并把实际上不存在的东西说成存在，从而破坏了公共的信义"③，象征着国家趋于衰败。配第认为，货币流通量过多和过少都是不健康的。流通领域的货币太多，会导致单位商品的价格上涨。在商品的生产成本不变的情况下，生产厂商会降低生产量，这样会导致失业人口的增加，产生市场萧条。流通领域的货币量减少，同样也会带来危害。配第还指出，最好用白银来充当货币，而不是用黄金。由于资本主义生产发展还处于不发达阶段，他没有把纸质货币纳入讨论范围。

---

① ［英］威廉·配第：《配第经济著作选集》，陈冬野、马清槐、周锦如译，商务印书馆2014年版，第16页。
② ［英］威廉·配第：《配第经济著作选集》，陈冬野、马清槐、周锦如译，商务印书馆2014年版，第129页。
③ ［英］威廉·配第：《配第经济著作选集》，陈冬野、马清槐、周锦如译，商务印书馆2014年版，第89页。

## 2. 土地：财富存在、获取的自然基础和源泉

配第把土地看作财富存在和获取的自然基础。在他写于1862年的另一部重要作品《赋税论》中有一句名言："土地为财富之母，而劳动则为财富之父和能动的要素"①（Labour is the Father and active principle of Wealth, as Lands are the Mother.）。需要指出的是，这里的"土地"泛指提供人类生活资料的自然界和自然资源，而不是指私有制产生之后受到权力支配、由地主或资本家拥有并由雇农耕种或作为房地产存在的狭义的"田地"。在《资本论》中，马克思甚至用德文将其表述为"地球"（Die Arbeit ist sein Vater, wie William Petty sagt, und die Erde seine Mutter.②）。基于此，有国内学者甚至撰文建议将其"按意译改译为'大地'"，以体现"自然资源本身就是物质财富"的理念③。

配第在此基础上讨论了当时重要的财富形式——地租。他把地租看作产品价值除去生产资料的价值（即种子）和劳动力的价值（即工资）之后的余额，即全部剩余价值。而生产资料的价值是既定的，那么，地租多少就取决于工资多少。配第关注同等面积的土地因丰腴程度的不同、距离市场远近的差异而产生的收入差别，最早提出了"级差地租"的概念。此外，他还认为，既然出租土地可以获得地租，那么借贷货币就应该获得利息。如果不存在安全问题，利息至少要等于用借到的货币所能买到的土地产生的地租。如果不安全，除了获得正常情况下的利息之外，还要加上一种保险费。利息率不能用法律强制手段来调整，其高低应当由货币的供求来决定。当货币供过于求时利息则低，反之利息则高。同时，利息率的高低又是由地租的高低所决定的，地租增加，利息率自然跟着增加。

## 3. 劳动：创造财富的"能动的要素"

配第认为，在财富的创造过程中，较之于作为"母亲"的土地，作为"父亲"的劳动是更积极主动的角色，所以在上述名言的英文表述中，"父亲"不但位置在前，还多加了一个词组"active principle"④，意在对其能动作用予以特别强调。在他看来，物质财富需要自然基础和前提，所以劳动

---

① ［英］威廉·配第：《配第经济著作选集》，陈冬野、马清槐、周锦如译，商务印书馆2014年版，第63页。

② Karl Marx, *Das Kapital Kritik der politischen Ökonomie*, Erster Band, Hamburg 1890. im: Marx-Engels Gesamtausgabe, II/10, Akademik Verlag, Berlin, 1991, p. 45.

③ 张文驹、李裕伟：《威廉·配第两句名言的中译及其解读》，载《中国国土资源经济》2018年第6期。

④ William Petty, *The Economic Writings of Sir William Petty*, edited by Charles Henry Hull, 2 vol., Cambridge University Press, 1899, p. 68.

创造要受自然条件的限制，但社会财富最终是靠劳动获得的。

配第把劳动分为两类：一类是生产金银的劳动，另一类是生产其他普通商品的劳动。但他认为，并不是一切劳动都能直接产生交换价值，其他劳动生产出来的产品，只有在和金银交换后，才能产生交换价值。他把商品价格分为两种，一是政治价格，二是自然价格。政治价格实际上就是市场价格；自然价格就是价值。配第着重研究了自然价格的问题，并把它看作观察其他经济现象的基础。自然价格的高低是由生产它所耗费的劳动决定的，商品交换的依据就是它们所包含的劳动量。劳动量发生变化，商品的自然价格也随之会发生变动。由此配第得出结论：商品的自然价格（即价值）是由生产中耗费掉的劳动量决定的，两种商品劳动量相等，就可以实现交换。

总之，在配第的分析中，生产劳动与货币流通、土地耕作等经济活动一起共同创造着社会的财富。这既是在当时资本主义生产方式刚刚确立的情况下多种因素混合发生作用的真实反映，也与后来马克思在批注《德国工人党纲领》时所指出的"劳动不是一切财富的源泉。自然界同劳动一样也是使用价值的源泉"① 的看法相符合。

## 二、"政治算术"的提出、运用及其意义

较之于围绕财富问题而展开的分散的思考和论述，配第更明确地提出并集中阐发了一种他自称为"极其不寻常"的社会认识方法——"政治算术"（Political Arithmetick），主张首先从"数字、重量和尺度"（Number, Weight and Measure）诸方面对事物进行数据统计，再对统计数据加以对比和分析，从而形成关于研究对象及其相互关系的理解和结论，最后以此为根据来处理复杂的政治、经济和社会问题。

配第能够提出"政治算术"这样一种理解和分析社会状况的范式，也与其个人经历和科学素养有关。他从小喜好数学，并将这一喜好保持了终生。后来学习医学时，配第又特别注重解剖学，坚定地相信观察法，认为医生对待病人应当像对自然界的事物一样进行细致入微的了解。随克伦威尔征战爱尔兰期间，配第主持的土地调查被称为"Down Survey"②，意思是把测量的信息用地图的形式记录下来。为此他自己设计并制作了测量工具，

---

① 《马克思恩格斯文集》第 3 卷，人民出版社 2009 年版，第 428 页。
② William Petty, *The Economic Writings of Sir William Petty*, edited by Charles Henry Hull, 2 vol., Cambridge University Press, 1899, p. 16.

再雇佣步兵去丈量土地，他则给予细致的指导。在科学调查、掌握了大量数据的基础上，配第精心绘制了统摄爱尔兰三分之二国土面积的地图。这不仅是世界上地图学方面具有重大意义的里程碑事件，也促进了人类对自然、社会的定量分析在17世纪下半叶取得惊人的进步。

此外，提出这一概念的《政治算术》的撰写有着特殊的背景。当时的英国国内外形势都很严峻。一方面，世界市场和殖民地大都在荷兰、法国控制之下，英国在大国竞争中面临着这两个国家的威胁，特别是海军力量有被赶超的危险。另一方面，国内天灾人祸不断，财政经费拮据，民众就业困难，国力严重衰退。面对这样的局势，从国王到百姓，普遍存在着悲观情绪。但配第认为，产生这种情绪貌似有所依凭，但判断的根据只是一些过于宏观的印象和较为模糊的猜测，并没有具体的实证数据的支撑。因此，准确掌握英国的真实状况及其存在的优势，进而鼓舞国民的信心和士气，就成为有识之士的当务之急。

我们来看配第是怎样运用"政治算术"范式来分析当时的社会状况的。

在完成于1664年的《献给英明人士》中，配第对当时英国的存量国民财富和人口价值进行了统计。他将英国的财富细化为土地、房屋、家畜、荒地、金银、货物、商品、家具及银器等多个方面，经过分别统计和总体核算，总计约2.5亿英镑。配第又对英国每年的国家收入（租金收入和劳动收入）和总开支（根据总人口和人均年花费）、国王和政府的花费等项目，以及满足这些支出的租税分担方法进行了估算。据此，他认为，国民的租税负担并不沉重，只需交纳地租的三十六分之一、房租的五十六分之一、人头税六便士就可以了。

配第还通过对人口数据的统计和计算来分析并解决当时的人口以及人们的健康问题。他以伦敦为例，根据对同时代出生的100个人情况的调查，分别统计出能活到10岁、20岁、30岁……的人的数量；再根据所设定的范围，分别统计在世的100人中年龄区间在1岁到10岁、10岁到20岁……的人的数量；同时，还要统计同一个人分别处于婴儿、儿童、青年和老年时不同的情况。通过上述数据，配第分析出定量人口模式，来了解和解释当时整个伦敦人口的平均寿命、极端寿命以及发病率和死亡率等问题。此外，他还基于统计数据以及生理学、食品学的知识和原理，确定了区分死亡与老年的具体标准，创制了主要疾病感染者的比例表，并就民众生活的气候要求、个体的睡眠时间和锻炼方式、营养与身高增长、饮食与体重的关系、食物的品种和数量、出生与生育以及疾病与身体变化等具体问题发表了大量看法。正是这种基于数据统计而建立的人口变化模型，才使得较为准确地描摹和反映关于特定区域人的生与死的现实状况和演变规律成为可能。

85

当然，配第展开以上这些工作最直接的目的，是为当权者判断局势、进行决策提供实证依据和具体方案。所以，在《政治算术》一书中，除了重点关注英国国情，他更通过人口、土地、资源、资本、产业等方面的大量数据，将英国与荷兰、法国的状况进行了比较，进而得出"主要结论"："一个领土小而且人口少的小国，由于它的位置、产业和政策优越，在财富和力量方面，可以同人口远为众多、领土远为辽阔的国家相抗衡。"① 在当时，表象上"弱势"的英国在航海和水运方面所具有的便利，成为它在三国竞争中"起着显著而根本的作用"的关键因素。而就海洋状况和海军力量看，法国由于其地理位置上天然而永久的障碍，不论现在或是将来都无法在这些方面超过英国和荷兰。当然，配第注意到，阻碍英国强大的因素也确实存在，诸如领土板块分散、立法机构的独立、各殖民地特殊的状况等。但他认为，这些因素构成的障碍只是暂时的，是能够消除的。

"政治算术"范式支持了配第对英国国情国力增长的分析。他认为，英国确实存在许多弊害，但更应看到许多繁荣和发展的方面。他列举了很多例子，诸如伦敦的建筑比过去宏大华丽，东印度公司的资本已是原来的两倍，抵押贷款的法定利息正常，建材没有涨价，交易所照样繁忙，海军比以前更加强大，许多土地都经过了改良，食物价格甚为便宜，等等。配第特别指出，通过数据统计和比较看出，英国的国力和财富在最近40年中呈现增长态势，如果能够延续下去，军队和国家财政状况的危机就可以得到解决。他做了具体的估算，假如能够将国民全部开支中的十分之一征收到手，那么除了足以支付政府其他一切日常和临时的开支外，还可以维持10万步兵、3万骑兵和4万水兵的费用。至于收入情况的进一步改善，则有赖于就业问题的解决。假设为那些游手好闲的人找到现成的、合适的职业，那么在当时的条件下，这些人每年至少可以多赚200万镑。配第还对英国的资金运行进行了估算，得出结论是，无论是经营本国产业还是展开世界商业贸易，当时所需的资本是充裕而方便的。

通过以上分析，配第认为尽管当时英国国内外形势是严峻的，但据此产生悲观失望情绪却是不必要的。为此，他通过著述告诉国人，不要消沉、颓丧下去，而要"努力于抗拒自己所面临的灾难"。"作为国家社会的一员，我认为次于对共同事业处于怎样的状况有真实的了解的事情，就是在任何可疑情况下，都应往其最好的方面设想。因此，对于有可能使我对公共福利所抱的希望减少的一切因素，我都将细心地加以考察，如果没有有力而

---

① ［英］威廉·配第：《配第经济著作选集》，陈冬野、马清槐、周锦如译，商务印书馆2014年版，第1页。

又明确的根据,绝不轻易绝望。"① 配第坚信,假如英国能够提出并执行正确的方针、政策,避其所短,扬其所长,就能富国强兵,以小胜大,在大国竞争中取得最终胜利。

从社会认识论的角度看,配第的"政治算术"不是临时起意的权宜之计或策略应对,而是意味着理解复杂社会方法论上的一次变革。

如何观照和把握社会现象,人类从很早就开始了探索。在西方,被马克思称为古希腊"百科全书式的学者"的亚里士多德曾通过撰写《雅典政制》《政治学》等著述来探讨"城邦政情"(Matters of state),他通过罗列150余种"纪要",对当时各城邦的历史、行政、科学、艺术、人口、资源和财富等情况进行了考察和分析。这种方式影响了欧洲一两千年。到17世纪中叶,德国"国势学"(Staatenkunde)兴起,主张以文字记述为主要特征来记录和分析各个国家的社会经济状况。诸如,芒斯特(Sebastian Munster, 1489—1552)通过《世界志》叙述了当时欧洲主要国家的地理、历史、政治组织、社会制度以及军事力量等;赛肯道夫(Veit Ludwing von Seckendorff, 1626—1692)则通过《德意志王国志》成为"国势学派"的先驱;而康令(Hermann Conring, 1606—1681)则是"国势学"的代表性人物,他把对国情的一般叙述变为一种系统的学术研究,影响所及,逐步形成以国家为研究对象,通过记载和描述重大事项来形成新知识的"国势学"。

但是,以文字记述为特征的"国势学"由于对其关涉的事项以及讨论领域的描述过于宏观、总体和模糊,其缺陷也随着时代的发展愈益显现出来。这促使与德国社会背景、经济水平不同的英国的有识之士另辟蹊径,不再纯粹依靠思辨或理论推演来讨论政治、经济和社会问题。配第意识到这将是一种新的、"极其不寻常的"方法论的变革,将其凝练为"政治算术"概念且成为这一方法的奠基者,这充分显现出他的真知灼见和创新能力。

从理论上说,与单纯用文字阐述的方式相比,用数字来说明问题具有确定和精准的优点。因为在文字表述中,可能存在词义混淆、语意模糊等问题,这会给解释和理解带来困难。以数字的方式进行比较和说明,数字本身的确定和精准可以克服分析过程的不确定,增强解释力和解释的接受度,最大限度地减少歧义,提高沟通的效率。质言之,"政治算术"既是一种统计方法,更具有实证分析的意味。运用"政治算术"范式确实也使配

---

① [英]威廉·配第:《配第经济著作选集》,陈冬野、马清槐、周锦如译,商务印书馆2014年版,第4页。

第的统计和分析在当时独树一帜。正是基于此，后来的熊彼特评论说："配第总的说来是一位理论家；不过他属于这么一种理论家：对他们来说，科学实际上就是测量。……他们概括出来的规律是数字与推理的联合产物，决不允许把数字与推理分开。"① 而在当代，统计学家通常把"城邦政情"、"政治算术"和"统计分析科学"（Science of statistical analysis）称为"统计学"发展"三阶段"，很明显，"政治算术"意义和价值就在于它发挥着承上启下的作用。

当然，与后来经济学所取得的巨大进展特别是数量经济学的成就相比，配第的"政治算术"还处于起步阶段，其朴素性也非常明显。这表现在三方面：其一，由于当时统计方面的科学程度不高，配第用以证明其论点的数据，除来自教会机构的出生和死亡人数统计外，有些根据的是其主观的估计和推测（在他使用数据的地方，经常会出现"据估计""据推测"这样的字眼），所以，用这种方式获得数据，难免会出现草率、牵强乃至错误。其二，配第有时借助政府的控制、操纵和影响力来推广自己的学说和主张，而且其著书立说的主要目的也是为政府出谋划策，这些因素导致他的看法在客观性和科学性方面必然会有很多局限。其三，"政治算术"作为一种数学或者统计方法，仅仅是解释和认识复杂现实的一种工具；要想获得对事物的全面认识，还需要更多的东西，诸如相关知识和技巧以及想象力、逻辑推理等。因此，在认识的整体性上，配第的很多做法也存在缺陷。事实上，配第对此也有所意识，所以，在《政治算术》的序言中，他在阐明这一范式的重要意义的同时，也清醒地指出："以这些因素为依据的原因是不可能谈得透彻的。这种情况无异于掷骰子时不能预言会掷出什么点。"②

## 三、资本社会经济要素的"内部联系"及其结构

对于配第来说，"政治算术"范式的提出及运用不仅使他对当时社会各个方面的具体状况有了比较充分、清楚的掌握，而且在此基础上，结合提出的经济政策和国家治理方案的建议，他更将这些方面作为一个社会总体中的基本单元和要素统摄起来，构建了它们之间的复杂关系，进而在资本

---

① ［奥］约瑟夫·熊彼特：《经济分析史》第1卷，朱泱等译，商务印书馆1991年版，第318页。

② ［英］威廉·配第：《配第经济著作选集》，陈冬野、马清槐、周锦如译，商务印书馆2014年版，第8页。

主义生产方式确立初期形成关于社会系统的结构化理解。

我们还是通过梳理配第几部重要著述的具体内容来看他这方面的工作。

《赋税论》全名为《关于税收与捐献的论文》(A Treatise of Taxes and Contribution)，在序言中，配第自述写此书的"目的只是想借此来清除我脑海中所有的许多令人心烦的想法"①。该书首先分析了公共经费的用途。配第将其概括为 6 项，即支付国防和军事开支、行政官员俸禄、宗教事务、学校教育、弱势或底层人口的抚养和赡养、公共设施建设诸方面的费用。公共经费的一个显著特点是不断增加的欲求和趋势，但是在国家或地区财力有限的情况下，这些经费的增加又是很困难的。配第指出，政府的职责就在于统筹考量这些复杂因素，区分轻重缓急，权衡利弊得失，设法减少公共经费的支出。对比起来，他认为，在所有意欲增加的开支中，只有民众福利和公共事业经费是最正当的和需要优先考量的。

我们知道，公共经费通常是通过税收来获得的，但在现实中征税却并不容易。所以配第接着对此进行了专门讨论，罗列出 10 个方面来分析征税困难的原因。诸如：民众认为官员的索取超过其实际需要；不按适当比例对所有人征税，导致其中一些人会因负担租税过多而财富受损；政策方面存在诸多漏洞和不公，甚至即便是对邻居课税，相互之间的数额也不一致；费力征收来的税收被用于毫无实际意义的宴乐活动、场面粉饰；征收来的钱财没有用于公共领域而是分配给官员及其宠爱之人；不了解被征对象的具体情况（诸如人口数量、产业情形和财富状况）进而区别对待，往往使劣势者遭受不必要的痛苦；征税权限模棱两可或者根本模糊不清，导致纳税者"最不情愿"与征税者"采取严厉手段"的情形往往并存；维持完整的行政系统运作和官吏的各种经费，致使人口少较之人口多的地方人均赋税更重；货币数量不足的状况与一切租税都必须用货币缴付的政策之间的矛盾，导致"纳税情况不佳"和社会成本上的"浪费"等。

当然，上述情形会造成赋税过重，但是配第认为，这种状况又是可以通过采取措施得以缓解或消除的。所以他提出了一些对策，从中也体现出一种系统性的思考。配第主张通过划分一部分领土给国王以及分别对地租和房租征税等办法来有效地筹集公共经费。他从性质上把租金分为土地租金、房屋租金和货币租金，认为利息亦即货币租金，是对因出借货币而导致的不方便的补偿。他还注意到一种普遍的现象，即当谷物的需要上涨时，其价格就会上涨，地租和地价也会随之上涨。据此配第探讨了税收的种类。

---

① ［英］威廉·配第：《配第经济著作选集》，陈冬野、马清槐、周锦如译，商务印书馆 2014 年版，第 1 页。

《赋税论》用很大的篇幅对关税、人头税、彩票、罚款、独占税和什一税等一一作了详细的分析,并提出了各种征税筹款的具体方法。

由于处于资本主义生产方式确立不久的阶段,世界性的普遍交往才刚刚起步,国内和国际的征税规则差异很大。在诸多征税项目中,配第特别关注国内消费税的征收。他把财富分为两种,"一种是实际的,另一种是潜在的",认为一个人是否富有要看其在物质生活方面的实际享受而定;如果此人尽管有庞大的财力,但对此并不利用,那他的富有只能说是潜在的或者假想的。所以,结论应该是,"每个人都应该按照他所得到和实际享受的多少而纳税"①。由此产生的问题是,怎样判断物品是能够消费并被实际享受的。在世界普遍交往逐步展开的阶段,消费品的完成度就与国际贸易紧密关联,从而考察不同的征税规则就是必要的。配第认为,对于出口产品由于没有在国内以实物的形式消费,所以不应征收国内消费税;而进口的货物则必须征税。国内消费税要按照富人的实际物质享受来征收,穷人则可以减少或免除,负担比较轻,还可以促进社会勤俭节约风尚的养成。

除了《赋税论》外,在配第的其他著述中也充斥着对当时社会经济要素"内部联系"及其结构的考量。比如,《献给英明人士》在前述对存量国民财富和人口价值进行统计的基础上,还对税收问题再次进行了讨论。配第指出,当时人们缴纳的关税、国内消费税、烟囱税、月税等,已经占其全部资产的十分之一,如果再出现战争,就要支出其全部资产的三分之一。所以,在这本只有22页的著述中,他提出调整王国的各种支出和收入,协调海陆军和卫戍部队的开支,评估经营全国产业所需货币数量,检讨课税不合理和缴纳巨额税的原因,分析各种租税的附带利益,尝试实行分摊租税政策,调动人民的积极性和使其为国家服务等一系列政策举措。

而在写于1671—1672年的《爱尔兰的政治解剖》一书中,配第利用在爱尔兰主持土地测量工作以及社会调查得到的大量统计材料、估算数据,既展示了爱尔兰土地、人口、天气、货币、贸易乃至房屋、烟囱的数目及其价值,又描摹了其宗教、饮食、衣着、语言、习惯等方面状况,还概述了教会、圣俸、政府、军队(国民军和国防军)以及以往发生过的叛乱、合并(爱尔兰和英格兰)、对照(重新划分各郡的比例)和利益纷争等情形。可以说,这本篇幅不大的小册子以简略的笔致较为完整地勾勒了爱尔兰社会的一幅"结构图"。

前文提过的《货币略论》只是一篇将近7000字的短文,但内容丰富,

---

① [英]威廉·配第:《配第经济著作选集》,陈冬野、马清槐、周锦如译,商务印书馆2014年版,第89—90页。

持论中肯。配第以一问一答的形式探讨了32个具体问题，诸如：已经磨损的金属旧币是否应该回炉和由谁出资重铸？新先令的重量和成色应当怎样？旧币铸成新币出现的损失应当由谁来担负？英国是否会因商人们运出货币而变穷？如果新铸的先令缩小到它现在重量的四分之三，所拥有的货币是否比现在多出三分之一、从而货币也增加三分之一？如果政府强制规定新币与旧币可买同样数量的商品，结果会如何？为什么已经磨损的、轻重不等的旧币不能重新铸造？货币需求怎样估算？等等。表面看来，这些针对当时社会状况而提出的问题有点琐碎，但仔细研读会发现，配第紧紧围绕货币价值与社会财富之间的关系、货币在流通中应有的数量和作用等关键性问题展开分析，在对那些分散的具体问题的探究中所形成的闪烁着思想火花的观点，最终凝结成具有内在关系和总体逻辑的构架，使作为资本主义经济运行中重要领域的"货币"的一般原理得以抽象和概括出来。特别是在回答"虽然英国曾经遇到很大的困难，它却没有玩弄这种欺骗手段，这是否算是它的光荣呢？"这一问题时，配第说："英国在国内和国际上都保持一种贸易的规则和标准，这是它的明智之处，因而也是它的光荣。"① ——这又意味着一种境界的提升了。

在生命历程最后的1682—1687年，配第将《关于伦敦和巴黎人口、房屋、医院的政治算术论文》《关于人口增长以及伦敦发展的论文》《关于伦敦城市发展的另一篇论文》《都柏林死亡表的进一步思考》《伦敦和罗马城市的观察》5篇论文先单独发表，后又结集为《政治算术论文集》正式出版。仅从这些论文的标题就可以看出，配第对于欧洲重要城市乃至作为资本主义"生产方式典型地点"的英国当时的复杂经济要素及其结构已经有了既细微又宏观的精深把握了。

## 四、马克思对配第经济思想的研究、吸收及重大推进

配第的思想在其去世160年后获得马克思最深刻的理解和高度评价。他的名字首次出现在1847年出版的《哲学的贫困》中，马克思在剖析蒲鲁东关于"土地所有权，地租"的论点时回顾了17世纪"英国的（土地）所有者们""唯恐自己的收入减少，就反对农业上的成就"的状况，特别加注要求参看"查理二世时期英国经济学家配第的著作"。② 马克思这里指的

---

① ［英］威廉·配第：《配第经济著作选集》，陈冬野、马清槐、周锦如译，商务印书馆2014年版，第127页。
② 《马克思恩格斯文集》第1卷，人民出版社2009年版，第648—649页。

是配第《政治算术》第一章"土地和房屋的所有权有保障"部分①论述的问题。1851年1月7日在给恩格斯的信中,马克思提及《政治算术论文集》中分析过的一个现象:"当谷物价格下跌时,国内地租的总额却增加了。"②1857年7月,马克思借评论巴师夏《经济的和谐》一书的机会,勾勒了"现代政治经济学的历史"轨迹,首次指出它"是以李嘉图和西斯蒙第结束的,同样,它在17世纪末是以配第和布阿吉尔贝尔开始的"③。在随后写作的手稿"1857—1858年手稿"《货币章》和《资本章》中,马克思三次提及和引用了《政治算术论文集》中有关金银作为永久的商品与其他"易于损坏、易于变质"的商品存在差异的看法④,以及"试图在资本刚一发生时就创立信用"的倾向⑤。在马克思于1859年公开出版的《政治经济学批判(第一分册)》中,配第及其著述更是大量被提及,限于篇幅,在此无法一一罗列和叙述这些出处了。值得关注的是,在其中《关于商品分析的历史》一节,马克思不仅再次明确重申"古典政治经济学在英国从威廉·配第开始,到李嘉图结束",而且大段评论了配第的思想、工作乃至生平和为人。⑥马克思随后撰写的"1861—1863年手稿"中的大部分内容在20世纪初被命名为《剩余价值学说史》出版。在这次大规模的思想史清理和辨析中,配第自然也是一个不可或缺的角色,出现的频率依然很高,多处涉及他与其他古典经济学思想的比较。1867年《资本论》第一卷出版,其中提及配第及其著述竟达17处之多,足见他在马克思心目中的分量。在马克思晚年,参与了恩格斯重要著作《反杜林论》的写作,该书"经济学"编的第十章《〈批判史〉论述》就是马克思起草的。在这一部分,他借对杜林《国民经济学批判史》的剖析再次集中评论了配第的著述和思想,明确将其定位为"现代政治经济学的创始人",认为《赋税论》"对商品的价值量作了十分清楚的和正确的分析",而《货币略论》"按内容和形式说来,这是一部篇幅不大的杰作"和"配第的真正经济学的著作"⑦。

综合来看,马克思之所以如此看重配第的经济思想,也主要是由于两个方面的原因:用马克思的话说,首先,"政治算术——这是政治经济学作

---

① [英]威廉·配第:《配第经济著作选集》,陈冬野、马清槐、周锦如译,商务印书馆2014年版,第22—23页。
② 《马克思恩格斯文集》第10卷,人民出版社2009年版,第64页。
③ 《马克思恩格斯全集》第30卷,人民出版社1995年版,第3页。
④ 《马克思恩格斯全集》第30卷,人民出版社1995年版,第120页、第125页;《马克思恩格斯全集》第31卷,人民出版社1998年版,第36页。
⑤ 《马克思恩格斯全集》第31卷,人民出版社1998年版,第67页。
⑥ 《马克思恩格斯全集》第31卷,人民出版社1998年版,第445—447页。
⑦ 《马克思恩格斯文集》第9卷,人民出版社2009年版,第244—246页。

为一门独立科学分离出来的最初形式"①；其次，正是由于配第在当时的条件下"研究了资产阶级生产关系的内部联系"②，才最终创作出"十分圆满的、浑然一体的著作"③。而从对马克思思想探索和理论建构的影响及其实际后果看，他不仅受到配第这两方面的深刻启发，更将在配第那里处于起始阶段的思考大大推进到了新的层次和高度。以下我们作出简单的梳理和分析。

配第身后100多年，作为数据统计和分析方法的"算术"已经发展成为探究数量、形状及其相互关系的学科——"数学"。当马克思开始正式撰写《资本论》手稿、"制定政治经济学原理时"，他愈加感到数学的重要性。在1858年1月11日写给恩格斯的信中，他写道："在制定政治经济学原理时，计算的错误大大地阻碍了我，失望之余，只好重新坐下来把代数迅速地温习一遍。算术我一向很差。不过间接地用代数方法，我很快又会计算正确的。"④ 这种自我反省使马克思意识到，只有运用数学才能阐释清楚《资本论》中很多相当重要的原理。诸如，在第一卷中，马克思把等式"$x$ 量商品 $A = y$ 量商品 $B$"⑤ 作为出发点，对抽象劳动、社会必要劳动时间、价值量和价值现实等展开分析；根据商品 $W$ 价值的三个组成部分（$c$、$v$、$m$）及其功能和内容，以 $W = c + v + m$ 作为公式明确诠释了"价值"⑥；通过以 $E = m/v$ 来定义剩余价值率（剥削率）并对其变化进行了讨论。⑦ 而在第二卷中，为了阐释资本主义生产的连续性，他运用数学模型把资本运动的一般条件分为劳动时间和流通时间⑧；又根据大量"比例"和"图式"对再生产过程的正常运行的条件进行了分析。⑨ 在第三卷，马克思按照公式 $p' = m'\dfrac{v}{C} = m'\dfrac{v}{c+v}$ 对利润率 $p'$ 和剩余价值率 $E$ 的关系进行了专门研究，特别指出："当利润和剩余价值在数量上被看作相等时，利润的大小和利润率的大小，就由在每个场合已定或可定的单纯数量的关系来决定。因此，

---

① 《马克思恩格斯全集》第31卷，人民出版社1998年版，第447页。
② 《马克思恩格斯文集》第5卷，人民出版社2009年版，第99页。
③ 《马克思恩格斯文集》第9卷，人民出版社2009年版，第246页.
④ 《马克思恩格斯全集》第29卷，人民出版社1972年版，第247页。
⑤ 《马克思恩格斯文集》第5卷，人民出版社2009年版，第62页。
⑥ 《马克思恩格斯文集》第5卷，人民出版社2009年版，第245页。
⑦ 《马克思恩格斯文集》第5卷，人民出版社2009年版，第251—253页。
⑧ 参见《资本论》第2卷，《马克思恩格斯文集》第6卷，人民出版社2009年版，第五、十三、十四章。
⑨ 参见《资本论》第2卷，《马克思恩格斯文集》第6卷，人民出版社2009年版，第六章。

首先要在纯粹数学的范围内进行研究"①，而"利润率是许多变数的函数，如果我们要知道这些变数怎样对利润率发生影响，我们就必须依次研究每个变数单独的影响，不管这种孤立的影响对同一资本来说在经济上是不是可能发生"②；对一般利润率（平均利润率）的形成和商品价值向生产价格的转化等问题，马克思也做了量的规定和论证③；并综合这些方面对平均利润率的下降规律进行了分析。④

上述在"纯粹数学的范围内"的探索，即使配第所提出的"政治算术"范式的价值在将近100年后再度得以彰显，马克思更借助这一期间数学所取得的重要进展，将对探索经济问题还处于简单的"数字统计"和"算术应用"层次的数学，推进到对《资本论》重要内容即现代经济现象及其规律的实质分析之中；既用数学方式从多个特殊的数学模型中导出一般性条件（第二卷），又尝试基于代数方程建构了后来经济学通常所关注的一般模式（第三卷）。更重要的是，马克思为了把各种经济数量的合理性搞清楚，还进行了不少大胆"假定"，从而成功地把握和阐释了很多基本规律。例如"固定资本"这一抽象假定，不仅恰当地为数学在经济分析中的应用提供了启示，而且表明某些数学性分析达到一定阶段，就可以直接与现实对比，对既有理论进行全面的评价并在此基础上创建新的理论。马克思在大胆的抽象假定的基础上，抓住各种经济数量的合理性，使资本主义经济的基本结构更加明确了。即便各种经济数量之间的相互关系变得复杂起来，《资本论》内容的叙述也不成问题。这就使得好像作为外在"工具""手段"而被应用的数学变得与对象"契合"和交融于一体。这是政治经济学理论"科学化"大大提升的重要体现。

同样地，配第当年以英国、爱尔兰为个案分析复杂社会中一系列具体问题和因素以及处理诸多因素间相互关系的探索，也给马克思留下相当深刻的印象。这一思路是面对纷繁复杂的社会现象，注重探寻其"内部联系"和总体结构。如果说配第只是受到培根、霍布斯经验主义哲学思想的影响，才促发他关注社会现象之间的关联，那么对马克思来说则是很早就形成的习惯。但这些复杂现象到底包括哪些方面、其中什么现象更具代表性，配第并不能从社会的真实状况及其历史演变中把握，而只能从为统治者治国

---

① 《马克思恩格斯文集》第7卷，人民出版社2009年版，第58—59页。
② 《马克思恩格斯文集》第7卷，人民出版社2009年版，第68页。
③ 参见《资本论》第3卷，《马克思恩格斯文集》第7卷，人民出版社2009年版，第九章。
④ 参见《资本论》第3卷，《马克思恩格斯文集》第7卷，人民出版社2009年版，第三编。

理政出谋划策的角度，抓取自认为最主要、最急迫的问题。应该说，这具有很大的功利性、随意性和朴素性。但100多年后的马克思受过包括德国古典哲学在内的现代思维方式的系统熏陶和历练，在观照社会问题时采用的总体性把握、结构化理解和系统性思考已经成为其内在自觉。比如，在"《莱茵报》时期"，马克思遭逢了一系列现实问题，看到了物质利益对人们思想观念的支配，于是对黑格尔有关政治国家是自由理性的体现和表征的看法产生了疑问，开始思考和探究政治国家的本质、内涵及其作用。他是怎么展开对这一领域"内部关系"的运思的呢？这就必须提及他所作的5本《克罗伊茨纳赫笔记》（*Kreuznacher Hefte*）。仔细研究会发现，马克思通过对24本著作及一系列文章的摘录，力图透过社会运动史的清理来把握构成欧洲政治体系的要素及其关系。诸如，第1、2本笔记通过对法国、波兰和威尼斯历史以及相关国家理论著作的摘录，马克思在最后将其内容概括为16个议题：1. 三级会议；2. 农民战争；3. 议会；4. 贵族；5. 官僚政治；6. 立宪议会；7. 所有制及其结果、市民等级、财产；8. 梅特涅的政策；9. 平等；10. 自由的否决权；11. 家庭作为最初的国家形式；12. 个人权利与社会权利、收容与解放的形式；13. 宪法；14. 对外主权；15. 团体与众意的关系、国内主权；16. 行政权。① 第3、4本笔记通过对英国、法国、德国和瑞典历史著述的整理，从其内容中提炼出5个议题：1. 等级差别；2. 宪法与行政；3. 代表会议；4. 选举和人民主权；5. 固定地租。② 这样，马克思就通过甄别和梳理欧洲两千多年历史演变中丰富而庞杂的史料，勾勒出一幅政治国家"内部关系"之网络结构，而贯穿其中的核心逻辑和线索：所有制结构对政治设施和社会关系的影响、大革命宪法的价值追求、政治统治与普遍理性的背离、财产关系——资产阶级反封建的枢纽、人民主权及其代议制问题。③ 正是由于有了这些扎实的工作基础，马克思才能写出《黑格尔法哲学批判》及其导言等著述。

马克思的探索还在深化。从对政治国家和法哲学的剖析中他发现了"市民社会"，于是由对社会的"副本"批判转向了"原本"批判，这导致了其研究兴趣和领域的"政治经济学转向"。篇幅所限，不能对此做过细的梳理，这里只举对《资本论》关于"资产阶级生产关系的内部联系"的勾勒产生了巨大影响的《伦敦笔记》（*Londoner Hefte*）为例来分析。1850年9

---

① Karl Marx, *Kreuznacher Hefte*, im: MEGA² IV\2, Dietz Verlag, Berlin 1981, pp. 116 – 119.
② Karl Marx, *Kreuznacher Hefte*, im: MEGA² IV\2, Dietz Verlag, Berlin 1981, p. 221.
③ 参见聂锦芳主编：《重读马克思：文本及其思想》第2卷，中国人民大学出版社2018年版，第四章。

月至1853年8月期间,马克思在英国不列颠博物馆阅览室中收集并阅读了涉及面广且为数众多的将近300种文献资料(包括专著、官方文件和报刊等),再次全面系统地攻读政治经济学史和同时代经济学家的著作,留下了关于政治经济学和其他问题大量的摘录、札记和评论,共计24个笔记本,连续标注了1250个页码,篇幅总计达100个印张以上。其中第1—7笔记本主要研究货币和货币流通规律;从第8笔记本开始转入对经济学一般问题的讨论,其中第8、9、10、12、13笔记本关注农业生产和地租问题;第11笔记本分析工人状况;第14、21、22、23笔记本讨论殖民体系和对外政策等问题;第15笔记本梳理自然科学、技术、工艺史和发明史;第16笔记本研究银行问题;第17、18、19、20、24笔记本更涉及历史、经济学、文学史、文化史、伦理史和妇女问题史等复杂内容。此外,在这段时间内,马克思还写了3份单独标出题目、主要清算李嘉图货币流通理论的手稿《金条。完成的货币体系》《反思》《货币、信用、危机》。表面看来,《伦敦笔记》篇幅巨大、议题众多且思路庞杂,但遵循马克思的创作过程对其主要议题作整体观照,这一时期他研究工作的问题意识与内在思路还是非常清楚的。我们可将其概括为如下几个方面:1. 货币、信用与危机问题;2. 古典政治经济学的体系与矛盾;3. 雇佣劳动与资本之间全面而复杂的关系;4. 资产阶级社会结构的变迁过程。①

在以上探索的基础上,马克思在"1857—1858年手稿"中拟定了他的政治经济学理论架构,分篇如下:"(1) 一般的抽象的规定,因此它们或多或少属于一切社会形式,不过是在上面所阐述的意义上。(2) 形成资产阶级社会内部结构并且成为基本阶级的依据的范畴。资本、雇佣劳动、土地所有制。它们的相互关系。城市和乡村。三大社会阶级。它们之间的交换。流通。信用事业(私人的)。(3) 资产阶级社会在国家形式上的概括。就它本身来考察。'非生产'阶级。税。国债。公共信用。人口。殖民地。向国外移民。(4) 生产的国际关系。国际分工。国际交换。输出和输入。汇率。(5) 世界市场和危机。"② 随后在1859年《〈政治经济学批判〉序言》中,马克思又将理论结构修改为:"我考察资产阶级经济制度是按照以下的顺序:资本、土地所有制、雇佣劳动;国家、对外贸易、世界市场。在前三项下,我研究现代资产阶级社会分成的三大阶级的经济生活条件;其他

---

① 到目前为止《伦敦笔记》并未出齐,待出版的卷次为MEGA² 第4部分包含第15—18笔记本的第8卷和包含第19—24笔记本的第9卷。我们根据以往负责《伦敦笔记》的编辑人员提供的后10个笔记本中的部分草稿清单对其内容做出推测。

② 《马克思恩格斯全集》第30卷,人民出版社1995年版,第50页。

三项的相互联系是一目了然的。"① 在"1861—1863 年手稿"中，马克思再次将以前拟定的理论体系加以改变，修改为：（1）导言：商品，货币。(2) 货币转化为资本。(3) 绝对剩余价值：(a) 劳动过程和价值增殖过程；(b) 不变资本和可变资本；(c) 绝对剩余价值；(d) 争取正常工作日的斗争；(e) 同一时间的工作日。剩余价值额和剩余价值率。(4) 相对剩余价值：(a) 简单协作；(b) 分工；(c) 机器等。(5) 绝对剩余价值和相对剩余价值的结合。雇佣劳动和剩余价值的比例。劳动对资本的形式上的隶属和实际上的隶属。资本的生产性。生产劳动和非生产劳动。(6) 剩余价值再转化为资本。原始积累。威克菲尔德的殖民学说。(7) 生产过程的结果。(8) 剩余价值理论。(9) 关于生产劳动和非生产劳动的理论。

后来的《资本论》就是按照"1861—1863 年手稿"中制定的架构而展开的。马克思将其手稿分为两大部分，一部分是"理论部分"，另一部分是"理论史部分"或"历史批判部分"，计划分开出版。马克思在《资本论》第一卷第一版序言中说："这部著作的第二卷将探讨资本的流通过程（第二册）和总过程的各种形式（第三册），第三卷即最后一卷（第四册）将探讨理论史。"② 恩格斯编辑就是按照这个体系将原稿第二册整理改编为《资本论》第二卷，题名为《资本的流通过程》；将原稿第三册整理改编为《资本论》第三卷，题名为《资本主义生产的总过程》。最终形成的《资本论》的全部体系共分四大卷，前三卷是关于政治经济学的理论部分，后一卷是关于政治经济学说史部分。

从 1867 年 9 月《资本论》第一卷出版到 1883 年 3 月马克思去世，是他生命历程的最后一个阶段。他的探索也没有停滞，而是呈现出由五条线索交错而成的复杂状态。我将其概括为：1. 围绕《资本论》而展开的修订、整理、新文献的发掘和补充；2. 西欧工人运动的参与及波折；3. 资本主义"史前史"的求解；4. 对俄国社会未来走向的设想；5. 对马克思主义未来命运的思考。在这些工作的基础上，马克思对资本社会的结构及其问题转化的思考又取得了重要进展，包括：1. 资本功能的变迁及其危机呈现的曲折性；2. 国家、民族特性与资本社会的多种类型；3. 资本扩张所遭遇的时间和空间屏障；4. 资本批判与工人运动的实践的复杂关系；5. 资本主义史前史对于理解资本的意义；6. 古代和东方国家社会状况及其发展道路；7. 作为"文明"形态的资本主义。

我们看到，由配第开辟的对"资本主义生产内部关系"及其结构的探

---

① 《马克思恩格斯全集》第 31 卷，人民出版社 1998 年版，第 411 页。
② 《马克思恩格斯文集》第 5 卷，人民出版社 2009 年版，第 13 页。

究，到马克思那里已经蔚为大观了。这既是资本主义发展到19世纪下半叶呈现出的更为复杂状况的深刻反映，更是重大的思想理论建构成果，因为"哲学的实践本身是理论的"①。

总之，依据配第的著述对其经济思想重新进行清理，并对照马克思在一系列著述中对配第的相关评论以及在《资本论》及其手稿中所达致的理论高度，不难发现，马克思之所以称配第为"现代政治经济学的创始人"，除了"土地为财富之母，而劳动则为其父"的传统解释，更重要的是他开创了观照复杂社会的"政治算术"范式，并对"资产阶级生产关系的内部联系"及其结构进行了初步的探索。这种清理工作对于我们深化马克思主义政治经济学的研究及其当代价值的发挥具有重要意义。马克思的政治经济学当然有形而上学基础，在重视影响经济运行的社会环境以及政治因素的同时也关注微观经济运行和具体经济政策等方面的思想和主张，关注经济本身的"内部关系"、系统结构的科学性和规律。特别是20世纪以降，在经济学研究中，统计、数学已经不仅仅是一种外在的手段或工具，而是与所要探究的经济现象内在地联系在一起。如果说马克思是探索这种方式的先驱之一，那么他的思路源自配第"政治算术"的启迪便是确定无疑的了。马克思的政治经济学不是置身于资本主义经济运行之外简单的批判和定性，而是深入其内部通过具体机制和过程的讨论来寻找变革和超越的因素、方式和途径。这就更显现出《资本论》第二、三卷内容的重要性，因为它们是马克思晚期思想与20世纪资本主义变迁和经济学变革之间实现勾连、对话的可能性通道。这也是"古典经济学"在经过马克思主义政治经济学的"否定"之后，他们中的一些人及其思想在20世纪仍有影响的原因。

---

① 《马克思恩格斯全集》第1卷，人民出版社1995年版，第75页。

# "工具与武器":作为方法的唯物辩证法

鲍 金①

在《路德维希·费尔巴哈和德国古典哲学的终结》中,恩格斯以"最好的工具和最锐利的武器"来评价唯物辩证法对于指导人们认识自然界、社会历史和人类思维的重要意义。② 可以说,唯物辩证法的最具基础性和最重要的意义便是其作为"工具"和"武器"的方法论意义。然而,近年来学界对唯物辩证法的方法论内涵及其意义的探讨却非常稀少,常见的辩证法研究多是探讨唯物辩证法在某门课程或专业中的运用,或是探究唯物辩证法视角中的某个现实问题。我们知道,如果不对一种方法的基本涵义进行全面准确地把握,那么基于这种方法的理论运用就会发生差之毫厘、谬以千里乃至南辕北辙的负面效果。无论这种方法在理论运用层面的成果多么层出不穷,这种方法研究所取得的真实进步仍然非常有限。这就意味着我们需要回到唯物辩证法作为方法的生成语境,去探究方法论视域中的唯物辩证法的基本涵义及其特征,而这些工作应当基于马克思政治经济学语境展开。这不仅是因为马克思通过政治经济学研究表达了对唯物辩证法的方法论内涵的经典理解,而且是因为马克思的政治经济学研究构成了作为方法的唯物辩证法最为系统化的立体呈现和完整展示,因此我们的论述以马克思政治经济学为语境是比较适宜的。进行这一工作,对于我们不断推进马克思主义中国化时代化、建构中国自主知识体系,具有重要的方法论意义。

## 一、唯物辩证法:"物质"内容与"方法"属性

马克思在从事研究工作过程中,运用过的方法有很多,比如辩证法、

---

① 鲍金,上海交通大学马克思主义学院副院长、教授。
② 《马克思恩格斯文集》第4卷,人民出版社2009年版,第298页。

"纯粹经验的方法"、历史性的方法、从实践出发的方法、从抽象上升到具体的方法、从后思索法等,而马克思的研究工作涉及乃至批判过的方法也很多,比如实证主义的方法、思辨的方法、唯心主义的方法、观念论的方法、形而上学的方法等。那么,有没有一种方法在马克思方法体系中居于核心地位,而其他方法则在不同程度上被这样一种方法所贯穿和统摄?答案是肯定的,这就是马克思的辩证法,或者更加全面、更加准确地说,是马克思的唯物主义辩证法,简称唯物辩证法。

马克思在《资本论》第 1 卷第二版跋中对唯物辩证法做出了集中阐述:"辩证法,在其合理形态上,引起资产阶级及其空论主义的代言人的恼怒和恐怖,因为辩证法在对现存事物的肯定的理解中同时包含对现存事物的否定的理解,即对现存事物的必然灭亡的理解,辩证法对每一种既成的形式都是从不断的运动中,因而也是从它的暂时性方面去理解。辩证法不崇拜任何东西,按其本质来说,它是批判的和革命的。"① 辩证法的本质体现在批判性和革命性的方面,而展开来说便是"对现存事物的肯定的理解中同时包含对现存事物的否定的理解",即对现存事物的"暂时性"理解。所谓"暂时性理解",既不是对现存事物的单纯的必然灭亡的理解,也不是对现存事物的单纯的必然存在的理解,而是对现存事物的必然存在的理解中蕴含着对现存事物的必然灭亡的理解,或者说对现存事物的历史合理性的理解中蕴含着对现存事物的历史不合理性的理解。辩证法的理解,是将对现存事物的必然存在和必然灭亡的理解同时包容于自身,在对现存事物的必然存在的理解中转化自身为必然灭亡的理解,又在对现存事物的必然灭亡的理解中转化自身为必然存在的理解。质言之,辩证法在每一种相对的理解中都保持自身为对立统一式的理解。

从概念的形式角度看,马克思的唯物辩证法是以符合事物本身的客观存在的方式来把握事物的方法,而从概念的表现角度看,马克思的唯物辩证法则是以联系的而非孤立的、动态的而非静态的、整体的而非片面的、对立统一的而非知性的方法来把握事物的方法。唯物辩证法绝不是马克思人为构想出来的方法,而是马克思严格遵循客观事物本身具有的存在方式,以人类认识和思维活动来反映的事物运动过程及其客观规律。如果说黑格尔以观念的形式"第一个全面地有意识地叙述了辩证法的一般运动形式",从而确立了辩证法的典型形式、基本标准和一般形态的话,那么马克思的唯物辩证法则首先赋予了辩证法以"物质"的内容:"观念的东西不外是移

---

① 《马克思恩格斯文集》第 5 卷,人民出版社 2009 年版,第 22 页。

入人的头脑并在人的头脑中改造过的物质的东西而已。"① 恩格斯在《反杜林论》的序言中也指出他和马克思所运用的辩证法与黑格尔辩证法之间的差异："这些规律最初是由黑格尔全面地、不过是以神秘的形式阐发的，而剥去它们的神秘形式，并使人们清楚地意识到它们的全部的单纯性和普遍有效性，这是我们的期求之一。"② 要揭示出辩证法的合理形态，就需要剥去黑格尔赋予辩证法的唯心主义形式，恢复辩证法本身所具有的客观现实的内容，这正是马克思在辩证法研究历史中作出的重大贡献。在这种意义上，马克思的辩证法表现为唯物辩证法，而不是一般的辩证法。

与此同时，马克思的唯物辩证法阐述也显示了"观念的东西"和"物质的东西"之间的关系。作为"观念的东西"，唯物辩证法在其内容和本质上是"物质的东西"，在其形式和形态上则是人的认识活动和思维活动。正如恩格斯指出的："所谓的客观辩证法是在整个自然界中起支配作用的，而所谓的主观辩证法，即辩证的思维，不过是在自然界中到处发生作用的、对立中的运动的反映。"③ 辩证法显示了客观事物的不以人的意识为转移的存在方式，而马克思的唯物辩证法则是以符合这一存在方式的"唯物主义"方式来表现客观辩证法的主观辩证法。就此而言，作为方法的唯物辩证法，归属于主观层面的辩证法，但是它的全部效力则来自对客观辩证法的认识、理解和把握的程度和水平，因此就需要在客观辩证法的维度上得以被测度和衡量。

当我们明确了唯物辩证法的"物质"内容和"方法"属性之后，就要解决唯物辩证法自身的特征问题，即与其他方法尤其是形而上学的方法相比，唯物辩证法究竟是怎样展现自身的？对于这一问题，一些学者尤其是研习过分析哲学和数理逻辑的学者，尖锐地批评辩证法只是一套泛泛而谈、内容模糊的思维原则，根本不能给予人们以认识活动的清晰指导，也不能给予人们以思维活动的方法遵循。应当说，上述学者看到了马克思唯物辩证法的非程式化、非教条化的高度灵活特征，但是他们对此作出了负面的评价，由此就错失了把握唯物辩证法的契机。我们认为，马克思的唯物辩证法确实不能在知识性的教条、可操作的规则等层面上来理解和运用，而应当适合在考察问题的视角、分析事物的原则、实践操作的智慧等层面上来理解和运用。恩格斯非常鲜明地反对把马克思的方法当成"教义"、"教条"来理解："马克思的整个世界观不是教义，而是方法。它提供的不是现

---

① 《马克思恩格斯文集》第 5 卷，人民出版社 2009 年版，第 22 页。
② 《马克思恩格斯文集》第 9 卷，人民出版社 2009 年版，第 13—14 页。
③ 《马克思恩格斯文集》第 9 卷，人民出版社 2009 年版，第 470 页。

成的教条，而是进一步研究的出发点和供这种研究使用的方法。"① 唯物辩证法的精髓总是体现在其运用的过程和展示的活动中，而绝不是被定义的概念、抽象的原理或刻板的规则中。那么，对于这样一种高度灵活、非规则化的方法，唯物辩证法怎样才能在其合理形态中被把握，而不是走向要么僵化、要么模糊的两极对立的境地呢？这就涉及唯物辩证法所具有的特征的问题。

## 二、唯物辩证法的整体性

唯物辩证法对现存事物的理解包含着对现存事物的每一个规定的理解，例如树是高的、人是有理性的，但是就每一个现存事物自身来看，任何一个规定都只是片面规定，不足以构成一个现存事物，如高的规定无法构成为树，理性的规定也无法构成为人。任何一个现存事物都是多种规定的有机统一，"具体之所以具体，因为它是许多规定的综合，因而是多样性的统一"②。马克思这里所谈的"具体"是指现实的、实在的现存事物，而不是作为方法的具体。面对现存事物的"具体"，作为"主观辩证法"或方法的辩证法就要真实地表现出现存事物的具体之本来面貌，因此辩证法对现存事物的理解不是停留于某种孤立、片面的规定，不是坚执于某种单一规定所构成的东西，而是始终把握住现存事物的处于相互联系中的多种规定，或者在理解现存事物的某种单一规定的同时把握住这种规定与其他规定的关系。只有这样理解现存事物，唯物辩证法才能"从不断的运动中"对"每一种既成的形式"做出"暂时性"的理解，从超越片面规定的整体和超出单一规定的多样性中把握住现存事物，从而展示出对现存事物的"批判的和革命的"态度。

以《资本论》的写作为例，作为马克思政治经济学的方法，唯物辩证法对资本主义生产方式这一现存事物的理解，从不是找到现存事物的"一些最简单的规定"③，找出"一些有决定意义的抽象的一般的关系，如分工、货币、价值等等"，④即唯物辩证法不能停留于、固执于"从具体上升到抽象"中的那个"抽象"。因为马克思十分清楚这些简单规定的片面性和非自足性，任何一种简单规定都只是资本主义生产方式的片面的相对规定，

---

① 《马克思恩格斯文集》第 10 卷，人民出版社 2009 年版，第 691 页。
② 《马克思恩格斯全集》第 30 卷，人民出版社 1995 年版，第 22 页。
③ 《马克思恩格斯全集》第 30 卷，人民出版社 1995 年版，第 41 页。
④ 《马克思恩格斯全集》第 30 卷，人民出版社 1995 年版，第 41—42 页。

如果不联系资本主义生产方式的其他规定，不从更具整体性的资产阶级社会结构的视域来审视某个简单规定，那么就会把这个简单规定看成是古老的，甚至是永恒的，这就会导致与古典经济学家对某个规定非历史化相类似的错误。"劳动似乎是一个十分简单的范畴。它在这种一般性上——作为劳动一般——的表象也是古老的。"① 古典经济学家正是因为没有掌握作为方法的辩证法，因此就始终无法揭示出资本主义生产方式各种规定的内部联系及其整体性，因此总是把受制于资本主义生产方式各种规定的劳动、资本等规定看成是人类有史以来的规定，把作为资本主义生产方式之结果的"个人"看成是"由自然造成的"。② 与古典经济学家的做法相反，马克思的唯物辩证法致力于揭示资本主义生产方式的众多单一规定的暂时性和非自足性，破除单一规定的独立性和孤立性，祛除笼罩在单一规定之上的绝对性的幻象，从而让人们意识到资本主义生产方式的每个单一规定只是片面的、相对的规定，因此不能固执于对单一规定的主张，而是要用一种全面、整体的视角来审视资本主义生产方式，并且从此出发重新看待整体性视域中的每个单一规定。

马克思指出，如果用片面的抽象思维而非在整体结构中把握单一规定的话，那么资本主义生产方式中的"劳动"就会被看作"最抽象的范畴"，而且会认为"由于它们的抽象而适用于一切时代"③，这种理解方式明显违背了辩证法对"劳动"这一现存事物的"暂时性"理解，即看到"劳动"的"适用于一切时代"的抽象性的同时遮蔽了对这一抽象性的"必然灭亡的理解"，遮蔽了这一抽象性会转化为自己的反面即历史性的一面，这就是马克思指出的：劳动"就这个抽象的规定性本身来说，同样是历史条件的产物，而且只有对于这些条件并在这些条件之内才具有充分的适用性"④。马克思运用唯物辩证法对资本主义生产方式的理解，就是建立起依据于资本主义生产方式的各个片面规定的相互联系、相互否定的不断运动过程，这一过程对每一个范畴都采取了反思性的"不崇拜"态度，对每一个规定都是从各个规定构成的整体联系中加以审视，因此它能够体现出超越片面规定的整体性特征。而对片面规定的超越，不仅指向了唯物辩证法的整体性，而且蕴含着超出片面规定的过程性、动态性，这就是唯物辩证法的第二个特征。

---

① 《马克思恩格斯全集》第 30 卷，人民出版社 1995 年版，第 44 页。
② 《马克思恩格斯全集》第 30 卷，人民出版社 1995 年版，第 25 页。
③ 《马克思恩格斯全集》第 30 卷，人民出版社 1995 年版，第 25 页。
④ 《马克思恩格斯全集》第 30 卷，人民出版社 1995 年版，第 46 页。

## 三、唯物辩证法的动态性

唯物辩证法对现存事物的理解内在地蕴含着对事物每个单一规定的理解，但每个理解都还不是对现存事物的辩证理解，因为辩证法的理解是对一个事物的众多规定的理解，即对事物的整体认识得越来越多、越来越完善的过程，所以辩证法在蕴含单一规定的理解的同时，也同时蕴含着单一规定被克服、否定和超越，从而实现自身为具有动态性的认识过程。在这里，我们以形而上学思维方式为参照来凸显唯物辩证法的动态性。

形而上学思维方式有一种根深蒂固的看法，认为一个事物具有某种规定，就不能同时具有与此相异和相反的规定，例如如果 A 在 B 点，那么就只能得出判断 A 在 B 点，而不能得出判断 A 既在 B 点又不在 B 点；如果劳动是抽象的，那么就只能得出劳动是抽象的判断，而不能得出劳动既是抽象的、也是具体的判断。形而上学思维方式对现存事物的理解表现为一个个独立的理解，不同的独立理解相互之间是对立的、割裂的、离散的，始终无法连成一条相互联系的线，或者认为包容相异和相反规定于一身的对现存事物的理解是自相矛盾的谬误。正如恩格斯指出的，"他们在绝对不相容的对立中思维；他们的说法是：'是就是，不是就不是；除此以外，都是鬼话。'在他们看来，一个事物要么存在，要么就不存在；同样，一个事物不能同时是自身又是别的东西。"① 然而，"具体之所以具体，因为它是许多规定的综合，因而是多样性的统一"②，仅仅具有简单规定的事物是只有在臆想中才能存在的，现存事物无不是包容多种规定于一身。形而上学思维方式之所以无法理解从一个简单规定向另一个简单规定的过渡、转化，是因为它总是用静态的眼光来看待简单规定，形而上学思维方式视域下的从一个简单规定向另一个简单规定的过渡和转化，就变成从一个简单规定向另一个简单规定的跳跃、断裂，形而上学思维方式当然不承认跳跃和断裂的思维是合理的理解方式，因此它对现存事物的一个简单规定的理解是以抛弃另一个简单规定的理解为前提的，最终形而上学思维方式视域中的现存事物就是由非此即彼的简单规定所构成的事物。

要想走出形而上学思维方式的思维怪圈，就要破除一个个简单规定之间的静态性和断裂性，揭示不同简单规定之间的内在联系和相互转化，这就是唯物辩证法超越静态规定所体现出的动态性。唯物辩证法承认每个现

---

① 《马克思恩格斯文集》第 3 卷，人民出版社 2009 年版，第 539—540 页。
② 《马克思恩格斯全集》第 30 卷，人民出版社 1995 年版，第 22 页。

存事物具有众多的简单规定，每个简单规定都是静态的、相对的，都不能代表现存事物，而简单规定的静态性恰恰蕴含着自身被超越的可能性，蕴含着自身作为现存事物的一部分被"否定"从而成为另一部分的可能性，即唯物辩证法"对每一种既成的形式都是从不断的运动中"去理解，① 因此唯物辩证法对现存事物的理解，就不是从一个简单规定跳跃到另一个简单规定，也不是取消一个规定之后再跳到另一个规定，而是把不同的规定看作相互联系、流转运动的，这样对现存事物的理解就是一个连续不断的动态过程，才能够真正把握现存事物，即实现自身为"合理形态"的辩证法。

我们以马克思对蒲鲁东《贫困的哲学》的批判为例来说明唯物辩证法的动态性特征。蒲鲁东通过《贫困的哲学》构建了一个关于贫困问题的矛盾体系，既然是矛盾体系，他特意提出其运用的方法就是辩证法，蒲鲁东称之为"系列辩证法"："辩证法就是思想从一个观念前进到另一观念，通过一种更高级的观念而形成系列。"② 蒲鲁东还表达了对于黑格尔辩证法的崇敬："只有运用这种方法，一种观念，一个事实就会显示出矛盾关系，并显示出两个对立系列的结果，从而得出一个预期中的新的综合。这就是由三段论和归纳法的既对立又相结合而形成的新工具所遵循的普遍而变化无穷的原则。这种工具，古人只是有所预见，真正创造它的是康德，而使它发挥巨大威力和大放光彩的，则是他的后继者黑格尔。"③ 这样看来，蒲鲁东研究贫困问题的辩证法倒是继承了黑格尔关于辩证法的动态性的精髓。然而，这是假象！蒲鲁东对贫困问题的研究仍然在实质上贯穿着形而上学的思维方式，因为"蒲鲁东先生认为，好的方面和坏的方面，益处和害处加在一起就构成每个经济范畴所固有的矛盾。应当解决的问题是：保存好的方面，消除坏的方面"④。蒲鲁东能够看到价值、分工、机器、竞争、垄断、奴隶制等经济范畴的存在，但他的系列辩证法只是区分出每个经济范畴的好的规定和坏的规定，然后通过消除坏的规定来保存好的规定，这样他认为就实现了从好的规定向坏的规定的辩证运动。殊不知，他的辩证法"从黑格尔的辩证法那里只借用了用语"⑤，"谁要给自己提出消除坏的方面的问题，就是立即切断了辩证运动"⑥。唯物辩证法的精髓是以保存前一个

---

① 《马克思恩格斯文集》第 5 卷，人民出版社 2009 年版，第 22 页。
② ［法］蒲鲁东：《贫困的哲学》，王雪华、余叔通译，商务印书馆 1998 年版，第 555 页。
③ ［法］蒲鲁东：《贫困的哲学》，王雪华、余叔通译，商务印书馆 1998 年版，第 573 页。
④ 《马克思恩格斯文集》第 1 卷，人民出版社 2009 年版，第 604 页。
⑤ 《马克思恩格斯文集》第 1 卷，人民出版社 2009 年版，第 605 页。
⑥ 《马克思恩格斯文集》第 1 卷，人民出版社 2009 年版，第 605 页。

规定的方式进入到下一个规定的运动过程，辩证法消除的绝不是前一个规定，而只是前一个规定的独立性和静态性。前一个规定以"扬弃"的形式进入到下一个规定的内容当中，由此唯物辩证法对现存事物的理解就不是静态化的思维方式，而是一种揭示消除中的保存、阐发静态中的动态的思维方式，这种思维方式始终用动态、发展的眼光来理解现存事物，不仅看到现存事物当下的状态，而且要看到当下状态向未来状态演变、运动的可能性，这是马克思将唯物辩证法界定在"不断的运动"层面来理解的原因所在。当唯物辩证法以"不断的运动"视角来理解事物的时候，这里的"运动"从不预设自己的下一个规定或最终的规定，由此体现出唯物辩证法的另一个特征：生成性。

## 四、唯物辩证法的生成性

在理解唯物辩证法的问题上，人们始终面临一个解释性的难题，即生成何以可能？如果从现存事物的规定 A 出发去把握事物的规定 B，那么规定 B 是规定 A "无中生有"地"生成"出来的，还是在规定 A 存在时，规定 B 就已经存在？前者导致的结论是：如果规定 A "生成"了规定 B，那么当规定 B 还无的时候，无（不包含规定 B 的规定 A）怎么能够产生有（规定 B）呢？无即是不存在，不存在是无法"生成"出存在的。后者导致的结论是：既然规定 B 与规定 A 同时存在，那么从规定 A 到规定 B 的过程就不再是现存事物的发展和生成，而是太阳底下无新事，现存事物的各种规定从来如此，现存事物就不会有变化，更谈不上有生成。不难看到，上述两种思路看似截然相反，但最终都走到了否定事物生成、否定事物发展的方向上去了。之所以会导致这种结果，症结仍然在于形而上学的思维方式。形而上学思维方式只是关注到一个个规定的独立性和静态性，没有在"对现存事物的肯定的理解中同时包含对现存事物的否定的理解"，没有从"不断的运动"视角来理解现存事物，由此形而上学思维方式对现存事物的规定的理解必然是停滞的，也就无法理解事物自身从规定 A 向规定 B 的转化、更新与"生成"。

在这里，我们需要重申所考察的唯物辩证法是作为方法的辩证法，但是其指向的则是作为"物质的东西"的客观辩证法，即事物的客观的存在方式。之所以形而上学思维方式总是否定事物更新和"生成"的可能性，是因为形而上学思维方式错误地理解了事物的规定。事物的规定不是静态的停滞规定，而是一个会转化和更新为其他规定的生成性的规定。事物只要还是事物自身，那么事物就保持着相对静止的规定性，即现存事物保持着自身的肯定方面。例如每个人都有自己的生命历程，无论经历多少事情，一个人还是他自己；商品的使用价值始终伴随商品的存在而存在，商品的使用价值不等同于商品的价值。因此形而上学思维方式对"现存事物的肯定"理解具有合理性，在这种意义上，形而上学思维方式不仅"对我们来说似乎是极容易理解的，因为它是合乎所谓常识的"①，而且与唯物辩证法对"现存事物的肯定"具有相同的表象。但是，事物的相对静止规定时刻处于流变、转化和更新的过程中，事物虽然还是事物自身，但事物的内容和规定始终处于不断变化和发展的过程中，并且在时间中经历着历史性的丰富。一个人固然在童年、青年、中年和老年始终保持自己为同一个人，但这些不妨碍他在生命历程中经历更多的事情、具有更新的体验，这就是对同一个人的生命历程的增进和提升，它们构成了一个人的内容和规定的丰富和发展；商品的使用价值固然在商品的生命周期中始终保持着，但在商品的生产阶段、交换阶段和消费阶段，商品的使用价值具有不同的表现形态和不同的功能作用，它们构成了商品的内容和规定的丰富和发展。

当我们把握到事物的肯定方面时，形而上学思维方式仅仅看到事物的肯定方面，看不到被同时蕴含在肯定方面之中的否定方面，即把肯定方面看成是停滞的、僵硬的规定，而唯物辩证法的方式则是在看到事物的肯定方面的同时把握到事物的否定方面，从而就把握到事物的肯定方面和否定方面的相互联系和"不断的运动"。唯物辩证法把变化和发展看作：一个规定即使转化为或生成为另一个规定，它自身也是以某种形式（而不是成为了无）被保存在另一个规定中；一个规定即使尚未现实地转化为或生成为另一个规定，它自身也以某种形式蕴含着另一个规定的可能性，而不是绝对化地从无中生出全新的有。质言之，唯物辩证法对事物不同规定的考察，全面地把握到了事物肯定方面和否定方面的流动关系和生成关系，把握到了不同规定之间的转化和更新的可能性。正像《资本论》对商品的研究所展示的那样，以形而上学思维方式来看待商品，那么看到的就是"商品是以铁、麻布、小麦等等使用价值或商品体的形式出现的。这是它们的日常的自然形式"②，这种"自然形式"当然是商品的"最简单的最不显眼的样子"③，因此形而上学思维方式远远揭示不出商品作为商品的丰富形态。而以唯物辩证法的思维来看待商品，就会看到商品是一个蕴含着使用价值和价值这两种规定的统一体，商品的交换在实质上是卖者将商品的使用价值

---

① 《马克思恩格斯文集》第3卷，人民出版社2009年版，第540页。
② 《马克思恩格斯文集》第5卷，人民出版社2009年版，第61页。
③ 《马克思恩格斯文集》第5卷，人民出版社2009年版，第62页。

让渡给买者，从而实现商品的价值的过程。商品的使用价值和价值这两种规定不仅是排斥对立、非并存的——卖者和买者在同一时间只能占据商品的一种规定，而且是相互联系、相互实现的——只有卖者让渡出商品的使用价值，商品的价值才能获得实现，反之对买者的道理同样如此。不难看出，商品的两个规定之间的转化使得商品获得实现，即作为商品的商品生成出来、"生成"出来，否则商品只能作为库存而无法实现价值，或作为废品而失去使用价值。

进而言之，要深入把握唯物辩证法超越停滞规定的生成性，我们可以借用西方哲学讨论中使用的潜能和现实的概念。现存事物都要经历潜能的事物向现实的事物的实现过程，潜能是尚未实现出来的现实，而现实是已经实现出来的潜能。当现存事物尚处于潜能状态的时候，事物的各种规定已经存在，但还没有现实地实现出来，还需要逐渐实现出来，从而成为现实的规定。就像一粒种子，种子对种子自身来说是现实，而种子将来可能成长为一棵大树，那么大树对种子来说便是种子的潜能。当种子多年后成长为现实的大树，那么可以说这是种子中的大树从潜能实现自身为现实的生成性的过程。这一过程是大树的潜能以种子的形式逐渐实现为大树的现实的过程，也就是种子的规定逐渐生成出大树的规定这一崭新规定的过程。正是在这种意义上，唯物辩证法对现存事物的理解致力于破除事物肯定方面的停滞性幻象，致力于发现事物肯定方面向自身否定方面的生成。当然，针对形而上学思维方式导致的否定事物生成的弊病，唯物辩证法的解释是，生成的可能性，既不在于绝对地无中生有，也不在于从现实存在的规定 A 到现实存在的规定 B，而在于生成出来的事物先前以潜能的形态存在于现存事物中，生成是潜能向现实的实现过程。如果一个事物没有任何的潜能和可能性，那么它就永远无法生成出来、创造出来，就永远不会成为现实的事物，就像儿童蕴含着成为成人的可能、而一条聪明的狗无论如何都不可能成为人的道理那样，一个事物之所以能够经历生成创造，至少是这个事物的可能性已经先行存在。就此而言，唯物辩证法可以通过潜能和现实的关系来揭示事物的生成问题。

我们知道，马克思选择以商品作为《资本论》分析资本主义生产方式的开端，绝不是随意挑选的，而是作为方法的唯物辩证法的必然要求使然。"资本主义生产方式占统治地位的社会的财富，表现为'庞大的商品堆积'，单个的商品表现为这种财富的元素形式。因此，我们的研究就从分析商品开始。"① 商品不仅是资本主义生产方式中最普遍、最常见的事物，而且是

---

① 《马克思恩格斯文集》第 5 卷，人民出版社 2009 年版，第 47 页。

蕴含着资本主义生产方式全部的本质信息的事物。商品这个最简单的现象中蕴含着资本主义生产方式全部矛盾的萌芽，《资本论》以商品作为分析起点，实际上是通过探讨资本主义生产方式在人类现实活动中的潜能形态，来为研究资本主义生产方式的现实形态奠定理论的起点。在这个政治经济学批判的体系中，中心范畴是商品矛盾和资本矛盾，商品矛盾是资本矛盾的萌芽和潜能形式，资本矛盾是商品矛盾的展开和现实形式。《资本论》的唯物辩证法揭示出商品从其自身矛盾中一步步地展开从而实现为资本矛盾的过程，揭示出资本的潜能从商品矛盾中逐渐实现出来最终变为现实的过程，这一过程就是把资本主义生产方式的各种可能性生成为新的现实规定的过程，由此唯物辩证法体现了超越停滞规定的生成性。

## 五、简短的评论

基于马克思的政治经济学研究语境，重新回顾并且建构唯物辩证法的当代形态，这一工作对于我们发展当代中国马克思主义、推动马克思主义理论研究走向深入是非常必要的。当然，我们关注唯物辩证法的方法论内涵及其表现形态，根本目的是为了掌握唯物辩证法这一根本方法，不断增强辩证思维能力，在中华民族伟大复兴战略全局和世界百年未有之大变局的统筹中提高驾驭复杂局面、处理复杂问题的本领。就此而言，唯物辩证法的方法论内涵及其当代形态研究不仅具有重要的理论意义，而且具有重大的现实意义。

回归经典、探寻经典真实语境，是唯物辩证法研究走向深入的第一个重要路径。唯物辩证法缘起于马克思以《资本论》及其手稿为代表的政治经济学研究语境，我们对唯物辩证法的方法论内涵及其形态研究首先要回到马克思主义经典著作中。习近平总书记指出："共产党人要把读马克思主义经典、悟马克思主义原理当作一种生活习惯、当作一种精神追求。"①回到马克思主义经典语境，是我们准确把握唯物辩证法、进而运用唯物辩证法的可靠路径和正途大道。

强化方法辨析能力、增强理论思维能力，是唯物辩证法研究走向深入的第二个重要路径。"学习和运用唯物辩证法，就要反对形而上学的思想方法。"②

---

① 习近平：《在纪念马克思诞辰200周年大会上的讲话》，载《人民日报》2018年5月5日。
② 习近平：《辩证唯物主义是中国共产党人的世界观和方法论》，载《求是》2019年第1期。

作为正确的方法，唯物辩证法总是在与形而上学等错误方法的斗争中发展起来的。例如，在社会主义与资本主义两制并存、竞争发展的当代社会，要揭示资本主义已经实现"历史终结"等观点的虚假性，就要运用唯物辩证法来破除这些观点所依据的形而上学方法。只有在与形而上学等错误方法的比较中，才能更有针对性地、坚持发展地、全面地、系统地、普遍联系地，而不是单一孤立地、静止地、片面地、零散地观察当代中国与世界，这是我们运用唯物辩证法处理重大关系、驾驭复杂局面、处理复杂问题的重要本领。

理论联系实际、增强问题意识是唯物辩证法研究走向深入的第三个重要路径。中华民族伟大复兴不是轻轻松松、敲锣打鼓就能实现的，必须勇于进行具有许多新的历史特点的伟大斗争，这已经由十年来我们遭遇的风险挑战和我们采取的战略战术所不断确证。我们要不断开辟马克思主义中国化时代化新境界，就要坚持把唯物辩证法的理论研究同中国具体实际相结合，从新时代伟大实践中发现问题、筛选问题、研究问题、解决问题，从而实现唯物辩证法的理论研究与问题研究的有机统一。

# 马克思《巴黎手稿》"抽象劳动"的三重逻辑意涵

寇东亮①

恩格斯指出:"一门科学提出的每一种新见解都包含这门科学的术语的革命。"② 通过这种"术语的革命"所形成的任何概念,都"不能被限定在僵硬的定义中,而是要在它们的历史的或逻辑的形成过程中来加以阐明"③。马克思的"抽象劳动"概念就经历了恩格斯所说的"术语的革命"和"历史的或逻辑的形成过程"。众所周知,马克思"抽象劳动"概念成熟于《资本论》及其手稿,这一概念在马克思劳动价值论和剩余价值论中具有核心地位和意义。但马克思"抽象劳动"概念肇始于《巴黎手稿》,即《1844 年经济学哲学手稿》和《詹姆斯·穆勒〈政治经济学原理〉一书摘要》(即《穆勒评注》)。在《巴黎手稿》第一笔记第I部分结尾,马克思明确提出"抽象劳动"这一术语,并反问式地指认"抽象劳动"的历史地位和意义,"把人类的最大部分归结为抽象劳动,这在人类发展中具有什么意义?"④ 马克思这句设问所蕴含的关于"抽象劳动"的主体立场、历史意义和批判性指向,都是不言而喻的。在《巴黎手稿》中,马克思通过批判古典政治经济学和黑格尔精神哲学体系的劳动概念,在异化劳动理论的总体逻辑中隐性地揭示了"抽象劳动"的逻辑意涵,呈现了马克思"抽象劳动"概念的原初语境,开启了"抽象劳动"在思想史上的"术语的革命"和政治经济学批判。

## 一、"异化—自由"逻辑中抽象劳动的"分离"意涵

"抽象"是相对于"具体"而言的。"具体"一词的拉丁语词源

---

① 寇东亮,陕西师范大学哲学学院教授、博士生导师。
② 《马克思恩格斯文集》第 5 卷,人民出版社 2009 年版,第 32 页。
③ 《马克思恩格斯文集》第 7 卷,人民出版社 2009 年版,第 17 页。
④ 《马克思恩格斯文集》第 1 卷,人民出版社 2009 年版,第 124 页。

"concrescere"指的是"有机生长在一起并且保持完整的东西"或"完整的统一体","如果我们把某个东西看成是完整的,我们也就是具体地去看待它",因此,"具体"与整体、统一关联在一起。相对而言,"抽象"的拉丁语词源"abstrahere"表示从整体中"拉开""分离""疏远",这种拉开、分离和疏远,既可以是一种思维活动,也可以是一种现实运动。① 从具体与抽象的上述意义来看,具体劳动指劳动本身与劳动资料、劳动对象等因素结合为一个整体,这种结合使劳动本身成为具有特殊规定的劳动。抽象劳动意味着劳动本身与劳动资料、劳动对象的分离,在这种分离中劳动资料和劳动对象成为资本,劳动本身则成为抽象性、雇佣性的活动。马克思《巴黎手稿》中的所谓异化劳动,就其宽泛意义而言,就是指这种具有内在分离性的资本主义劳动。《巴黎手稿》提及的"抽象劳动",首先就是指这种具有内在"分离性"的劳动。

《巴黎手稿》的"抽象劳动"这一术语来自于黑格尔。耶拿时期的青年黑格尔就提出"抽象劳动"问题。黑格尔聚焦"精神"的发展和完善,他在建构其"精神哲学"体系过程中最初的、起关键作用的理论中介之一就是古典政治经济学的劳动概念,"亚当·斯密关于政治经济学核心范畴劳动的思想对黑格尔产生了决定性影响"②。黑格尔最初从精神维度把劳动规定为相对于自然的"否定性行动",作为人与自然之间的一个"中间环节",劳动是人对自然的一种加工和塑造,是一种"理性活动"。在现代社会,随着劳动分工、劳动工具等的社会化程度的推进,劳动越来越不再是为了直接满足个人的需要,个体劳动越来越追求满足整个社会的、总体性的需要。因此,"对于劳动本身同样在这时有一种要求:它想得到承认,想拥有普遍性的形式;这是一种普遍的方式,是一切劳动的一种规则,这种规则是某种自为存在着的东西"③。劳动的这种"自为存在",使劳动越来越"分离"于个人,私人劳动越来越成为一种社会性质的劳动。"在个人需要的范围与他为此从事的活动之间出现了全民族的劳动,任何一个人的劳动从其内容来看,无论对于大家的需要,还是对于满足他的一切需要的符合程度,都是一种普遍的劳动,这就是说,具有一种价值。"因而,"他的

---

① 参见[加]贝斯特:《马克思与资本形成的动力学——政治经济学的美学》,张晶译,江苏人民出版社2020年版,第59—60页。
② [匈]卢卡奇:《青年黑格尔》,王玖兴选译,商务印书馆1963年版,第36页。
③ [德]黑格尔:《黑格尔全集》第6卷,郭大为、梁志学译,商务印书馆2017年版,第259页。

劳动变为一种形式的、抽象的和普遍的劳动"①。在黑格尔那里，这种抽象的普遍的劳动"既不是特殊意义上的体力劳动，也不是特殊意义上的脑力劳动，而是在绝对本体论的意义上充满精神的"②，是人类精神自我发展的一个积极的、必然的中介环节。同时，这种抽象的普遍的劳动建构了"劳动—需要体系"，在人伦意义上推动了主体间的相互依赖和相互承认。但青年黑格尔汲取斯密关于劳动分工及其局限性的思想，揭示了劳动抽象化的消极意义，如劳动整体性的分割、劳动多样性的消解、生命有机性的肢解等。马克思并没有看到黑格尔耶拿时期关于抽象劳动的文本，但马克思《巴黎手稿》时期所承接的《精神现象学》《法哲学原理》等关于"抽象劳动"的思想，显然与黑格尔耶拿时期的抽象劳动思想有传承性和一致性。

就"抽象"作为"分离"的意义来看，抽象与异化的含义有一致性。马克思认为，作为"分离"意义的异化的一般症候表现为，"劳动、资本和地产彼此的分离，以及一种劳动同另一种劳动、一种资本同另一种资本、一种地产同另一种地产的分离，最后，劳动同劳动报酬、资本同利润、利润同利息以至地产同地租的分离，使得自我异化不仅以自我异化的形式而且以相互异化的形式表现出来"③。但在马克思看来，这其中最为根本的"分离"是，"劳动同它自身的分离等于工人同资本家的分离，等于劳动同资本的分离"④。这一分离是资本主义私有制的本质，它既是异化劳动的表现，也是异化劳动的根源。马克思在《巴黎手稿》中的根本立场是，在批判古典政治经济学和黑格尔哲学劳动概念的基础上，从当时的"经济的事实出发"，揭示资本主义异化劳动中存在的四重"分离"及其导致的劳动的抽象化。一是劳动者与劳动产品的分离。劳动产品作为一种异己的存在物，作为不依赖于劳动者的力量，同工人自身相分离，甚至相对立。二是劳动者与劳动活动的"分离"。异化劳动使作为人的生命的自主活动的劳动过程，变异为折磨人、摧残人、压迫人的外在强制活动。三是人与自己"类"本质的"分离"。人需要通过劳动将自己的本质外化，通过占有自己的劳动产品来实现自己的本质。但异化劳动把人本身变成商品，变成赚钱的工具。

---

① ［德］黑格尔：《黑格尔全集》第 6 卷，郭大为、梁志学译，商务印书馆 2017 年版，第 261 页。
② ［德］卡尔·洛维特：《从黑格尔到尼采：19 世纪思维中的革命性断裂》，李秋零译，三联书店 2019 年版，第 357 页。
③ ［德］马克思：《詹姆斯·穆勒〈政治经济学原理〉一书摘要》，载 ［德］马克思《1844 年经济学哲学手稿》，人民出版社 2000 年版，第 176 页。
④ ［德］马克思：《詹姆斯·穆勒〈政治经济学原理〉一书摘要》，载 ［德］马克思《1844 年经济学哲学手稿》，人民出版社 2000 年版，第 176 页。

异化劳动"是人作为单纯的劳动人的抽象存在,因而这种劳动人每天都可能由他的充实的无沦为绝对的无,沦为他的生活的从而也是现实的非存在"①。同时,异化劳动"把抽象形式的个人生活变成同样是抽象形式和异化形式的类生活的目的"②。四是人与人的"分离"。异化劳动使积累的劳动变为资本,进而变异为支配他人劳动的权力,使人与人的关系抽象为劳动与资本、工人与资本家的对立关系。

马克思批评国民经济学家把作为私有者同私有者的关系的人同人的关系作为出发点,认为工资、利润和地租是社会分工的产物,把所谓"三位一体"的资本主义社会结构视为自然的、永恒的,从而掩盖了资本主义劳动的异化本质。更为根本的问题在于,国民经济学家"把资本家的利益当做最终原因"③,而把"人类的最大部分"抽象化为劳动的商品。在马克思关于"把人类的最大部分归结为抽象劳动"的论断中,"人类的最大部分"显然是指以工厂工人为代表的劳动者。只有立足以工人为代表的劳动者立场,才能真正看到资本主义劳动的异化本质,并透视这种异化劳动在"分离"意义上的抽象本质。所以,马克思指出:"资本、地产和劳动的分离,只有对工人来说才是必然的、本质的和有害的分离。资本和地产无须停留于这种分离,可是,工人的劳动则必须如此。因此,资本、地租和劳动的分离对工人来说是致命的。"④ 正是这种分离,使得工人的劳动成为一种异化的抽象劳动。"在马克思这里,劳动是'抽象的',不再是在精神的一种积极的普遍性的黑格尔式意义上,而是在抽象掉在劳动中要作为整体证实自身的具体的人的整体性的消极意义上。这种抽象的极端就是,劳动者不是以建设性的方式表现自己的生命,而是被迫仅仅为了找到一份劳动,就在劳动中出卖自己。"⑤

在《巴黎手稿》中,马克思提出一种与抽象劳动对峙的理想的自由劳动图景。马克思凭依费尔巴哈"类"哲学,从人与自我、人与人、人与自然的关系的一体化意义上把人理解为"类存在物",进而又从"实践"角度把"类"理解为人的对象性活动的普遍性,"人的普遍性正是表现为这样的普遍性,它把整个自然界变成人的无机的身体"⑥。因此,与费尔巴哈的

---

① 《马克思恩格斯文集》第1卷,人民出版社2009年版,第172页。
② 《马克思恩格斯文集》第1卷,人民出版社2009年版,第162页。
③ 《马克思恩格斯文集》第1卷,人民出版社2009年版,第155页。
④ 《马克思恩格斯文集》第1卷,人民出版社2009年版,第115页。
⑤ [德]卡尔·洛维特:《从黑格尔到尼采:19世纪思维中的革命性断裂》,李秋零译,三联书店2019年版,第371页。
⑥ 《马克思恩格斯文集》第1卷,人民出版社2009年版,第161页。

感性直观的"类本质"不同,马克思提出一种实践论意义的"类本质"思想。"人是类存在物,不仅因为人在实践上和理论上都把类当做自己的对象;而且因为人把自身当做现有的、有生命的类来对待,因为人把自身当做普遍的因而也是自由的存在物来对待",而"生产生活就是类生活。这是产生生命的生活"①。这种产生生命的生产活动就是自由劳动,它是种的尺度、人的固有尺度与美的规律的统一,具有丰富的特质,如个人的自我表现和生活的享受、个人的交往和对共同体的参与、爱的能力和个人的全面发展等。在这种自由劳动中,劳动是人的本质的对象化,劳动产品是反映人的"本质的镜子",劳动过程是"个人存在的积极实现"和人的"自由的生命表现"。在自由劳动中形成的社会联系,作为一种类存在,是人的真正的本质。

## 二、"谋生—人本"逻辑中抽象劳动的"颠倒"意涵

马克思批评国民经济学"抽象地把劳动看做物"②,只把创造交换价值的劳动视为劳动,把劳动的目的仅仅归于增加财富。马克思断言,"劳动在国民经济学中仅仅以谋生活动的形式出现"③。宽泛地说,在把商品交换价值作为目的的意义上,资本主义劳动完全成为手段性和谋生性的活动。这种谋生性,在资本家方面表现为谋生息,在工人方面表现为谋生存。这种谋生劳动是一种"颠倒"意义的抽象劳动。

这种"颠倒"意涵的抽象劳动,首先表现为劳动中人与物、主体与客体、目的与手段等的"颠倒"。马克思最早在《穆勒评注》中明确提出"谋生劳动"④概念。马克思从基于自己劳动的私人所有的一般商品生产角度,分析了劳动的谋生性及其成因问题。从一般商品生产者角度来说,宽

---

① 《马克思恩格斯文集》第1卷,人民出版社2009年版,第161—162页。
② 《马克思恩格斯文集》第1卷,人民出版社2009年版,第127页。
③ 《马克思恩格斯文集》第1卷,人民出版社2009年版,第124页。
④ "谋生劳动"即德语"Erwerbsarbeit"。有学者认为,"Erwerbsarbeit"这个词在马克思恩格斯经典著作中文版中被翻译成"谋生劳动"。但是,在《穆勒评注》中,马克思将"Erwerbsarbeit"规定为追求交换价值的劳动,称其目的并不是为了获取直接的使用价值,而是为了获取交换价值或者价值。从汉语语感来看,"谋生"更多与获取使用价值有关,即为了满足自己的生存需要;而"营利"则更符合获取价值和交换价值的本义,故应将"Erwerbsarbeit"翻译成"营利劳动"。参见韩立新:《〈巴黎手稿〉研究》,北京师范大学出版社2014年版,第18、310—313页。有学者把《穆勒评注》中这个词直接翻译为"谋利劳动",并认为这个词只是马克思所说的生产商品劳动这一概念的另一种说法。参见 [德] 瓦·图赫舍雷尔:《马克思经济理论的形成和发展(1843—1858)》,马经青译,人民出版社1981年版,第109页及其注释①。

泛意义的谋生劳动表现为一种"谋利劳动",即以谋取交换价值和资本增值为唯一目的的劳动。马克思指出,随着劳动产品剩余的出现和交换的发展,对于一般商品生产者来说,"通过交换,他的劳动部分地成了收入的来源。这种劳动的目的和它的存在已经不同。产品是作为价值,作为交换价值,作为等价物来生产的,不再是为了它同生产者直接的个人关系而生产的。生产越是多方面的,就是说,一方面,需要越是多方面的,另一方面,生产者完成的制品越是单方面的,他的劳动就越是陷入谋生的劳动的范畴,直到最后他的劳动的意义仅仅归于谋生的劳动并成为完全偶然的和非本质的。而不论生产者同他的产品是否有直接消费和个人需要的关系,也不论他的活动、劳动本身的行动对他来说是不是他个人的自我享受,是不是他的天然禀赋和精神目的的实现"①。在谋利劳动中,产品是作为交换价值来生产的,劳动产品不再只是使用价值,而是作为商品在同另一商品的交换中表现自己。这种商品作为私有财产的产品,是以各种不同的自然形态彼此对立,但它们是作为"另一种性质的产品的等同物"而相互发生关系,并且只是作为这种"等同物"相互交换。因此,交换价值即"私有财产对私有财产的抽象的关系"②。作为交换价值的现实存在形式,货币"把任何存在物都归结为它的抽象",把人的"现实的本质力量变成纯抽象的观念"③。

在一定历史条件下,从基于自己劳动的私人所有的一般商品生产劳动中产生了基于剥削他人劳动的私人所有的现代资本主义雇佣劳动。从以工人为代表的劳动者角度来说,作为雇佣劳动的谋生劳动,就是指工人的"谋生"劳动,这里的"生"即生存和生活资料。谋生劳动就是以谋取生活资料为唯一目的的劳动。劳动这种生命活动本身对工人来说不过是满足其肉体需要的一种手段,只是为了谋取生活资料。这里出现了目的与手段的颠倒,作为生命活动目的的劳动对工人来说成为谋生的手段,这是异化劳动的最重要主体表现。从阶级立场和价值取向来看,马克思所谓谋生劳动,不是仅仅在描述性意义上指认一般商品生产者(资本家)的"谋利"劳动,而主要是一个在规范性意义上指向资本主义雇佣劳动的批判性概念。这也是马克思"劳动在国民经济学中仅仅以谋生活动的形式出现"这一论断的根本意旨。在马克思看来,国民经济学虽然把劳动看作人的本质,但

---

① [德]马克思:《詹姆斯·穆勒〈政治经济学原理〉一书摘要》,载[德]马克思《1844年经济学哲学手稿》,人民出版社2000年版,第174—175页。
② [德]马克思:《詹姆斯·穆勒〈政治经济学原理〉一书摘要》,载[德]马克思《1844年经济学哲学手稿》,人民出版社2000年版,第166页。
③ 《马克思恩格斯文集》第1卷,人民出版社2009年版,第224、246页。

由于"国民经济学不考察不劳动时的工人,不把工人作为人来考察"①,从而把工人的劳动归结为最抽象的机械运动,"把工人的活动变成抽取一切活动的纯粹抽象"②。这种"纯粹抽象"意味着简单、不发达、片面、不完整等,意味着工人劳动的强制性、机械性和片面性,工人在这种劳动中被非人化地贬低为纯粹的劳动机器。工人日益完全依赖于一种极其片面的、机器般的劳动,"工人在精神上和肉体上被贬低为机器,变成抽象的活动和胃"③。这种意义的抽象劳动是"简单劳动""片面劳动""机器劳动"的同义词。马克思援引舒尔茨在《生产运动》一书中揭露当时英国工厂中机器的运用与工人劳动的奴隶状态,舒尔茨要求区分"人们借助于机器来劳动和人们作为机器来劳动"④。马克思还援引李嘉图在《政治经济学和赋税原理》一书中的论述,批评在资本主义劳动中,人是消费和生产的机器,人的生命就是资本,人是微不足道的,而产品则是一切。

《巴黎手稿》的"抽象劳动"表达了资本主义劳动作为一种对立的力量对人的感性生命的侵蚀和压制,具有非人性和反人性的特质。这种非人性或反人性的一个重要表现就是人的需要的异化,即人的需要与动物需要、个人需要与社会需要、少数人需要与最大多数人需要等的"颠倒"。"对货币的需要是国民经济学所产生的真正需要,并且是它所产生的唯一需要。"⑤马克思从一般商品生产者(资本家)和工人的双重角度强调,谋生劳动所诱发的对货币的需要,使得"工人和资本家同样苦恼,工人是为他的生存而苦恼,资本家则是为他的死钱财的赢利而苦恼"⑥。对于资本家来说,他的"需要的精致化和满足需要的资料的精致化"总是要服从资本增值的需要,他的享受是"一种经济的享受",其结果是,"享受的个人服从于资本化的个人"⑦。资本家追逐资本增值的这种"抽象需要"的满足,以对工人需要的"抽象化"为条件。资本家竭力"把工人变成没有感觉和没有需要的存在物"。对于资本家来说,"一切超出最抽象的需要的东西——无论是被动的享受或能动的表现——在他看来都是奢侈"⑧。

马克思最为关注的是"工人为他的生存而苦恼"这一残酷事实。从基

---

① 《马克思恩格斯文集》第1卷,人民出版社2009年版,第124页。
② 《马克思恩格斯文集》第1卷,人民出版社2009年版,第226页。
③ 《马克思恩格斯文集》第1卷,人民出版社2009年版,第120页。
④ 《马克思恩格斯文集》第1卷,人民出版社2009年版,第126页。
⑤ 《马克思恩格斯文集》第1卷,人民出版社2009年版,第224页。
⑥ 《马克思恩格斯文集》第1卷,人民出版社2009年版,第119页。
⑦ 《马克思恩格斯文集》第1卷,人民出版社2009年版,第235页。
⑧ 《马克思恩格斯文集》第1卷,人民出版社2009年版,第226页。

于工人立场的批判性角度来说，马克思在《巴黎手稿》中对抽象劳动的理解更具"自然主义"色彩。马克思认为，在异化劳动中，工人的需要作为计算的尺度和普遍的尺度，被归结为最起码的、最可怜的物质生活和尽可能贫乏的生活（生存），工人的劳动被归结为最抽象的机械运动。同时，工人为了谋生必然追求工资的提高。但是，由于资本主义异化劳动的固有矛盾，工人追求工资的提高，只会导致工人的生存境遇更加"抽象化"。因为，一方面追求工资的提高会"引起工人的过度劳动。他们越想多挣几个钱，他们就越不得不牺牲自己的时间，并且完全放弃一切自由，在挣钱欲望的驱使下从事的奴隶劳动"①；另一方面追求工资的提高"在工人身上激起资本家那样的致富欲望，但是，工人只有牺牲自己的精神和肉体才能满足这种欲望"②。这种"恶"的循环导致工人的"需要的牲畜般的野蛮化和彻底的、粗陋的、抽象的简单化"③，工人只能按照市场的价格出卖自己的力气甚至人性，工人最终成为"全靠劳动而且是靠片面的、抽象的劳动为生的人"④。马克思《巴黎手稿》第一笔记本的写作，按照国民经济学关于工资、利润、地租的分类进行了三栏划分，但到最后只剩下了一栏。因为，在马克思看来，工资是资本的成本和奴仆，从不动产到动产的发展进程中地租也转化为资本。作为发达的私有财产的资本，是资本主义劳动异化的根源。如此一来，马克思就把国民经济学关于劳动、资本和地租三因素及其所谓"三位一体"，归结为资本和劳动两个因素及其根本对立关系。马克思在《巴黎手稿》第一笔记本第13页就开始引用欧·比雷《论英法工人阶级的贫困》和舒尔茨《生产运动》，这两本书主要论证了劳动与资本的对立关系。正是基于劳动与资本的对立这一经济事实，马克思认为蒲鲁东的"把工资的平等看做社会革命的目标"的观点是根本错误的。

马克思认为，国民经济学虽然揭示了财富的主体本质，承认人的独立性和人的劳动，但是它实际上是在承认人的假象下彻底实现了对人的否定。因为，国民经济学仅仅研究财富的增长，劳动只是被当作创造财富的源泉，从而把"人类的最大部分"的感性生命活动归结为一般的抽象劳动，把具有丰富的、活生生的、有个性的"人类的最大部分"看作仅仅从事劳动的，作为商品的人。国民经济学没有看到作为人的本质力量对象化的劳动，马克思则在人本学意义上把"富有的人"的自我实现视为自由自觉活动即自

---

① 《马克思恩格斯文集》第1卷，人民出版社2009年版，第119页。
② 《马克思恩格斯文集》第1卷，人民出版社2009年版，第121页。
③ 《马克思恩格斯文集》第1卷，人民出版社2009年版，第225页。
④ 《马克思恩格斯文集》第1卷，人民出版社2009年版，第124页。

由劳动的根本目的。所谓富有的人，"就是需要有人的生命表现的完整性的人，在这样的人的身上，他自己的实现作为内在的必然性、作为需要而存在"①。马克思援引舒尔茨《生产运动》关于精神自由与精神发展的论述，从劳动时间角度强调在创造和满足物质利益的必要时间的基础上，人必须有能够进行精神创造和精神享受的时间。

## 三、"理念—感性"逻辑中抽象劳动的"非对象性"意蕴

在黑格尔那里，抽象是一种内在、在思想中展开的过程。抽象是一种从可感现实中获得的普遍性，普遍性即是同一性、一般性。"抽象"超越"具体"，并成为"具体"的根据和归宿。黑格尔主义思辨哲学甚至宣称，通达最高真理的途径在于摆脱感性世界的抽象反思，人的最高本质和至上生活是精神的生活和纯粹理智的生活。在19世纪40年代，马克思着力于揭示"抽象"的"具体"根据和唯物主义基础。费尔巴哈"感性"原则则成为马克思推进这一理论变革的最重要思想资源之一。费尔巴哈认为，任何抽象，无论是神学的或哲学的抽象，都是敌视生命的，是对生命及其整体性的肢解。青年马克思据此批评思辨哲学的抽象立场，认为这种抽象立场不仅不能通达真理，反而是与世界相分离、相疏远的，是从世界的一种抽身后退。从某种意义上说，青年马克思在巴黎时期所要反对的，与其说是唯心主义，不如说是抽象。②

马克思在《巴黎手稿》中主要基于《精神现象学》《法哲学原理》等论著③，来评述黑格尔的劳动思想。在《精神现象学》《法哲学原理》等论著中，黑格尔论述了"个别的人在他的个别的劳动里本就不自觉地或无意识地在完成着一种普遍的劳动"④的逻辑，揭示了抽象劳动与分工、生产增长、人际关系等之间的关联性。"劳动中普遍的和客观的东西存在于抽

---

① 《马克思恩格斯文集》第1卷，人民出版社2009年版，第194页。
② 参见[美]丹尼尔·布鲁德尼：《马克思告别哲学的尝试》，陈浩译，中国人民大学出版社2019年版，第7页。
③ 黑格尔最早在《耶拿体系草稿》等论著中阐述了他的劳动思想尤其是关于抽象劳动的思想，马克思在《巴黎手稿》时期并未看到黑格尔耶拿时期及其以前的论著。这自然影响了马克思对黑格尔劳动思想的全面认识和评价，但由于黑格尔在《精神现象学》中确认劳动的本体论意义，在《法哲学原理》中确认劳动之于市民社会的建构意义，从而阐述了劳动及其在"精神哲学"中的地位和意义。因而，马克思基于这些论著对黑格尔劳动思想的总体判断可以说是准确的。
④ [德]黑格尔：《精神现象学》上卷，贺麟、王玖兴译，商务印书馆1979年版，第234页。

化的过程中，抽象化引起手段和需要的细致化，从而也引起了生产的细致化，并产生了分工。个人的劳动通过分工而变得更加简单，结果他在其抽象的劳动中的技能提高了，他的生产量也增加了。同时，技能和手段的这种抽象化使人们之间在满足其他需要上的依赖性和相互关系得以完成，并使之成为一种完全必然性。"① 马克思也许正是在黑格尔如此说法的意义上也肯定抽象劳动在人类发展中的特定意义。

但是，黑格尔更为关心的是，"生产的抽象化使劳动越来越机械化，到了最后人就可以走开，而让机器来代替他"②。黑格尔劳动哲学的意图在于，把德国哲学的"教养"因素注入古典政治经济学劳动概念，赋予这种劳动概念一种人的精神的自我塑造和自我解放的意义。马克思由此敏锐地看到了黑格尔精神哲学体系中劳动辩证法所体现出的"抽象劳动"的本质及其理论意义和限度，"黑格尔是站在现代国民经济学家的立场上的。他把劳动看做人的本质，看做人的自我确证的本质；他只看到劳动的积极的方面，没有看到它的消极的方面。劳动是人在外化范围之内的或者作为外化的人的自为的生成。黑格尔唯一知道并承认的劳动是抽象的精神的劳动"③。黑格尔把人理解为人自己的劳动的产物，把劳动视为人的本质生成的中介环节。但是，在精神哲学体系的总体性逻辑中，黑格尔以作为主体与客体自我同一的绝对理念为出发点和归宿点，把人的本质归结为自我意识从而使人成为"抽象的人"，把自然界规定为自我意识外化所设定的物性从而使自然界成为"抽象的自然界"。由于消解了现实的人和现实的自然界，黑格尔最终把作为人与自然界之中介活动的劳动变成了一个"非对象性"的"抽象逻辑的范畴"。"非对象性的存在物是一种非现实的、非感性的、只是思想上的即只是想象出来的存在物，是抽象的东西。"④ 在黑格尔那里，劳动归根结底"不过是抽象的、绝对的思维的生产"，亦即"逻辑的思辨的思维生产"⑤。马克思据此称黑格尔的劳动概念为"抽象的精神的劳动"。马克思把"非对象性"视为黑格尔劳动概念的基本特质，这种"非对象性"也成为马克思在《巴黎手稿》中所言说的抽象劳动的一个重要意涵。

针对黑格尔抽象劳动的"非对象性"，马克思汲取古典政治经济学劳动概念的经济唯物主义内涵，借助费尔巴哈一般唯物主义感性对象性原则，

---

① ［德］黑格尔：《法哲学原理》，范扬、张企泰译，商务印书馆2017年版，第239页。
② ［德］黑格尔：《法哲学原理》，范扬、张企泰译，商务印书馆2017年版，第239页。
③ 《马克思恩格斯文集》第1卷，人民出版社2009年版，第205页。
④ 《马克思恩格斯文集》第1卷，人民出版社2009年版，第211页。
⑤ 《马克思恩格斯文集》第1卷，人民出版社2009年版，第203页。

初步提出了一个以感性对象性活动为核心的人本学意义的劳动概念。在费尔巴哈那里，感性不是近代认识论意义的"感性认识"，而是存在论意义的"感性实在"。费尔巴哈关于感性的说法是隐喻性和提示性的，感性直接提示着实在性。因为，在费尔巴哈看来，感性意味着痛苦（即生命的欲望、激情与受动性）、时空内的存在（即时空本身的感性存在）、生命的不可分割性（即生命的不可分解与不可消灭）、在爱之中（即爱是存在的本体论证明）等。① 如此言说的"感性"，必然内蕴特定的主体—对象关系，而"主体必然以其发生本质关系的那个对象，不外是这个主体固有而又客观的本质"②。于是，感性与对象性合二为一，即感性对象性，它标志着实在性、现实性和真理性。马克思在《巴黎手稿》中汲取费尔巴哈的感性对象性原则，强调感性对象性即现实性，感性对象性活动即人的现实的实现。就理想的人的本真存在而言，马克思认为，"人不仅通过思维，而且以全部感觉在对象世界中肯定自己"③。人的这种本真存在只有在人的感性对象性活动中才能实现。因为，作为感性对象性活动的劳动是人与自然、主体与对象、主观与客观、精神与物质、能动与受动、目的与手段的统一，人的思维和人的"全部感觉"即马克思所说的五官感觉、精神感觉、实践感觉（如意志、爱）等，只有在这种作为感性对象性活动的劳动实践中才能真正形成和不断发展。就现实的历史层面而言，马克思将黑格尔的"非对象性"的抽象的精神劳动，内嵌于作为"完成了的劳动"的现代工业，强调一切精神劳动及其产物如自然科学等，"通过工业日益在实践上进入人的生活，改造人的生活，并为人的解放作准备"④。本质地看，"工业的历史和工业的已经生成的对象性的存在，是一本打开了的关于人的本质力量的书，是感性地摆在我们面前的人的心理学"⑤。所以，在马克思创建其科学理论体系的后续进程中，对基于现代工业的资本主义生产方式及其本质的深度研究与对于抽象劳动概念的科学建构，二者是相互推进、彼此贯通的。

## 四、结论

《巴黎手稿》关于"抽象劳动"意涵的理解，总体上遵循费尔巴哈人

---

① 参见吴晓明：《形而上学的没落——马克思与费尔巴哈关系的当代阐释》，人民出版社2006年版，第315—325页。
② 《费尔巴哈文集》第4卷，商务印书馆2022年版，第37页。
③ 《马克思恩格斯文集》第1卷，人民出版社2009年版，第191页。
④ 《马克思恩格斯文集》第1卷，人民出版社2009年版，第193页。
⑤ 《马克思恩格斯文集》第1卷，人民出版社2009年版，第192页。

本学原则，是在否定古典劳动价值论的前提下展开的。因而，《巴黎手稿》的"抽象劳动"更可谓一个伦理道德意义的隐喻性"术语"，至多是一种观念，尚不是一个具有明确内涵规定和外延指向的理论性"概念"。但由于《巴黎手稿》呈现了一幅关于"抽象劳动"的经济学—哲学研究的草图，开启了"抽象劳动"的政治经济学批判之路，为马克思建构科学的"抽象劳动"概念孕育了重要的思想胚胎。在《资本论》及其手稿中，马克思才赋予"抽象劳动"一种科学的历史辩证法和认识辩证法的规定：一方面抽象劳动被视为一种物质性的社会实践功能，是资本主义生产方式的典型特征；另一方面抽象劳动被视为一种通过思维活动的"抽象力"，在对现实劳动的辩证分析中呈现的一种概念运动。在资本主义社会，劳动采取了最一般、最简单和最抽象的形式，"抽象劳动"表现为人类劳动在发达的资本主义商品生产中所获得的特定形式的客观特征，承担了最一般的社会抽象功能，从而也成为一个普遍性的理论概念。马克思"抽象劳动"概念的这一创建进程，需要进行全面深入研究。

# "布伦纳辩论"及其马克思主义思想史效应

关 锋[①]

1976年初,美国马克思主义经济史名家罗伯特·布伦纳,在著名的左翼杂志《过去与现在》发表长文《前工业化时期欧洲农业阶级结构和经济发展》,提出阶级斗争及其形塑的社会财产关系才是影响长期性经济增长、社会发展的决定性因素;这是把握由欧洲中世纪晚期到近代早期历史发展即"从封建主义向资本主义过渡"的关键。由此开启了长达近20年的"布伦纳辩论"。布伦纳笔锋所及,争辩对象人多面广,他既毫不留情地驳斥了诸如人口决定论、商业或贸易决定论等非马克思主义观点,也毫不客气地批评了一些马克思主义者。"布伦纳辩论"在西方史学界、英美马克思主义思想界都留下浓墨重彩的一笔,反响很大,影响深远,也因之引起国内史学界、马克思主义理论界的关注。总体而言,它偏于分散和零碎,与经典马克思主义的关系及其问题针对性,尚未得到很好的彰显;特别是其中涉及的事关马克思主义本质的深层次问题,在合理反思基础上的有效应对,非常少见。仔细梳理和认真挖掘它的来龙去脉、争辩核心及其马克思主义思想史效应,不仅对更好地把握历史唯物主义的实质颇有裨益,而且对建构和发展21世纪中国马克思主义,极具启发意义和借鉴价值。

## 一、反驳非马克思主义和反对正统马克思主义:历史由来和双重指向

"布伦纳辩论"作为"马克思主义发展史大事件"绝非空穴来风,既有经典马克思主义的理论渊数,也是对前贤理论努力的赓续。

---

[①] 关锋,华南师范大学马克思主义学院教授。

从 19 世纪 40 年代开启政治经济学研究以来，马克思就重视探究资本主义何以萌生和形成。除《德意志意识形态》借鉴和吸收斯密思想，以分工和所有制的变化来初步分析从封建社会向资本主义的过渡外，《1857—1858 年经济学手稿》"资本章"、《资本论》第 1 卷和第 3 卷都先后开设专节阐析，研究更为细致、深入，提出了不少有价值的研判。但总体而言，这并不是马克思的重点，他的分析还是留下了不少空白、晦暗不明甚或前后不一之处。

发端于 20 世纪 30 年代的英国"红色科学运动"，推动了马克思主义在英国落地生根，使马克思主义史学家小组于 1938 年 9 月成立。同年 A. 莫尔顿出版名作《人民的英国史》，聚焦于农民战争、英国内战、工人阶级和工联主义崛起，来梳理英国社会主义运动史，凸显阶级斗争塑造历史的重要性。这代表和奠定了当时英国马克思主义知识分子对马克思主义的基本态度：强调具体历史进程的经验分析和阶级斗争。作为这时期重要人物，莫里斯·多布在这方面表现尤为突出。1932 年出版名为《今日之马克思主义》小书，强调真正的马克思主义者不能依赖"直觉"或"先验逻辑"来把握历史，必须诉诸历史经验，像经济决定论那样迷恋"先验逻辑"、理解因果关系，是"完全贫乏和不真实的"①；1937 年，他又出版了《政治经济学与资本主义》，强调"马克思从这种阶级关系的特点上找到了了解资本主义社会运动规律的钥匙"②。多布虽在政治立场上亲近共产国际和苏联共产党，但在理论上与正统马克思主义有意保持一定距离。

到 1946 年，史学家小组被重建为共产党历史学家小组。多布同年出版的《资本主义发展研究》，一方面开宗明义地说，"如果经济分析不能与历史的发展相结合，是毫无意义的，同时不能有所成就"③，另一方面重点探究了资本主义如何萌生、形成，成为率先专门研究从封建社会向资本主义过渡的经典之作。多布认识到，准确把握"过渡"，就要搞清楚什么是资本主义。当时三种观点影响较大。一是桑巴特、韦伯"精神说"，把精于算计和节俭而又敢于冒险逐利等所谓"资本主义精神"视为决定性因素；二是历史学家亨利·皮朗等人，遵循斯密而提出的"商业说"，把商人、商业视作决定性力量；三是马克思主义"生产方式论"，强调资本主义是一种新生产方式，"过渡"实质是两种不同生产方式的更替。第三种观点最有价值。

---

① Maurice Dobb, *On Marxism Today*, London: Hogarth Press, 1932, pp. 14–20.
② [英] 道佈：《政治经济学与资本主义》，松园、高行译，三联书店 1962 年版，第 50 页。
③ [英] 莫里斯·多布：《资本主义发展之研究》，腾茂桐译，新民书店 1951 年版，第 1 页。

问题在于，一则马克思主义者对此关注不够，二则基本上依据正统马克思主义机械的生产力决定论或经济决定论对此进行简单处理，主张是生产力发展直接决定的结果，无法呈现真实而又具体的过程，任何抽象理论必须和历史对接进行具体分析才有价值。

《资本论》强调："资本主义社会的经济结构是从封建社会的经济结构中产生的。后者的解体使前者的要素得到解放。"① 多布由此认为，这种"过渡"既是内在的，又大体分为两个维度。首先是封建生产方式因危机而走向衰落、解体。从13世纪末开始，封建贵族阶级为维系统治，整个阶级和家臣数量不断增长，再加上对外战争以及统治阶级对奢靡享乐的追求等原因，被迫日益强化对农奴的剥削来榨取更多的剩余产品，不堪忍受的农奴轻则怠工抗争，重则选择新的"飞地"（如城镇或新殖民地）逃离盘剥，甚至奋起反抗，农业劳动人口和生产能力不断衰减，导致了封建生产方式很难持续。其次是资本主义生产方式的萌生、成长。封建生产方式危机在14世纪得以凸显，在使诸如自耕农和城镇手工匠等自由生产者队伍不断壮大的同时，也使城镇中的工匠积累了更多财富、有了更大生产自主权，面临不断扩大的贸易需要，有实力挣脱封建行会的支配和压制，使以雇佣关系为基础的手工工场制度得以扩展，此前依附于封建生产的简单商品生产方式日益独立、不断兴盛，且获得内在的运行逻辑，大概于16世纪中晚期，最早一批工业资本家形成，标志着资本主义生产方式确立。资本主义的萌生、兴起，决定性的不是"精神"、"贸易"，而是封建生产方式内部的矛盾，核心是地主和农民之间的阶级斗争，它虽没有以"任何简单且直接的方式"催生出资本主义，但的确改变了简单商品生产方式对封建领主关系的依赖，使资本逐利主导的雇佣关系得以确立。② 布伦纳据此总结说，"立足于马克思主义生产方式理论，多布分析了欧洲封建经济长期趋势背后的生产方式支撑，以期揭示其内在的发展趋势"③。不过，"与那些将封建主义看成一种自足的自然经济的人相反，多布将封建主义看成一种建立在阶级关系之上的生产方式"。

《资本主义发展研究》使多布赢得了赞誉。霍布斯鲍姆后来回忆说该书提出的问题成为史学家小组聚焦的话题；希尔1949年出版《马克思主义和历史学》，明确提出历史唯物主义不是经济或技术决定论，绝非"对产生必

---

① 《马克思恩格斯文集》第5卷，人民出版社2009年版，第822页。
② 参见［加］艾伦·伍德：《资本主义的起源》，夏璐译，中国人民大学出版社2015年版，第33页。
③ ［美］罗伯特·布伦纳：《多布论封建主义向资本主义的过渡》，王瑞雪、王葳蕤译，载《江海学刊》2012年版，第4期。

然变化的经济变革的无趣记录"①,英国革命这种阶级斗争在从封建社会向资本主义转变中起着关键和核心的推动作用。希尔顿同年出版《14和15世纪兰开斯特郡部分地区的经济发展》,这部典型的经济社会史著作,多布的影响明显可见;他后来还明确说,"作为一个接受历史唯物主义基本原理的人","我更多地关注对实际的历史进程的解释,而不是纯粹理论领域的争论"②。

美国马克思主义经济学家保罗·斯威齐1950年在《科学与社会》为该书撰写书评,公开驳斥多布,认为他对封建社会的理解是不正确的,封建主义的确生产低效且缺乏稳定性,但本质是顽固和保守的,缺乏更新动力,不会自我解体,解体因素只能来自外部即逐渐发展起来的长途贸易,从事它的商人而非自由生产者,才是第一批资本家。多布同期发表《答辩》,采用更为细实的历史材料支撑自己的观点。马克思主义思想史上著名的"多布—斯威齐之争"由此萌生。英国马克思主义史学家希尔、希尔顿、霍布斯鲍姆分别从不同角度力挺多布。希尔作为蜚声世界研究英国革命史的专家,20世纪50年代以来先后出版诸如《英国革命的思想起源》《颠倒的世界:英国革命期间的激进思想》等多部专著,以更为丰厚的史料进一步凸显阶级斗争在资本主义形成中的决定性作用,继续有力声援多布,并坚持反对粗俗、机械的经济决定论。希尔顿作为中世纪封建社会研究名家,不仅1953年在《科学与社会》专门发表文章批驳斯威齐,而且在以后40多年研究中,一直将"过渡问题"作为聚焦点,先后撰写了《从封建主义向资本主义过渡》《封建主义与资本主义的起源》《封建主义的危机》,努力以更为详实、细致的历史经验来佐证多布的观点,还明确指出:"农民反抗对于农村公社的发展、自由地产和自由身份的扩大、农民和工匠发展商品生产的自由,以及资本主义企业家的出现,都起到了至关重要的作用。"③ 著名史学家汤普森高扬阶级斗争复杂性和重要性、反对机械决定论的名作《英国工人阶级的形成》也是在这种氛围下出炉的;法国马克思主义史学家鲍伊思(Guy Bois)20世纪70年代专门著文《封建主义的危机》,回应这场争议。希尔顿、希尔1976年将以上"多布—斯威齐之争"相关文献,汇编为论文集《封建主义到资本主义的过渡》出版。

布伦纳对"过渡"问题的探索,就是在这种思想史背景下形成的。他坦陈,"正是通过多布,我开始发现:新的经济发展模式的源起,必须在

---

① 转引自[美]丹尼斯·德沃金:《文化马克思主义在战后英国》,李凤丹译,人民出版社2008年版,第43—38页。

② 转引自刘耀辉:《罗德尼·希尔顿的中世纪社会研究》,载《史学理论研究》2019年第1期。

③ Harvey J. Kaye, The British Marxist Historians: An Introductory Analysis, Cambridge: Polity Press, 1984, pp. 95-96.

新兴的生产关系中寻找。这就意味着在研究封建社会向资本主义社会过渡时，……从封建社会地主阶级借助于超经济手段占有剩余产品与农民阶级对生产资料的有限使用之间的矛盾关系出发。"① 其核心主张是，对于诸如"过渡"这种长时段的社会发展，"分析具体阶级结构、特别是财产或剩余剥削关系得以构建的相对自主过程以及其所造成（或没造成）的具体阶级冲突是十分关键的"②。

在布伦纳看来，多布提出的阶级斗争—生产方式转型理路，的确具有范式转换意义，很好地激活了马克思主义的生命力。但其同样留下问题。第一，多布坚持认为，之所以发生"过渡"，归根结底源自封建社会生产力低下，地主对农民的剥削得不到农业生产技术支撑，大量农奴为了生存只能反抗和逃跑，封建生产方式的解体最终还是因为生产力。多布批判了正统马克思主义，但并没有和生产力决定论决裂。第二，多布的分析，也没有超越贸易论或商业论模式，他实质上还是认为资本主义来自对市场、商业封建枷锁的打破，资本主义因素内在于封建社会和人类历史中。第三，由此，多布虽认识到农奴和地主的阶级斗争，是转型、过渡的关键力量，却"低估了英国领主在阻碍和削弱小农生产、从而通过他们的商业佃户为资本主义发展提供条件方面所扮演的关键角色"③，错误地认为小商品生产者和工业资本主义才是资本主义萌芽的主要表现形态。

布伦纳认为，多布的错误，很大程度上源自对生产力决定论的妥协，进而对阶级斗争凸显不充分；也因之对前述人口论、商业论的错误把握不够透彻，并最终和商业论合流。也正因此，不但人口论、商业论仍大有市场，生产力决定论在马克思主义者那里仍有很多坚持者。如20世纪60年代阿尔都塞提出"多元决定"来力图创新阐释拯救其生命力；到70代柯亨公开声称为正统马克思主义的生产力决定论辩护。有必要在多布基础上进行更深层的反思、批判和重新建构，"布伦纳辩论"由此形成。

## 二、工业资本主义与资产阶级革命："布伦纳辩论"引起的两个具体历史争议

除长文《前工业化时期欧洲农业阶级结构和经济发展》外，后来，布

---

① 张秀琴：《马克思主义社会与历史理论的经济学视角——罗伯特·布伦纳教授访谈》，载《北京行政学院学报》2011年第6期。
② 参见［美］罗伯特·布伦纳：《马克思社会发展理论新解》，中国人民大学出版社2015年版，第229页。
③ ［美］罗伯特·布伦纳：《多布论封建主义向资本主义的过渡》，王瑞雪等译，载《江海学刊》2012年第4期。

伦纳又在《过去与现在》杂志先后发表了《资本主义的起源：对新斯密马克思主义的批判》《马克思论封建主义向资本主义过渡的第一种模式》，并在其他地方发表《欧洲资本主义的农业根源》《资产阶级革命与向资本主义过渡》《经济发展的社会基础》《从西欧的发展看东欧的经济落后》，出版专著《商人与革命》。在这些作品中，布伦纳指名道姓地强调，以英国经济学家波斯坦（M. M. Postan）和法国历史学家拉杜里（L. R. Ladurie）为代表的新马尔萨斯人口决定论是错误的，将"商业化模式"概括为"新斯密主义"进一步解析和批判，并将斯威齐、巴兰等研究不发达问题的左翼学者概称为"新斯密马克思主义"者进行专文批判，以至于有人说他"用生产关系术语对落后问题作出了比阿尔都塞主义者更为严谨的思考"，进而"被广泛地认为是巴兰、弗兰克和沃勒斯坦的最强有力的批评者"①。与此同时，将马克思主义努力建构并反复强调的生产力决定论视为斯密主义变种展开批判。

布伦纳的分析和批判，产生很大反响，除波斯坦、拉杜里及时撰文回应外，一些马克思主义史学家卷入其间，纷纷撰文争辩，如法国鲍伊思，英国希尔、希尔顿、霍布斯鲍姆等。1987年阿斯顿和菲尔平，择取其中部分文章以《布伦纳辩论》为题结集出版。在"辩论"中，布伦纳究竟是怎么看待、阐析"过渡"的呢？

布伦纳认为，所谓欧洲封建生产方式危机实际上10—11世纪就已开始，生产效率、生产力水平低的确是地主无法维系旧剥削模式的重要原因，问题在于当时欧洲普遍如此而非英国独有，但只有英国、荷兰等西北欧屈指可数几处萌发资本主义，同期欧洲大部分没有这样，历史的真实是，"西北欧个别地区的地主和农民在试图通过封建手段处理中世纪晚期封建危机时，却意外地导致了资本主义财产关系的出现"。"过渡"的发生与生产力基本上没有相关性，阶级斗争在转型和过渡中起了关键作用。

但要记住，阶级斗争的确如马克思所理解的，围绕着以争夺剩余产品占有为核心的阶级利益而展开和进行，但绝非如正统马克思主义所理解的是生产关系简单决定的，相反，阶级斗争催生、塑造着一定生产关系（社会的财产关系），它实质上是"由两个主要阶级间的力量对比关系来决定的"，这种对比的根本变动，就会逐渐催生新的生产关系；而对比关系不同最终"在不同的地方产生不同的结果"。具体言之，到16世纪中晚期，英国、法国和东北欧三地生产力水平仍基本接近，但阶级力量对比差别很大，

---

① ［加拿大］M. C. 霍华德等：《马克思主义经济学史 1929—1990》，顾海良等译，中央编译出版社2003年版，第210页。

导致阶级斗争明显有异。其中，英国因为盎格鲁撒克逊人、维京人入侵和诺曼征服，使英王强大权力和中央集权得以巩固和发展，英国贵族更早实现了非军事化，逐渐丧失"超经济"地（以武力为后盾的国家强制）掠夺剩余产品的能力。不过，英国土地很长时间被地主集中占有，地主虽没武力做后盾，相较于数量上占多数的直接耕种土地的佃农，在具体生产上却居于主导地位，往往采用最利于自己的"商业地租"的方式（租息、租利最高化）把土地承租给佃农，进而将佃农推向市场竞争主导下的"交换性生产"，一方面迫使他们"通过专门化、剩余积累、创新和根据市场需求及时调整生产线以实现利润最大化"①，另一方面开始出现雇佣劳动，形成了马克思曾指出的典型的"农业三角关系"即"依靠收取资本主义地租而生的地主、依靠收益而生的资本主义式的佃农，以及依靠赚取薪资而活的雇佣劳动者"②，随着竞争主导下的农业生产不断发展，竞争失败的佃农加入不断扩大的雇佣劳动者队伍，成为农业无产阶级；而地主和成功的佃农为了追求更多利润，不断扩大生产规模和提高市场竞争力，进而成为最初的资本家。而法国农民借助于中世纪西欧农村共同体反抗地主取得较大成功，获得了一定自由权和财产权（如耕地所有权），地主只有依赖于国家力量来维系对剩余产品的占有，国家为了自身的利益维系地主和农民的平衡（推出很多保护农民的举措），由此，一方面是绝对主义国家（"专制主义"或"税务—公务"国家）形成，另一方面是广泛的自耕农阶级形成，整个社会缺乏更新生产方式的动力，很长时期保持原有的封建生产方式。德国和波兰交界的东北欧，以上两者都不存在，则倒退回到封建社会前的奴隶制生产方式。

在布伦纳那里，阶级斗争形塑生产方式的背后，是封建贵族作为一个整体（统治阶级）存在和活动方式难以为继，其"政治再生产性"受到破坏，原有的"政治共同体"解体而为新的取代。这种解读模式，鲍伊斯新创"政治马克思主义"一词指称。经过艾伦·伍德等人的努力，"政治马克思主义"现已成为国际左翼思想界颇有名气和声望的研究支派。维基百科专门为之创建词条，提醒说它已引起诸如 Benno Teschke、Hannes Lacher 和 George Comninel 等多名学者的加入。③

布伦纳的这种解析，在马克思主义思想史上，直接引起两个具体问题

---

① 参见［美］罗伯特·布伦纳：《马克思社会发展理论新解》，中国人民大学出版社2015年版，第137—138、245、144页。
② ［加］艾伦·伍德：《资本主义的起源》，夏璐译，中国人民大学出版社2015年版，第107页。
③ 参见关锋：《生产方式的政治解读与"政治马克思主义"》，载《南京大学学报》2016年第4期。

的争议。

其一，资本主义最初形态问题，即最早是以工业还是农业资本主义存在。

马克思恩格斯都说过，不管是资本主义的原始积累还是最初形成，英国都是典型。不过，马克思在分析资本"原始的历史形式"时强调，一方面代表资本主义发端的工场手工业的确首先出现于农村，但它不是和种植业而是诸如纺织等"农村副业"结合在一起，另一方面英国"又有租地农场主的出现和农业工人向自由短工的转化。虽然这种转化在农村中彻底完成并达到它的最纯粹形式为期最晚，但它在那里开始的时间是最早的"①。这意味着，真正的资本主义（纯粹形式）的出现在农业中晚于工业中。他后来更明确说"资本主义生产是在工业中，而不是农业中开始的，而且是逐渐支配农业的"②，还补充说："在农业中，手工劳动相对地说还占优势，而使工业的发展快于农业则是资本主义生产方式所固有的。"③

受此影响，多布在分析过渡问题时，强调农业生产之外的城镇小商品生产者、手工业主是新兴资产阶级的主要来源，资本主义首先以工业资本主义存在。布伦纳将此视为多布主要错误之一。依据他的分析，第一批"资本家"恰恰来自于农业生产中的地主和成功的佃农，资本主义首先以农业形态出现。这个观点，与英国著名左翼经济史学家 R. 托尼 1967 年名作《16 世纪的农业问题》一致。对马克思的上述判断，也一直有不同的声音，如桑巴特也曾公开反驳过。布伦纳的分析，很快受到诸如阿伦（R. C. Allen）、霍伊尔（R. W. Hoyle）、惠特尔（Jane Whittle）等史学研究者的诘疑，在马克思主义阵营中同样引起争鸣。前述的希尔、希尔顿基本上都认可多布的分析，霍布斯鲍姆明确说："从封建主义过渡到资本主义是封建社会演变的结果。这首先是从城市开始的。……个别城市的自由民集团发展成为自由民阶级"④，和布伦纳公开唱反调。而"政治马克思主义"干将伍德，则力挺布伦纳，她特意写就《资本主义的起源———一个更长远的视角》，将布伦纳的分析进一步细化，在第五章、第六章专门分析英国农业资本主义如何在阶级斗争中萌生，设计一节名为"从农业资本主义到工业资本主义"来彰显前者的始源性。时至今日，"工农"之争仍是马克思主义思想界、理论界争论不休的话题。

---

① 《马克思恩格斯全集》第 46 卷（上），人民出版社 1979 年版，第 515 页。
② 马克思：《剩余价值理论》第三册，人民出版社 1975 年版，第 104 页。
③ 马克思：《剩余价值理论》第二册，人民出版社 1975 年版，第 96 页。
④ ［英］霍布斯鲍姆：《马克思〈资本主义生产以前各形态〉导言》，载《外国学者论亚细亚生产方式》上册，中国社会科学出版社 1984 年版，第 7 页。

其二，资产阶级革命问题。

革命、资产阶级革命也是马克思主义的重要话题。马克思恩格斯一方面主张"革命是历史的火车头"，强调革命是社会形态更替、新兴阶级登上历史舞台的关键环节，另一方面重点分析了资产阶级革命及其在"过渡"中的重要作用。1848 年《资产阶级与反革命》明确提出 1648 年的英国革命、1789 年的法国革命都是反对封建贵族统治和封建制度的革命，核心是"资产阶级所有制对封建所有制的胜利"，"它们宣告了欧洲新社会的政治制度"，"反映了当时整个世界的要求"即生产力发展、人类解放的要求，马克思还明确提醒说，两次革命"资产阶级都是实际上领导运动的阶级"①。后来《反杜林论》将之称为"资产阶级的革命"②。这也就奠定了主流马克思主义对资产阶级革命的基本理解：资产阶级领导下的、推翻封建制度对生产力约束和障碍（表现为促进资本主义经济发展）的革命。

希尔 1940 年出版《1640 年英国革命》，深受其影响，指出这场"内战是一场阶级战争，专制的查理一世由国教教会和保守的地主组成的反动分子所支持，议会打败国王，因为议会得到了工商阶级的大力支持"③，由此其是资产阶级革命。当时多布也持同样看法。法国马克思主义史学家勒费弗尔 1939 年出版《一七八九年》，也是这样阐析、界定法国大革命的。但这很快遭到质疑。希尔此书出版不久，历史学家库钦斯基撰文说英国 16 世纪资本主义就已成主导性生产方式，资产阶级革命早就发生了，1640 年的内战不过是封建贵族残余势力发起的反革命；多布为纪念英国革命 300 周年的《资本主义发展之研究》发表后，基尔南对多布、希尔进行批评，认为 1485 年英国资产阶级已实现对国家的控制，其后的都铎王朝一直到内战爆发并没有严重阻碍资本主义的发展，所谓"1640 资产阶级革命"说不成立。④

更大的冲击来自对法国大革命的反思，因为在马克思主义传统叙事中，这是更为典型的资产阶级大革命。1954 年英国史学家科本出版《法国大革命的神话》，公开质疑勒费弗尔的正统理解。他依据史料指证说，18 世纪法国封建贵族不仅不再统治着国家，他们占有的全国土地份额也不多，所谓"反封建"事实上不成立；真正领导革命的不是上升的工商业资产阶级而是衰落的官吏和自由职业者，法国大革命不是先进资产阶级为解放生产

---

① 《马克思恩格斯文集》第 2 卷，人民出版社 2009 年版，第 74、73 页。
② 《马克思恩格斯文集》第 9 卷，人民出版社 2009 年版，第 171—172 页。
③ Harvey J. Kaye, *The British Marxist Historians: An Introductory Analysis*, Cambridge: Polity Press, 1984, p.113.
④ 参见 [美] 丹尼斯·德沃金：《文化马克思主义在战后英国》，李凤丹译，人民出版社 2008 年版，第 46—53 页。

力、促进资本主义发展而发起的革命。由此,反对正统理解模式的所谓英法"修正史学"逐渐兴起。①希尔在20世纪70年代后对自己的观点进行了调整,不再主张资产阶级革命是资产阶级领导或主导下的革命,强调只要在结果上促进了资本主义就是;强调要从整体上把握资产阶级革命,诸如文化、观念因素也很重要。

在这种背景下形成的"布伦纳辩论",同样蕴含着对正统理解范式的反思。依据布伦纳的分析,早在1640年以前,英国地主、自耕农、雇农之间的斗争,已确立了资本主义的生产关系,这种使生产关系发生深刻变化、促进资本主义大发展的"革命","不是资产阶级反对阻碍其进步的统治阶级并取得胜利的阶级斗争"②;1640年的"光荣革命"不是资本主义发展的原因,而是资本主义生产关系发展的结果,这场内战的实质是资产阶级化的地主与要求扩大国家权力的君王、旧商人之间的斗争。布伦纳专门撰写并发表了《资产阶级革命和向资本主义过渡》一文,明确说"资产阶级革命论""最终站不住脚"③,在《多布论封建主义向资本主义的过渡》一文的结尾,对之再次重申;后来又出版《商人与革命》,以新、旧商人为例,再次批驳了正统的说法。伍德在《资本主义起源》中,专设两节即"布伦纳与'资产阶级革命'"、"阶级斗争与资产阶级革命",在为布伦纳辩护的同时,诘疑正统说。

怎么定义资产阶级革命?1640年英国内战和1789年法国大革命到底是不是资产阶级革命?时至今日,不仅是国际史学界争议的焦点,也是马克思主义思想史上聚讼纷纭的话题。"布伦纳辩论"的独特强音,提供了一个鲜明的注脚。

## 三、"布伦纳辩论"与生产力决定论、历史唯物主义理论归属

"布伦纳辩论"更重要的地方在于,它把马克思主义两个基本的问题——生产力决定论、历史唯物主义理论归属问题——以诘疑、争议的方式凸显出来。

在马克思主义那里,依据生产力和生产关系的矛盾运动阐释了一种新

---

① 参见洪庆明:《法国大革命修正史学对革命起源的研究》,载《史学理论研究》2002年第1期。

② [加]艾伦·伍德:《资本主义的起源》,夏璐译,中国人民大学出版社2015年版,第97页。

③ 参见[美]罗伯特·布伦纳:《马克思社会发展理论新解》,中国人民大学出版社2015年版,第388页。

生产方式进而一种新社会形态何以形成，并强调生产力在这种矛盾运动中"归根结底"的决定地位；正是依据生产力决定论，整个人类社会历史演变的基本趋势、内在脉络和普遍规律才得以在本质层面解释和揭示，它也因之成为历史唯物主义的核心和特质。受到从考茨基、普列汉诺夫、梅林到布哈林、斯大林等的竭力坚守和捍卫，形成了"正统马克思主义"的思想谱系。然而，当时这种思想谱系，对它作了教条化理解，把复杂的人类历史理解为简单的进化公式和抽象的理论模型，主导倾向具有明显的机械决定论和经济决定论色彩，无力解释俄国十月革命的爆发和苏联社会主义的建立，两者都不是生产力自动发展、直接决定的结果。20 世纪 30 年代前后产生的西方马克思主义，其主调就是反思、诘疑、批判和否定这种生产力决定论。

而后形成的英国马克思主义史学，在其开初虽在基本观点、政治立场上和苏共、第二国际颇为亲近，但它同样非常重视经验主义传统，诸如多布、希尔等都自觉地和机械决定论保持距离。其第二代史学家，更为用力地拒斥生产力决定论。如汤普森的名作《英国工人阶级的形成》，一个很重要的目的就是反对经济基础、上层建筑二分法，认为决定论根本无法彰显英国工人阶级形成的独特性、复杂性；霍布斯鲍姆明确说，导致一种生产方式向另一种转变的机制可能不仅仅来自其内部，还可能来自不同结构的社会的融合和相互影响。从这个意义上说，所有的发展都是混合型发展①，不存在某种单一的东西简单决定的历史；对汤普森颇有非议的安德森，也明确说，"一种生产方式中的危机的特有形象，不是有活力的（经济的）生产力胜利地冲破落后的（社会的）生产关系，迅速地在它们的废墟上建立一种更高级的生产活动和社会"，"生产关系的总的变化是发生在生产力之前"，这"与马克思主义者中被广泛接受的信念相反"。② 以至于里格比总结说，在西方"马克思主义历史学家很少能够运用生产力决定论去解释历史"③。

布伦纳更为直白和明确地总结说："资本主义财产关系的兴起是前资本主义个体生产行为者的再生产规律和前资本主义阶级冲突所造成的无意识的结果。"④ 资本主义的萌生和生产力无关，而是偶然的，历史不存在客观

---

① ［英］埃里克·霍布斯鲍姆：《史学家》，马俊亚译，上海人民出版社 2002 年版，第 193 页。

② ［英］佩里·安德森：《从古代到封建主义的过渡》，郭方译，上海人民出版社 2001 年版，第 137 页。

③ ［英］S. H. 里格比：《马克思主义与历史学》，吴英译，译林出版社 2012 年版，第 19 页。

④ Robert Brenner, "The Social Basis of Economic Development", in J. Roemer ed., *Analytical Marxism*, Cambridge: Cambridge University Press, 1986, p. 51.

决定的必然规律。鲍伊思为此批评说，布伦纳"将阶级斗争与其他所有的客观可能性相分离"，"所采用的方法具有总体上纯粹的主观性，实质上是一种看待历史的唯心主义观点"。①

布伦纳还力图为自己的反生产力决定论寻求马克思主义依据。他认为，"关于封建主义向资本主义过渡问题，马克思先后提供了两种解释模式，……但它们之间却有着本质性区别，代表着两种截然不同的历史唯物主义"②。

第一种模式主要见诸早期著作，其核心是不断自我发展的分工概念，分工是生产力发展的关键表现。《德意志意识形态》一方面说"分工是迄今为止历史的主要力量之一"，另一方面又说"一切历史传统都根源于生产力和交往形式之间的矛盾"。③ 其后通过《哲学的贫困》《雇佣劳动与资本》《共产党宣言》等文本共同建构了一种"明显的生产力决定论"来阐释"历史的沿革"。这种模式既然重视生产力的能动角色，就必然探究它为何不断发展，因为把分工视为生产力的重要表现，也因之把推动分工的市场交换作为社会发展的关键，进而建构了一个"原始公社社会→公社之间的交换和专门机构→基于私有制的交换型生产→不断扩大的分工和交换→资本主义"这样的历史演进模式，尽管它"似乎把阶级斗争置于历史转型的关键位置，但却使阶级斗争丧失了任何实际意义"。这种模式与"斯密的交换与分工发展观"，"在看待前资本主义的一般演化和从封建主义向资本主义的具体演化问题时，几乎没有什么质的区别"④。这种模式影响很大，一直占据主导地位，形成主流传统。

第二种模式主要见诸《1857—1858年经济学手稿》《资本论》（及手稿）等晚期著作中，"其指导原则是生产方式论，即认为生产方式是一种社会财产关系系统"，所谓财产关系就是"直接生产者与其生产资料之间的关系，以及他们借以维持自身再生产而形成的彼此之间的关系"。马克思谓之"生产关系"，明确指出它"是生产的前提和基础，而不是其产物"⑤。这样一来，第一种模式对资本主义起源的理解就根本上是错误的。因为前资本主义社会的财产关系有两个突出特点，一是直接生产者和生产资料是统一的，

---

① Guy Bois, "Against New-Malthusian Orthodoxy", in T. Aston and C. Philpin edts., *The Brenner Debate*, New York: Cambridge University Press, 1985, pp. 115 – 156.
② [美] 罗伯特·布伦纳：《马克思社会发展理论新解》，中国人民大学出版社2015年版，第1页。
③ 《马克思恩格斯文集》第1卷，人民出版社2009年版，第551、567—568页。
④ [美] 罗伯特·布伦纳：《马克思社会发展理论新解》，中国人民大学出版社2015年版，第3、8、2、23页。
⑤ [美] 罗伯特·布伦纳：《马克思社会发展理论新解》，中国人民大学出版社2015年版，第2、23—24页。

二是生产的目的是满足生活需要和使用价值,通过超经济的强制性手段(利用政治强权)来完成剩余产品的榨取(如税收、徭役),维系剥削关系;而资本主义作为一种全新的财产关系系统(比如直接生产者和生产资料分离,为交换而进行生产,剥削靠经济手段实现等),不可能从封建社会中自然而然形成(历史决定论是错误的),只能是特定情况下发生的阶级斗争形塑的。

布伦纳的这个分析,在"政治马克思主义"那里得到强烈回应。其代表人物伍德明确说,历史唯物主义"巨大力量不在于任何单线的历史观,而是在于对历史特殊性的特有灵敏性","最好不要讨论生产力,好像它们代表着历史运动的一种自发原则,以某种方式外在于任何一种既定社会关系的体系"。① 布伦纳对生产力决定论、普遍规律论、单线论历史观的批评,得到不少西方左翼学者的认可、称道。如霍布斯鲍姆在《史学家——历史神话的终结》、安德森在《思想的谱系》、里格比在《马克思主义与历史学》、埃尔斯特在《理解马克思》、威克姆在其编辑的《马克思主义与21世纪史学编撰》中,或直接援引或明确点名或举例分析,从不同角度对之表示肯定。生产力决定论与反决定论之争,无疑是马克思主义思想史上的巨大分歧。今天很多左翼学者依据具体历史分析来反思、反驳生产力决定论正统说法时,难以绕避布伦纳的分析。

马克思主义以整个人类社会及其历史发展作为研究对象,涉猎广远,在今天看来,具有典型的跨学科性。马克思和恩格斯去世后,很快引起一个重大的阐释争议即它到底是哲学还是诸如历史学、社会学、经济学等偏重实证的经验科学。普列汉诺夫1895年把历史唯物主义理解为一元论,强调是哲学,但被指定为恩格斯接班人的考茨基1909年公开宣称"马克思主义不是哲学,而是一种经验科学,一种特殊的社会观",② 并得到奥地利马克思主义者的诸多响应。20世纪初以卢卡奇等为代表的西方马克思主义诞生,其核心就是强调马克思主义是"革命、实践哲学",而不是经验、实证科学;反对第二国际机械决定论把历史规律等同于自然规律、以生产力决定论为名对历史作宿命论理解,消解了革命主体性、能动性。其中科尔施说得非常明白,马克思主义"按其基本性质来说,是彻头彻尾的哲学……它是革命的哲学"③。

---

① [加]艾伦·伍德:《民主反对资本主义》,吕薇洲等译,重庆出版社2007年版,第123、132页。

② [德]卡·考茨基:《一封关于马克思和马赫的信》,载《国际共运史研究资料》(第三辑),三联书店1981年版,第251页。

③ [英]卡尔·柯尔施:《马克思主义和哲学》,王南湜等译,重庆出版社1989年版,第37—38页。

而英国史学马克思主义走的是一条近乎相反的路线,即反对将之理解为哲学,因为抽象的历史哲学构建了像生产力决定论那样的超越历史经验的抽象模型、理论图式和普遍规律。从多布、希尔、希尔顿等开始,就重视马克思主义理论和历史经验之间的关系,经常强调抽象理论一定要经得起具体历史的考验,反对机械决定论。到20世纪50和60年代,前述修正史学开创者科本,以法国大革命研究为例,指认马克思主义对历史的把握,作为一种能够自证的理论体系,偏重理论上的逻辑推断,对历史的解释与很多事实真相不吻合。60年代汤普森在撰写《英国工人阶级的形成》时,贯彻经验优先的原则,以至于安德森以"理论的贫困"来批评他。即使是安德森,70年代明确说"马克思本人在身后没有留下经典意义上的系统哲学著作。……成熟时期,他从未再度涉猎纯哲学领域",历史唯物主义"首先是历史的理论"①。博托莫尔说得更明白:"严格说来,历史唯物主义并不是一种哲学,把它解释为一种以经验为依据的理论倒是最合适"②,还说从早期到后期,"马克思著作的一般趋向是脱离历史哲学",借助于"详细的经验阐述"而"转向一种关于社会的科学理论"③。

布伦纳为此也强调他"的确倾向于从社会与历史理论的视角来考察马克思主义基本思想特征",这既和纯粹的经验科学、编年史学有区别,强调理论建构、理论范导对把握事实世界的重要性;也和偏重概念推论、偏爱建构抽象理论模型和图式的历史哲学差异很大,在他那里,"追溯社会发展历史与理论的因果关系链条就从对某种铁定法则或规律的寻找转向了对具体的、历史的同时也是政治的社会财产关系的考察"④。在这一点上,他和安德森、霍布斯鲍姆比较接近。安德森为此表扬布伦纳,说他把马克思主义的危机理论和"危机在现实中如何发生所做的详细的历史叙述"两种分析优势"例外地统一起来了","实属难得"⑤。后来伍德则据此"重建历史唯物主义",强调具体分析的重要性,彰显历史特殊性,反对把历史唯物主义理解为历史哲学和生产力决定论,历史唯物主义是分析历史特殊性的理论。

---

① [英]佩里·安德森:《西方马克思主义探讨》,高恬等译,人民出版社1981年版,第77、136页。
② [英]博托莫尔:《马克思主义思想词典》,陈叔平等译,河南人民出版社1994年版,第248页。
③ [英]博特莫尔:《马克思:社会学家还是马克思主义者?》,见苏国勋、刘小枫主编:《社会理论的开端和终结》,三联书店2005年版,第7页。
④ 张秀琴:《马克思主义社会与历史理论的经济学视角》,载《北京行政学院学报》2011年版,第6期。
⑤ [英]佩里·安德森:《思想的谱系》,袁银传等译,社会科学文献出版社2010年版,第304页。

"哲学 VS 科学"是马克思主义思想史、阐释史上仍无定论的巨大争议。布伦纳在"布伦纳辩论"中既发出了自己的声音,也为从这种争议中走出来提供了可贵的思想借鉴和启示。

## 四、辩证的审视和必要的回应

关于历史唯物主义,恩格斯有个有名的概括,"一切重要历史事件的终极原因和伟大动力是社会的经济发展,是生产方式和交换方式的改变,是由此产生的社会之划分为不同的阶级,是这些阶级彼此之间的斗争"①。历史一方面是生产方式内部矛盾运动的历史,一方面是阶级斗争的历史,因为矛盾尖锐的最终解决和社会形态更替,往往通过阶级斗争完成。两者既有一定主次性,又内在统一。但第二国际机械决定论模式忽略了阶级斗争的相对独立性、发生的复杂性(如主体选择性)及塑造历史的独特价值,普列汉诺夫因之拒绝赋予十月革命理论上的合法性。

英国史学马克思主义从一开始,就重视结合英国近代的具体历史来彰显第二方面,这几乎是多布、希尔等早期代表人物共性,他们对生产力决定论颇多反思亦不乏訾议。而布伦纳在辩论中的核心诉求,就是更为激进地把第二方面凸显出来,以至于把阶级斗争和生产力决定论隔绝、对立起来,主张英国资本主义的萌生是各种机缘凑巧所促成的阶级斗争"无意识的结果",不仅阶级斗争是偶然的,整个历史都是非决定的。这显然已脱离了历史唯物主义的正常轨道。由此,他"两种模式"说固然有一定洞视,因为马克思早期的确更为重视对人类社会形态更替、历史普遍规律的探究,而晚年《资本论》及其手稿更为重视通过生产关系来聚焦资本主义特殊性,但它本质上是一种根本误读。一则马克思实际上早在《哲学的贫困》、致安年科夫的信以及《雇佣劳动与资本》等书中,实现了对斯密模式的超越;二则马克思晚年从未放弃、否定生产力决定论,除序言的经典表述外,《资本论》及其手稿还有多处明确表述;三则马克思恩格斯在分析具体历史进程时,会有一定的偏重,但生产力决定论和阶级斗争论这两种阐释路径,总是辩证统一的。同期英国著名史学家、后马克思主义代表人物 G. 琼斯,虽亦反对机械决定论,但也不得不承认:"马克思主义中如果没有了生产力的概念,很难让人称之为马克思主义了。……在历史唯物主义的观念中生产力是核心概

---

① 《马克思恩格斯文集》第 3 卷,人民出版社 2009 年版,第 509 页。

念。"① 而在很多地方对伍德颇为肯定的伊格尔顿，明确地批评说："一些马克思主义者试图贬低'生产力决定生产关系'的观点，而强调生产关系在社会发展中的决定性作用。但这样的做法未免戒备心太强了。前一种观点的支持者可以在马克思的著作中找到足够多的证据，证明马克思对待这一观点是十分认真的，而绝非儿戏。"②

一般公认，生产力、生产方式、生产关系这些核心概念，都是对事物本质的科学抽象，很难直接对应现实具体事物；生产力决定论，作为对整个人类历史进程本质的科学抽象，所谓决定与被决定，更多是"逻辑学"而非"发生学"意义上的因果关系。③ 要求任何经验的、现象层面的历史事件都符合生产力决定论，是不合理的。但我们不能因此将之理解为机械决定论那样简单、万能的图式，无视经验的、现实的历史复杂性和多样性。因为历史唯物主义"充其量不过是从对人类历史发展的考察中抽象出来的最一般的结果的概括"，"这些抽象本身离开了现实的历史就没有任何价值"，"绝不提供可以适用于各个历史时代的药方或公式"。④ 马克思主义作为"历史科学"，和经验的历史保持一定的亲缘性、解释力，是其生命力和科学性的基本要求。

"布伦纳辩论"始终提醒我们，正确理解和把握生产力决定论，实属要害问题。这里，立足当代中国的重大变迁等历史事实，来丰富和完善生产力决定论，对21世纪中国马克思主义而言，弥足珍贵。因为当代中国的重大变迁，是机械决定论难以解释的，如果简单地理解生产力决定生产关系，中国的社会主义革命和十月革命一样都是不符合普遍规律的；新中国的社会主义建设，既可以说体现了生产力决定生产关系原理，因为通过革命确立的单一公有制不适应落后的生产力，最终导致改革的发生而推行多种所有制并存制度；也可以说革命、改革等社会主体活动是中国特色社会主义生产方式确立、完善的直接决定因素，社会主义公有制的确立不是生产力直接决定的。怎么来合理阐析这些历史进程和现象，既坚持生产力决定论，又超越机械决定论、回应布伦纳的诘疑，理应成为当代中国马克思主义者共同的历史重任。

---

① 转引自何秉孟、姜辉著：《阶级结构与第三条道路：与英国学者对话实录》，中国社会科学文献出版社2005年版，第114页。
② [英] 特里·伊格尔顿：《马克思为什么是对的》，李杨等译，新星出版社2011年版，第56页。
③ 参见王峰明：《历史唯物主义——一种微观透视》，社会科学文献出版社2014年版，第76—98页。
④ 《马克思恩格斯文集》第1卷，人民出版社2009年版，第526页。

实际上，在这方面国内已有可贵的探索。如马克思主义史学名家罗荣渠，以世界现代化为背景，结合中国因社会主义革命而形成的独特现代化进程提出"一元多线发展论"。强调人类历史发展归根到底是以生产力发展为中轴而运转的，生产关系要适合生产力水平构成人类历史普遍的基本规律；但生产力和生产关系总是处在复杂的互动中并牵涉很多内外因素，"受多因素影响与支配的历史发展的根本规律是不平衡规律"，现实中生产关系适合于生产力水平往往是一个持续的过程、不是一次完成的，具体怎样适合也是各种各样、不是千篇一律的，历史的发展演进和形态更替绝不只是一种模式，更不可能只有五种社会形态依次更替这一条线索。① 中国的社会主义革命和现代化，虽然是机械决定论难以解释的，但它并没有违背生产力决定论和一般历史规律。更直接的是政治经济学学者孟捷，他重点关注了布伦纳辩论，聚焦于"如何解释当代中国制度变迁的问题"提出"有机生产方式理论"，以求重新理解生产力决定论。他强调生产关系有两重功能即适应或促进生产力的发展和帮助统治者榨取更多剩余，生产关系的变化并不总是服从于生产力发展的需要，某种来自生产力以外的因素如改变重构剩余产品占有的阶级斗争、国际竞争甚至战争等，也会造成生产关系的改变，进而催生新的生产方式。中国社会主义生产关系的确立，不是生产力自动发展的直接结果，而是革命的直接产物。当生产方式的变迁不仅是通过生产关系的嬗变而实现的，而且最终显著地提高了生产力水平，这一变迁就获得了不可逆性，生产力一元决定论应在系统因果性意义上理解。布伦纳对机械决定论的批判有合理性，但对生产力决定论的理解不深入。② 建构和发展 21 世纪的中国马克思主义，理应在这些探索的基础上，继续前行。

马克思主义之所以能形成科学的生产力决定论，科学抽象的方法、历史辩证法的思维工具是关键，这根源自黑格尔哲学的辩证法。说马克思主义有哲学，应无多大异议，但把它完全或主要归结为哲学，难以避免分歧，马克思中晚期的研究，从文本上看更接近于对大量经验活动、事件进行研究、阐析的经济学、历史学等；从历史唯物主义诞生起，就注重立足于经验和现象性的历史事件、社会事实来分析，力图避免成为思辨历史哲学、社会哲学和"观念论"哲学。但它的确又与资产阶级主流经济学、历史学等经验、实证科学差异很大，有很强的理论色彩、辩证思维以及哲学方法（如科学抽象），同时具有鲜明的反思性、批判性，重视把握历史演进的基

---

① 参见罗荣渠：《现代化新论》，北京大学出版社1993年版，第52—114页。
② 参见孟捷：《历史唯物论与马克思主义经济学》，社会科学文献出版社2016年版，第1—92页。

本逻辑和普遍规律、社会本质。布伦纳等为此很有见地地指出，马克思"的确是一位改变了社会思想方式的人，……使马克思超出如此众多的其他经济学家的，是他把哲学、历史、社会学、心理学、政治学和经济学联结到一起形成统一的整体的能力"①。不过，我们还应在此基础上进一步追问，马克思主义最核心的理论归属是什么？经济学家马蒂内利和斯梅尔塞指认说，马克思穷其一生的政治经济学研究，建构了"一种可解释经济历史现象的社会变迁理论"，关注经济发展及其诱发的阶级冲突对社会历史演变的动力作用，"创造一种几乎是全新的社会理论"。② 马克思研究经济，根本上是为了分析社会、历史服务的；实际上，他研究和运用哲学、政治学、历史学等都是如此。布罗代尔为此强调："社会历史分析是马克思著作中的伟大创新之一。"③ 就此而言，像布伦纳等英美史学马克思主义者那样，把历史唯物主义定位为社会历史理论是有很大合理性的。

也正因此，20世纪80年代兴起的历史社会学，诸如福柯、斯考切波、蒂利、布迪厄、吉登斯、汤普森、安德森、华勒斯坦等享有世界声誉的知识分子都归属其间，其核心主张就是强调要借助于偏重社会结构、社会规律的抽象社会理论模型、框架来分析、把握历史事件、历史现象、历史进程亦即把社会学和历史学结合起来，成为不少人把握历史唯物主义理论归属的重要选择。他们主张，历史唯物主义作为马克思主义的社会历史理论就是历史社会学，卡尔霍恩为此概括说，"多数'学统'都将马克思视为第一位伟大的历史社会学家"④。历史社会学把前述社会历史理论向更深一格推进，也为我们把握马克思主义的理论归属提供可资借鉴的视角。

不过，马克思主义作为洞彻人类社会历史本质的"历史科学"，究其实质是哲学（辩证法、科学抽象）与具体社会科学的有机融合，以上两种说法对作为科学方法的马克思主义哲学的重要性和实质，认识是不充分的。布伦纳以至于以尊重历史经验为名拒斥生产力决定论、废弃对历史普遍规律的探索，许多历史社会学名家同样不认同历史存在普遍规律说。笔者为此曾因之强调历史唯物主义应被视为"反思性历史社会学"，与一般性的历史社会学有明显差异，所谓反思性不仅表现为它的批判性、"从后思索"，

---

① ［美］罗伯特·耐尔·海尔布伦纳等：《经济学的秘密》，秦海译，海南出版社2001年版，第38页。
② ［美］A.马蒂内利，N.J.斯梅尔塞：《经济社会学》，载苏国勋、刘小枫主编《社会理论的知识学建构》，三联书店2005年版，第28—53页。
③ ［法］费尔南·布罗代尔：《文明史纲》，广西师范大学出版社2003年版，第499页。
④ ［美］克雷格·卡尔霍恩：《为什么是历史社会学》，见杰拉德·德兰迪、恩斯·伊辛《历史社会学手册》，中国人民大学出版社2009年版，第684页。

更重要的是科学抽象、辩证法等科学方法，进而能有力把握社会历史的本质、普遍规律，这离不开哲学素养的基础性支撑；在这个意义上，历史学、社会学和作为科学方法、科学思维方式的哲学，是历史唯物主义最切近的理论归属和最基础性理论素养要求。①

据此，"布伦纳辩论"则提醒我们，如何在跨学科研究中，实现理论和现实、抽象思维和具体经验之间的有机融合、良性互动，无疑是建构和发展21世纪中国马克思主义必须做好的重要工作。而且，正如习近平总书记强调的，发展21世纪马克思主义、当代中国马克思主义，要有"学科体系、学术体系、话语体系"②支撑，当下最基础的则是马克思主义理论一级学科。"布伦纳辩论"同样提醒我们，像探究"反思性历史社会学"那样来进一步厘清和明确该一级学科的主要理论归属、核心素养要求和基础学科支撑，也是建构和发展21世纪中国马克思主义必须做好的重要工作。

当生产力决定论、马克思主义理论归属等基本问题得以更好地理解和阐析，前述的资产阶级革命、工业资本主义与农业资本主义之争等具体历史问题，可能会得到更让人信服的说理和阐释。

---

① 参见关锋：《历史唯物主义与反思性历史社会学——关于马克思主义理论学科属性的思考》，载《南京大学学报》2018年第2期。

② 习近平：《在哲学社会科学工作座谈会上的讲话》，载《人民日报》2016年5月19日第2版。

# 试论人的发展理论在马克思主义中的地位[①]

## 陈新夏[②]

人的彻底解放和自由全面发展是马克思主义理论的核心价值和理论旨归。作为人的发展价值取向理论表达的人的发展理论,是马克思主义理论的重要组成部分,它以马克思主义理论为基础,在马克思主义中生成和发展。蕴含于人的发展理论中的人的发展价值取向,作为马克思主义理论的核心价值,贯穿于马克思主义哲学、政治经济学和科学社会主义理论中。明确人的发展理论在马克思主义中的地位,有助于彰显马克思主义理论的价值意蕴和实践功能。

## 一、人的发展理论以马克思主义为基础

人的发展理论与马克思主义的内在关联首先在于它以马克思主义为基础。

### (一)人的发展理论以马克思主义哲学为基础

恩格斯在《反杜林论》中指出,社会主义之所以从空想变成科学,是由于马克思作出了"两个伟大的发现——唯物主义历史观和通过剩余价值揭开资本主义生产的秘密"[③]。而之所以能够作出这两个伟大的发现,则是因为运用了唯物主义辩证法这一最好的工具和最锐利的武器。马克思恩格斯正是创立并运用唯物辩证法,才得以创立唯物主义历史观和剩余价值理论,进而创立科学社会主义学说。这一论述表明,马克思主义的理论基础是哲学。这一理论逻辑当然也适用于人的发展理论。

人的发展理论作为马克思主义哲学之重要内容,以马克思主义哲学基

---

[①] 本文系作者主持的国家社会科学基金青年项目"美好生活视域下新兴权利生成与保护的法治路径研究"(项目编号:22CFX001)的阶段性研究成果。
[②] 陈新夏,首都师范大学马克思主义学院教授。
[③] 《马克思恩格斯选集》第3卷,人民出版社2012年版,第402页。

本原理特别是其实践观和唯物史观为基础，马克思恩格斯正是在实践观和唯物史观的基础上，科学地阐明了人的社会性，界定了人的发展主体，确立了人的发展内涵及其目标，揭示了人的发展的现实条件，指明了人的发展的实现路径，创立和发展了人的发展理论。

实践观为理解人的发展主体和含义提供了哲学前提。马克思恩格斯在创立新世界观的过程中提出了科学的实践观，认为，哲学的根本使命是改变世界，实践是人最根本的生存方式，全部社会生活在本质上是实践的，社会历史领域中的所有问题都能够在实践中得到合理的说明，因而应当从实践出发理解人和社会。

马克思恩格斯从实践出发科学地界定了人的发展主体。他们克服了抽象人性论离开实践理解人的缺陷，确立了"从事实际活动的、现实的人"的科学概念。认为，劳动将人从动物中提升出来，造就了人的生存方式，人只有通过实践改变自然，才能在有用的形式上占有和利用自然物，获取生存资料，维持自身作为人的生存，因而人所从事的"实际活动"首先是生产实践，以物质资料生产和再生产为主要内容的生产实践是人最根本的生存方式，是人不同于他物的类特性。他们认为，人们在生产实践中必然会结成一定的社会关系，即生产"立即表现为双重关系：一方面是自然关系，另一方面是社会关系"①，因此，从事实际活动的现实的人总是生存于一定的社会条件和社会关系之中，具有社会性，要受到社会关系的制约。为此，他们反对将人理解为抽象的、孤立的个体，主张从物质生产活动、物质生产关系和社会生活出发说明人，明确指出"我们的出发点是从事实际活动的人"②，即"现实的人"③，确立了关于人的科学概念，揭示了人的社会性。正是基于对人的实践的类特性和人的社会性的理解，他们指出了人的本质是社会关系总和，是各种社会关系相互作用的结果，并进一步揭示了人的具体历史性，认为，由于社会关系会随着实践的发展不断变化，人的本质也会随之而不断生成和改变，因而人的发展的"人"是具体的、历史的人，在阶级社会中，人具有阶级性。

马克思恩格斯从实践出发科学地揭示了人的发展含义。他们认为，实践是人根本的生存方式，是人能动地改变对象的现实的活动，它使人的生存和需要具有超越现实性，永远不满足于现状而要趋向于更好，永远不会停止对自然和社会环境的改变，所以：其一，实践能力（禀赋）及实践活

---

① 《马克思恩格斯选集》第1卷，人民出版社2012年版，第160页。
② 《马克思恩格斯选集》第1卷，人民出版社2012年版，第152页。
③ 《马克思恩格斯选集》第4卷，人民出版社2012年版，第247页。

动是人具有主体性并具有能动性和创造性的根据，使人从根本上区别于其他动物；其二，人在改变对象的过程中也会改变自身，从而决定了人截然不同于他物，人不是既定的、一成不变的存在，而是在实践过程中不断变化，不断生长的，亦因此，人的发展可以也必须在他改变自然和社会的实践过程中来实现；其三，实践是人在改变客体的过程中将自己的本质力量，自己的知、情、意对象化的活动，人在这一过程中满足自我实现的需要，正如弗罗姆所言，"人生来就有一种要求真正地生存的深刻愿望：去表现我们的能力、有所作为、与别人联系在一起以及摆脱利己欲的束缚"①。"劳动是人的自我表现，是他的个人的体力和智力的表现。在这一真正的活动过程中，人使自己得到了发展，变成为人自身。"② 因此，人是对象性的存在，总是期望自我实现，期望表现自己、改变自己、发展自己。实践能力（禀赋）以及实践活动既决定了人的发展具有必要性，也决定了人的发展具有可能性。

唯物史观为科学说明人的发展条件提供了基础。马克思恩格斯创立唯物史观，从社会存在决定社会意识的观点出发理解社会历史和人，认为人具有社会性，人的生存发展要受到客观条件以及社会发展规律的制约，单个人的历史是由他以前的或同时代的个人的历史决定的。在此基础上他们认为，人的发展有赖于一定的社会条件和关系，社会条件和关系是不断变化的，因而人的发展是历史的产物，要经历一个长期的过程。

马克思恩格斯强调生产力发展对人的发展的基础性、根本性作用。他们指出，一切历史的第一个前提就是有生命的个人的存在，人要生存就需要有满足吃、喝、住、穿等需要的物质生活资料，而天然的自然物不能满足人的需要，所以人必须进行物质资料的生产和再生产，这是第一个历史活动，是一切历史的前提和基础。他们认为，虽然社会发展是多种因素相互作用的结果，但在影响社会生活和历史发展的诸因素中起最终决定作用的因素是物质资料的生产和再生产，经济条件归根到底起着决定性的作用，因而"物质生活的生产方式制约着整个社会生活、政治生活和精神生活的过程"③。人们所达到的生产力的总和决定着社会状况。生产力发展是社会进步和人的发展的基础，生产力发展水平从根本上决定着人的发展状况。他们还揭示了生产力发展对人的发展的直接影响，指出，生产力发展将消

---

① ［美］埃里希·弗罗姆：《占有还是生存》，关山译，三联书店1989年版，第107页。
② ［美］佛洛姆：《马克思关于人的概念》，涂纪亮、张庆熊译，南方丛书出版社1987年版，第40—41页。
③ 《马克思恩格斯选集》第2卷，人民出版社2012年版，第2页。

除旧式分工，改善劳动环境，将人从繁重的、异化的、奴隶般的劳动中解放出来，使劳动成为自由自觉的活动，成为人的享受甚至第一需要；生产力发展将缩短人们的必要劳动时间而增加自主活动的"自由时间"，使人们能充分满足享受型和发展型需要，"使每个人都有充分的闲暇时间去获得历史上遗留下来的文化——科学、艺术、社交方式等等——中一切真正有价值的东西"①，拓展人的发展空间。

马克思恩格斯强调人的发展状况要受到社会制度的制约。他们强调社会关系和社会制度的合理化是人的发展的制度条件。马克思认为，社会关系和社会制度决定着一个人能够发展到什么程度，与建立在不同的生产力和经济制度（核心是生产资料所有制）基础上的社会经济形态相关联，人及社会的发展要经历人的依赖关系、物的依赖性、个人全面发展三个阶段。人的依赖关系和物的依赖性的阶段都属于生产资料私有制，虽然二者对人的生存发展具有不同的影响（例如后者赋予了人一定程度的自由等），但从根本上说，在这类经济制度以及相应的政治制度下不可能有人的发展，只有到了消灭私有制而建立公有制的第三个阶段即共产主义社会，真正实现社会经济制度和政治制度的合理化，才能超越人的依赖关系和物的依赖性，消除人与他人和社会的对立，保障和促进人的发展，社会才会进入"以每一个个人的全面而自由的发展为基本原则的社会形式"②。这一社会形态的特点在于，它是以高度发达的生产力以及合理的社会制度为前提的个人的一种联合，这种联合把个人的自由发展和运动的条件置于他们的控制之下。为此，马克思恩格斯在以唯物史观为基础的马克思主义政治经济学和科学社会主义理论中对消灭资本主义私有制、实现社会关系和社会制度的合理化问题进行了深入系统的探讨。

（二）人的发展理论以马克思主义政治经济学为依据

马克思恩格斯的政治经济学研究在揭示生产关系产生、发展和变化规律的基础上，对资本主义生产关系进行了条分缕析的探讨。他们在批判继承古典经济学劳动价值理论的基础上创立了剩余价值学说，揭露了资本家剥削工人的秘密，揭示了资本主义经济制度的内在矛盾及其发展趋势。认为，"资本主义生产不仅是商品的生产，它实质上是剩余价值的生产。工人不是为自己生产，而是为资本生产"③。在资本主义生产过程中，资本家通过购买和使用工人的劳动力，无偿占有劳动者生产的剩余价值即其劳动创

---

① 《马克思恩格斯选集》第3卷，人民出版社2012年版，第199页。
② 《马克思恩格斯文集》第5卷，人民出版社2009年版，第683页。
③ 《马克思恩格斯选集》第2卷，人民出版社2012年版，第236页。

造的价值与劳动报酬之间的差额,因此,剩余价值是雇佣工人在生产过程中创造的被资本家无偿占有的超过劳动力价值的价值,剩余价值生产的实质就是资本家剥削工人的劳动。他们揭露了资本主义社会中工人在生产和生活中的悲惨遭遇,认为,在资本主义制度下即使生产力发展也不能带来工人生存境遇的改善,更不能带来人的发展。例如,资本主义生产中机器的使用和发展提高了劳动生产率,缩短了生产特定产品的劳动时间,但并没有增加劳动者的自由时间,因为"在资本主义生产中,发展劳动生产力的目的,是为了缩短工人必须为自己劳动的工作日部分,以此来延长工人能够无偿地为资本家劳动的工作日的另一部分"①。由于资本家窃取了工人为社会创造的自由时间,生产力发展本来应当给工人增加的自由时间被资本家所侵占,因而在资本主义社会,工人没有自己支配的自由时间,一生中除睡眠饮食等纯生理上必需的间断以外,都是替资本家服务,他们的生存条件未能得到根本的改变,其能力、个性和社会关系得不到真正的发展。他们指出,缩短工人的必要劳动时间既有赖于生产力发展即劳动生产率的提升,又有赖于社会制度的合理化,只有在未来共产主义社会,缩短必要劳动时间才能真正转化为拓展人的发展空间。由此可见,马克思主义政治经济学通过揭露资本家剥削工人的秘密、揭示资本主义生产方式的内在矛盾及其必然灭亡的趋势,指明了消灭资本主义私有制是人的解放和发展的前提,为批判资本主义制度和资本逻辑、确立人的解放和发展目标提供了道义上的辩护,也为实现人的解放和人的发展提供了科学依据。

不仅如此,马克思在《资本论》及其手稿中,还以经济学研究为依据,基于对资本主义的政治经济学批判以及对社会发展规律和趋势的分析,进一步丰富和深化了人的发展价值取向和科学认识。他揭示了人的发展的社会条件及其社会历史性,认为,个人的全面性是他的现实关系和观念关系的全面性,全面发展的个人不是自然的产物,而是历史的产物;从人类历史演进的尺度上区分了人生存发展的三种形态,确立了实现个人全面发展和自由个性的目标;指出"时间是人类发展的空间"②,减少必要劳动时间并增加自由时间是为了促进人的发展,提高生产力水平、缩短工作日是人的发展的基本途径;明确提出了"自由人联合体""自由联合的人"③等科学概念,指出未来共产主义社会是一个更高级的、以每个人的全面而自由的发展为基本原则的社会形式。这些基于经济学的人学探讨在人的发展理

---

① 《马克思恩格斯选集》第 2 卷,人民出版社 2012 年版,第 206 页。
② 《马克思恩格斯选集》第 2 卷,人民出版社 2012 年版,第 61 页。
③ 《马克思恩格斯选集》第 2 卷,人民出版社 2012 年版,第 127 页。

论形成中具有重要意义。

(三) 人的发展理论以科学社会主义理论为支撑

作为关于无产阶级解放条件的学说,科学社会主义科学地说明了人的解放的现实条件,指出了无产阶级从而全人类解放的现实道路。马克思恩格斯认为,在资本主义社会,人的发展的前提是人的解放,是通过工人阶级的斗争消灭资本主义私有制,实现社会制度和社会关系的变革,消除剥削制度对人的束缚,建立公有制经济,实现按劳分配和最终实现按需分配。只有这样,才能将人从与自己对立的社会关系的束缚中解放出来,消除异化劳动,扬弃物的依赖性,使个人获得自由全面发展的制度条件。他们以唯物史观和剩余价值学说为依据,宏观地预测了未来社会演进的趋势,认为,随着社会主义革命成功,"无产阶级将取得公共权力,并且利用这个权力把脱离资产阶级掌握的社会化生产资料变为公共财产"①。随着资本主义私有制和阶级的消灭以及国家的消亡,人类将进入共产主义社会。他们预测了未来共产主义社会的基本特征,即生产力高度发达,社会物质财富极大丰富,"社会调节着整个生产"②,消灭了工农差别、城乡差别和脑力劳动与体力劳动的差别,人民科学文化和道德素质普遍提升。他们展望了在未来理想社会中人的地位的变化以及人自由全面发展的前景,认为在未来的共产主义社会,人们将进入"每个人的自由发展是一切人的自由发展的条件"③的"自由人联合体"④,到那时,"人们周围的、至今统治着人们的生活条件,现在受人们的支配和控制,人们第一次成为自然界的自觉的和真正的主人,因为他们已经成为自身的社会结合的主人了。……这是人类从必然王国进入自由王国的飞跃"⑤。正因为认识到社会关系对人的发展至关重要的制约作用以及考虑到资本主义社会的现实,他们将实现人的发展理想目标转换为对资本主义制度现实的批判,并以毕生精力参与彻底变革资本主义社会制度的斗争,"参加推翻资本主义社会及其所建立的国家设施的事业,参加现代无产阶级的解放事业"⑥。由此可见,科学社会主义理论深刻揭示了资本主义制度产生、发展和必然灭亡的趋势,揭示了社会主义的历史必然性及其本质、特征和发展规律,指明了工人阶级以及人类解放的道路,预测了社会主义和共产主义社会的前景和特征,为人的发展理论

---

① 《马克思恩格斯选集》第3卷,人民出版社2012年版,第817页。
② 《马克思恩格斯选集》第1卷,人民出版社2012年版,第165页。
③ 《马克思恩格斯选集》第1卷,人民出版社2012年版,第422页。
④ 《马克思恩格斯选集》第2卷,人民出版社2012年版,第126页。
⑤ 《马克思恩格斯选集》第3卷,人民出版社2012年版,第815页。
⑥ 《马克思恩格斯选集》第3卷,人民出版社2012年版,第1003页。

提供了直接的理论支撑。

## 二、人的发展是马克思主义的核心价值

人的发展理论与马克思主义的内在关联又在于，人的发展是马克思主义的核心价值，贯穿于马克思主义理论各个组成部分中。

马克思主义以改变世界为宗旨，具有鲜明的价值取向，包括消灭私有制、消灭剥削、消除人与人之间的不平等、实现共同富裕，使人民生活得幸福美好，以及追求民主、自由、公正等。这些价值取向的根本旨归，就是追求人的彻底解放并实现人的自由全面发展。从价值取向形成和发展的进程看，人的发展价值取向是以往人类优秀价值取向的批判继承和发展。从价值取向起源的角度看，人的自由全面发展是根源性的价值取向，其实现要求人的彻底解放，要求消灭私有制、消灭剥削、实现共同富裕、实现公平正义。从价值取向的层次上看，人的发展是历史观层面的最高层次的价值取向，它具有最大程度的价值包容性和统摄力。从价值取向的适应性上看，人的发展价值取向既适应当下的社会现实，又指向未来的理想社会。因此，人的发展是马克思主义的根本价值取向即核心价值，蕴含着马克思主义的全部价值诉求，它像一根红线贯穿于马克思主义各个组成部分中，构成它们共同的价值维度。

### （一）人的发展价值取向贯穿于马克思主义哲学中

马克思恩格斯主张哲学的使命是改变世界，使现存世界革命化，实际地反对并改变现存事物，其中最重要的就是改变旧的社会制度和社会关系。他们认为，哲学与改变世界内在关联。一方面，哲学为改变世界提供正确的世界观和方法论，从中可以推论出改变世界的结论。例如他们曾揭示了唯物主义哲学内在蕴含着的革命性，认为，唯物主义学说同共产主义和社会主义之间有着必然的联系，成熟的共产主义是直接起源于法国唯物主义的，并从人与环境的关系中推论出改变环境的必要性："既然是环境造就人，那就必须以合乎人性的方式去造就环境。"① 又如他们曾强调辩证法的革命性，认为辩证法不崇拜任何东西，按其本质来说它是批判的和革命的，因为辩证法认为，任何事物都要经历发生、发展和灭亡的过程，都要转化成为其他事物即为新的事物所替代。还如他们运用唯物史观揭示了社会发展的规律和趋势，指出了资本主义灭亡和社会主义胜利的历史必然性。另一方面，哲学为改变世界提供合理的价值取向。人改变世界的实践具有追

---

① 《马克思恩格斯文集》第 1 卷，人民出版社 2009 年版，第 335 页。

求更好的生存环境的合目的性,体现着对改变后的理想的"世界"的期望、理解和设计,这种期望、理解和设计首先是哲学层面的。马克思主义哲学改变世界的使命和宗旨,要求它不仅能够正确地说明世界,反映社会现象的本质和社会发展的规律,为人们提供科学认识的指导,还能够合理地阐明世界应当是怎样的,为人们提供价值取向的指导。马克思恩格斯创立的唯物史观就是典型的一例。唯物史观作为关于社会历史总的看法和根本观点,既体现着合规律性追求,包含着对社会历史发展的宏观层面的科学认识,也体现着指导人们改变世界、推动社会进步的合目的性追求,包含着对社会历史进程、事件和人物宏观层面的意义解读以及对社会发展方向、愿景及目标的价值设定,其合目的性即价值取向的集中体现,就是追求人的解放和发展。就此而言,人的自由全面发展是马克思主义哲学的价值起点和价值归宿。正因为人的发展价值取向本质上是哲学层面的,所以它在不同的时代会具有不同的具体含义:在当年,它体现着马克思恩格斯消灭剥削、将工人阶级从异化劳动中解放出来的现实诉求;在当代,它体现着人们生活得更加幸福、更加美好、更有意义的愿望,体现为人民满足日益增长的美好生活需要的追求。

(二) 人的发展价值取向贯穿于马克思主义政治经济学中

政治经济学致力于研究人类经济活动的本质、规律和运行机制,特别是致力于研究社会生产、资本、流通、交换、分配和消费等经济活动、经济关系和经济规律。马克思恩格斯在批判继承古典经济学的基础上创立的政治经济学,以资本主义生产关系为主要研究对象,从无产阶级利益出发,探究资本主义社会的经济现象和经济规律,揭示了资本主义形成和发展的历史必然性及其必然灭亡的趋势和条件。他们在研究中既基于科学性又自觉代表无产阶级利益,体现了鲜明的阶级性和追求工人阶级以及全人类解放和人的自由全面发展的价值立场。

马克思主义政治经济学人的发展价值取向突出地体现在《共产党宣言》《资本论》《哥达纲领批判》《反杜林论》等著作中。马克思恩格斯在这些著作中深入系统地探究了资本主义生产方式以及生产关系和交换关系,对资本主义制度和资本逻辑的本质进行了深刻的揭露和尖锐的批判,揭示了资本主义生产方式必然灭亡的趋势,指明了工人阶级解放的道路,确立了人的发展的目标。他们在揭示资本家剥削工人剩余价值秘密的基础上,论证了资本主义制度和资本逻辑在价值上的不合理性,严厉谴责了资本家和资本主义制度的罪恶,表达了对工人生存和发展状况的强烈不满和深切关注。马克思一针见血地指出,"资本来到世间,从头到脚,每个毛孔都滴着血和肮脏的东西"①。在资本主义生产过程中，"一切提高社会劳动生产力的方法都是靠牺牲工人个人来实现的；一切发展生产的手段都转变为统治和剥削生产者的手段，都使工人畸形发展，成为局部的人，把工人贬低为机器的附属品，使工人受劳动的折磨"②。他还借用资本家为追逐利润铤而走险、践踏一切人间法律甚至冒绞首的危险的说法，揭示了资本和资本家不顾一切地追求利益最大化的贪婪嘴脸。他们还以人的解放和发展为旨归，揭示了资本主义生产方式的发展规律和趋势，指出，生产资料私人占有和生产的社会化之间的矛盾必然会导致周期性的经济危机，只有实行生产资料公有制和计划经济才能从根本上克服这一矛盾。在生产力高度发达、集体财富极大丰富、社会占有生产资料、社会生产"按照社会总体和每个成员的需要"③ 进行有计划的调节并实行各尽所能、按需分配的共产主义社会，劳动本身将成为人生活的第一需要，人将真正实现自由全面发展，"终于成为自己的社会结合的主人，从而也就成为自然界的主人，成为自身的主人——自由的人"④。

以上可见，马克思主义政治经济学对资本主义生产方式的分析批判归根结底都是指向人的解放和发展，以人的自由全面发展为旨归；马克思主义政治经济学研究与马克思主义人的发展理论是内在关联、相辅相成、相互促进的。正因为如此，《资本论》才被誉为"工人阶级的《圣经》"，马克思主义政治经济学研究才被公认为既有利于促进价值的创造、转化和实现，又有助于深刻理解人的彻底解放和自由全面发展。

（三）人的发展价值取向贯穿于科学社会主义理论中

科学社会主义作为关于消灭资本主义生产资料私有制、消灭阶级剥削和压迫、实现无产阶级和全人类的解放的学说，作为关于社会主义本质、特征、条件和规律的理论，既深刻分析和把握了人类社会基本矛盾和发展规律，是对历史发展和社会现实的科学认识，又直接贯穿着实现无产阶级和全人类的解放以及实现人的自由全面发展的宗旨，是工人阶级的价值取向。正因为如此，整个科学社会主义理论都是围绕无产阶级和人类解放以及人的发展目标来论证的，与马克思主义人的发展理论内在统一、水乳交融。

科学社会主义与人的发展理论的内在关联，在于无产阶级解放与人类

---

① 《马克思恩格斯文集》第5卷，人民出版社2009年版，第871页。
② 《马克思恩格斯选集》第2卷，人民出版社2012年版，第289页。
③ 《马克思恩格斯选集》第3卷，人民出版社2012年版，第811页。
④ 《马克思恩格斯选集》第3卷，人民出版社2012年版，第817页。

解放在价值取向上是内在统一的。马克思恩格斯认为,无产阶级解放同全人类解放具有根本的一致性。他们在《共产党宣言》中指出,资产阶级私有制是私有制的最后形式,"现代的资产阶级私有制是建立在阶级对立上面、建立在一些人对另一些人的剥削上面的产品生产和占有的最后而又最完备的表现"①。因此,"共产党人可以把自己的理论概括为一句话:消灭私有制"②。消灭资产阶级私有制就意味着消灭一切私有制,就意味着工人阶级解放从而人类的解放,而人的彻底解放的前景就是人的自由全面发展。正是基于这一理论逻辑,马克思恩格斯预言,在消灭资本主义私有制进而消灭阶级以及国家消亡后,人类将进入每个人自由发展的"自由人联合体"。这一理论逻辑表明,人的发展是科学社会主义学说的根本价值旨归。

科学社会主义与人的发展理论的内在关联,又在于人的解放与人的发展在价值取向上是一以贯之的。从发展过程上看,人的解放与人的发展并不完全相同,但二者的差异是本质上统一基础上的阶段性差异,是同一价值取向在社会发展不同阶段的具体表现和要求。人的解放与人的发展之间是一种逻辑和历史递进的关系。从逻辑上看,人的解放是人的发展的前提,人的发展是人的解放的目标和归宿,人只有获得了彻底解放,克服劳动异化和私有制的制约即人的依赖关系和物的依赖性,消除人与人之间的利益博弈和争斗,使人与他人和社会在根本利益上一致,才可能真正实现自由全面发展。与之相对应,从历史上看,人的解放主要是革命时期的任务和目标,人的发展主要是建设时期的任务和目标。正如马克思恩格斯曾指出的,一旦消灭私有制而实行生产资料公有制,社会将进入作为自由人联合体的共产主义阶段,人将终于可以实现自由全面发展。正因为如此,他们将"人的解放"诉求提升和转变为"人的发展"目标。就此而言,社会主义和共产主义的本质要求和根本目标就是人的发展,即使人摆脱异化劳动而充分展示和发展自己的创造性,实现自己的本质,发展全面的社会关系,建立自由个性。正如宾克莱所指出的,"按马克思的意思,社会主义是一个使人人都能在自由和创造力中实现他自己的社会的必要条件"③。亦如弗罗姆所指出的,"社会主义就是消除人的自我异化,就是复归作为真正的人的人"④。

---

① 《马克思恩格斯选集》第 1 卷,人民出版社 2012 年版,第 414 页。
② 《马克思恩格斯选集》第 1 卷,人民出版社 2012 年版,第 414 页。
③ [美] L. J. 宾克莱:《理想的冲突——西方社会中变化着的价值观念》,元德等译,商务印书馆 1983 年版,第 102 页。
④ [美] 佛洛姆:《马克思关于人的概念》,涂纪亮、张庆熊译,南方丛书出版社 1987 年版,第 63 页。

人的自由全面发展价值取向的确立对科学社会主义创立具有重要意义。众所周知，社会主义从空想变为科学是因为马克思恩格斯将其置于了现实的基础之上，为其提供了唯物史观和剩余价值学说两个方面的科学认识基础，实现了社会主义价值取向与科学认识的统一。此外，社会主义变为科学还在于马克思恩格斯批判继承了近代人道主义和空想社会主义关注、寻求"人的解放"的理念，超越了资产阶级思想家"人的政治解放"诉求以及空想社会主义者"想建立理性和永恒正义的王国"① 的诉求，提出了彻底消灭私有制、实现"人的解放"即人的彻底解放要求，并在此基础上进一步设定了人的自由全面发展的目标。正如他们所指出的，"共产主义和所有过去的运动不同的地方在于：它推翻一切旧的生产关系和交往关系的基础，并且第一次自觉地把一切自发形成的前提看做是前人的创造，消除这些前提的自发性，使这些前提受联合起来的个人的支配"②。这一理解将社会主义（共产主义）运动追求的目标定位于人的彻底解放和自由全面发展，使科学社会主义在价值取向上超越了近代人道主义和空想社会主义，具有了彻底性。

## 三、明确人的发展理论在马克思主义中的地位的意义

人的发展作为马克思主义的核心价值取向，集中蕴含于人的发展理论中。明确人的发展理论在马克思主义中的地位，凸显马克思主义人的发展价值取向，具有重要的理论和现实意义。

明确人的发展理论在马克思主义中的地位，凸显马克思主义人的发展价值取向，具有重要的理论意义：有助于确认马克思主义理论各组成部分之间在价值取向上的一致性以及马克思主义理论作为"一块整钢"的整体性，更加自觉地深化和丰富马克思主义价值取向，全面推进马克思主义发展。

经典作家特别强调马克思主义是一个整体，强调其组成部分之间的内在联系，正如列宁所说，"马克思主义的全部精神，它的整个体系，要求人们对每一个原理都要（α）历史地，（β）都要同其他原理联系起来，（γ）都要同具体的历史经验联系起来加以考察"③。把握马克思主义整体性的关键是明确马克思主义各部分之间的内在关联。马克思主义理论内容博大精

---

① 《马克思恩格斯选集》第3卷，人民出版社2012年版，第393页。
② 《马克思恩格斯选集》第1卷，人民出版社2012年版，第202页。
③ 《列宁选集》第2卷，人民出版社2012年版，第785页。

深，包括马克思主义哲学、政治经济学和科学社会主义理论，还包括马克思主义法学理论、政治学理论、历史学理论、社会学理论以至于文学理论等。其中最主要的是前三个部分，它们构成马克思主义理论的主体。马克思主义哲学、政治经济学和科学社会主义理论以及马克思主义的其他理论之所以能称为马克思主义理论，就是因为它们都包含着某些共同的因素，这"共同的因素"就是贯穿于马克思主义诸种理论之中的科学认识以及价值取向上共同的立场、观点和方法，它们是马克思主义的理论内核。

关于贯穿于马克思主义各组成部分中的科学认识方面的立场、观点和方法，马克思恩格斯列宁多有论述，他们曾揭示了马克思主义各部分之间在科学认识上的内在关联。例如马克思在谈到经济研究时指出，他之所以能够在《资本论》中深刻分析资本主义生产方式的本质并揭示其发展规律和趋势，是因为运用了在批判改造黑格尔哲学基础上创立的唯物辩证法这一研究方法，并坦言"我公开承认我是这位大思想家的学生"①。正因为马克思主义政治经济学与辩证法的联系如此密切，所以列宁认为，"不钻研和不理解黑格尔的全部逻辑学，就不能完全理解马克思的《资本论》，特别是它的第1章"②。又如上文所述恩格斯在《反杜林论》中对唯物辩证法在唯物史观和剩余价值学说创立中作用的论述，以及他在《社会主义从空想到科学的发展〈序言〉》中对此做出的进一步理解："科学社会主义本质上就是德国的产物，而且也只能产生在古典哲学还生气勃勃地保存着自觉的辩证法传统的国家，即在德国。"③ 根据经典作家的论述，马克思主义三个组成部分在科学认识上共同的立场、观点和方法，主要就是马克思主义哲学在科学认识方面的基本原理，如唯物主义实事求是的基本原则、唯物辩证法、认识论、唯物史观等。其中每一部分又蕴含着一系列重要内容，例如在唯物史观中就包括社会存在与社会意识关系的原理、生产力与生产关系关系的原理、经济基础与上层建筑关系的原理，以及关于社会发展规律和机制的原理等。

关于贯穿于马克思主义各部分之中的价值取向方面的立场、观点和方法，在经典作家的论著中也多有论述，例如前述马克思在经济学研究中对于资本主义制度和资本家的批判。马克思对资本主义经济现象的分析旨在对资本主义制度进行批判，这种批判既是科学的剖析也是道义和价值的审判，贯穿着对工人生存状况的深切关注以及人的解放和发展的价值追求，

---

① 《马克思恩格斯选集》第2卷，人民出版社2012年版，第94页。
② 列宁：《哲学笔记》，人民出版社1993年版，第151页。
③ 《马克思恩格斯选集》第3卷，人民出版社2012年版，第746页。

其典型的案例，如《资本论》在分析资本主义经济活动的基础上揭示、论证并谴责了资本主义制度价值上的不合理性，通过揭露资本和资本家的罪恶，表达了对工人生存发展状况的强烈不满和深切关注。列宁在《马克思主义的三个来源和三个组成部分》中，更是直接指出了马克思主义哲学、经济学共同的价值立场和价值功能，指出，"只有马克思主义的哲学唯物主义，才给无产阶级指明了如何摆脱一切被压迫阶级至今深受其害的精神奴役的出路。只有马克思的经济理论，才阐明了无产阶级在整个资本主义制度中的真正地位"①。

比较而言，人们对马克思主义各部分在科学认识上的一致性已有充分的肯定和阐述，而对其价值取向上的一致性则重视不够。马克思主义价值取向方面的立场、观点和方法即其核心价值，就是实现人的彻底解放和自由全面发展，马克思主义的全部理论都是围绕着这一价值取向来言说的。这一价值取向集中蕴含于人的发展理论中。明确人的发展理论在马克思主义中的地位，有助于确立人的发展作为马克思主义价值取向方面的立场、观点和方法的地位，强化马克思主义各组成部分在价值取向上的一致性，从价值取向上确认马克思主义作为"一块整钢"的整体性。

在科学认识和价值取向双重维度上将马克思主义理解为"一块整钢"，对于创新和发展马克思主义具有重要意义。基于这一理解，推进马克思主义理论发展，既要坚持和发展马克思主义科学认识方面的立场、观点和方法，也要坚持马克思主义价值取向方面的立场、观点和方法，体现人的彻底解放和自由全面发展的价值追求。这一理解对于创新和发展作为当代中国马克思主义的中国特色社会主义理论具有重要的启示，它表明，面向时代和实践，在实践中创新和发展中国特色社会主义理论，既要从科学认识维度入手，注重在运用马克思主义指导中国特色社会主义建设实践、创造性地解决各种现实问题的过程中及时地总结实践经验，不断深化和拓展马克思主义的科学认识，又要从价值维度入手，以人的自由全面发展为旨归，及时深刻地反映人们在新的现实条件下对生存发展的新要求，并将其做出价值取向层面的理论概括和提升，深化和丰富马克思主义价值取向。

在社会主要矛盾转化的背景下，深化和丰富马克思主义价值取向尤为重要。在新时代，我国社会主要矛盾已经转化为人民日益增长的美好生活需要和不平衡不充分的发展之间的矛盾。一方面，不平衡的发展问题凸显，主要体现在物质文明建设与精神文明建设不平衡，经济建设与社会建设不平衡，经济发展与环境保护不平衡，不同地区、不同阶层以及城乡之间发

---

① 《列宁选集》第 2 卷，人民出版社 2012 年版，第 314 页。

展程度不平衡。这些不平衡制约着人的发展,又是由人的因素所致,起因于不合理的价值取向及相关的需要定位、生活方式和政策导向,要通过价值取向的改变和导向来解决。另一方面,人们的美好生活需要凸显。美好生活需要既包括物质文化需要,又包括人们的幸福感、尊严和权利等"软需要"。在当代中国,人的发展本质上就在于人们生活得更加幸福、美好,更有意义,因而满足人民的美好生活需要正是人的发展要求在新时代的集中体现。解决不平衡的发展问题、满足人们美好生活需要,既会促进社会更快地发展,也会促进社会更合理地发展,必将为在社会主义市场经济条件下实现社会公平、走向共同富裕提供新鲜经验。为此,应当以人的发展为旨归,及时反映新时代人的发展的新问题和新要求,总结新时代人的发展的新经验,并在此基础上对马克思主义价值取向做出新的解释和发挥,在价值取向上进一步丰富中国特色社会主义理论。

明确人的发展理论在马克思主义中的地位,凸显马克思主义人的发展价值取向,具有重要的现实意义:有助于提升马克思主义解答社会生活中深层次问题的能力,强化马克思主义引领社会进步和促进人的发展的功能。

马克思主义的实践性决定了它具有认识世界和改造世界的双重使命和功能。正如柯尔施所言,"马克思主义的主要目的不是观赏现存的世界,而是对它进行积极的改造"①。实践性不仅要求马克思主义正确地把握世界,更要求它以内在地介入历史过程的姿态审视历史现象,引导人的活动、干预历史发展的进程,"实际地反对并改变现存的事物"②,特别是反对并改变不合理的社会制度和社会关系。为此,马克思主义既揭示了社会发展的规律和趋势,又反映了人的发展要求,确立了以人的自由全面发展为核心的价值取向。明确人的发展理论在马克思主义中的地位,将彰显马克思主义人的发展价值取向,使马克思主义既能站在社会历史认识的最高峰,也能站在社会道义的制高点,能够更加有效地应对社会发展中各种价值选择方面的问题,从根本上担负起设定社会发展目标、引领人的行为、促进社会进步和人的自由全面发展的使命。

在社会主要矛盾转化的当代中国,明确人的发展理论在马克思主义中的地位,凸显马克思主义人的发展价值取向尤为重要。由于不平衡的发展和不充分的发展两个问题从不同角度制约着人们满足美好生活需要的程度,影响着人们的生存和发展,因而解决社会主要矛盾的一个关键,就是厘清

---

① 周凡、黄伟力主编:《新马克思主义评论:哲学的政治及其辩证法》,上海三联书店2015年版,第5—6页。

② 《马克思恩格斯选集》第1卷,人民出版社2012年版,第155页。

解决不充分的发展问题与解决不平衡的发展问题之间的关系。毋庸讳言，由于这两个问题的性质不同，解决它们的着力点也是不同的，解决不充分的发展问题要通过进一步的发展来实现，解决不平衡的发展问题则要通过调整社会关系来实现，二者在现实中可能存在着矛盾甚至冲突。这就要求在二者之上确立一种更高层次的、能统摄二者的价值尺度，这就是人的发展。人的发展状况是判定社会制度和政策成败得失的根本尺度和终端显示，因而无论是解决不充分的发展问题还是解决不平衡的发展问题，都应当以有利于人的发展为旨归。只有在人的发展层面，才能对解决不平衡发展问题与解决不充分发展问题之间的关系给予透彻的说明。就此而言，人的发展理论可以为制定社会发展的方针政策提供根本的价值遵循和基本原则。基于人的发展和满足美好生活需要的要求，既要进一步加强经济、社会、文化和环境建设，解决不充分的发展问题，又要进一步实现社会公平，解决不平衡的发展问题，还要根据人们需要的重点和现实条件的变化而适时调节解决两种矛盾之间的关系，在二者之间保持一种动态、合理的张力，使其相辅相成、相互促进。明确人的发展理论在马克思主义中的地位，凸显马克思主义人的发展价值取向，有助于阐明解决不平衡的发展与解决不充分的发展之间的关系，为解决不充分发展问题提供科学依据，为解决不平衡发展问题、调整社会发展中的利益冲突、制定合理的社会政策以及引导和规范人们的行为提供价值支撑，强化马克思主义引领社会进步、促进人的发展的使命和功能。

# 历史唯物主义视域下马克思政治经济学"术语的革命"意蕴探析
## ——基于"资本"范畴

王 淼①

在马克思对古典政治经济学超越、变革的过程中,历史唯物主义作为重要的理论基础,发挥了举足轻重的作用。正是立足于历史唯物主义,马克思才建构了自己的政治经济学,完成了对古典政治经济学的革新。因此,从历史唯物主义出发来考察马克思的政治经济学变革意蕴,是理解其政治经济学本真性质的至关重要路径。而马克思通过运用历史唯物主义超越、变革古典政治经济学的一个突出特点是,他在使用古典政治经济学已经存在的经济范畴时,赋予了它们与以往截然不同的全新内涵,发动了"术语的革命"。对此,在《资本论》的英文版序言中,恩格斯是这样阐释的:"某些术语的应用,不仅同它们在日常生活中的含义不同,而且和它们在普通政治经济学中的含义也不同。但这是不可避免的。一门科学提出的每一种新见解都包含这门科学的术语的革命。"② 然而至目前为止,国内学者对这一问题的专门研究还较为少见,因此亟待关注和证释。本文主要是通过探究马克思对"资本"这个在政治经济学中极为重要的范畴所进行的"术语的革命",来阐明他是如何在历史唯物主义视域下批判并革新古典政治经济学的,并发掘其所具有的重要理论意义。

## 一、古典政治经济学对"资本"的理解

在古典政治经济学家那里,资本是作为"物"而存在的。亚当·斯密是对资本做出此种理解的典型,他在《国富论》中提出,资本是为了生产

---

① 王淼,吉林大学马克思主义学院教授、博士生导师。
② 《马克思恩格斯文集》第5卷,人民出版社2009年版,第32页。

获得利润的积蓄，是事先储蓄起来用于继续生产的财富。也就是说，资本的产生是需要有物品的积累和储蓄的，其必须以富余这个条件作为前提。斯密认为，如果一个人的全部资财仅够维持其为时不长的生活，那么他就很少会想到要从这笔资财中获取收入，他将会非常谨慎地消费它，并且希望在将它用光之前能够通过自身的劳动取得一些东西用作补充，在此种情况下，"他的收入完全来自他的劳动"；如果一个人的全部资财能够维持其较长时间的生活，那么他自然会仅保留适当的部分用以作为没有取得收入之前的消费来维持生活，而将其余的大部分用于获取收入，因此，他的全部资财被分为他希望"从中取得收入"的部分和"供目前消费"的部分。①

显然，斯密将一个人的财富划分成两个部分：用于消费的生活资料部分和用于使生产得以持续开展并从中获得收入或利润的部分，而后者即是为了生产积累起来的财富——"资本"。由此，资本就成了用以投入继续生产中的"生产资料"。关于这一点，斯密进一步说道，把资财的一部分作为资本而投入生产的人，都希望能够收回资本并获取利润，于是他只用其来雇佣生产性的劳动者。在这种条件下，这项资财首先对他起到的是资本的作用，之后又构成了生产性劳动者的收入，"至于他用来维持非生产性劳动者的那一部分资财，从这样使用的时候起，即由他的资本中撤出来，放在他留供直接消费的资财中"②。

斯密对资本的这种阐释，被将古典政治经济学发展至顶峰的大卫·李嘉图所继承、深化和发展。李嘉图与斯密的不同之处在于，其是从国家的层面而不是个人的层面来看待资本的。他指出："资本是国家财富中用于生产的部分，包括实现劳动所必需的食物、衣服、工具、原料、机器等等。"③然而，不论是斯密还是李嘉图，在他们的视域中，资本都是作为生产资料而存在的，其并不涉及或体现人与人之间的社会关系。所以，古典政治经济学家在把握资本范畴时，实质上仅仅是把它视为"物"而非"社会关系"。对此，马克思评价道，在认识资本方面，资产阶级政治经济学家是将以物的形式反映出来的一定的社会生产关系当成是这些物自身的自然属性，

---

① 参见［美］亚当·斯密：《国民财富的性质和原因的研究》上卷，郭大力、王亚南译，商务印书馆1981年版，第254页。
② ［美］亚当·斯密：《国民财富的性质和原因的研究》上卷，郭大力、王亚南译，商务印书馆1981年版，第305页。
③ ［英］大卫·李嘉图：《政治经济学及赋税原理》，郭大力、王亚南译，商务印书馆1972年版，第78页。

这是从他们所写的全部的经济学著作中"一眼就可以看到的一种颠倒"①。进一步而言，以斯密和李嘉图为代表的古典政治经济学家，一方面将资本由关系变为物，另一方面又把物当成资本，即他们把以物的形式体现出来的或承载着的社会关系当成了物本身。而如果对于资本的理解仅仅局限于其作为物的存在形式方面，把资本看成是生产资料，根本不考虑在何种经济形式下生产资料才会成为资本，就会"使经济学家们陷入种种困难之中"②。

从斯密来看，他在撇开真实的社会现实条件和社会关系的情况下，对社会的存在状态进行了假设，并在此基础上阐释了包括资本范畴在内的政治经济学理论。因此，斯密的理论局限性并不在于缺乏"总体上的事实、细节"，而在于在对待有关阶级斗争的问题时"对有关事实、细节避而不谈"③，结果他推演出的只能是不存在利益对立、经济关系冲突、阶级矛盾与斗争的社会，其在本质上是一种无视历史与现实的、维护资产阶级利益或为资产阶级服务的意识形态。对此，佩罗曼指出，《国富论》是一部结构巧妙的、经过"修订"的关于政治经济学和历史的著作，斯密在这里竭力对资本主义发展的残酷现实予以美化，聪明地"掩盖"了阶级问题，最大化地弱化了阶级斗争的作用，由此在他的论述中很少呈现出现实中残酷斗争的一面。④ 斯密的这种做法，使他的理论在很多时候陷入困境，因为那些存在于现实经济中的事实"会和他所要表述的思想相矛盾"⑤。

具体而言，斯密的理论困境在于，他在对利润进行分析时，虽然已经初步触及了资本所具有的社会关系性质，认为资本是雇主用于购买劳动并占有劳动成果获取利润的财富，但由于其自身的阶级立场导致他并没有将资本的性质真正地揭示出来，进而使他在思考和回答与资本问题紧密相关的价值问题方面，即在研究何种劳动决定商品的价值和劳动如何衡量商品价值的问题时，产生了困惑并造成混乱，最终在"投下的劳动量"与"交换的劳动量"的双重维度上来理解价值，对价值给予了"两个规定"，做出了二元论的说明，并用商品的购买力来对其做出阐释，而没能找到交换价

---

① 《马克思恩格斯文集》第 8 卷，人民出版社 2009 年版，第 477 页。
② 《马克思恩格斯全集》第 30 卷，人民出版社 1995 年版，第 594 页。
③ ［英］迈克尔·佩罗曼：《资本主义的诞生：对古典政治经济学的一种诠释》，裴达鹰译，广西师范大学出版社 2001 年版，第 183 页。
④ 参见［英］迈克尔·佩罗曼：《资本主义的诞生：对古典政治经济学的一种诠释》，裴达鹰译，广西师范大学出版社 2001 年版，第 180 页。
⑤ ［英］迈克尔·佩罗曼：《资本主义的诞生：对古典政治经济学的一种诠释》，裴达鹰译，广西师范大学出版社 2001 年版，第 184 页。

值的初始源泉。

相对于斯密来说,李嘉图对于价值问题的理解虽然在一定程度上克服了前者的"二元论"立场,但是因为他同样只是对资本做出了片面的理解,对于劳动为何会以交换价值表现出来的这种特殊性质没有加以研究,所以导致他在思考和回答价值问题时并没有摆脱斯密的理论困境。① 而实际上,价值同时具有质和量两方面的规定性,古典政治经济学家由于持有资本是天然的和永恒的信念,从而仅仅沉迷于对"商品价值量"的分析,这使他们没能看到价值是一定历史条件下的产物以及其所具有的特定社会关系的性质。所以,马克思说道,古典政治经济学从始至终都未能从对商品的价值分析中发现价值何以能够成为交换价值的原因,它在所有的地方皆没有明确地、极为有意识地对价值和使用价值做出区分,这正是其存在着的一个根本缺陷。② 结果,古典政治经济学不仅不能在商品二重性的基础上揭示出劳动的二重性,而且更发现不了剩余价值规律以及资本主义生产方式所具有的历史性。

由此可见,古典政治经济学家对资本做出的物质化的理解以及立足于此对于政治经济学其他范畴的阐释,是一种力图论证和肯定资本主义存在的合理性的做法。正是在此意义上,这些政治经济学家被马克思看作资本或资本主义的"品德""歌颂者""赞美者"和"代言人",被其明确称为"资产阶级经济学家"。对于古典政治经济学家从资本是物的角度出发、对资本主义做出的具有非历史性的指认从而为其进行辩护的行为,马克思批判道,这些人由于依附于资产阶级,因而不能正确地揭示出事物的真实面貌,他们只是看到了资本的物质层面,而没有看到"使资本成为资本的形式规定",因此他们认为"资本存在于一切社会形式中,成了某种完全非历史的东西"③,即他们的利己观念使他们将在历史中和生产过程中暂时存在的资本主义生产关系以及所有制关系变成了"永恒的自然规律和理性规律"④。

总之,古典政治经济学家由于在阶级立场方面以及研究方式上的局限性,导致他们对包括资本在内的政治经济学范畴仅仅是在现象层面上做出了一定的说明和解释,而未能把握它们的本质。在通过运用历史唯物主义对资本等政治经济学范畴进行分析的基础上,马克思对这些范畴的理解和

---

① 参见《马克思恩格斯全集》第34卷,人民出版社2008年版,第181页。
② 参见《马克思恩格斯文集》第5卷,人民出版社2009年版,第98页。
③ 《马克思恩格斯全集》第30卷,人民出版社1995年版,第213页。
④ 《马克思恩格斯文集》第5卷,人民出版社2009年版,第649页。

阐释超越了古典政治经济学，揭穿了古典政治经济学家的那种为资本主义积极辩护的行为。因此，有学者指出，马克思在《资本论》中所做的工作"不是要描述真理，而是要引导一项不知疲倦地揭露真相的工作——国家的真相、法律的真相、历史的真相和经济的真相"①。

## 二、历史唯物主义视域下"资本"的归正

在历史唯物主义的视域下，马克思对于事物、存在的理解不是抽象的、形而上学式的，而是一种以人的实践活动为基础的历史性的和社会性的理解。对此，西方马克思主义者曾以马克思对自然的理解予以了说明。施密特指出，马克思的自然概念所具有的社会历史性质将他的自然观同其他各种自然观区分开来。马克思认为物质是一种与人相关联的"为他存在"，否认存在着脱离了具体规定的、独立存在的自在实体。②卢卡奇认为，依据马克思的这种理解，自然就成了一个"社会范畴"③。而在马克思本人看来，只有当物以人的方式和人发生关系时，人"才能在实践上按人的方式同物发生关系"④，"对象作为为了人的存在，作为人的对象性存在，同时也就是人为了他人的定在，是他同他人的人的关系，是人同人的社会关系"⑤。正是基于上述立场，马克思对于物的存在进行了社会性和历史性的考察，把一切事物都置于具体的社会历史形态中尤其是社会生产关系中来理解和把握。在他那里，资本主义社会形态中存在的现实之物亦是如此——是在特定的社会关系下和人的具体实践活动中产生的。

换言之，马克思的历史唯物主义作为一种"新唯物主义"，并不是将物看成同人的感性活动无任何关联的"抽象物"，而是看成同人的现实生活实践紧密相关的"具体物"。这种观点与旧唯物主义是存在着天壤之别的。旧唯物主义在考察和把握物时，是从客体的或直观的角度出发的、站在人的实践活动和历史之外的，由此使物成为一种与人、人的实践活动和社会历史无涉的"抽象的物质"。此种唯物主义以"抽象的物质"作为理论基础，必然是一种抽象的、形而上学的唯物主义，它在历史观上制造了"物质的

---

① ［法］丹尼尔·本赛德：《马克思主义使用说明书》，李纬文译，红旗出版社2013年版，第187页。
② 参见［联邦德国］A. 施密特：《马克思的自然概念》，欧力同、吴仲昉译，商务印书馆1988年版，第24页。
③ ［匈］卢卡奇：《历史与阶级意识》，杜章智等译，商务印书馆1992年版，第203页。
④ 《马克思恩格斯文集》第1卷，人民出版社2009年版，第190页。
⑤ 《马克思恩格斯文集》第1卷，人民出版社2009年版，第268页。

自然"与"精神的历史"对立的神话,陷入了唯心主义,因而是与以"抽象的思维"为基础的历史唯心主义"殊途同归"的。① 这正如马克思所言:"抽象唯灵论是抽象唯物主义;抽象唯物主义是物质的抽象唯灵论。"②

而就古典政治经济学家而言,其理论就具有着这种特征——只要他们超出自己的专业范围,那种将历史过程排除出去的、"抽象的自然科学的唯物主义的缺点""就在他们的抽象的和意识形态的观念中显露出来"③,由此他们的思想被马克思视为一种粗俗的唯物主义。在《评弗里德里希·李斯特的著作〈政治经济学的国民体系〉》一文中,通过批判李斯特的生产力理论,马克思初步阐发了自己的上述看法。他认为,李斯特"把无精神的唯物主义装扮成完全唯心主义的东西",依据此观点,生产力便成为具有神秘性质的非历史的存在,人被贬低为一种为财富生产而存在的"力量",即把大多数的人都看作"商品"和"交换价值","使他们屈服于整个交换价值的物质条件的学说",因而这是一种"肮脏的唯物主义"。④

马克思几乎倾其毕生心血去研究资本主义,而资本又是资本主义的最核心范畴,所以,他对资本的剖析和把握也即是对资本主义社会之"物"的剖析和把握。在此意义上,"我们有理由说'资本'就是马克思关于资本主义社会中'物'的概念"⑤。正是基于历史唯物主义对资本的勘察,被古典政治经济学视为"自在之物"的资本,在马克思的政治经济学中就转变成了"为我之物",转变成了社会关系。

对此,国内有的学者指出,"穿透"功能是马克思政治经济学批判功能的最为明显的体现,虽然各种社会经济现象毋庸置疑是经济学研究要面对的对象,但要真正将它们解释清楚并非易事。⑥ 由于"日常经验只能抓住事物诱人的外观",因此"如果根据这种经验来判断,科学的真理就总会是奇谈怪论了"⑦,"要还原事实真相,必须破除各种迷雾,透彻地理解现象背后的本质以及主要的经济、政治、社会变量。而这样的'穿透'功能恰好是通过政治经济学批判来实现的"⑧。马克思对于古典政治经济学资本范

---

① 参见杨耕:《重建中的反思:重新理解历史唯物主义》,北京师范大学出版社2017年版,第10—11页。
② 《马克思恩格斯全集》第3卷,人民出版社2002年版,第111页。
③ 《马克思恩格斯文集》第5卷,人民出版社2009年版,第429页。
④ 《马克思恩格斯全集》第42卷,人民出版社1979年版,第255页。
⑤ 白刚:《回到〈资本论〉:21世纪的政治经济学批判》,人民出版社2018年版,第14页。
⑥ 参见丰子义:《政治经济学批判功能的当代价值》,载《中国社会科学》2016年第10期。
⑦ 《马克思恩格斯文集》第3卷,人民出版社2009年版,第53页。
⑧ 丰子义:《政治经济学批判功能的当代价值》,载《中国社会科学》2016年第10期。

畴的术语革命，就是通过这种具有穿透功能的批判性工作来完成的。他对"物"加以理解和分析的目的，就在于穿透"物"的外观揭露其所承载的真实社会存在。

在1859年马克思出版《政治经济学批判》时，恩格斯写评论指出，经济学实质上是将人同人之间的关系作为自身的研究对象的，其归根结底研究的是阶级同阶级之间的关系，并且这些关系总是紧密地同物结合在一起同时以物的形式呈现出来。尽管有些经济学家在马克思之前就偶然地察觉到了物和社会关系之间的这种联系，然而其对于整个经济学所具有的意义却是由马克思首先揭示出来的，这"使最难的问题变得如此简单明了，甚至资产阶级经济学家现在也能理解了"①。在资本主义社会条件下，人同人之间存在着的社会关系既以物同物之间的关系体现和反映出来，同时又被物同物之间的关系掩盖与遮蔽，因此，对藏匿于物同物关系背后的人同人之间的社会关系的揭露，成为马克思政治经济学批判的一个重要理论指向。

这意味着，马克思虽然同古典政治经济学家一样将"物质生产"作为政治经济学的研究对象，但是他与后者的研究却存在着根本的差异。古典政治经济学家将对物质生产的研究聚焦于物与物的关系上，把物所承载的物质生产的社会形式和生产关系都抹杀了，这样，作为在一定历史阶段存在着的具有特殊形式和内容的资产阶级生产和生产关系，就变成了在一切历史阶段都存在着的天然的、普遍的、永恒的生产和生产关系。从此视域出发，古典政治经济学家在对政治经济学范畴进行分析时，并没有探究这些范畴由以产生的社会结构和社会关系，即没有看到产生它们的历史条件及其所具有的社会本质，没有看到其所蕴含的具体的、历史的现实生活内容，因此导致了他们只能对这些范畴做出实证主义的、非历史的、形而上学的理解。在这个意义上，马克思将古典政治经济学称为"非批判的实证主义"的"形而上学"。而马克思则不同，他是从历史唯物主义出发对这些范畴做出分析的。经由历史唯物主义，马克思分析与批判了古典政治经济学以非历史的原则抽象地阐释资本主义经济范畴的做法，揭示出这些范畴是在特定历史条件下产生的、因而是具有相对的和暂时的性质的。为此，恩格斯在评价《资本论》时指出，"在这本书中特别引人注目的是下面这一点：作者不是像通常所做的那样，把国民经济学的原理理解为永远有效的真理，而是理解为一定历史发展的结果"②，突出强调了政治经济学范畴所

---

① 《马克思恩格斯文集》第2卷，人民出版社2009年版，第604页。
② 《马克思恩格斯全集》第21卷，人民出版社2003年版，第317页。

具有的社会历史性。

就资本来说，马克思在《资本论》及其政治经济学手稿等著作中曾多次强调，虽然它以物的外观体现出来，但它在本质上却不是物，而是以物为中介的人与人之间的社会关系，是特定历史形态下的生产关系。也就是说，在资本主义社会中，尽管资本以物的形式存在并发挥作用，然而在其背后隐藏着的却是人同人之间的社会关系，但由于这种社会关系是以物作为载体的，所以其会以物同物或者物同人之间的关系映现出来。马克思曾就此说道，生产资料等物不是在任何条件下都可以成为资本，只有在一定的社会关系存在时才能成为资本，并且他还以黑人和纺纱机为例对此予以了说明。① 由此，在马克思的政治经济学中，资本在本质上就不再是生产工具、生产的原材料和生活资料等物，而是一种"社会生产关系"了，这使对资本的理解由"物"移位至"社会关系"，令其本真意蕴得以彰显，实现了对资本的术语革命，完成了对资本的归正。

## 三、历史唯物主义视域下政治经济学术语革命的理论意义

马克思立足于历史唯物主义实现的政治经济学术语革命，不论是对于变革政治经济学来说，还是对于历史唯物主义的巩固和发展来说，都具有极为重要的理论意义。

一方面，其革新了政治经济学的理论体系。马克思基于历史唯物主义视域将资本视为特定社会历史条件下存在的社会生产关系，这是他通过对资本进行抽丝剥茧式的分析得出的结论。在研究资本的过程中，马克思对政治经济学的其他范畴也做出了重新理解，形成了自己的政治经济学理论体系，突破了古典政治经济学的理论困境，超越、变革了古典政治经济学。

在马克思看来，商品和货币的存在虽然是资本主义生产得以开展的前提，但是如果没有雇佣劳动即劳动力成为商品这一条件的存在，货币就无法获取剩余价值，从而就不能转化为资本。而劳动力成为商品或雇佣劳动者的出现，又是以劳动者失去生产资料的所有权为前提的，所以，劳动力成为商品的这种现象，在历史上不是从来就有的，而是社会发展到一定阶段才出现的。马克思由此找到了古典政治经济学没有说明的导致资本与劳动分离根源的"钥匙"。古典政治经济学家虽然对于商品和价值予以了高度的关注并进行了细致的思考，但由于他们将资本主义生产看成是永恒的、自然的和合理的，因此导致他们在产品采取商品形式和劳动表现为价值的

---

① 参见《马克思恩格斯文集》第 1 卷，人民出版社 2009 年版，第 723 页。

原因研究方面存在着理论空场。马克思在以历史唯物主义为理论基础研究资本时，则对这些问题进行了详细的探究和说明，回答了劳动力是如何成为商品与货币是如何转化为资本的问题。

马克思认为，资本主义生产的目的，就是追求剩余价值。他意识到，政治经济学研究的最重要的问题就是剩余价值的产生问题，因为这在实际上研究的是货币或商品作为价值额如何转化为资本的问题，即资本怎样产生的问题。而剩余价值学说又是马克思通过劳动价值理论得出的，他将劳动分为抽象劳动和具体劳动，合理地解释了价值和使用价值，既使古典政治经济学对于价值理解的二元论难题得到了解决，同时也改造和完善了劳动价值论。关于这一点，马克思自豪地指出，在商品中所包含的劳动二重性，是被他自己首先批判地证明的，而"这一点是理解政治经济学的枢纽"①。对劳动二重性的分析，使马克思发现剩余价值是在劳动力的使用过程中产生的，进而形成了剩余价值学说，由此掀开了资本的神秘面纱。

古典政治经济学家尽管也对利润、利息和地租等剩余价值的各种具体存在形式进行了不同程度的研究，但是由于其阶级立场的局限，他们没有将剩余价值的实质和来源真正揭示出来，因为"这些资产阶级经济学家实际上具有正确的本能，懂得过于深入地研究剩余价值的起源这个爆炸性问题是非常危险的"②。而马克思则实现了从劳动价值论到剩余价值论的跃迁，深刻地揭示出资本主义生产方式下存在着的劳动与资本的矛盾，阐明了平等交换的价值规律如何转变为不平等的剩余价值规律，从而揭开了资产阶级生产方式的终极秘密。进一步而言，马克思超越、变革古典政治经济学的地方就在于，其在研究资本的过程中对先前的古典政治经济学的劳动价值论进行了辩证地否定，并在此基础上创造了剩余价值学说，不仅说明了价值的来源，而且揭示了资本主义生产方式所包含的内在矛盾以及由这一矛盾所决定的发展趋势等，这是马克思对于政治经济学的巨大贡献，也是其政治经济学优越于古典政治经济学之处。因此，在马克思的政治经济学理论中，剩余价值学说具有十分重要的意义。可以说，剩余价值学说是马克思对资本主义社会进行批判的核心内容，他基于剩余价值学说对资本主义的考察，对于我们把握资本主义起到了至关重要的作用。恩格斯对此评价道，剩余价值学说是马克思的伟大发现，它的产生使经济学领域中诸多问题得到了解决，具有划时代的意义。

另一方面，其证实、丰富和完善了历史唯物主义。马克思通过历史唯

---

① 《马克思恩格斯文集》第5卷，人民出版社2009年版，第55页。
② 《马克思恩格斯文集》第5卷，人民出版社2009年版，第590页。

物主义发动的政治经济学术语革命，进一步发展了其早年的历史唯物主义思想。对此，马克思本人指出，《德意志意识形态》中所阐发的历史唯物主义思想，反映出了当时他在经济史方面的知识存在着很大的欠缺。① 他之所以这样说，是因为在那一时期他对历史唯物主义只是从总体上进行了建构，并没有从对资本主义生产方式或经济制度的分析的角度加以具体阐释，而这一任务是他在后期通过对政治经济学的研究和批判完成的。

与古典政治经济学相比较，马克思政治经济学的理论旨趣在于推翻"资本主义制度"，这已经突破了前者的界限，具有一种革命性。虽然在以往的政治经济学发展过程中——从重农主义到重商主义、从重商主义到斯密、从斯密到李嘉图，也都存在着后一个发展阶段对前一个发展阶段的批判，然而在这些理论中，无论后者对于前者进行怎样的批判，也仅仅都是囿于资产阶级政治经济学内部的非革命性的批判，并没有触及对资本主义制度的批判和变革，因此都没有改变其理论的性质。这种情况即使在李嘉图那里，也依然是如此。李嘉图作为古典政治经济学最后的杰出代表人物，虽然有意识地将一些经济对立关系作为自己研究的出发点，然而他却天真地将这些对立看成是社会的自然规律。"这样，资产阶级的经济科学也就达到了它的不可逾越的界限。"② 而从历史唯物主义的立场来看，以资本为核心的资本主义社会只不过是人类历史发展过程中一个暂时的、过渡性的阶段，它不是从来就有的和永远存在的。因此，马克思坚决否定古典政治经济学家把资本主义看成是人类历史发展的最后阶段和理想社会的观点，对于其所持有的此种非历史的主张，予以了深刻的揭露和批判。

有的西方学者意识到，"历史唯物主义最重要的任务是，对资本主义社会制度做出准确的判断，揭露资本主义社会制度的本质"③，其从根本上来说，是对资本主义社会的"病理学诊断"，是资本主义世界自我摧毁过程的历史。④ 就此而言，"承认历史唯物主义，对资产阶级来说简直就意味着是自杀"⑤ 这句话是相当正确的。马克思基于历史唯物主义的立场反复强调，反映现存社会经济事实的政治经济学范畴只不过是历史的产物，对于它们只有且必须从其产生的特定社会历史条件（特别是将其置于一定的生产关系中）来考察才能予以真正的理解。于是，不论是"资本"还是与之休戚

---

① 参见《马克思恩格斯文集》第4卷，人民出版社2009年版，第218页。
② 《马克思恩格斯文集》第5卷，人民出版社2009年版，第16页。
③ [匈] 卢卡奇：《历史与阶级意识》，杜章智等译，商务印书馆1992年版，第307页。
④ 参见[法] 吕贝尔：《吕贝尔马克思学文集》，郑吉纬、曾枝盛等译，北京师范大学出版社2009年版，第110页。
⑤ 卢卡奇：《历史与阶级意识》，杜章智等译，商务印书馆1992年版，第307页。

与共的"资本主义",其永恒性便皆荡然无存了。所以,马克思对资本的理解,在与古典政治经济学家存在着本质上的区别的同时,也将他们从资本是物的观点出发所极力论证的资本主义具有永恒性和绝对性的社会历史观否定了,使我们洞穿了资本主义的原像。

进而言之,马克思不但探明了社会历史发展的一般性规律,而且还发现了在现代生产方式基础上产生的资本主义社会的特殊运动规律。他在后期所写的《资本论》,正是对历史唯物主义予以发展的一部力作。在其中,他以政治经济学术语革命为基础实现了对政治经济学的批判与变革,完成了对历史唯物主义的深入阐释,使历史唯物主义理论在政治经济学中得到了最为深刻、全面和详尽地证明与运用。在《资本论》第一版的序言中,马克思在说明自己本部著作的研究对象和目的时明确地表达了如下观点:"我要在本书研究的,是资本主义生产方式以及和它相适应的生产关系和交换关系。"① 可见,《资本论》的一个重要使命,就是对资本主义社会的生产方式及其运动规律进行研究。这用雷蒙·阿隆的话来说就是:马克思为自己确立了按照资本主义的社会结构和运行方式来把握资本主义制度运行方式和变化的任务。② 所以,卢卡奇说道:"历史唯物主义首先是资产阶级社会及其经济结构的一种理论。"③ 马克思从历史的角度展开的对资产阶级社会及其经济结构的考察,使他不仅发现了现时代的表象,而且也发现了在实际上对于事件起到推动作用的"那些比较深层的历史动力"④。

在《资本论》对于推进历史唯物主义发展的重要性方面,列宁曾做出过具体论述。他认为,马克思在《资本论》中以资本主义生产方式确证与建构了唯物史观的"骨骼","自从《资本论》问世以来,唯物主义历史观已经不是假设,而是科学地证明了的原理"。正是经由《资本论》的"政治经济学批判",马克思探明了社会经济形态这个概念以及这种形态发展的自然历史过程,将那种把社会视为遵循长官或社会与政府的意志而偶然形成的、任意改变的唯心主义历史观推翻了,"从而第一次把社会学放在科学的基础之上"⑤。在此意义上,《资本论》绝不只是具体地应用了历史唯物主义的一般原理,而是实现了对历史唯物主义的完整建构。从《德意志意识形态》至《资本论》,是形成历史唯物主义的"必然之途","《资本论》

---

① 《马克思恩格斯文集》第5卷,人民出版社2009年版,第8页。
② 参见[法]雷蒙·阿隆:《社会学主要思潮》,葛秉宁译,上海译文出版社2005年版,第118页。
③ [匈]卢卡奇:《历史与阶级意识》,杜章智等译,商务印书馆1992年版,第312页。
④ [匈]卢卡奇:《历史与阶级意识》,杜章智等译,商务印书馆1992年版,第306页。
⑤ 《列宁全集》第1卷,人民出版社2013年版,第111—112页。

就是历史唯物主义的完成"。①

而上述工作的开展,又离不开马克思在历史唯物主义视域下对"资本"等一系列范畴的政治经济学术语革命——如果缺少这一环节,就不会有马克思对资本主义的性质、内在矛盾和发展趋势的分析与揭示,不会形成马克思的政治经济学思想,更不会实现马克思后期对历史唯物主义的证实、丰富和完善。

## 四、结语

马克思不仅以历史唯物主义作为理论基础对政治经济学进行了术语革命,而且在政治经济学术语革命的基础上所完成的政治经济学批判又进一步深化了历史唯物主义。即他从历史唯物主义出发,对资本主义的经济范畴予以探究、发动术语革命批判古典政治经济学的同时,也论证了人类历史的一般发展规律。因此可以说,历史唯物主义与建基于政治经济学术语革命之上的政治经济学批判是相互依赖、相互支撑的,具有一种"互释性"。分析至此,我们完全有理由做出下列论断:如果没有历史唯物主义,就不会产生马克思的政治经济学术语革命以及在此基础上实现的政治经济学的批判与变革;如果没有以马克思政治经济学术语革命为基础实现的政治经济学的批判与变革,历史唯物主义就不会在后来被深化、发展和证明。在历史唯物主义和政治经济学的这种"双向建构"的过程中②,政治经济学的术语革命是不可或缺的。

---

① 白刚:《回到〈资本论〉:21世纪的政治经济学批判》,人民出版社2018年版,第181页。
② 参见张一兵:《回到马克思:经济学语境中的哲学话语》,江苏人民出版社2014年版,第554页。

# 《资本论》分配正义概念的道德语境与科学语境
## ——兼评伍德与胡萨米之争

### 李永杰　郭彩霞[①]

马克思分配正义问题之所以成为近年来我国理论界热点议题，其中一个重要的原因是，艾伦·伍德在《马克思对正义的批判》《马克思论权利和正义：对胡萨米的回复》《马克思反对从正义出发批判资本主义——对段忠桥的回应》等文中提出，马克思不认为资本获得剩余价值而工人获得工资的这种资本主义分配方式是不正义的，也就是说，马克思认为资本主义的分配是符合正义原则的。这一观点几乎是在挑战人们的常识，在学术界更是引发热议，相关的争论性文章很多。笔者认为，伍德确实抓住了马克思分配正义的一个重要方面，他的立论虽然还存在问题，但就他的论证体系来看，他的前提假设是合理的，其论证逻辑是有说服力的。问题的关键是他们没有区分分配正义的道德批判语境和以唯物史观为理论基础的科学批判语境，只有区分了分配正义的道德批判语境和科学批判语境，我们才能够明确马克思的分配正义理论。

## 一、资本主义道德批判与科学批判的边界及其勾连

道德批判是对某件事的基于道德的批判，它关涉"好""坏"与"善""恶"等道德价值因素；而科学批判则是基于客观事实的符合科学逻辑的批判，它虽然也涉及真善美与假恶丑，但它更多的是基于客观事实或科学规律的批判。马克思分配正义理论的主要志趣是批判资本主义，但马克思基于分配正义的资本主义批判却不应该被笼统地理解，我们应该讲清楚马克

---

[①] 李永杰，中共福建省委党校（福建行政学院）哲学部副主任、教授；郭彩霞，中共福建省委党校（福建行政学院）科学社会主义与政治学教研部教授。

思分配正义的道德批判语境与科学批判语境。

马克思在《资本论》等著作中明确地阐释了资本主义的分配方式。在资本主义社会,生产资料归资产阶级所有,工人阶级除了自身的劳动力之外一无所有,只能靠出卖自己的劳动力为生,把自己的劳动力出卖给资产阶级。在资本主义分配方式中,工人阶级获得工资,而资产阶级则获得剩余价值,剩余价值是由无产阶级创造的,却被资本家无偿占有。对于这种分配方式,艾伦·伍德认定,马克思并没有认为这种分配方式是不正义的,其理由是,马克思曾明确说过,资本主义生产方式是历史的必然,资本家获得剩余价值而工人获得工资的这种分配方式是由资本主义生产方式决定的,也有历史必然性,而且马克思在分配问题上有明确的"只要符合价值规律,就是符合正义"①的意思,资本主义的分配方式是符合"价值规律"的,符合资本主义生产方式的,因此也是符合"正义"原则的。有人甚至因此将马克思归于资产阶级代言人的行列。② 伍德的论证逻辑是有说服力的,也有文本依据,但伍德的结论明显挑战了人们的常识。众所周知,马克思是资本主义的最激烈的批判者,他不但从理论上批判资本主义,还从实践上批判资本主义,号召全世界无产者联合起来推翻资产阶级的统治。这样一个激烈地批判资本主义的思想家怎么可能会认为资本主义的分配方式是合理的,是符合分配正义原则的呢?伍德的观点是难以被接受的。因此,胡萨米以及我国学者段忠桥等人进行了针锋相对的批判。胡萨米指出,在资本主义社会中,占社会大多数的无产阶级承担社会最繁重的劳动任务,却享受最少的利益;而占社会少数的资产阶级几乎没有承担社会的体力劳动,却享受着最多的社会福利,这本身就是一种不正义。③ 胡萨米的观点更加符合大众的口味,也更加接近于常识。国内不少学者都参与了争论,学界的争论有利于问题的澄清和进一步深化,笔者在广泛阅读学界有关著作和论文的基础上认为,伍德和胡萨米的观点都有其合理性,问题的关键在于双方是在不同的语境中来探讨马克思的分配正义问题的,需要区分道德批判语境中的分配正义和科学批判语境中的分配正义。伍德认定,资本获得剩余价值、工人获得工资的分配方式是人类社会发展到资本主义时代必然的分配方式,因此是符合分配正义原则的,他是在科学语境中,或者说

---

① 孟捷:《论马克思的三种正义概念——也谈资本占有剩余价值在什么意义上是不符合(或符合)正义的》,载《中国人民大学学报》2013年第1期。
② 参见[美]齐雅德·胡萨米:《马克思论分配正义》,林进平译,见李惠斌、李义天主编,《马克思与正义理论》,中国人民大学出版社2010年版,第75页。
③ 参见[美]齐雅德·胡萨米:《马克思论分配正义》,林进平译,见李惠斌、李义天主编,《马克思与正义理论》,中国人民大学出版社2010年版,第77页。

是在唯物史观语境中探讨马克思分配正义问题的。而胡萨米不认同伍德的观点,强调工人阶级是社会的大多数,也是社会财富的主要创造者,但他们却获得很少的利益,因此他认定马克思认为资本主义的分配是不正义的。这种观点更多的属于道德批判语境,是基于道德的对资本主义不合理性的批判。

正义是一个历史悠久的学术话题,古希腊的思想家就已经开始关注正义问题了,但关于正义内涵的争议颇多,不同的学者有不同的解释,然而不管认识的差别有多大,有一点可以说是学者们的共识,那就是正义即"得其应得,失其应失"。正义最主要的是分配正义,所谓分配正义就是分得其应得的东西。① 姚大志与段忠桥有关分配正义的争论②虽然不一定能说服对方,却让读者更加明确了分配正义的关键问题,诠释分配正义的关键是"应得",不同的学者之所以持有不同的有关分配正义的观点是因为各自持有不同的"应得"理论。伍德的分配正义属于科学批判逻辑,他的"应得基础"是唯物史观的客观历史规律,凡是符合客观历史规律的就是应得的,就是正义的,反之则是不正义的。而胡萨米所持有的分配正义属于道德批判语境,他的"应得基础"是道德情感,符合道德情感的就是正义的,否则就是不正义的。

马克思本人并没有明确的分配正义理论,有关马克思分配正义理论的研究是当代学者从马克思的具体语境中分析提炼出有关分配正义的理论来进行研究的。马克思的分配正义理论主要用于批判资本主义,他在用分配正义理论批判资本主义的时候,有时候是在科学批判语境中或者说是在唯物史观逻辑的意义上使用分配正义理论的,而有时候则是在道德批判的意义上使用分配正义概念的。二者的区别有赖于具体的语境,但二者也存在相互重叠之处。二者的区别在于:第一,批判的依据不同,科学批判语境强调客观规律和历史必然性,而道德批判语境则更多的用"应然"来框定现实。第二,批判的主体不同,科学批判语境更多的是站在客观的、第三者的中立立场来看问题,而道德批判语境则更多的是站在无产阶级立场上来看问题。第三,二者所得出的结论不完全相同,一般来讲,道德批判所

---

① 参见姚大志:《应得的基础》,载《社会科学研究》2016 年第 5 期。
② 姚大志相继发表了三篇学术论文:《分配正义:从弱势群体的观点看》(《哲学研究》2011 年第 3 期)、《再论分配正义——答段忠桥教授》(《哲学研究》2012 年第 5 期)、《三论分配正义——答段忠桥教授》(《吉林大学社会科学学报》2013 年第 4 期)。段忠桥教授则发表了:《关于分配正义的三个问题——与姚大志教授商榷》(《中国人民大学学报》2012 年第 1 期)、《也谈分配正义、平等和应得——答姚大志教授》(《吉林大学社会科学学报》2013 年第 4 期)、《何为分配正义?——与姚大志教授商榷》(《哲学研究》2014 年第 7 期)。

得出的结论和科学批判所得出的结论是一致的,"应当"的东西一般也是符合历史必然性的东西,但有时候二者未必完全一致,伍德和胡萨米之间的差异就是典型的不完全一致的表现。二者的联系在于他们有很多是重叠的,很多结论是一致的。马克思在不同的语境中用不同的批判框架探讨分配正义问题,只有依据不同的具体语境区分马克思的分配正义,我们才能够真正读懂马克思的分配正义,也才能合理理解伍德和胡萨米之间的争论。

## 二、道德批判语境中的分配正义

道德批判更多地强调资本主义的分配方式是不合理的、不应当的,马克思虽然很少使用分配正义概念,但从他的字里行间还是能够找到他对资本主义进行道德批判的成分的。段忠桥教授认为,马克思并无明确的道德批判表述,但是他在《资本论》等著作中探讨剩余价值的时候,经常使用"盗窃""抢劫"等字眼,这些字眼间接地表明了马克思的道德批判因素。[①]剩余价值是工人创造的却被资本家无偿占有,这一分配方式虽然在资本主义社会是历史发展的必然,但从道德情感上来说,马克思是讨厌的,将资本家获取剩余价值斥责为"盗窃""抢劫",这是站在无产阶级立场上看待剩余价值,站在批判资本主义的角度看待剩余价值。同样是剩余价值,资产阶级经济学家却用"利润"来指代,"利润"概念本身就消除了道德因素和批判因素,"利润"概念所侧重的根源是资本,利润就是由资本所带来的增殖,它遮蔽了劳动在价值增殖过程中的关键作用。"利润"概念不但消除了批判因素,甚至还将"勤快""投资智慧"等褒义意蕴灌注进概念之中。而作为马克思"两大发现"之一的剩余价值理论则凸显了劳动在价值增殖过程中的关键作用,剩余价值概念本身就意味着,这部分价值是工人创造的,却被资本家无偿占有,概念本身就蕴含着一种不合理,也蕴含着对资本主义的批判意涵。近代以来的自然法早已明确了"劳动创造物权"的法则,霍布斯、洛克等资产阶级思想家认为,自然物没有物权,或者说自然物乃是上帝恩赐给人类的礼物,每个人都对自然物拥有可能的物权。洛克在《政府论》中指出,"土地上所有自然生存的果实和野兽都属于人类共有,因为它们都是自然生长物,没有人一开始就对自然之物享有排他性的私有权。既然自然之物是给人类使用的,人类就必须设法对其进行分割,

---

[①] 参见段忠桥:《对"伍德命题"文本依据的辨析与回应》,载《中国社会科学》2017年第9期。

然后某个具体的人才能享用它。"① 那么人类该如何分割所有权呢？上帝"把土地赐给勤劳和有理性的人去使用（他们通过劳动占有它），而不是供给喜好吵闹的人去幻想"②。劳动是个人的一种能力，而物化了某个人的劳动的物品当然应该归劳动的主体所有，这是近代资产阶级启蒙思想家所要论证的结果。但资产阶级思想家在对待工人的时候却不再用这一自然法原则了，商品凝结了工人的劳动，但商品的所有权却不属于工人，而是属于资本家。剩余价值概念本身蕴含着对资本主义分配方式的批判，这部分价值本该是工人阶级的，却被资产者所"抢夺"，概念本身就包含着道德批判的意蕴。正如伍德所论证的，马克思在很多地方也明确资本主义的分配方式是这个时代的必然，除此之外别的分配方式不可能存在，但马克思还是从道德上批判了资本主义的不合理性。我们应该区分道德批判语境和科学批判语境，不能用科学批判混淆道德批判，否则"公说公有理，婆说婆有理"式的口水仗就无法制止。

对于道德批判，我们也可以找到若干文本依据。

马克思在《德国工人党纲领批注》中指出，"什么是'公平的'分配呢？难道资产者不是断言今天的分配是'公平的'吗？难道它事实上不是在现今的生产方式基础上唯一'公平的'分配吗？……难道各种社会主义宗派分子关于'公平的'分配不是也有各种极不相同的观念吗？"③ 公平被当作论证资产阶级合理性的工具，但这里的公平概念属于"资产阶级法权"范畴，我们在使用这个概念的时候，需要特别注意这一概念的内涵、法理依据和矛头指向，不能随着资产阶级所设定的逻辑理路往前走。公平、正义更多的是一种基于一定的价值观立场和态度的概念，而不只是一种基于客观规律的事实判断。

恩格斯在《卡尔·马克思"哲学的贫困"一书德文第一版序言》中指出，"按照资产阶级经济学的规律，产品的绝大部分不是属于生产这些产品的工人。如果我们说：这是不公平的，不应该这样，那末这句话同经济学没有什么直接的关系。我们不过是说，这些经济事实同我们的道德感有矛盾"④。也就是说，商品是工人生产的，但这些商品却与生产它们的工人没有关系，在商品的价值构成中，剩余价值是工人阶级抽象劳动的凝结，却

---

① ［英］洛克：《政府论（下篇）》，牛新春、罗养正译，见州长治主编：《西方四大政治名著》，天津人民出版社1998年版，第247页。
② ［英］洛克：《政府论（下篇）》，牛新春、罗养正译，见州长治主编：《西方四大政治名著》，天津人民出版社1998年版，第249页。
③ 《马克思恩格斯选集》第3卷，人民出版社2012年版，第361页。
④ 《马克思恩格斯全集》第21卷，人民出版社1965年版，第209页。

被资产阶级拿走,这种现象至少是应该受到道德谴责的,它"同我们的道德感有矛盾"。

恩格斯在1877年发表的《卡尔·马克思》一文中指出,马克思证明了现代资产阶级是靠无偿占有他人劳动致富的,在这一点上现代社会制度与奴隶制度一样,其区别仅仅在于剥削方式不同而已,"这样一来,有产阶级的所谓现代社会制度中占支配地位的是公道、正义、权利平等、义务平等和利益普遍协调这一类虚伪的空话,就失去了最后的根据,于是现代资产阶级社会就像以前的各种社会一样被揭穿:它也是微不足道的并且不断缩减的少数人剥削绝大多数人的庞大机构"①。资产阶级也在标榜公道、正义、权利、平等等观念,但他们的行动却证明了,这些标榜只是"虚伪的空话",现代资本主义社会制度就是一个人剥削人的社会制度。因此,"现今的制度使寄生虫安逸和奢侈,让工人劳动和贫困,并且使所有的人退化;这种制度按其实质来说是不公正的,是应该被消灭的"②。这是一个不公正的社会制度,应该被消灭。

马克思在诸多语境中都是在价值判断的意义上探讨分配正义问题的,但马克思的很多价值判断也同时掺杂着科学判断,毋宁说,马克思在探讨分配正义问题的时候,并没有自觉地区分价值判断和事实判断,因此也没有区分道德批判和科学批判,这是当代学界对马克思分配正义问题存在争议的根源。作为研究者的我们应该区分道德批判语境中的分配正义与科学批判语境中的分配正义。从上述文本能够看出,我们可以从马克思的诸多语境中清理出道德批判框架下的分配正义,也就是说在马克思那里,确实存在道德批判语境中的分配正义问题。

## 三、科学批判语境中的分配正义

道德批判语境体现了人的主体性态度和价值原则,而科学批判语境则更多的是基于客观规律的批判,本文所谓的科学批判是以唯物史观为基础的批判,因此也可以称作唯物史观批判。科学批判的依据是客观规律,马克思在《资本论》的一个注释中这样说,"如果一个化学家不去研究物质变换的现实规律,并根据这些规律解决一定的问题,却要按照'自然性'和'亲和性'这些'永恒观念'来改造物质变换,那么对于这样的化学家人们该怎样想呢?如果有人说,'高利贷'违背'永恒公平'、'永恒公道'、

---

① 《马克思恩格斯全集》第19卷,人民出版社1963年版,第125页。
② 《马克思恩格斯全集》第21卷,人民出版社1965年版,第570页。

'永恒互助'以及其他种种'永恒真理',那么这个人对高利贷的了解比那些说高利贷违背'永恒恩典'、'永恒信仰'和'永恒神意'的教父的了解又高明多少呢?"① 马克思批判了所谓的"永恒观念",提出唯物史观以科学地观察社会。科学批判就是要以客观历史规律为基础对资本主义进行批判,马克思对资本主义的批判更多的应该属于科学批判,马克思在《资本论》中深入且详细地分析了资本主义经济运行规律,最终得出了资本主义必然灭亡的结论。这一结论不是基于个人道德情感,而是基于客观历史规律,这就是科学批判。

笔者认为,科学批判语境中的分配正义不是一成不变的概念,这个概念本身就具有历史性②,其历史性表现在,在不同的历史时代,分配正义概念的内涵不完全一致。正如前文所述,分配正义的一般性内涵是"得其应得,失其应失",但在不同的历史时期,"应得"的基础是不同的,"应得"的基础随着历史的发展而有所改变。

在资本主义时代,资本获得剩余价值,劳动者获得工资的这种分配方式是有其历史必然性的,是不违反正义原则的。马克思在《评阿·瓦格纳的"政治经济学教科书"》中指出,瓦格纳把"剩余价值不合理地为资本主义企业主所得"这个结论硬塞给了他,这是不对的,马克思的观点是,资本主义商品生产是历史发展的必然,在这种生产中"剩余价值"归资本家,而不是工人,工人只能获得工资。③ 也就是说,在瓦格纳看来,马克思认为资本家获得剩余价值,而工人获得工资,这种分配方式是不正义的。但马克思明确表示,瓦格纳的解释是一种误解,是把一个错误的结论"硬塞给"了自己。分配方式是被动性因素,它受生产力发展状况支配,在资本主义时代,生产方式只能如此,这是历史的必然,分配方式也只能如此,这也是历史的必然。马克思曾指出,"在雇佣劳动制基础上要求平等的报酬或仅仅是公平的报酬,就犹如在奴隶制基础上要求自由一样。什么东西你们认为是公道的和公平的,这与问题毫无关系。问题在于在一定的生产制度下什么东西是必要的和不可避免的。"④ 资本家获得剩余价值,工人获得工资,这在资本主义时代是"必要的和不可避免的",是不以人的意志为转移的。而且作为资产阶级法权话语的分配正义本身在形式上也符合"价值规律",因此在马克思的著作中,我们找不到他认为资本主义的分配是不正

---

① 《马克思恩格斯文集》第5卷,人民出版社2009年版,第103—104页注释。
② 参见郭彩霞、李永杰:《马克思分配正义的历史逻辑及其当代价值——从资本参与分配是否符合正义的争论谈起》,载《中共中央党校学报》2018年第6期。
③ 参见《马克思恩格斯全集》第19卷,人民出版社1963年版,第428页。
④ 《马克思恩格斯全集》第16卷,人民出版社1964年版,第146页。

义（科学批判意义上的分配正义）的文本依据。恩格斯也指出，"按照资产阶级经济学的规律，产品的绝大部分不是属于生产这些产品的工人。如果我们说：这是不公平的，不应该这样，那末这句话同经济学没有什么直接的关系。我们不过是说，这些经济事实同我们的道德感有矛盾。所以马克思从来不把他的共产主义要求建立在这样的基础上，而是建立在资本主义生产方式的必然的、我们眼见一天甚于一天的崩溃上；他只说了剩余价值由无酬劳动构成这个简单的事实"①。在这里马克思批判资本主义是以唯物史观为理论依据的，而不是道德情感。马克思甚至说，"我把资本家看成资本主义生产的必要的职能执行者，并且非常详细地指出，他不仅'剥取'或'掠夺'，而且迫使进行剩余价值的生产，也就是说帮助创造属于剥取的东西；其次，我详细地指出，甚至在只是等价物交换的商品交换情况下，资本家只要付给工人以劳动力的实际价值，就完全有权利，也就是符合于这种生产方式的权利，获得剩余价值。但是所有这一切并不使'资本家的利润'成为价值的'构成'因素，而只是表明，在那个不是由资本家的劳动'构成的'价值中，包含他'有权'可以占有的部分，就是说并不侵犯符合于商品交换的权利"②。在资本主义社会，资本家是生产职能的执行者，他推动了资本主义生产力的快速发展，有其存在的历史合理性，而剩余价值的生产是资本家存在的基础，因此，马克思认为，只要支付工人的工资，资本家"完全有权利"获得剩余价值。在这个意义上，艾伦·伍德的观点是有道理的。资本主义社会的资本家获得剩余价值，工人获得工资的分配方式有它的合理性，资本主义社会不可能采用按劳分配原则和按需分配原则，人类的历史还没有发展到该实行这种分配方式的阶段，资本主义分配方式的"应得基础"就是资本，人格化的资本统治着这个世界，社会产品的分配当然也只能以有利于资本的方式进行。

在资本主义上升时期，资本家获得剩余价值，工人获得工资的分配方式是客观必然的，是不违背正义原则的，但随着历史的发展，到了资本主义即将走向灭亡的时期，这种分配方式的合理性逐渐丧失了，其正义性也在逐渐流失。在马克思看来，未来的社会扬弃了资本逻辑，生产资料归社会占有，因此分配也就不会再以有利于资本的方式进行。马克思在《哥达纲领批判》中指出，"消费资料的任何一种分配，都不过是生产条件本身分配的结果；而生产条件的分配，则表现生产方式本身的性质"③。消费资料

---

① 《马克思恩格斯全集》第 21 卷，人民出版社 1965 年版，第 209 页。
② 《马克思恩格斯全集》第 19 卷，人民出版社 1963 年版，第 401 页。
③ 《马克思恩格斯选集》第 3 卷，人民出版社 2012 年版，第 365 页。

的分配方式是由生产方式决定的,在资本主义社会,生产资料归资产阶级所有,其分配只能按照资本主义的分配方式进行,而社会主义社会(列宁明确将《哥达纲领批判》中所探讨的共产主义的第一个阶段命名为社会主义,第二个阶段即共产主义)则扬弃了生产资料私有制,实现生产资料社会所有制。在社会主义社会中,社会总产品在做了必要的扣除之后,按照"按劳分配"原则进行分配。也就是说在社会主义社会中,符合正义的分配原则是"按劳分配",依照个人对社会贡献的大小分配产品。相比较于资本主义分配方式,这一分配原则是历史的进步,资本主义分配的"应得基础"是资本,谁掌握资本谁就获得财富的大多数,而社会主义社会分配正义的"应得基础"是个人的劳动贡献,多劳多得,少劳少得。从资本主义分配方式向社会主义分配方式的转变是人类的一次巨大进步,是由以"资"为本向以"人"为本的转变,是向"自由自觉的人的复归"和"人的自由而全面的发展"的靠近。社会主义社会的"按劳分配"原则也是历史发展的必然,当历史超越了资本主义,但还没有达到"物质资料极大丰富"的共产主义高级阶段的时候,分配方式只能按照"劳动贡献"的原则进行分配。

但"按劳分配"也不是绝对的分配正义,分配正义从来都不是绝对的,在共产主义的第一个阶段,"按劳分配"是符合正义原则的,但这种分配也不是完美的,也存在不足,那就是"按劳分配""这种平等的权利,对不同等的劳动来说是不平等的权利",每个人的劳动天赋是不一样的,有的劳动天赋高,有的低,而且有的家庭开支大,但劳动能力未必强,有的家庭开支小但劳动能力又很强,所以"按劳分配""就它的内容来讲,它像一切权利一样是一种不平等的权利"。① 按劳分配有可能造成收入差距拉大,造成阶层分化。因此,"按劳分配"也存在不足之处,最为合理、最符合人性的分配原则应该是未来社会的"按需分配"。在共产主义社会的高级阶段,生产力高度发达,物质资料极大丰富,"迫使个人奴隶般地服从分工"的状态也逐渐消除了,脑力劳动和体力劳动之间的差别消除了,劳动不再只是谋生手段,而成为人的第一需求,社会生产力的发展使得"各尽所能,按需分配"的分配方式成为必然。在这个阶段,"按需分配"才是符合分配正义的,这个时候分配正义的"应得基础"是需要,一个人获得多少物质生活资料取决于他的需要。分配不再与个人的贡献挂钩,而是由人的需要决定,这是人的自由而全面发展状态的实现。

马克思科学批判语境中的分配正义是一个历史性概念,它不是一成不变的,我们不能用晚近出现的分配方式去否定先前出现的分配方式,从这

---

① 《马克思恩格斯选集》第 3 卷,人民出版社 2012 年版,第 364 页。

个意义上讲,一个时代有一个时代的分配方式,凡是符合时代发展的分配方式就是正义的分配方式。

## 四、只有区分道德批判与科学批判才能化解有关分配正义的纷争

很多学术争议的根源不在于对学术问题的不同见解,而在于对同一个概念的不同解释,虽然所使用的是同一个概念,但双方对这个概念的理解是不一样的,这种近似于"关公战秦琼"式的争议不利于把学术推向深入,笔者认为区分道德批判语境和科学批判语境是澄清马克思分配正义理论争议的前提。段忠桥教授也曾经对分配正义的内涵进行分类,他认为在马克思那里,分配正义有两种用法,一种是"基于历史唯物主义的用法",一种是"基于不同阶级或社会集团的分配诉求"。[①] 但笔者认为,基于"基于不同阶级或社会集团的分配诉求"的说法还不够明确,因此笔者尝试着区分马克思分配正义的道德批判语境和科学批判语境,只有区分这两种语境,我们才能正确地理解马克思的分配正义理论,也才能寻找学界关于马克思分配正义问题的"重叠共识"。

道德批判语境表明了马克思对资本主义分配方式的立场,而科学批判语境则为道德批判语境奠定了坚实的根基。马克思有明确的对资本主义分配的道德批判,他甚至将资本家获得剩余价值的行为斥责为"盗窃"和"抢夺",但马克思不是仅仅停留在道德谴责,而是用唯物史观的理论科学分析了资本主义分配方式的不合理性及其走向消亡的历史必然性。这两种批判语境都有其合理性,都值得我们深入挖掘和研究。笔者认为,学界有关马克思分配正义的争论实质上就是道德批判语境中的分配正义与科学批判语境中的分配正义之争,双方各执一词,都在努力搜寻文本依据,也都能够搜寻到相应的文本依据,但二者的争论并没有在同一个问题域中展开。当然,对分配正义做道德批判语境和科学批判语境之分只是抽象地进行的,在马克思的具体语境中二者并没有明确的边界,道德批判与科学批判常常是混杂在一起进行的,读者对文本的理解常常在道德批判和科学批判之间"游弋",时而用这种理解建构自己的认知,时而又用另一种理解来塑造自己的观念,只有自觉区分道德批判语境和科学批判语境,我们才能正确理解伍德和胡萨米关于马克思分配正义争论的实质所在,也才能够准确而深

---

[①] 段忠桥:《马克思和恩格斯对正义概念的两种用法——兼评伍德的两个误解》,载《中国社会科学》2020年第6期。

入地理解马克思的分配正义问题。需要说明的是，在马克思分配正义的双重语境中，基于唯物史观的科学批判是主导性话语，而道德批判只是辅助性话语，马克思批判资本主义不只是停留于道德层面的好坏善恶，更主要的是用唯物史观的科学理论论证资本主义分配方式的不合理性，科学批判和道德批判不是同等重要的，二者一主一辅，相辅相成。

马克思一生的理论志趣是批判资本主义，不仅从理论上批判，还要从实践上进行批判，不仅认识世界，还要改造世界。分配正义理论也是为了批判资本主义，不管是道德批判语境中的分配正义，还是科学批判语境中的分配正义，马克思都不可能是"资产阶级的代言人"。在科学批判框架中，马克思虽然承认资本主义生产方式具有历史必然性，似乎资本家获得剩余价值、工人获得工资的分配方式并不违反分配正义原则，但这并不意味着马克思是在为资本主义辩护。马克思的思想是很辩证的，"现实的"确实有其合理性，但"现实的"都是要走向灭亡的，资本主义确实在历史上有其合理性，推动了历史发展和社会进步，对此，马克思从不吝啬其溢美之词，但这种合理性随着历史的发展必然走向消解。资本主义无法解决它自身的矛盾，要彻底解决生产社会化与生产资料资本主义私有制之间的矛盾，就要经过社会革命，建立以生产资料社会所有制为基础的未来的理想社会。随着历史的发展，资本主义分配方式的不合理性必将日益凸显，终将为新的分配方式所代替，我们应该从历史的角度看待分配正义。正如有学者所指出的，"马克思对正义观的理解扎根于历史与现实的实践活动之中，是基于历史唯物主义的对世界发展趋势的客观历史性理解"[①]。只有从历史的角度看待马克思的分配正义，我们才能准确把握马克思的分配正义。

---

[①] 杜利娜、刘同舫：《马克思对西方传统正义观的辩证批判》，载《福建师范大学学报（哲学社会科学版）》2021年第1期。

# 《资本论》第一卷1887年英文版编译工作概述

曹浩瀚①

## 引言：《资本论》第一卷1887年英文版的研究状况

《资本论》第一卷英文版是马克思去世后由恩格斯组织翻译的，1887年由伦敦桑南夏恩出版社出版。该译本的翻译者为赛·穆尔和爱·艾威林，恩格斯负责编辑和校订。大概由于这一译本没有独立的中译文的原因，同后来通行的德文第四版和已经翻译为中文版的德文第一版及法文版相比，这一版本在国内受到的关注较少。目前国内学者一般只在论述《资本论》的创作史和传播史提及，如张钟朴在关于《资本论》创作史中对这一译本的情况进行了扼要的介绍②；或者在论述恩格斯对《资本论》的贡献时提及这一版本，如赵学清把恩格斯编译《资本论》第一卷英文版视为他对《资本论》的十大贡献之八进行介绍③。这些工作对这一版本的介绍一般限于说明其总体编辑情况，如版本依据、篇章结构等，深入介绍这一译本的其他编辑特点（如与德文底版之间文字差异）的很少。对于这一译本的翻译情况，国内学者在研究个别马克思主义理论术语的中译文时会援引这一译本，但是对这一译本自身的翻译，包括重要概念的译名和重要文句的翻译以及其翻译特点等问题，尚无人进行系统研究。

在国外，1887年英译本今天仍然是英语世界通行的《资本论》版本之

---

① 曹浩瀚，中共中央党史和文献研究院第五研究部马恩著作编译三处处长、副编审。
② 参见张钟朴：《〈资本论〉第一卷法文版及其他版本——〈资本论〉创作史研究之六》，载《马克思主义与现实》2016年第3期。
③ 参见赵学清：《恩格斯对〈资本论〉的十大贡献——纪念恩格斯诞辰200周年》，载《中国浦东干部学院学报》2020年第1期。从这个角度介绍这一版本的著作还可参看罗郁聪：《恩格斯与〈资本论〉》，厦门大学出版社1987年版。

一，是《资本论》第一卷绝大多数英文版本的译文基础。例如，《马克思恩格斯全集》英文版第35卷①收录的《资本论》第一卷英译文就以该译本为基础（同时参考德文第四版作少量增补）。在这一译本之外，《资本论》第一卷的独立英译本只有两个，即由伊·保罗和赛·保罗夫妇翻译、伦敦乔治·艾伦和昂温出版社1928年出版的英译本②，和本·福克斯翻译、企鹅经典出版社和《新左派评论》杂志1976年联合出版的英译本③。保罗夫妇译本依据德文第四版翻译，这一译本受到著名的马克思恩格斯著作编辑专家达·梁赞诺夫和其他一些评论家的批评，如梁赞诺夫认为这一译本"从科学的角度来说是多余的"④。这一译本影响不大，现在已很少见到。福克斯译本是当前国际上较为流行的《资本论》第一卷英译本之一，它在不少地方直接使用了1887年版的译文，主要译名也同1887年版相同，因此可以看作1887年英文版出版近百年后的一次改进尝试。不过对于该译本的一些改译是否成功，学术界仍有争论。如德国著名马克思研究专家沃·豪格主张需要一个新的《资本论》英译本，其中的议论主要是针对福克斯译本的问题而发，在这个过程中也涉及1887年英译本的一些问题。⑤

国外学者对于《资本论》第一卷1887年英文版介绍较为深入的是苏联学者乌罗耶娃所著《不朽的著作》⑥一书，该书专辟一章对这一版本的产生过程、译者以及出版传播情况进行了较为深入的介绍，是先前人们了解这一版本的重要资料来源。不过，对这一译本介绍、研究最为深入的当属

---

① *Marx-Engels-Collected Works*, Vol. 35, International Publishers, New York, 1996.

② Karl Marx, *Capital*, translated from the fourth german edition by Eden & Cedar Paul, George Allen & Unwin Ltd., London, 1928.

③ Karl Marx, *Capital*, Vol. 1, translated by Ben Fowkes, Penguin Books in association with *New Left Review*, London-New York, 1976.

④ 转引自巴巴克·阿穆尼：《马克思〈资本论〉在英美的传播与接受》，《当代经济研究》2017年第1期。另参看 Jack Fitzgerald, "'CAPITAL' By Karl Marx: A Review," in *The Socialist Standard*, No. 295, March, 1929。

⑤ Wolfgang Haug, "On the Need for a New English Tranlation of Marx's Capital," *Socialism and Democracy*, Vol. 31, No. 1, March, 2017. 大概是鉴于福克斯译本是在吸收了1887年译本基础上的新译本，因此近年来学术界对于版本和译文的讨论更多关注的是后一版本，专门针对1887年译本的直接讨论也不多。如犹他大学经济系学者 Hans G. Ehrbar 在对《资本论》第一卷德英文主句的对比和导读中，其所用英译本以福克斯译本为主，也间或提及1887年译本。Hans G. Ehrbar, *Annotations to Karl Marx's 'Capital'* (August 27, 2010) (http://www.econ.utah.edu/ehrbar/akmc.htm)。关于这两个译本的比较，还可参看 Jeff Jacobs, *How to Do Things with Translations. Cross-Lingual Phrase Embeddings for Translation Analysis*. (Working Paper, September 1, 2018) 该文从计算语言学的角度来比较分析两个译本在译文准确性和意识形态倾向上的不同特点。

⑥ [苏] A. B. 乌罗耶娃：《不朽的著作》，李光林译，山东人民出版社1992年版。

《马克思恩格斯全集》历史考证版第 II 部分第 9 卷，该卷为《资本论》第一卷 1887 年英文版专卷，在前言和附属资料中详细列举了这一版本的有关编译特点及其与翻译底本德文第三版原文之间的文字差异，这些资料为我们研究 1887 年英文版提供了重要的材料基础。

## 一、《资本论》第一卷英文版的问世

马克思很早就有了将自己的政治经济学著作翻译成英文的想法。在《资本论》第一卷出版前后，马克思曾积极物色译者和出版社，以期尽快出版这一著作的英译本，并期待从中获得报酬。19 世纪 70 年代末，为准备《资本论》第一卷在美国翻译出版，马克思整理了"《资本论》第一卷美国版修改一览表"（又称"为《资本论》第一卷美国版写的《编辑说明》"，以下称美国版《编辑说明》）①，详细指出了翻译英文版时要对德文第二版所作的修改和需要参考法文版的地方。但是这一计划没能实现。恩格斯也非常关心《资本论》的英译工作，在查看《资本论》第一卷校样的过程中，他就向马克思推荐他们共同的朋友赛·穆尔担任翻译工作，他自己则承担监督职责，这一计划虽然得到马克思的首肯，但当时也未能实现。在马克思生前类似这样的尝试还有几次，但均未能成功。

1883 年 5 月，恩格斯从老朋友兼法律顾问穆尔那里得知，由于《资本论》在出版后的三年内没有发表英译本或译文片段，根据当时的英国法律，马克思及其继承人已经丧失了阻止他人翻译《资本论》的权利。当时恩格斯获悉已有几个人在准备翻译这一著作。为了同这些译本竞争，同时尽量减小非授权译本可能造成的不良影响，恩格斯决定尽快推出《资本论》第一卷的权威英文译本。他尽快确定了译者，并初步联系好了出版社。恩格斯认为，唯一"愿意并且能够完成这件工作的人"就是他和马克思多年的朋友和战友赛·穆尔。他同穆尔商定，由后者担任翻译，恩格斯本人负责校订，穆尔的翻译工作随即在 1883 年 5 月底启动。

穆尔的翻译虽然比较扎实可靠，但是进度较慢，因此后来马克思的小女婿爱·艾威林加入翻译工作。根据恩格斯在英文版序言中介绍的二位译者的分工，我们可以估算出穆尔负责翻译的文字量占全部翻译

---

① MEGA², Bd. II/8, S. 25–36. 中译文参看［日］佐藤金三郎：《关于马克思为〈资本论〉第一卷美国版写的〈编辑说明〉》，见《〈资本论〉研究资料和动态》（第五辑），江苏人民出版社 1984 年版。

的60%。① 穆尔不但承担了大部分的工作量，他负责翻译的也是全书理论上较为抽象难懂（如第一篇）、术语较多、翻译较为困难的部分，因此恩格斯经常把穆尔称为这一译本的主要翻译者，后人在提到这一译本时有时也称之为穆尔译本。

恩格斯对全部译文进行了审核校订。他非常重视这一工作，称其是"一项很艰巨的工作"，它是这样进行的：先由恩格斯审查译文并用铅笔写上修改意见，再把译稿退给两位译者进行修改，遇到有争论的问题协商解决；之后恩格斯再通看一遍译文，"从文体和技术角度"检查是否可以付印②；此后还要审看几道校样。我们可以看到，恩格斯对于《资本论》英译文的定稿是很慎重的，不少译文经历了译者和校订者之间两次甚至是多次的往返斟酌讨论。此外，恩格斯还注意到译文的文体与《资本论》原文要相适应的问题，并关注资料的准确性，亲自对全书的引文原文进行核查。因此，这一译本最后是由恩格斯亲自定稿的译本，他一再强调自己对此版本负全部责任，在校订过程中他曾写道："……最后要由我对全文负责。"③ 后来在《资本论》第三卷序言中谈到第一卷英文版时他再次强调："我对这个版本的文字负最后责任。"④

## 二、《资本论》第一卷英文版的编辑改动情况

恩格斯在编辑《资本论》手稿时曾经这样写道："特别重要的是，我所出的应当是马克思的真正著作。"⑤ 这种忠于作者原意的精神同样始终贯穿于《资本论》第一卷英文版的编译工作。从编辑方面看，《资本论》第一卷英文版总体上依据1883年德文第三版编辑，同时在个别地方依据美国版《编辑说明》，参考法文版进行了一定的修改，从而使这一版本成为具有一定特色的译本。

### （一）标题和篇章结构

英文版第一卷《资本论》全书的标题是《资本论。对资本主义生产的

---

① 笔者估算的这一工作量与后来恩格斯有关书信中提及的稿酬分配是一致的。恩格斯每次分配《资本论》第一卷英文版译者稿酬时都是按照6比4的比例在穆尔和艾威林之间进行分配。MEGA²第II/9卷以及《不朽的著作》一书都将艾威林的翻译量占比计算为1/6，但没有给出确切依据。
② 《马克思恩格斯全集》第36卷，人民出版社1975年版，第464页。
③ 《马克思恩格斯全集》第36卷，人民出版社1975年版，第555页。
④ 《马克思恩格斯文集》第7卷，人民出版社2009年版，第3页。
⑤ 《马克思恩格斯全集》第36卷，人民出版社1975年版，第97页。

批判性分析》（Capital. A critical analysis of capitalist production），这一标题既不同于德文版的《资本论。政治经济学批判》，也不同于法文版的《第一册。资本主义生产的发展》。英文版标题中既有德文版标题中的关键词"批判"，又有法文版中的关键词"资本主义生产"，可以看作对德文版和法文版标题的综合。

在篇章结构方面，恩格斯根据马克思在美国版"编辑说明"中的指示，使英文版采取法文版的8篇33章结构，因此与德文第三版的7篇25章不同。不过同法文版相比，英文版也有个别细微的改进，如第17章第4节英文版进一步分成两小节，法文版则没有这样的区分。在篇章标题方面，英文版基本按照法文版翻译。德文版中一些含有"过程"一词的标题，如《交换过程》《资本的积累过程》等，英文版多数地方同法文版一样，删去了"过程"一词。与此同时，英文版个别标题也吸收了德文版的写法，从而与法文版不同。如英文版第17章标题并没有采用法文版第17章的标题《剩余价值和劳动力价值之间量的比例的变化》，而是根据对应的德文第三版第15章的标题翻译，即《劳动力价格和剩余价值的量的变化》。再如，英文版第7章标题为《劳动过程和剩余价值生产过程》，这既不同于德文版第5章的标题《劳动过程和价值增殖过程》，也不同于法文版的第7章《使用价值的生产和剩余价值的生产》。类似的细小差别还有若干，这里不再一一列举。

（二）文本增删情况

从文本来看，英文版总体来说是一个忠实于德文第三版的译本，二者文字基本相同，这与法文版对德文第二版文字作了较大的改写不同。不过，仔细对比英文版和德文第三版，可以发现二者之间仍然有少量的文本变动。这里的文本变动主要指英文版对德文第三版一些完整文句甚至段落的增写或者省略（在这之外的文字差异将作为译文差异在后文介绍）。这种文本差异超出了翻译中可能出现的语义偏差的范围，更多反映的是翻译以外的考虑，即恩格斯作为编者结合马克思的有关指示和他自己的理解而对德文原文的表述、结构等本身所作的改动，它们未必具有重要的理论意义，但作为编校者对于德文原文理解的更直接表达，这种文本变动构成两个译本间值得首先关注的差异。综合《马克思恩格斯全集》历史考证版（MEGA²）第II/9卷列举的英文版与德文第三版文字出入一览表[1]以及《马克思恩格斯全集》英文版（MECW）第35卷的编者脚注，笔者统计英文版删去了德文第三版中的文句（含个别注释中的语句）和段落有30多处，新增句子或

---

[1] MEGA², Bd. II/9, S. 734 – 762.

者段落7处，共计涉及文字以中文计约2400字。考虑到《资本论》第一卷的庞大篇幅（正文和原作者注的中文约56万字），这个改动规模约占0.4%，并不算大。

英文版的文字改动中，有相当一部分是恩格斯在出版德文第三版时没有按照法文版对德文第二版进行修改的地方，在这些地方英文版根据法文版进行了修改，从而使这一版本能更好体现马克思后来对于《资本论》第一卷的有关考虑。这些改动大概可以分为三种情形。一是增加个别有理论意义的表述。这主要涉及第五篇对剩余价值和劳动力价值之间量关系的讨论，那里在讨论第三种情形，即劳动生产率和劳动强度不变、劳动持续时间可变时，英文版根据法文版总结了三条"新的规律"，强调了剩余价值绝对量对于劳动力价值及其与剩余价值之间量的关系的决定意义，这"三条规律"是对德文第三版相关内容的总结和提炼，其表述更有层次、结论更加鲜明。二是增补若干新材料，这是英文版从法文版吸收文本改动的主体。马克思在《资本论》中极为重视对现实材料的运用，这些材料很好地证实了马克思关于资本主义生产的理论，反映了工人阶级在资本主义生产条件下的真实地位和状况，揭露了资本主义剥削的秘密。英文版新增的来自法文版的文本中，就包括多处有关工厂法的材料（主要位于第四篇《相对剩余价值的生产》的《机器和大工业》一章）。三是英文版还根据法文版删去了少量过渡性的句子，如"因而才能在纸币形式上取得一种同它的金属实体在外部相脱离的并纯粹是职能的存在形式"①，这句话在英文版中被删去。这种删除对原文的理论表达影响不大，数量也不多。

除了根据法文版对德文第三版进行文字改动外，英文版还独立进行了一些文本改动，其中很大一部分是删除一些简短的示例和少数过渡性的表述。如在英文版中删掉了如下一句话："作为价值形成要素的机器和作为产品形成要素的机器，有很大的差别。"② 这个句子在原文中起过渡作用，其中包含两个概念性表述（"价值形成要素"和"产品形成要素"），具有一定的思辨性。删去这个语句可能是着眼于减少概念性的修饰词，减少读者的阅读障碍，但从上下文来看又不对逻辑过渡造成较大影响。就此而言，英文版带有一定的简化和通俗化的色彩。另一方面，英文版在一些地方又增加了一些过渡性论述，使上下文过渡更加自然。如在第2章《交换》的最后一段，在讲到货币拜物教之前，英文版补写了一句话作为过渡："我们已经看到，商品生产者社会的不断发展是如何在一个特权商品上打上货币

---

① 参见《马克思恩格斯文集》第5卷，人民出版社2009年版，第152页。
② 参见《马克思恩格斯文集》第5卷，人民出版社2009年版，第445页。

特征的印记的。"① 在这句话之前的文字都是在解释商品生产的拜物教秘密，在这之后以一句话将货币拜物教一带而过。英文版加的这句话扼要地归纳了前文有关货币的产生历史，说明货币与商品的特殊关系，从而为通过商品拜物教说明货币拜物教做了必要过渡。

### （三）注释改动情况

英文版对德文第三版的注释进行了微调。同德文第三版相比，英文版新增加注释 5 个，删去注释 7 个，另外将 2 个注释的内容转为正文，并对个别注释的内容进行调整。考虑到英文版全书约 1100 个注释，这种改动幅度并不大。

英文版注释调整主要还是由这一译本本身的特点引起的。马克思在《资本论》中引用了许多英文文献，这些引文有些在正文被译成德文，同时在注释中又给出英文原文。在英译本中，由于正文中的引文已经恢复成英文，注释中的英文引文自然就多余了，因此这类与正文重复的脚注予以删除是必要的。

恩格斯在英文版中还通过新增个别注释来对正文内容进行说明和补充。在第 7 章《劳动过程和剩余价值生产过程》中，英文版专门增加一个注释，说明劳动作为生产使用价值的过程和作为创造价值的过程的不同英文翻译。这是恩格斯少数直接谈及《资本论》中基本概念的英文翻译的地方，对于理解英文版的翻译有重要意义。另外，英文版在第 14 章注释 31 的末尾增加了一句话，"［自从马克思写了这段话以来，动力织机在这些工厂里已经得到了应用，现在——1886 年——正很快地排挤手工织机。编者注］"②。这是恩格斯在英文版中唯一根据最新的材料所做的增补，这一补充在德文第四版中略加修改后保存了下来。

与正文的文本变动类似，英文版对一些注释的处理也参考了法文版的做法（法文版的注释比英文版多 40 个左右），如在《商品的拜物教性质及其秘密》一节有个脚注中有如下内容："……当世界其他一切地方好像静止的时候，中国和桌子开始跳起舞来，以激励别人。" 对于不理解德国古典哲学尤其是黑格尔哲学的外国读者，这个地方会比较费解，英文版随法文版将这个注释删去。再比如，英文版参考法文版，将德文第三版《相对剩余价值的生产》一篇《机器和大工业》一章的两个注释即注 321 及 319a 转为正文。

---

① MEGA², Bd. II/9, p. 81. 这句话所加的位置参见《马克思恩格斯文集》第 5 卷，人民出版社 2009 年版，第 113 页。

② MEGA², Bd. II/9, p. 291. 参见《马克思恩格斯文集》第 5 卷，人民出版社 2009 年版，第 391 页注 26。

## （四）文献索引编纂

《资本论》第一卷英文版的编辑工作还包括对引文的核查转换以及文献索引的编辑，这是该版的一个重要特色。这项工作主要是由爱琳娜·马克思完成的。

爱琳娜核查了《资本论》第一卷中所有的英文引文，并把马克思译成德文的英文引文恢复成英文原文。后来恩格斯在校对译文时又对英文引文进行了再次核查。通过几次核查，英文版消除了德文版引文中的错误和不确切之处。恩格斯对于引文的准确性十分重视，把这看作科学工作中不容忽视的组成部分，他在编辑《资本论》第一卷德文第四版时曾说道，"在所有这些错误没有纠正以前，我无论如何也不能出第四版"①。英文版的这些编辑成果在后来出版德文第四版时得到了吸收。

爱琳娜以引文核查工作为基础，将全书引用的文献进行了编纂整理，从而形成了《资本论》第一卷英文版的文献索引。这在《资本论》第一卷的各个版本尚属首次。文献索引共收录文献条目417条（其中前后重复的条目近70条），各文献按作者姓氏字母顺序排列，未列作者名的文献则依标题首字母按顺序列入索引中。这个文献索引为人们进一步研究《资本论》第一卷的思想来源和材料基础提供了直接线索，也成为后来各版本的文献索引的先例和基础。②

## 三、《资本论》第一卷英文版的术语翻译情况

《资本论》作为马克思最重要的理论著作，包含着一系列新的概念和术语，这些概念和术语蕴含着重要的理论创新，是马克思在政治经济学领域革命性变革的集中体现，也是理解《资本论》一书逻辑体系的关键环节，因此这些术语的翻译在全书的翻译中占有重要地位。恩格斯深知这一卷概念和术语翻译的重要性及其困难，他在试图劝说劳拉·马克思参加翻译时就承诺，困难概念和术语的翻译将由他来负责。③ 作为全书译文的审定者，

---

① 《马克思恩格斯全集》第37卷，人民出版社1971年版，第284页。

② 1965年，莫斯科进步出版社为纪念《资本论》第一卷出版100周年再版了第一卷英文版。该版以1887年英文版为基础，同时根据德文第四版作了增补。该版所附录的文献索引中共列举了不重复的著述、议会报告、报纸文章等文献共计近490条。1976年本·福克斯译本附录索引所列文献共计约540条。参见 Karl Marx, *Capital*, Vol. 1, International Publishers, New York, 1979（ninth printing）, pp. 777-796；Karl Marx, *Capital*, Vol. 1, translated by Ben Fowkes, Penguin Books in association with New Left Review, London-New York, 1976, pp. 1095-1119.

③ 《马克思恩格斯全集》第36卷，人民出版社1975年版，第141页。虽然恩格斯前后两次劝说劳拉参加《资本论》第一卷英文版的翻译工作，但是劳拉最终还是没有答应。

恩格斯对于重要概念和术语无疑是认真把过关的，对于这些译名成果他本人也是充分肯定的。后来在一些著作的英译文中他都注意将经济学译名同这一译本保持一致。如《社会主义从空想到科学的发展》1892年英文版中他这样写道："本书中所用的经济学名词，凡是新的，都同马克思的《资本论》英文版中所用的一致。"①

在《资本论》的经济学术语中，有一部分是古典政治经济学就有的，马克思和恩格斯本人在用英语进行理论著述和宣传普及过程中，在吸收古典政治经济学的用法的同时，分别提出了他们自己对一些基本经济学概念和术语的英文表达。② 如"剩余价值"一词，马克思《资本论》中就已经给出了这一术语的英译名 surplus value，马克思的这一用法在英译本中得到运用。此外，英译本对于"简单劳动"（simple labour）、"社会劳动"（social labour）、"剩余劳动"（surplus labour）、"必要劳动"（necessary labour）、"雇佣劳动"（wage labour）、"活劳动"（living labour）、"劳动时间"（working-time）的用法，"总产品"（total produce）等的翻译，与马克思和恩格斯在有关著作和手稿中的表述也是一致的。

另外有一些经济学术语，虽然马克思和恩格斯本人曾经使用某些英译表达，但是《资本论》第一卷英文版并没有拘泥于他们之前的用法，而是进行了创新，提出了新的英译名。如"使用价值"（use value）、交换价值（exchange value）这两个概念，在斯密那里只是进行了初步的区分，并分别用"value in use"和"value in exchange"来表述。③ 马克思和恩格斯后来都没有使用斯密的这一表述。在《工资、价格和利润》中，马克思分析商品价值时频繁地提到"交换价值"（没有提到"使用价值"），并将其写做 exchangeable value④，字面意思为"可交换的价值"。在《资本论》书评手稿中恩格斯同样用 exchangeabe value 来表示交换价值，对于·"使用价值"则用 useful value 表示（意为"有用的价值"）。⑤ 在《资本论》第一卷英译本中，这两个术语的翻译都有所创新。对于"使用价值"，该译本创造了英文

---

① 《马克思恩格斯全集》第29卷，人民出版社2020年版，第362页。
② 马克思关于《资本论》中经济学术语的使用，集中体现在他1865年经济学手稿《工资、价格和利润》中，恩格斯对《资本论》中基本经济学概念的英文表达则集中体现在他1868年写作的《为〈双周评论〉写的〈资本论〉第一卷书评》英文手稿。这两个手稿在他们生前都没有发表。
③ Adam Smith, *An Inquiry into the Nature and Causes of the Wealth of Nations*. Vol. 1, London, 1812, p.42. 中译文参见亚当·斯密:《国民财富的性质和原因的研究》（上卷），商务印书馆1972年版，第25页。
④ MEGA$^2$, Bd. I/20, S. 150.
⑤ MEGA$^2$, Bd. I/21, S. 49、50、51.

中的合成词，即 use-value；对于"交换价值"，则采用合成词 exchange-value。与之前使用的 useful value 和 exchangeabe value 相比，新译名优势很明显：除了形式上更为简洁，其与相应的德文范畴对应得更好，几乎没有语言的增减或转换。此外，这种复合词结构的翻译与形容词＋名词结构的译法相比还有一个优点，即它们能更好地表明价值的这两个因素都是商品在人的实践活动中（use 或 exchange，即在使用或消费中、在交换中）体现出来的价值，而不是价值实体静止、孤立的属性（useful-"有用的"和 exchangeable-"可交换的"）。1887 年英译本的这一译法简明直接、贴近，能准确地传达德文原意，因此后来得到广泛使用。

再比如"劳动力"（Arbeitskraft）这个重要概念，在《工资、价格和利润》中，马克思将"劳动力"的英文写做 labouring power，直译为"劳动的力量"或"劳动中的力量"。恩格斯后来在《资本论》英文书评中对其有两种表述，一种是与马克思的译法类似的 working-power，直译同样为"劳动的力量"或"劳动中的力量"；另外一种是 labour-power，直译为"劳动的力量"。三者都是复合词，词形接近，区别在于前两种表达中 labour 或 work 用的是现在分词形式，表示正在劳动的或处于劳动中的。不过，从与德文对照的角度看，与之对应的德文应为 Arbeitendkraft，相比之下，第三种方案 labour-power 与德文 Arbeitskraft 对应得更好。实际上，从马克思本人对劳动力的定义看，劳动力虽然在生产中表现和发挥出来，但是它是存在于活的人体中的，并非时时处于运用状态，因此在其定义中似乎也并非一定要使用分词形式。在 1887 年英译本中，"劳动力"的翻译采取的是恩格斯在英文版书评中的第二种译法，即 labour-power，这成为"劳动力"概念后来通行的英文表达。

类似这样由《资本论》第一卷英译本最终确定译名的还包括原始积累、流氓无产阶级等。限于篇幅，这里不再一一介绍。

总的来看，《资本论》第一卷英文版对于基础概念和重要术语的翻译，既充分吸收了既有的成果，又适当地创新，较好地完成了绝大多数概念和术语（尤其是政治经济学术语）的英译工作。这一译本对于马克思主义政治经济学英文术语体系的形成和定型起到了关键作用。据笔者统计，在 1887 年《资本论》第一卷英文版对 130 多个术语的翻译方案中，有 110 多个在后来另外一个重要译本即福克斯译本中得到了沿用，这说明这一译本的大多数译名得到了其他译者的认可。①《资本论》第一卷 1887 年英文版在

---

① 关于这些术语的具体翻译情况，详见拙著《〈资本论〉（第一卷）英文版穆尔、艾威林译本考》，辽宁人民出版社 2022 年版，第 229—237 页。

译名上的成功是这一译本成为权威译本的关键之一,也是这一译本的译文成为后来多数英文版的译文基础的重要原因。

当然,1887年《资本论》第一卷英译本对于一些概念术语的翻译也并非完美无瑕,个别翻译仍有讨论的空间。综合来看,对现代读者来说,这一译本对少数概念术语的翻译有三个方面的问题可能是需要注意的。

首先,少数概念术语的翻译存在不够统一的问题。1885年,恩格斯在批评亨·海德门的《资本论》英译文时指出,该译文的一个重要缺点是译名不统一:"……用许多不同的词来翻译,忘记了一个术语始终都应该用同一个相应的词来表达。"① 总的来看,《资本论》第一卷1887年英文版在主要概念术语尤其是经济学术语上做到了译名统一。不过,在个别其他概念和术语的翻译上,如 Naturstoff(自然物质)、vergegenständlichen(对象化)、verwerten(增殖)、Arbeitszeit(劳动时间)、Produktionsverhältnisse(生产关系)等,这一译本也存在译名不够统一的问题,限于篇幅这里不再详述。

其次,个别译语可能存在用法过时的问题。随着时代的发展,英语语言文化也在悄悄发生着变化,作为130多年前的英译作品,《资本论》第一卷英文版中的个别用语在今天可能面临着含义变化的问题。例如,在《资本论》英文版中,在表达经济学上的产品时,经常使用的是 produce 一词,如剩余产品 Mehrprodukt 和总产品 Gesammtprodukt 分别译为 surplus produce, total produce。这一译法是从古典政治经济学中传承下来的,如斯密用 the total annual produce 或 the whole annual produce 来表示年总产品。② 马克思在《资本论》的手稿中也广泛地这样使用这个词,在《工资、价格和利润》中也是这样翻译的。不过,在现代英语中,produce 的主要义项已经不是名词,而是动词,表示生产这一行为,这个意义上的 produce 在《资本论》的翻译中也得到了广泛运用;而作为名词、表示产品和劳动成果现在只是 produce 一词的次要义项,而且只是在表示农产品总和的意义上少量地使用。大概是为了避免将作为名词的 produce 与《资本论》中大量出现的作为动词 produce 相混淆,后来的福克斯译本中已经将总产品改译为 total product。类似地,1887年英文版中的"劳动生产率"(productiveness of labour)和"工人"(labourer)的译法也与后来的用法习惯有较大出入,后来的福克斯译本将其分别改译为 productivity 和 worker。③

---

① 《马克思恩格斯全集》第28卷,人民出版社2018年版,第307页。

② Adam Smith, *An Inquiry into the Nature and Causes of the Wealth of Nations*. Vol. 1, London, 1817, pp. 348–349.

③ 对这两个译名的意见,参看书评 https://www.worldsocialism.org/spgb/socialist-standard/1980/1980s/no-908-april-1980/new-translation-marxs-capital/。

再比如，马克思提到美国黑人时使用的德语词是 Neger，1887 年英译本将其译为 negro，但也有少数地方译为 nigger。我们知道，在现代美国文化中，nigger 是一个对于黑人具有较强贬低和歧视意味的词，是一个应该避免用的词汇。有鉴于此，后来以 1887 年英文版为基础的多个版本，如《马克思恩格斯全集》英文版第 35 卷以及苏联出版的多个英译本，都将 nigger 一词替换为不具有歧视色彩的 negro 一词。

## 四、《资本论》第一卷1887年英文版译文差异辨析

恩格斯在校订 1887 年英文版时写道：这个译本"几乎相当于德文的第三版"①。应该说，恩格斯的这一评价是比较符合实际的。总体而言，除了上面提到的编辑改动外，英文版是较为严格地依据德文第三版翻译的，这也使得它与《资本论》第一卷法文版形成鲜明的对比。不过，由于语言特点、修辞习惯以及理论理解等方面的原因和理论传播的考虑，英文版文字在少数地方与德文原文也存在着一定的差异。在《马克思恩格斯全集》历史考证版（MEGA²）第 II/9 卷附属资料卷的异文表（Varientenverzeichniss）中，详细列举了英译文与德文原文意思有出入的地方约 570 处（包括上面提到的编辑改动），基本上囊括了英译本与底本德文第三版之间的所有主要文字差异。

大致来说，英译文与德文原文的译文差异可以归纳为五种类型，以下分别各举一例加以说明。为方便读者查证外文原文，以下所引德文第三版的文字出处为《马克思恩格斯全集》历史考证版第 2 部分第 8 卷页码，1887 年英文版的出处为历史考证版第 2 部分第 9 卷页码。在历史考证版的外文与相应原版外文即 1883 年汉堡迈斯纳版德文第 3 版和 1887 年伦敦桑南夏恩版英译本文字有出入时，将按原始外文给出文字和出处。中译文选自《马克思恩格斯文集》第 5 卷（人民出版社 2009 年版）。②

**（一）修辞转换**

马克思是一位思想深邃的伟大理论家，同时也是一位具有独特风格的语言大师，惯于运用合适的修辞形式来表达自己的思想。《资本论》作为马克思倾心打磨的理论巨著，是他的理论语言和表达风格的重要代表。恩格斯在校订译文的过程中有意识地根据马克思原文的语言风格对译文进行修

---

① 《马克思恩格斯全集》第36卷，人民出版社1975年版，第489页。
② 该卷译自1891年《资本论》第一卷德文第四版，不过由于本文所涉例子文字在德文第三版和第四版相同，因此这里选用的中译文是德文例句的对应译文。

改润色，使得英译本风格上同德文原文已经十分接近。不过，仔细分析少数与原文有差异的译文，我们可以看到英译本同德文原文之间在修辞、意象方面仍然存在一些细微的差别。

**例1：**

**德文：**…verwandelt er Werth, vergangne, vergegenständlichte, todte Arbeit in Kapital, sich selbst verwerthenden Werth, ein beseeltes Ungeheuer, das zu „arbeiten" beginnt, als hätt' es Lieb' im Leibe. (S. 207)

**英译文：**… the capitalist at the same time converts value, i. e., past, materialised, and dead labour into capital, into value big with value, a live monster that is fruitful and multiplies. (p. 169)

**中译文：**……他就把价值，把过去的、对象化的、死的劳动转化为资本，转化为自行增殖的价值，转化为一个有灵性的怪物，它用"好像害了相思病"的劲头开始去"劳动"。(第227页)

这个例子中我们主要探讨德文原文和英译文中所描绘的资本形象的差异。德文中，资本被描绘为 ein beseeltes Ungeheuer（有灵性的怪物），英文将其译成 a live monster，即一个活的怪物，二者在含义上有了一定的差别，显然，德文中的"有灵性的"更能体现价值增殖的目的性和自主性，是增殖的主体。接下来，德文中马克思引用了歌德《浮士德》的一句话"好像害了相思病"，以思春之情来比拟这个怪兽为增殖而工作的劲头，让人印象深刻，已经成为名言。这里我们也看到，通过恰当的翻译，马克思运用的德意志民族经典作家歌德的引文并没有阻碍中文读者去理解马克思原文的意思，读者借此能够对于资本追求剩余价值的形象有较为感性的把握。英译文这里没有将歌德的诗文译出，而是进行了意译和改译，表示这个怪兽是多产的（fruitful）、在不断繁殖（multiplies）。英译文也能体现价值的增殖特点，但似乎尚不足以表现出这种增殖的冲动和欲望，因此其表现力与原文相比有所减弱。

类似这样省略或替换掉原文中的文学形象、典故等的情况在英文版中还有若干。值得注意的是，其中省略的一些典故和形象并非德国语言和文化所独有的，而是基督教世界共有的。例如，马克思在论述大工业对儿童的压榨和剥削时，两次使用了"希律王式的"（herodisch）的表述（"希律王式的掠夺"、"希律王式的大规模掠夺"①）。这一典故出自《新约全书·马太福音》，那里写到，希律王为了搜捕刚出生的耶稣，下令将耶稣出生地

---

① 分别见《马克思恩格斯文集》第5卷，人民出版社2009年版，第464、868页。

伯利恒2岁以下的儿童全部屠杀。① 马克思用这个典故来比喻资本主义大工业对童工摧残身体、残酷剥削的极端暴行。在1887年英译本中这两处典故都省略未译。

(二) 文字简省

在《资本论》第一卷德文版中,随处可见各种"长难句",这些句子结构复杂、成分众多,既包括各类嵌套的关系从句,同时也包括许多其他的修辞性成分,尤其是大量的概念性定语成分。这种语言风格使得《资本论》第一卷表述严谨、内容丰富、思想深刻,但也带来理解的困难和翻译上的挑战。在个别情况下,鉴于德文原文的概念或者修辞词较多,英译文对其表述进行了一定程度的简化,省略一些修饰性词语不译。这样可能使得行文更为清晰流畅和易懂,但是同时也不可避免地会削减原文的丰富内容,造成某些微妙信息的丧失。这也表明,英文版呈现出一定的通俗化色彩和倾向。

**例2**:

**德文**:Zunächst ist das treibende Motiv und der bestimmende Zweck des kapitalistischen Produktionsprocesses möglichst große Selbstverwerthung des Kapitals, d. h. möglichst große Produktion von Mehrwerth also möglichst große Ausbeutung der Arbeitskraft durch den Kapitalisten. (S. 328 – 329)

**英译文**:The directing motive, the end and aim of capitalist production, is to extract the greatest possible amount of surplus-value, and consequently to exploit labour-power to the greatest possible extent. (p. 286)

**中译文**:首先,资本主义生产过程的动机和决定目的,是资本尽可能多地自行增殖,也就是尽可能多地生产剩余价值,因而也就是资本家尽可能多地剥削劳动力。(第384页)

这个例子的德文版用三句话,从三个不同的方面,来表述同一个意思,先是资本自行增殖,其次是生产剩余价值,最后,是资本家剥削劳动力。这三个表述从抽象到具体,从核心概念到现实的资本主义生产,最后落脚于具体的社会阶级关系,层层递进,论述严整,形式简洁,是《资本论》中的名句之一。英译文只翻译出了后两个方面,没有译出资本自行增殖这句话,无论是在修辞力度上还是在理论表述的严整性上都有所减弱。马克思指出,资本并不是物,而是一种关系,是贯穿资本主义生产方式矛盾运动的主体。资本的自行增殖是资本运动的动机和目的的最一般概括,是资本这一概念的核心和本质所在。而科学的资本概念则浓缩了整个资本主义

---

① 参见《新约全书·马太福音》第1章第16节。

生产方式的本质和规律。这也是马克思用"资本"（das Kapital）来命名他的这一巨著的原因。在界定资本主义生产过程的动机和目的时略去这一表述，这无疑是一个缺憾。

（三）内容增补

英文版在少数地方对德文原文的个别概念或简短论断进行内容扩展，扼要地说明其内涵或所指内容，使得有关的表述更加清晰明确。这里的文字扩展并非出于翻译技巧之故，并不同于增词翻译法，因为在多数情况下这些地方的英译文可以严格按照德文翻译而无须增词。因此，它是译校者为方便读者理解而自行做出的局部文字补充和完善，带有一定的文字编辑改动的性质。不过，由于在形式上这种文字增补紧紧依托原文的文句，它采取新增句子成分的形式，既不改变原语句主干，也不改变上下语句衔接关系，因此与增写完整的语句或段落的情况又有所不同，因此我们将这部分文字差异纳入译文差异的范围进行考察。这种类型的文字差异并不多，但是对于读者理解原文的一些疑难论述有一定参考价值，也体现了这一版本的通俗化色彩。

例3：

德文：Mit dem Schlendrian des unbeschränkten Arbeitstags, der Nachtarbeit, und freier Menschenverwüstung, gilt jedes naturwüchsige Hinderniß bald für eine ewige „Naturschranke" der Produktion. (S. 460 – 461)

英译文：Wherever there is a working day without restriction as to length, wherever there is night work and unrestricted waste of human life, there the slightest obstacle presented by the nature of the work to a change for the better is soon looked upon as an everlasting barrier erected by Nature. (p. 416)

中译文：只要不受限制的工作日、夜工以及对人力的肆意糟蹋照旧存在，每一种自然发生的障碍都会很快被看做生产上的永恒的"自然界限"。（第547页）

这个例子中，德文原文较为概括、凝练，但比较费解，尤其是"每一种自然发生的障碍都会很快被看做生产上的永恒的'自然界限'"这句话，其中"每一种自然发生的障碍"（jedes naturwüchsige Hinderniß）的表述并不很清晰，读者需要反复阅读上下文才能理解其意思。

英译文对这句话进行了适当的改译，将"每一种自然发生的障碍"翻译为"由工作的性质所产生的对于改善（工人状况）的最轻微的障碍"（the slightest obstacle presented by the nature of the work to a change for the better），略去了原文中的"自然发生"，取而代之的是对"障碍"的具体说明，从而更加明白易懂，便于读者更快地把握这里所要表达的主旨。

**(四) 理论歧异**

在英译文与德文原文的文字差异中，极个别差异可能具有一定的理论意义。这些差异是否改变了原文的理论意蕴，是否反映出译校者对于原文某些问题的特殊理解或发挥，成为一些研究者讨论的问题。下面略举一例。

**例 4：**

**德文：** Es folgt daher, daß die einfache Werthform der Waare zugleich die einfache Waarenform des Arbeitsprodukts ist, daß also auch die Entwicklung der Waarenform mit der Entwicklung der Werthform zusammenfällt. (S. 91)

**英译文：** It therefore follows that the elementary value-form is also the primitive form under which a product of labour appears historically as a commodity, and that the gradual transformation of such products into commodities, proceeds *pari passu* with the development of the value form. (p. 53)

**中译文：** 由此可见，商品的简单价值形式同时又是劳动产品的简单商品形式，因此，商品形式的发展也是同价值形式的发展一致的。(第 77 页)

这句话德文原文强调的是商品形式和价值形式之间的对应性和一致性。英译文作了改动，与原文有一定的出入。英译文第一句"商品的简单价值形式也就是劳动产品历史地表现为商品的最初的形式"(the elementary value-form is also the primitive form under which a product of labour appears historically as a commodity) 与法译文"商品价值采取的简单形式也就是劳动产品表现为商品的最初的形式"① 非常接近，应该是参考了法译文翻译的。但是，英译文在"商品的最初的形式"之前加了"历史地"(historically) 一词，这使得英译文既与法译文有所区别，同德文更有着明显的不同。通过"历史地"这个词，英译文把商品形式的产生看作一个特定的历史过程，并把最初的商品形式等同于简单价值形式。英译文的这处文本改动，使其卷入了一场学术争论的漩涡——在关于《资本论》第一章价值形式的讨论中，长期以来国际学术界都存在两种观点：一种认为马克思在这里分析的价值形式是对资本主义商品生产的价值形式的分析，是逻辑的；另一种则认为这种分析是从对前资本主义的、最初的商品生产开始的，因此是历史的。英译文的这一表述，也成为后一种观点的论据之一。而在认为价值形式的分析是纯粹逻辑分析的一方看来，恩格斯校订的英译文表明恩格斯理解的价值形式分析与马克思有所不同，有人甚至以此指责恩格斯未能理解

---

① MEGA², Bd. II/7, p. 43；《马克思恩格斯全集》第 43 卷，人民出版社 2016 年版，第 53 页。

马克思。① 本书这里只限于从译文的角度提供有关材料并比较几个译本之间的文本差异,有兴趣的读者可进一步参阅相关文献,此处不再展开。

**(五)关系颠倒**

除了上述几种译文差异外,1887 年英文版还有个别的误译。这些误译主要涉及一些范畴间的数量关系——英译文把比例关系弄反,结果导致上下文矛盾或不符合实际的情况。这些误译可能源自英译者的疏忽,也可能来自德文第三版原文,具体情况各不相同,下面也列举一例。

**例 5:**

**德文**:so lange das Werthverhältniß von Silber zu Gold unverändert bleibt, z. B. = 1:15. (S. 121)

**英译文**:so long as the ratio of the value of silver to that of gold remains unchanged, say, at 15:1. ②

**中译文**:只要金和银的价值比例不变,例如总是 1:15 ……(第 116 页)

马克思指出,价值尺度的二重化,即由金和银两种贵金属同时充当货币,是同货币作为价值尺度的职能相矛盾的。这个例句就是为说明这一原理所举的例子的一部分。这里德文原文表述很清楚,假定银和金的价值比例为 1:15,即同样重量的银和金的包含的价值量之比为 1:15。在后来的德文第四版中此处文字并未变动,与第三版一致。在法文版中,此处也是假定银和金的价值比例为 1:15。但是 1887 年英译文将银和金的价值比例误作 15:1。在中译文中(无论是根据德文第四版还是根据法文版翻译的中译文),这里也颠倒了这一比例关系——大概是为了照顾中文的表述习惯,这两个中文译本都将原文中银在前、金在后的文字顺序表述为金在前、银在后的"金和银",但又没有将原文的数字比例相应地从 1:15 改为 15:1,结果导致比例弄反。③ 此处福克斯译本也误译为银和金的价值比例为 15:1。

## 五、结语

出版《资本论》第一卷的英文版是马克思生前的愿望之一。马克思去

---

① 相关的讨论可参见李乾坤:《历史的还是逻辑的?——价值形式分析的两个不同阐释方向》,《当代国外马克思主义评论》2017 年第 2 期。

② Karl Marx, *Capital*, London, Swan Sonnenschein, Lowr, & Co., 1887, p. 68. 在《马克思恩格斯全集》历史考证版(MEGA²)第 II/9 卷、第 83 页,此处已经改为正确的比例 1:15,并在第 763 页的勘误表中指出了这一改动。

③ 此句德文第 4 版、法文版和法文版的中译文分别见 MEGA², Bd. II/10, S. 92; Bd. II/7, pp. 73-74;《马克思恩格斯全集》第 43 卷,人民出版社 2016 年版,第 90 页。

世后，恩格斯作为马克思的文献遗产执行人，为了马克思主义和科学社会主义在英国和英语世界的传播，审时度势，及时组织启动《资本论》第一卷的英译工作，最终于1887年出版，实现了马克思的遗愿。这是恩格斯为马克思文献遗产编辑出版事业、为马克思主义政治经济学理论体系的构建和传播所作的又一重要贡献。

通过以上对《资本论》第一卷1887年英文版编译工作的介绍，我们对于这一版本可以形成如下几点认识：

首先，这是一个忠于德文第三版同时又带有一定通俗化色彩的译本。《资本论》第一卷1887年英译本是较为忠实地依据德文第三版翻译的。恩格斯编辑和校订这一译本时所遵循的精神，同他编辑出版马克思其他著作的指导思想是一致的，那就是出版"马克思的真正著作"。本文第四部分集中展示了英译文与德文底本的一些典型差异，可能会给人以一种译文与底本之间差异很大的印象。需要指出的是，这些分析已经基本上涵盖了两个版本之间主要的差异，且这些差异在全书中所占的比重极小，而且这些差异有一部分还是恩格斯根据马克思留下的指示而作出的。因此，这些差异并不影响我们对其忠实性的总体判断。就此而言，恩格斯的这个译本"几乎相当于德文第三版"的说法是中肯的。当前国际上流传的《资本论》第一卷各个英文版本中，大多数的译文都是以此译本为基础，或者直接参考了这一译本的事实说明了这一点。

我们对这一译本编辑改动的梳理和译文差异的分析也发现了这一译本的一个重要特征，那就是它所包含的通俗化色彩。我们看到，1887年英文版的文本变动（包括正文和注释的增删调整）、术语翻译和译文差异中，相当一部分是为了将德文版中一些复杂难懂的概念具体化，把一些含义不明的表述清晰化，把一些抽象凝练的论述简明化，以及将一些德国文化形象英国化等。这些改动、改译，有些是遵照马克思留下的指示参考法文版所作的，有些是恩格斯根据实际情况自行作出的，但是它们的目的和效果是显而易见的——改进了原文表述，更便于读者尤其是英国读者的理解接受。就此而言，这个版本有着一定的通俗化色彩。

其次，这是一个开创性地建构了马克思主义政治经济学英文术语体系的权威版本。1887年英文版对于《资本论》基础概念和重要术语的翻译充分吸收了古典政治经济学的用语和马克思恩格斯既往的翻译成果，又进行了重要的创新，出色地完成了政治经济学术语的英译工作，从而首次构建起马克思主义政治经济学的英文术语体系。这一版本制定的重要政治经济学术语的英译名已经成为后来各主要英译本通用的译名基础，这是英文版对于马克思主义学术文化和理论传播做出的重要贡献，这也奠定了该译本在《资本论》第一卷英译史上不可撼动的地位。

再次,这一版本为《资本论》第一卷的最终定型发挥了积极作用。在《资本论》第一卷的各个权威版本中,1887年英文版在时间上介于德文第三版和第四版(即后来的通行版本)之间,它构成了后二者之间的重要过渡。英文版基于德文第三版翻译,在编辑、校订过程中进一步吸收了一些法文版的改动,并根据需要补充了个别最新材料。英文版的这些改动中有部分被吸收到后来的第四版中。此外,英文版在资料如注释方面的调整和引文方面的修正在第四版中也得到了一定的体现。因此,这一版本为德文第四版的改进发挥了积极作用,是《资本论》第一卷最终定型前的一个重要版本。

最后,这是一个有着一定的独立学术价值的权威译本。从研究的角度看,1887年英文版作为恩格斯亲自编辑校订的《资本论》译本,虽然其中具有理论意义的文本改写和翻译差异不像法文版那么多,但它与德文版之间少量的文字差异仍然具有一定的学术价值,深入研究这些差异,将为我们进一步理解《资本论》中的个别概念、论断和有关的理论问题提供重要参考。

当然,随着人们对于《资本论》阅读和理解的不断深入以及社会文化的发展变迁,这一译本也存在着个别术语翻译不够准确、个别用语稍显过时以及极个别的误译等白璧微瑕。但是总的来看,这些并不妨碍这一译本作为权威性通俗译本的地位。今天这个译本仍然是普通英语读者学习《资本论》的重要版本。在后世流传的《资本论》第一卷各个英文版本中,多数都是这一译本的再版的事实也说明了这一点。

# 作为生命政治学可知性条件的《资本论》

林 青①

"生命政治"是福柯在20世纪70年代中期提出的一个概念,旨在描述欧洲社会17—18世纪社会转型过程中所出现的一种新的社会治理技艺。换言之,这是福柯在分析和反思了这段历史之后所发明出来的一个新的解释范式。而17—18世纪的欧洲,正是资本主义生产方式逐渐成形并占据社会主导地位的时期。福柯"生命政治"范式所从出的那个时代,正是马克思的《资本论》所分析的资本主义生产方式的时代。讨论《资本论》中的生命政治元素,要在对资本主义生产方式的内涵及其外延的分析中得到展示。《资本论》对资本主义生产方式的讨论,作为一种整体性的分析,一定会带出对社会各层面问题的讨论,这些讨论有些是直接主题化的,有些是衍生性的话题。《资本论》的生命政治元素,主要是从《资本论》对资本主义生产方式的分析,来解释生命政治的可知性条件。换言之,《资本论》中的生命政治元素,不是以生命政治来阅读《资本论》,而是从《资本论》的内容出发,为更好地理解生命政治提供前提性的考察。本文认为,从《资本论》的相关论题及其视角出发,生命政治的背景与主题才能得到真正的揭示。当然,就《资本论》的生命政治元素而言,其本身也存在论域的界限,一种简单的、概念性的对照研究是难以形成说服力的,毕竟二者的主题化论述存在本质的差别。

## 一、《资本论》生命政治元素的论域界限

生命政治作为一个主题化的对象,并不是马克思《资本论》论域中的自觉话题,它是在福柯生命政治的视野中被激活的一些理论元素。但之所以能够进行二者关系的探索,在一定程度上是因为二者的对象都是以资本

---

① 林青,复旦大学马克思主义学院副教授。

主义生产方式为基础的现代社会，只是其各自展开的层面不同而已。也正因为如此，对二者关系的讨论，必须还要有一个更大的背景来实现二者视域的融合。当然，在已有的学术讨论中也存在着很多直接对比的研究，对《资本论》中的某个论述直接作福柯式生命政治学的阐述，比如将《资本论》中有关监督、监视的论述与福柯讨论的规训惩罚联系在一起，从而指认这就是《资本论》生命政治学的体现。这种比较貌似可取，都是在相同的概念中展开，但如果细究福柯生命政治学的独特内涵，我们就能发现其中的概念误用或者偷换概念。

因为福柯在两者之间做了明确的界定和区分，一个是身体的解剖政治，一个是人口的生命政治。《规训与惩罚》中对于监视的讨论，大多是在身体的解剖政治维度来展开的，虽然最终目的在于社会层面，但直接的目的在于个体的规训。而以"人口"为对象的生命政治，并不是在《规训与惩罚》中提出来的，重点也不在于监视对于个人的规训作用，而在于人口的整体平衡。如果对《资本论》中关于监督、监视的论述直接做生命政治的解读，在很大程度上可能会混淆两种不同的政治分析类型，或者说混用了两个不同的分析序列。虽然在福柯那里，这两种序列往往是相互补充的，但不处在同一层面，更不能相等同。

所以，《资本论》与生命政治学的关系，在主题和内容上，并不是原初的相关性，而是一种反思的相关性。我们在《资本论》中很少或者基本看不到福柯式生命政治学意义上的生命权力，即以对生命负责的名义所展开的社会管理。从《资本论》的论述中可见，基本都是对生命的否定的论述，即如何剥削的问题。就此而言，这种直接的比较是难以主题化的。但二者确实有可以展开比较的维度，这一方面是在反思的维度上展开，即以《资本论》的视角来理解生命政治可能的前提与背景；另一方面是《资本论》中所展示的以资本为主导原则的权力关系变化和治理机制的变化，这些变化的内容中，有些是契合福柯所讨论的从司法权力向技术权力的转变的。在《资本论》中，我们确实看不到司法权力维度对工人的剥削。因为按照马克思的理解，司法权力基本是在流通领域中呈现的，比如雇佣劳动与资本家在市场的"自由而等价"的交换而形成的契约关系。这种契约关系受司法权力的保护，在形式上不存在所谓的剥削问题。但《资本论》中确实也呈现了"资本"或者其实现的具体机制，比如分工、工厂、大工业生产所带来的新的技术，以及这种新的技术对工人的新的要求。与其说是一种"要求"，不如说这就是一种"权力"，一种不同于司法权力的权力形式。因为，一旦进入生产领域，这种要求就会成为直接的、强制性的绝对命令。这种"权力"形态的变化，是福柯所讨论的生命政治得以可能的权力形态变化的一个重要基础。按照马克思的理解，资本家与工人在市场上的契约行为，通过资本家预付工资的形式得以确立，这个过程是一种平等自由交换的过程。一旦这个过程完成，工人进入生产环节，资本家出于对利润的追逐，工人便只能服从于生产管理的权力。这种权力形态，不再是司法权力的内容，而是一种资本的权力形态。在这种权力形态下，资本家通过分工、机器化大生产等，将工人牢牢地植入生产过程中。这是资本权力形态的一个方面，尤其体现为对剩余价值的榨取，这种榨取是在生产过程中直接呈现出来的。预付工资的模式是不承认所谓的剩余价值的，因此，对剩余价值的剥夺是在司法权力的模式之外，而处在资本的权力之中。而这种权力形态之变及其所带来的社会效应，是生命政治化的重要原因。资本权力形态的另一个方面，表现在劳动形态变化的需要，这种变化的核心要义就是劳动的社会化。劳动社会化，相较于传统的行会或作坊式生产，一定会带来对于劳动（力）配置的社会化。这个社会配置化的过程，同样是生命政治化的直接背景与原因之一。基于此，就《资本论》的生命政治元素而言，资本权力形态的形成与劳动社会化所带来的生命政治效应，是二者关系的主要切入点。

## 二、生产的资本权力与生命权力

福柯对生命政治的阐述中，基本的出发点是权力形态的变化。权力形态的变化，源于对象的变化，即人口的主题化。福柯指出，"在这一切中，我认为有一些重要的东西。第一个是：出现了一个新的要素，法律理论和惩戒行为都不认识他。法律理论实际上只认识个人和社会：订立契约的个人和由个人自愿或默认的契约建立起来的社会实体……在这个新的权力技术中接触到的不完全是社会；也不是个人—肉体。这是新的实体：复杂的实体，按人头数算的实体……这就是'人口'概念"①。人口主题化，按照福柯的逻辑，是一种超乎法律理论的话题，这必然带来权力形态的变化。而新的生命权力，按照生命政治学理解，本身也不再是传统的生杀大权，而是一种新的以对生命负责的名义展开的权力形态。

这种权力，按照福柯的说法，并不是一种司法权力。"福柯经常说，他更偏爱马克思的历史和政治著作，而不是经济学或哲学著作，不过《资本论》第一卷是一个重要的例外。1976年，福柯在巴西的一次会议上提交了论文《权力的网络》，文中指出，他之所以以技术而非司法的进路来理解权

---

① ［法］米歇尔·福柯：《必须保卫社会》，钱翰译，上海人民出版社1999年版，第231页。

力,源于他对《资本论》的阅读。"① 这是福柯直接指明其对于权力的思考与《资本论》的启示。而从一种司法的权力发展到一种"技术"的权力,是生命政治学的内涵之一。福柯在生命政治学的论述中,一直强调技术与权力的联合带来了整个社会治理技艺的创新。

在《资本论》中,马克思在讨论资本主义生产方式的形成过程中,在讨论"协作"环节时,也指明了一种"资本"权力的形成。而这种协作生产又是资本主义生产的出发点,"人数较多的工人在同一时间、同一空间(或者说同一劳动场所),为了生产同种商品,在同一资本家的指挥下工作,这在历史上和概念上都是资本主义生产的起点"②。这意味着资本家对于生产的权力是这种生产方式的内在组成部分。正如马克思所说,"资本家所以是资本家,并不是因为他是工业的管理者,相反,他所以成为工业的司令官,因为他是资本家。工业上的最高权力成了资本的属性,正像在封建时代,战争中和法庭裁判中的最高权力是地产的属性一样"。"亚洲和埃及的国王或伊特鲁里亚的神权政治的首领等等的这种权力,在现代社会已经转到资本家手里。"③ 按照马克思的说法,资本的权力主要就体现在工业生产对人的基本规定,以工业管理者的形态出现。之所以要管理与协作,是因为生产方式的变迁,或者说财富来源的变迁。正如马克思所说,重商主义时代,商业资本是不负责组织劳动的。因此,其不会介入对劳动的管理及其权力的配置中,但是进入产业资本时代,一个重要任务就是组织劳动、组织生产。因为组织劳动变成了资本的核心要义,也就是死劳动如何支配活劳动的问题。这是资本实现自我增殖的核心环节,因此资本需要一种不同于司法权力的"权力"形态来完成这一配置过程。而这个权力,在劳动者将自身的劳动力作为商品出售给资本家时就开始发挥效应。按照马克思的说法,就是资本家通过预付的形式,取得了对作为商品的劳动力的使用权。所以,马克思在《资本论》中说,传统的权力现在开始转移到资本家手里,"工业上的最高权力"变成了资本的内在属性了,"一切规模较大的直接社会劳动或共同劳动,都或多或少地需要指挥,以协调个人的活动,并执行生产总体的运动——不同于这一总体的独立器官的运动——所产生的各种一般职能。一个单独的提琴手是自己指挥自己,一个乐队就需要一个乐队指挥。一旦从属于资本的劳动成为协作劳动,这种管理、监督和调

---

① [美] 亚历克斯·费尔德曼:《权力、劳动力与生产力——福柯对〈资本论〉的解读》,梅白沙译,载《国外理论动态》2021 年第 5 期。
② 《资本论》第 1 卷,人民出版社 2004 年版,第 374 页。
③ 《资本论》第 1 卷,人民出版社 2004 年版,第 386—387 页。

节的职能就成为资本的职能。这种管理的职能作为资本的特殊职能取得了特殊的性质"①。所以，在《资本论》中，我们可以看到随着资本主义生产方式的成型，资本对于生产领域的管理和配置越发的精细。这种权力首先是通过物而形成的对人的管理。通过分工、技术和机器、工厂制度等来实现对人的安排，尤其是机器大工业生产模式，使得人成为机器的附庸。人必须按照机器生产的节奏来进行活动，人就被技术程序所规定。就此而言，知识和权力在机器化大工业生产中得到了有效的结合，成为一种新的统治权力。按照福柯生命政治学的论述，知识与权力结合的新权力形态，正是生命政治时代的主要权力形态。只不过，福柯借助于这种权力形态来讨论人口的管理，而马克思在《资本论》中是用来讨论对劳动力的管理。但无论是人口还是劳动力，在资本主义生产方式的原则下，都是雇佣劳动及其潜在形式，都内在于资本的配置之中。这也就呼应了福柯所说的，通过《资本论》的启示而获得了对新的权力形态的思考和论证。

但问题是权力形态为什么要发生变化？古典的君主权力的式微，生命权力的凸显，这个过程虽然表现为权力形态的变化，实际上还有更本质的原因。虽然二者的具体对象并不同一，但是其最终的目的都是指向资本主义生产方式。马克思在《资本论》中对此的讨论，在于说明资本如何通过管理社会生产来获得自我增殖和自身的再生产，而福柯对生命政治的论述，则展示了生命权力本身是如何服务于资本主义的生产和再生产。福柯在最初讨论生命政治时就已经直接指出来，反而在后来的具体论述，并没有这种直接关系的呈现。这就是生命权力与资本主义生产方式的关系。

福柯明确地指出，"这一生命权力无疑是资本主义发展的一个必不可少的要素。如果不把肉体有控制地纳入生产机器之中，如果不对经济过程中的人口现象进行调整，那么资本主义的发展就得不到保证"②。就此而言，在一定的程度上，我们可以说，马克思对于资本权力及其对劳动力的支配和管理的分析，是在具体的生产领域展开的生命政治化的原初形态和潜在趋势。而福柯则是在社会整体层面，尤其是通过一种知识和权力的结合来讨论人口的管理，呈现的是生命政治的完成状态。

从这种关系中，我们就能恰当地讨论《资本论》中的生命政治元素。也就是说，生命权力高扬的时代，也是劳动价值论成型的时代。人口作为劳动力的整体形象，意味着社会财富的创造。呵护人口，就是呵护劳动力，就是呵护社会财富。在这个意义上，我们就能理解生命权力所呈现出来的

---

① 《资本论》第 1 卷，人民出版社 2004 年版，第 384 页。
② ［法］米歇尔·福柯：《性经验史》，佘碧平译，上海人民出版社 2000 年版，第 101 页。

对生命负责的名义。换句话说，之所以对生命负责，不在于生命本身，而在于生命在资本主义生产方式中的运用。所以，按照生命政治学的理解，对于人口的负责，实质上是另有目的，"要把人口变成国家的力量和财富的源泉，它要保证这些按照规定工作，在规定的地方并按照规定的目标工作"①。所以，生命政治只关注整体的人口，而不是关注某个特殊人的生命存在状况，关注的是如何将人口与国家力量和财富增长匹配起来。就像资本家不会去关注某个雇佣劳动者而只关心劳动力市场的供求关系及其工资涨幅所带来的影响一样。

## 三、劳动社会化与生命政治化

生产的资本权力之所以能够成为可能，主要还是生产方式的变化，具体说就是组织生产的方式发生了变化。"福柯最感兴趣的是将具体劳动转化为'抽象劳动'（即使他并未使用这个明确的术语），以及资本接管和组织劳动过程的方式。正如马斯顿所说，马克思告诉我们为什么这种转化需要一种新的权力形式，而福柯则告诉我们这种权力是如何运作的。"② 资本接管和组织劳动的形式，在《资本论》中的直接表现就是劳动的社会化。

劳动社会化意味着社会层面对劳动的管理，而不再是某个作坊或者行会内部来执行，这一定会带来治理模式的转变。在传统的生产模式中，比如行会生产中，徒弟与师傅的关系，带有封建宗法伦理关系，有人身依附关系，对于生产具有较强的独自掌控能力。但随着资本主义生产方式的诞生，打破了人身依附关系，雇佣劳动以自由的身份在市场上与资本家进行等价交换。在这重关系中，资本家没有权力对劳动力进行政治权力关系上的操作，这也是马克思所说的"政治解放"社会效应之一。其次，随着分工的发展，劳动社会化，对劳动力的整体管理就不能再仅仅通过资本家来完成。按照马克思在《资本论》中的理解，劳动社会化表现为协作劳动，这是整个资本主义生产的出发点。在资本主义生产方式的形成过程中，之所以能形成对于传统生产方式的绝对优势，其中一个重要的原因就在于这种社会生产的分工及其所带来的生产的社会化。正如马克思在《共产党宣言》中所说的，资本是一种社会活动的产物，它不是一种纯经济的活动，

---

① ［法］米歇尔·福柯：《性经验史》，余碧平译，上海人民出版社2000年版，第55—56页。

② ［美］亚历克斯·费尔德曼：《权力、劳动力与生产力——福柯对〈资本论〉的解读》，梅白沙译，载《国外理论动态》2021年第5期。

它需要社会的一整套关系和机制来加以配合和维护。这就需要在社会、国家的整体层面来进行操作。在《共产党宣言》中，马克思最终使资本的这种属性，在对现代资产阶级国家的职能定位中得到了呈现，即现代的代议制国家不过是管理资产阶级事务的委员会罢了。福柯讲的生命政治化，核心是人口的治理，按照马克思的理解，实质就是劳动力问题。"根据资本的积累来调整人口的增长，以及根据生产力扩展和利润的不同分配来确定人类组织的增长，从某一方面来说，这些都是由于生命权力按照多种形式和多种步骤的运作才得以可能。对肉体的塑造及其价值规定和对肉体力量的分配管理在那时是必不可少的。"① 生命政治学在国家和社会层面对人口进行分析、干预、调节，从而使人口处在一种总体的平衡中。当然这种平衡总是相对的，原因在于这种平衡只是相对于社会生产的需要。

所以，劳动社会化，在一定的意义上必然带来生命政治化。一方面是劳动属性使然，即劳动不再是单个行会或者师傅所能管控的，一方面在于劳动社会化本身的目的在于社会整体财富的创造。

就劳动社会化而言，一个直接的体现就是大工业生产。大工业生产与工场手工业生产的起点不同，决定其社会要求的不同。工场手工业生产，按照马克思在《资本论》中的说法，是以劳动力为起点，大工业生产是以生产资料为起点。"生产方式的变革，在工场手工业中以劳动力为起点，在大工业中以劳动资料为起点。"② 从直观上来看，好像传统生产应该更加关注劳动力、人口问题，大工业生产更加关注生产资料及其资本化的问题。但细究的话，可以得出完全不一样的结论。以劳动力为起点，意味着生产材料围绕着劳动力转，有什么样的劳动力就要有什么样的生产材料与之匹配。在劳动力相对确定的情况下，生产材料的配给就能确定。而在大工业生产中，生产资料作为起点，生产资料的变化，决定了对劳动力的需求。这意味着，生产资料是自变量，劳动力是应变量。而资本主义生产方式的一个重要机制就是不断地使生产资料转化为资本，在这个过程中，生产资料的积累及其转化为资本的欲望，必然意味着对劳动力的需求和管理。如果换成生命政治的话语，生产资料的多寡，意味着对人口的配置措施。人口的调整服务于社会的总生产资料。这也是福柯在讨论生命权力时所暗示的，人口总是要按照资本积累的节奏而不断地嵌入生产过程中。按照马克思的分析，生产资料总在不停地趋于转化为资本，资本通过占有活劳动而获取利润，继而扩大再生产。新的循环就开始了。在这个不断自我膨胀或

---

① [法] 米歇尔·福柯：《性经验史》，佘碧平译，上海人民出版社 2000 年版，第 102 页。
② 《资本论》第 1 卷，人民出版社 2004 年版，第 427 页。

积累的循环中，劳动力也好，人口也罢，都是因此而被调整。

同时，劳动社会化的前提是社会分工，随着分工的发展，个人因只需要熟练某个单一的工作环节，这使得工人的教育因素在很大程度上得不到保证，甚至在不断地削弱。面对这种境况，马克思指出，"为了防止由于分工而造成的人民群众的完全萎缩，亚当·斯密建议由国家来实施国民教育，虽然是在极小的范围内实施"①。在马克思看来，斯密已经看到了分工对人口所造成的极端负面影响，也在国家和社会层面开始关注这个话题。但对此话题的关注，目的不在于人口自身的健康和素质，而在于其对整个社会经济运行发展的影响。在此，我们可以看到，国家对国民教育的提供，本身不在于人口，而在于人口的使用，在于人口所具有的政治经济学效果。这些都可以看成是上文中提到的生命政治化的原初形态。

总之，劳动社会化一定会带来生命政治化，这是资本主义生产方式的必然结果。在《资本论》中，马克思并没有在生命政治化的主题中来展开劳动社会化的这种社会效应，但其本身确实为理解生命政治化得以出现提供了最基本的前提和可知性条件。生命政治化及其所带来的一系列社会效应，如果从资本主义生产方式所倚重的劳动社会化来理解，便更能获得其合理的解释，尤其关乎生命政治化的原初背景阐释。

## 四、相对剩余价值生产的内在需求与生命政治化

马克思对协作、劳动社会化、大工业生产的讨论，都是在《资本论》第四篇即相对剩余价值的生产中展开的，其主题是社会生产趋于从绝对剩余价值的生产转向相对剩余价值的生产。绝对剩余价值的生产，就是无偿延长工人的劳动时间，从而榨取高额利润。绝对剩余价值的生产，对于劳动力来说，便直接体现为一种赤裸裸的否定式的方式。绝对剩余价值的生产，就对劳动力的剥夺而言，总是有一个限度。"单靠滥用妇女劳动力和未成年劳动力，单靠掠夺一切正常的劳动条件和生活条件，单靠残酷的过度劳动和夜间劳动来实现的劳动力的便宜化，终究会遇到某些不可逾越的自然界限。"②就此而言，一旦达到这种自然界限，意味着资本主义的生产也就触碰到了其自身的界限。因此，这种原始粗鲁的剥夺方式本身是难以为继的，这就要求必须调整策略。"大工业还使下面这一点成为生死攸关的问题：用适应于不断变动的劳动需求而可以随意支配的人，来代替那些适应

---

① 《资本论》第 1 卷，人民出版社 2004 年版，第 419 页。
② 《资本论》第 1 卷，人民出版社 2004 年版，第 541 页。

于资本的不断变动的剥削需要而处于后备状态的、可供支配的、大量的贫穷工人人口；用那种把不同社会职能当作互相交替的活动方式的全面发展的个人，来代替只是承担一种社会局部职能的局部个人。"① 要面对这个问题，相对剩余价值的生产，对人口、劳动力的"照顾"就势在必行。因为，相对剩余价值的生产，在一定程度上并不是一种直观的否定形式。相对剩余价值的生产，一方面是技术发展所带来的生产效率的提升，一方面是提高劳动者素质。后者的出现，意味着生命政治逻辑的出场。换而言之，生命政治对人口的关注和维护，是这种生产的内在组成部分。马克思在《资本论》中说过这么一句话，可以帮助我们来理解其中生命政治的元素，即"为了迫使资本主义生产方式建立最起码的清洁卫生设施，必须由国家颁布强制性的法律。还有什么比这一点能更好地说明资本主义生产方式的特点呢？"② 为了使得资本主义生产方式有效地运转，确保生产资料转化为资本，人口、劳动力就必须得到有效的保护。资本主义生产方式的这种特点，如果按照福柯的理解来说，这就是生命政治化的特点。在福柯的《领土、安全与人口》中，我们可以看到诸多对城市环境、卫生条件的关注，并将其看作对人口健康呵护的基本领域。

就生命政治化的逻辑而言，福柯将生命政治学对人口的关注与资本积累联系在一起，但其并没有展开具体的分析，只是在一个宏观的视角提示了出来。这种宏观的关联表现为生命政治学与资本主义生产方式的内在契合之上。但生命政治学之所以表现出其自身的新的特征，还应从资本主义生产方式的内在需求来阐发。马克思在《资本论》中对相对剩余价值生产的思考，展示了这种生产方式不断进行自我调整的原因。生命政治学诞生的原初背景，与这种"自我调整"密切相关。从一开始的资本原始积累、绝对剩余价值的生产到相对剩余价值的生产，资本主义生产方式都在不断地调整对于社会要素的配置。在这个配置的过程中，生命的政治化是其社会效应之一。本文前面论及的分工、机器化大生产和劳动社会化，最终会带来生命政治的逻辑。当然，这种逻辑在马克思的《资本论》中并没有得到主题化的论述，但其构成了对此论题的合理化背景。或者说，马克思在《资本论》中对资本主义生产方式的分析及其自我调整的原因，为理解生命政治学提供了更加原则性的前提。如果没有在相对剩余价值生产维度的需要，生命政治学所展示的对人口的关注、呵护与调整就不可能出现。相对剩余价值的生产，摆脱了绝对剩余价值生产对人的直接赤裸裸的剥削，从

---

① 《资本论》第1卷，人民出版社2004年版，第561页。
② 《资本论》第1卷，人民出版社2004年版，第554页。

而在一种"正面"的维度来推进生产。这些"正面"的维度,为解释生命政治化的形成提供了最初的语境。因此,对生命政治学的分析,不能仅仅停留于生命政治学本身的内涵,关键在于揭示其可能的前提和缘由。如果仅仅停留于生命政治学的内涵分析,那基本无法理解福柯为什么将17—18世纪的欧洲社会理解为生命政治诞生的社会历史语境。

## 结语

就本文对《资本论》与生命政治学的对比研究来说,基本的路径与方法仍然是唯物史观。作为生命政治学可知性条件的《资本论》,旨在说明《资本论》对资本主义生产方式诞生、运行及其特征的阐释,为理解生命政治学提供了最基础性的前提。在《生命政治的诞生》一书中,福柯将生命政治的诞生框架锚定在自由主义原则,并在此基础上展示自由主义新的社会治理技艺。从福柯的这个论断可知,生命政治学的诞生背景就是资本主义生产方式,而《资本论》可以说是资本主义生产方式的"病理学"。因此,二者存在着诸多的理论连接点,比如马克思是在劳动价值论上讨论劳动力对于资本主义生产方式的价值。就此而言,可以说是生命经济学。而福柯则是在生命权力对人口的治理维度展开其对于资本主义生产方式的价值,也就是生命政治学。福柯是在权力话语层面来展开这个论述,呈现的是知识与权力的联盟。但最终目的,正如福柯自己所述,是服务于资本积累和经济发展。就此而言,二者都抓住了资本主义生产方式的基本内容,只是呈现方式有巨大的差异。而根本的差异在于,马克思的《资本论》、劳动价值论等话题,最终是要消灭劳动与资本的这种关系。而福柯的生命政治学,并没有在直接的意义上表达对这种关系的判断。所以,福柯的生命政治学就只表现为一种描述性的理论范式,而《资本论》在此意义上则体现得更为根本和彻底。

# "生命共同体"的本体论意蕴
## ——基于恩格斯自然辩证法的理论视域[①]

**赵光辉 张海波**[②]

自习近平总书记2013年在《关于〈中共中央关于全面深化改革若干重大问题的决议〉的说明》中提出"山水林田湖是一个生命共同体"到"山水林田湖草是一个生命共同体",再到2017年党的十九大报告中提出"人与自然是生命共同体","生命共同体"思想经历了从认识论到本体论的飞跃,构成了习近平生态文明思想的一个核心范畴。"生命共同体"作为"习近平生态文明思想的时代高点"[③]、"新时代中国特色社会主义思想对人与自然关系最深刻、最科学地揭示"[④],受到生态哲学、环境伦理学、生态文明建设等领域研究者的关注,成为生态文明研究领域的焦点之一。从知网数据看,研究成果可谓汗牛充栋、恒河沙数。其主要集中于逆向探讨这一思想的理论渊源[⑤]、正向阐释这一思想的内涵(精神实质)[⑥]、方法论意义[⑦]等维度。但

---

① 国家社会科学基金一般项目"习近平新时代中国特色社会主义生态文明思想的历史维度研究"(19BKS046);浙江省习近平新时代中国特色社会主义思想研究中心预立项课题"'绿水青山就是金山银山'理念与新时代美丽浙江建设";温州市社会科学课题"习近平生态文明思想在浙江的萌发与意义研究"(22WSK596)。

② 赵光辉,浙江省习近平新时代中国特色社会主义思想研究中心研究员、温州大学瓯江特聘教授、硕士生导师;张海波,浙江省习近平新时代中国特色社会主义思想研究中心研究员、温州大学马克思主义学院讲师。

③ 阳志标:《生命共同体:习近平生态文明思想的时代高点》,载《北方民族大学学报》(哲学社会科学版)2019年第4期。

④ 张光紫:《生命共同体:生态哲学的基础命题》,载《自然辩证法研究》2018年第8期。

⑤ 陆飞雪、吴岩:《人与自然生命共同体理念的理论基础及实践路径》,载《广西社会科学》2019年第11期。

⑥ 罗红杰:《习近平"生命共同体"理念的生成机理、精神实质及价值意蕴》,载《中州学刊》2019年第11期。

⑦ 王雨辰:《习近平"生命共同体"概念的生态哲学阐释》,载《社会科学战线》2018年第2期。

学术界的研究成果基本上囿于认识论或者从认识论出发去研究"生命共同体",仍缺乏对其本体论意蕴的研究和揭示。

如果说"山水林田湖是一个生命共同体"还是一个基于系统观点的认识论命题,那么"人与自然是生命共同体"则已上升到"奠定了社会主义生态文明的哲学本体论基础"①的高度,回答了"人与自然之间是什么关系"这一根本性问题。而对于一个本体论命题,如果不从根本上阐释清楚其内涵,或者只满足于纯粹的认识论判断,那么其本真的深刻含义也就无法巩固,因为"仅仅有认识还是不够的"②。理论只有彻底,才能掌握群众,而只有掌握了群众,才能变成"改造世界"的"物质力量"。"恩格斯的自然辩证法概念为我们理解生态危机开辟了新天地"③,"《自然辩证法》堪称生态文明建设的哲学宣言"④。恩格斯的自然辩证法为我们澄清这一命题的本体论内涵提供了理论框架。回到自然辩证法去澄清和把握其本体论内涵,才会让"人与自然界是生命共同体"融入每个人的"血液"中、融入每个人的"生命"中,才有可能把生态环境理解为"我们的眼睛",才有可能实现"像对待生命一样对待生态环境"⑤。

## 一、自然的规律性:生命共同体的原初依据

虽然"创立了真正的唯物主义和实在的科学"的费尔巴哈使"唯物主义重新登上了王座",马克思恩格斯"一时都成为费尔巴哈派了"⑥,但是马克思恩格斯并没有止步于费尔巴哈的直观唯物主义。当黑格尔学派解体后,"给我们的影响比黑格尔之后任何其他哲学家都大"⑦的费尔巴哈没有"批判的克服"黑格尔哲学就"简单地把它抛在一旁"时,马克思并没有"被过分茂密的保守的方面所窒息"⑧,而是发现了黑格尔哲学中"非批判

---

① 张云飞:《"生命共同体":社会主义生态文明的本体论奠基》,载《马克思主义与现实》2019年第2期。
② 《马克思恩格斯文集》第9卷,人民出版社2009年版,第561页。
③ Paul Blackledge: *Friedrich Engels and Modern Social and Political Theory*, Albany: State University of New York Press, 2019, p. 16.
④ 郝栋:《恩格斯〈自然辩证法〉的生态思想及中国实践》,载《自然辩证法研究》2020年第6期。
⑤ 中共中央文献研究室编:《习近平关于社会主义生态文明建设论述摘编》,中央文献出版社2017年版,第8页。
⑥ 《马克思恩格斯文集》第4卷,人民出版社2009年版,第275页。
⑦ 《马克思恩格斯文集》第4卷,人民出版社2009年版,第266页。
⑧ 《马克思恩格斯文集》第4卷,人民出版社2009年版,第271页。

的运动所具有的批判的形式"①，认为黑格尔是"第一个全面地有意识地叙述了辩证法的一般运动形式"②的人，进而将"主语和谓语之间的关系被绝对地相互颠倒"③的黑格尔辩证法颠倒过来，将辩证法奠基在唯物主义基础之上，创立了科学的唯物主义辩证法。恩格斯承接唯物主义辩证法之要义，把认识理解为"这个过程（现实世界发展过程——作者注）在思维着的头脑中的反应"④，把"头脑中的辩证法"即思维辩证法理解为"只是现实世界即自然界和历史的各种运动形式的反映"⑤，从而开创了马克思主义哲学的一个全新领域——自然辩证法。自然辩证法的创立，为我们从本体论层面理解"生命共同体"提供了理论基础。

首先，恩格斯通过自然科学的成就证明了自然界是一个运动的整体。

近代以来的资产阶级运动将自然研究从神学中解放出来，使得自然研究成为科学的、系统的、全面的发展的自然研究。近代数学、天体力学、物理学、化学、生物学、地质学等领域中取得的自然科学成就证明了一个事实：不仅整个地球，而且地球上的一切动物和植物，它们不仅有空间上彼此并列的历史，而且有时间上前后相继的历史。一句话，那就是"自然界不是存在着的，而是生成着和消逝着"⑥。恩格斯认为，19世纪的三大科学发现为自然辩证法提供了自然科学前提——能量守恒和转化定律证明了"自然界中一切运动的统一"已经作为一个"科学事实"而不是一个"哲学的论断"；细胞学说论证了生物界结构上的"同一规律"；生物进化论则进一步说明了人与自然界其他生命体同源性的同时，也说明了自然界的自然发展历程。自然科学的每一次进步，都不断地打破着"僵硬的固定的界限"——脊椎动物和无脊椎动物、鱼和两栖动物、鸟和爬行动物……的界限，都在不断地证明着这个世界是一个各种存在物相互作用、相互转化、相互依赖的运动着的整体。

其次，恩格斯通过自然科学的成就证明了自然界运动的辩证性质。

自然科学的成就不仅证明了整个世界是相互作用、相互转化、相互依赖的运动整体，而且还证明了自然界运动的辩证性质。力学、物理学和化学的成就已经证明物质的运动从一种质态转化为另一种质态的发展，已经证明了事物中两极在相互作用中把差异性纳入了统一性之中，在相互作用

---

① 《马克思恩格斯文集》第1卷，人民出版社2009年版，第201页。
② 《马克思恩格斯文集》第5卷，人民出版社2009年版，第22页。
③ 《马克思恩格斯文集》第1卷，人民出版社2009年版，第218页。
④ 《马克思恩格斯文集》第4卷，人民出版社2009年版，第270页。
⑤ 《马克思恩格斯文集》第9卷，人民出版社2009年版，第454页。
⑥ 《马克思恩格斯文集》第9卷，人民出版社2009年版，第415页。

中偶然性蕴含了必然性，在相互作用中包含了因果联系，实现了事物从肯定走向自身的否定，也就是说自然界的变化和发展同样遵循着辩证法的一般规律，辩证法是自然界的实在的发展规律。恩格斯把历史发展的两个方面（自然界的历史、人类社会的历史）和思维本身的一般规律置于唯物主义地平之上，进而总结和表述为量转化为质和质转化为量、对立的相互渗透、否定的否定三大规律。这三大规律不仅科学地揭示了自然、社会和思维发展的原因、状态和趋势，也为我们继续研究自然、社会和思维的发展提供了自然辩证法的方法论指导。

再次，恩格斯得出了自然界的规律性是自然界固有的本质特性。

自然辩证法说明了自然界的运行有其内在的规律性。这种规律性不是人主观臆造的产物，也不是像黑格尔那样把"作为思维规律强加于自然界和历史"①。这种规律性不是把"辩证法的规律硬塞进自然界"，而是"自然界的实在的发展规律"，是"按照自然界的本来面目质朴地理解自然界"②的产物和结果。恩格斯并没有满足于这种自然科学的证明，他还从哲学史的角度论述了思维和存在的一致性，证明了"我们的主观思维和客观世界遵循同一些规律"③。因此，作为思维的辩证法即主观辩证法"不过是在自然界中到处发生作用的、对立中的运动的反映"④，即客观辩证法的主观反映。

在这里我们也不得不面对一个重要的理论问题：基于马克思恩格斯辩证法的争论而出现的"马恩对立论"。当代美国著名马克思主义学者诺曼·莱文曾经直言："马克思和恩格斯创立了两个相互矛盾的思想流派，第一个成为马克思主义，第二个成为恩格斯主义（Engelsism）。"⑤ "马恩对立论"的焦点就在于马克思的辩证法以社会历史发展规律为研究对象，恩格斯的辩证法以自然为研究对象。我们不去进行详细的论证，因为这不是本研究侧重点，本研究仅仅是就客观辩证法和主观辩证法的关系谈论一下这个问题。马克思恩格斯在《德意志意识形态》中所言："意识［das Bewuätsein］在任何时候都只能是被意识到了的存在［das bewuäte Sein］，而人们的存在就是他们的现实生活过程。"⑥ 对于意识这一"副本"来说，存在的"原

---

① 《马克思恩格斯文集》第9卷，人民出版社2009年版，第463页。
② 《马克思恩格斯文集》第9卷，人民出版社2009年版，第458页。
③ 《马克思恩格斯文集》第9卷，人民出版社2009年版，第538页。
④ 《马克思恩格斯文集》第9卷，人民出版社2009年版，第470页。
⑤ ［美］莱文：《不同的路径：马克思主义与恩格斯主义中的黑格尔》，臧峰宇译，北京师范大学出版社2009年版，第3页。
⑥ 《马克思恩格斯文集》第1卷，人民出版社2009年版，第525页。

本"就是"现实生活过程"。同理,如果说主观辩证法是"副本",那么客观辩证法即自然辩证法则是"原本"(这里使用的原本和副本,不是法律学科中使用的范畴,而是马克思《〈黑格尔法哲学批判〉导言》意义上的原本和副本)。如果离开了自然辩证法,主观辩证法就是无根之木、无源之水。因此,恩格斯将辩证法理解为"一切运动的最普遍的规律的科学",这种科学不仅适用于思维运动的领域,同样适用于自然界和人类历史的运动领域。如果说马克思对辩证法的重要贡献是从唯心主义的"神秘外壳"中剥离出了辩证法这一"合理内核",那么恩格斯对辩证法的重要贡献则在于将辩证法的适用领域从思维领域中解放出来,从思维与存在相统一的"原则高度"为辩证法确立了坚实的自然基础。借用恩格斯的话说,那就是"事情不在于把辩证法硬塞进自然界,而在于从自然界中找出这些规律并从自然界出发加以阐发"①。因此,"马克思通过《资本论》亦即'政治经济学'的研究实现了对黑格尔辩证法的颠倒,而恩格斯则通过'自然辩证法'的研究完成了这一颠倒"②。

最后,自然规律性中的人与自然之间的原初"生命共同体"。

自然界是一个相互联系的、具有内在规律的运动整体。我们在这样的理论视域中透视人与自然的关系:一方面,无论是整个地球,还是存在于这个地球之上的一切动植物,都是相互联系、相互作用的一个整体,在相互联系和相互作用中,实现了从一种质态到另一种质态的发展,实现了从外在否定到内在否定的转化,实现了从偶然性到必然性的飞跃,实现了从原因到结果的转化,实现了从有限到无限的变化……没有自然界的沧桑巨变,就没有我们现在直观到的现存的自然界。没有现存的山川河流、星辰大海、芸芸众生,也就没有自然界的历史。总之,在相互作用中呈现为我们今天生存于其间的整个世界,在这个意义上我们可以说整个自然界就是一个生命共同体。另一方面,在这种内在规律性的自然运动中,人得以生成和发展。换言之,人自身也是自然界长期发展的产物。如果没有自然界的规律性运动,就没有人这个物种。如果没有自然界的规律性运动,也就没有发展到今天的我们看到的所谓的现代"人"。不仅我们今天所直观到的整个世界,包括人自身,都不是"开天辟地以来就直接存在的、始终如一的东西"③。

在这个意义上,人与自然的关系压根就不是一个外在于自然的"人"

---

① 《马克思恩格斯文集》第 9 卷,人民出版社 2009 年版,第 15 页。
② 王庆丰:《恩格斯为什么研究"自然辩证法"》,载《长白学刊》2015 年第 5 期。
③ 《马克思恩格斯文集》第 1 卷,人民出版社 2009 年版,第 528 页。

与自然界的关系,在其本质上就是自然界与其自身的关系。这种关系类似于哲学中讲的世界观,世界观并不是人站在世界之外去"观"世界然后得出一个整体的看法和根本观点。①自然界自身的内在的不以人的意志为转移的运行规律,不仅生成了现在的自然界,不仅生成了现存的人本身,而且还制约着自然万物的运动,还制约着人的发展,因此,我们"不要试图征服老天爷"②。换言之,自然界不仅是一切动植物的存在场域,同样也是人的生存场域,作为自然界的产物的人,也要遵循最基本的自然规律。人不能人为地创造规律,只能在发展中认识规律、利用规律,从而更好地生活在这个世界上。当我们把人与自然界的关系理解和领会为自然界与其自身的关系时,"人与自然界是生命共同体"就不言而喻了。因此,"自然界不同程度地铭刻了生命共同体在不同历史时期留下的活动轨迹"③。在自然规律性中所讲的人与自然之间的生命共同体,是一种原初意义上的生命共同体。这种原初意义上的生命共同体,在某种意义上是承认自然的先在性为前提的生命共同体,是前反思、前逻辑的生命共同体。

如果我们止步于此理解"人与自然是生命共同体",在本质上并没有超越西方环境伦理学的"共同体"学说。如大地共同体伦理学的创立者利奥波德认为"人只是生物队伍中的一员"④、泰勒基于我们与其他生物同根同祖、同源同流论证的生物中心论等。如果仅仅是从人与其他一切存在物共同构成了自然界并且都受到自然规律的制约,尤其是从生物起源的统一性上来论证这一命题,不仅是对恩格斯自然辩证法的跌落性理解,更是对人的"降格"。西方环境伦理学就是把人"降格"以实现人与动物的平等,提出动物权力论、动物解放论等,进而要求保护动物、保护生态环境。但我们也不能遗忘了"只有人被看做是某种与自然界不同的东西时才有意义"⑤。人何以成人,人以何为人?这同样是恩格斯自然辩证法需要直面并且做出科学回答的问题。如果回到"人与自然是生命共同体"这一命题上来,上述论述仅仅是阐释了人与自然在原初意义上就是生命共同体,当人脱离了动物界,当人成为与其他一切生命体有区别的存在之时,这才是人

---

① 参见孙正聿:《怎样理解作为世界观理论的哲学?》,载《哲学研究》2001年第1期。

② 中共中央文献研究室:《习近平关于社会主义生态文明建设论述摘编》,中央文献出版社2017年版,第24页。

③ 张首先等:《恩格斯〈自然辩证法〉中的生命共同体思想》,载《湖南社会科学》2021年第3期。

④ [美]奥尔多·利奥波德:《沙乡年鉴》,侯文蕙译,吉林人民出版社1997年版,第195页。

⑤ 《马克思恩格斯文集》第1卷,人民出版社2009年版,第530页。

与自然之间现实的真正"关系"①。

## 二、人之实践特性：生命共同体的现实达成

恩格斯在《自然辩证法》尤其是《劳动在从猿到人的转变中的作用》中阐述了一个重要的原理：人不仅是劳动的结果，还是劳动的前提。说人是劳动的产物或者结果，在一定意义上就是说人如何实现了从猿到人的转变。劳动使最早的猿类开始了直立行走，从而"迈出了从猿过渡到人的具有决定意义的一步"②，劳动使猿手转变为人手，猿手与人手区别开来的标志就是制造工具——"任何一只猿手都不曾制造哪怕是一把最粗笨的石刀"③。换言之，在劳动的过程中猿手转变成人手，人手不仅是劳动的产物，同时也是劳动的器官。劳动过程中交流的需要促使猿类的喉头发生了变化，进而产生了语言，也就是说语言是从人类劳动中产生并和人类劳动一起发展起来。劳动和语言的发展，最终实现了猿脑到人脑的过渡。人脑的形成又进一步促进了语言和劳动的发展，最终形成了"社会"的人。劳动产生了人的同时，劳动也成为人特有的活动，也就是说人是劳动的前提。如果没有劳动就没有人，同样没有人也就没有所谓的劳动。从根源上来说，是劳动产生了人，只是自人产生之后二者变成了彼此成就的关系。因此，恩格斯得出了一个结论："人类社会区别于猿群的特征"就是"劳动"。在恩格斯这里用的是"劳动"这一范畴，在马克思哲学中就是"实践"概念，在马克思政治经济学中就是"生产"范畴，这三个范畴在本质上是一致的。

恩格斯在《自然辩证法》中通过人的劳动与动物的活动进行了对比，以进一步说明人的劳动的特殊性。

第一，从总体上来看，动物是适应自然环境的生存的生命活动，而人则是"需要他自己来创造的状态"即生产的生命活动。动物只是按照自己的本能适应自然界维持生存，并一代一代地不断复制自己。而人自"从狭义的动物中分化出来"或者说一旦作为人而存在，人的"正常生存条件却从来就不是现成具有的"④，人的正常生存条件是在人的劳动过程中、在人的历史发展中形成的，而且这种正常生存条件在劳动中生成的同时也在发展着人的意识，因为"人所引起的自然界的变化"是人的思维发展变化的

---

① 马克思认为"关系都是为我而存在的"，"动物不对什么东西发生关系"。详见《马克思恩格斯文集》第 1 卷，人民出版社 2009 年版，第 533 页。
② 《马克思恩格斯文集》第 9 卷，人民出版社 2009 年版，第 551 页。
③ 《马克思恩格斯文集》第 9 卷，人民出版社 2009 年版，第 551 页。
④ 《马克思恩格斯文集》第 9 卷，人民出版社 2009 年版，第 408 页。

最本质的基础。

第二，人的劳动是有意识性的活动。恩格斯认为虽然动物的活动也能改变外部自然界，但是动物对环境的改变只是无意识的自然而然的过程，对于改变自然界的动物来说是偶然的事情。例如，山羊阻碍了希腊森林的恢复，对于山羊而言只是个进食活动，它们并没有意识到这个进食带来的严重后果。而人不仅能够意识到自己的活动，而且能够在意识的指导下进行"经过事先思考的、有计划的、以事先知道的一定目标为取向的行为"①。山羊在进食活动中消灭了某地的植物，这仅仅是个本能的无意识的活动，而人消灭植物是为了获得土地，在土地上耕种自己需要的粮食。因此，人和山羊拉开了距离：人的"意识代替了他的本能，或者说他的本能是被意识到了的本能"②。恩格斯的观点和马克思如出一辙，马克思认为"任何一种不是天然存在的物质财富要素"都是"有目的的生产活动创造出来的"，并且认为这种有目的的生产活动是"人类生活得以实现的永恒的自然必然性"③。恰恰是这种有意识、有目的的劳动"能够做到给自然界打上自己的印记"④，自然界变成属人的、人化的自然界。

第三，人的劳动是历史性的活动。动物的生命活动从属于自然史，只能是自然史的组成部分。人在改造自然界的劳动过程中创造了"人的历史"。恩格斯认为，当人脱离了动物界，当"人离开狭义的动物越远"的时候，人"就越是有意识地自己创造自己的历史"⑤。在人类劳动发展的过程中，在人类历史的发展进程中，人们逐步脱离"像畜生一样慑服于自然界"⑥的生活，自然界的"未能预见的作用、未能控制的力量"对人们的生活影响逐步变小，人类实践活动所呈现出来的"历史的结果和预定的目的就越加符合"⑦。马克思在《1844年经济学哲学手稿》中有类似的观点，马克思认为人类在感性对象性活动中把自然界改造为"同人的存在相适合"的自然界，这个过程就是人的"形成过程即历史"，正是因为人能够意识到自身的形成过程并且这一过程是"一种有意识地扬弃自身"的过程，所以"历史是人的真正的自然史"⑧。

---

① 《马克思恩格斯文集》第9卷，人民出版社2009年版，第558页。
② 《马克思恩格斯文集》第1卷，人民出版社2009年版，第534页。
③ 《马克思恩格斯文集》第5卷，人民出版社2009年版，第56页。
④ 《马克思恩格斯文集》第9卷，人民出版社2009年版，第421页。
⑤ 《马克思恩格斯文集》第9卷，人民出版社2009年版，第421—422页。
⑥ 《马克思恩格斯文集》第1卷，人民出版社2009年版，第534页。
⑦ 《马克思恩格斯文集》第9卷，人民出版社2009年版，第422页。
⑧ 《马克思恩格斯文集》第1卷，人民出版社2009年版，第211页。

第四，人的劳动是社会性的活动。恩格斯在《自然辩证法》中称自己并不否定动物也进行有计划、有组织、有意识的行动，例如狮群进行围猎。但是这些动物的有组织、有计划的行动，只是在外界刺激下发生的有组织、有计划的应激行为，而这种有意识也仅仅是"纯粹动物式的意识"即"畜群意识"。人的劳动是社会性行为，恰恰是在社会生产组织中，"才能在社会方面把人从其余的动物中提升出来，正像一般生产曾经在物种方面把人从其余的动物中提升出来一样"①。人类劳动所具有的"社会"性质，不仅把人从动物界中区别开来，同时还为人的发展提供了强有力的推动作用，给人的发展提供了"确定的方向"的规定性。

第五，人的劳动是普遍性的活动。动物只能依据自己的本能在其生存的场域内直接利用自然界的存在物维持生存，例如采集——这是动物最多能做到的方式。而人则从事生产，人不仅能够直接利用自然界的存在物，还能改变自然界进而让自然界为自己服务。也就是说，人制造最广义的生活资料，如果用马克思的话说就是人"把整个自然界——首先作为人的直接的生活资料，其次作为人的生命活动对象（材料）和工具——变成人的无机身体"②。虽然自然界在更为原初的意义上决定着人们的这些最广义的生活资料，但是这些生活资料却是自然界离开了人便不能生产出来的。

综上可知，动物与自然界之间是一种直接的统一关系，而人在有意识的、有目的的、有计划的社会性劳动中形成了人与自然界之间一种否定性的统一关系。虽然人是自然界长期发展的产物，人不能离开自然界而独立存在，但人们在劳动中将"自在世界"改造成为"人化自然"，赋予自然界以人的属性。经过人的劳动改造后、打上人的印记的世界，才是真正属于"人"的世界，才是我们生活于其中的世界。当然，并不是人把自然界作为外在于人的纯粹客体进行改造，否则我们就把恩格斯退回到了马克思所批判的"从前的一切唯物主义"立场上去了，因为人也在改造自然的过程中同样生成着人自身。在这种对象性的活动中即双向作用中，人与自然界实现了环境的改变和人的自我改变的一致性。在"受动"为前提的人的能动改造世界的劳动过程中，自然界成为人化的自然界，人成为人的自然存在物，人与自然之间建构起以否定性为基础的统一性关系，将原初意义上的生命共同体实现为人的意义上的生命共同体。

---

① 《马克思恩格斯文集》第9卷，人民出版社2009年版，第422页。
② 《马克思恩格斯文集》第1卷，人民出版社2009年版，第161页。

## 三、支配的外在性：生命共同体的历史塌陷

恩格斯在《自然辩证法》中指出："人则通过他所作出的改变来使自然界为自己的目的服务，来支配自然界。"① 这意味着恩格斯在肯定劳动"支配自然界"的积极作用的同时，也看到了这种"支配自然界"的异化。

恩格斯一方面认识到人就是自然界的产物，"我们的肉、血和头脑都是属于自然界"②，是自然界辩证发展的结果，自然界不仅是我们人类的生活场域，还为我们提供了最基本的生产、生活资料。因此，人和自然界的关系就是自然界同自身的关系。如果换用马克思的话说就是："人的肉体生活和精神生活同自然界相联系，不外是自然界同自身相联系，因为人是自然界的一部分。"③ 另一方面，恩格斯也看到了虽然人的劳动受到自然规律的制约，但人之劳动依然创造了自然界原本不存在的或者没有人自然界无法产生的生活资料，将自然界变成了属人的世界。也就是说，无论在原初意义的生命共同体还是劳动中生产的现实的生命共同体中，人与自然界都是内在的统一关系即"自身和自然界的一体性"④。

但是随着劳动能力的提升，劳动主体性的提高，这种"内在的一体性"异化为"外在的对立性"。人把自己的劳动能力绝对化、膨胀化，开始站在"自然界之外"去"支配自然界"。这时候，人与自然界内在统一性的生命共同体就遭遇了历史性塌陷。当人们站在自然界之外去"支配自然界"的时候，自然界不再是生我们养我们的母亲，人成为主宰、裁制自然界的主体，自然界成为任人宰割的"鱼肉"。人与自然界的关系从内在的统一关系变成了外在的主客二元对立的关系。当我们不断向自然界胜利进军的时候，当人类陶醉于对自然界的胜利之时，结果却遭到了自然界的无情的"报复"。"保护生态环境就是保护生产力"⑤ 意蕴在焉。在恩格斯生活的时代，生态危机还不是很严重。因此，自然界的"报复"在恩格斯看来常常把"最初的结果又消除了"，例如恩格斯说美索不达米亚、希腊等地的人为了开垦土地而毁灭了森林，导致这些地方后来变成了不毛之地。但在今天看来这种"报复"岂止是消除了最初的结果，已经

---

① 《马克思恩格斯文集》第 9 卷，人民出版社 2009 年版，第 559 页。
② 《马克思恩格斯文集》第 9 卷，人民出版社 2009 年版，第 560 页。
③ 《马克思恩格斯文集》第 1 卷，人民出版社 2009 年版，第 161 页。
④ 《马克思恩格斯文集》第 9 卷，人民出版社 2009 年版，第 560 页。
⑤ 中共中央文献研究室编：《习近平关于社会主义生态文明建设论述摘编》，中央文献出版社 2017 年版，第 9 页。

造成了严重的生态危机——意味着"人与自然的断裂"①。空气、水、土壤等污染造成的所谓"癌症村"不时出现在新闻报道中,已经严重威胁着人类自身的生存。因此,我们决不能"站在自然界之外"无视自然规律地"支配自然界"。

恩格斯并没有满足于上述劳动一般意义上的论证,毕竟这种"劳动"还是带有一定的抽象性质。类似于马克思完成了哲学革命,然后到了政治经济学中进行市民社会的解剖一样。恩格斯在《自然辩证法》中还就具体的社会性生产进行了分析,亦即"站在自然界之外"的支配自然的劳动活动在具体的社会生产中的表现,虽然恩格斯没有使用政治经济学的专业术语。恩格斯认为在所有生产方式中,都存在一个生产的眼前利益和长远利益的问题,而生产都是以最近的、最直接的效益为目的,这就导致长远利益被忽视的问题。具体到资本主义生产方式,资本家的利益是生产的推动因素,而资本家只关心生产的"最直接的效益"(用政治经济学的专业术语来说就是剩余价值)。在这样的生产方式中,恩格斯认为就连制造的或者交换的产品的效用(即使用价值)都"完全退居次要地位了",利润(即剩余价值)成了资本主义生产的"唯一的动力"。换言之,生产什么都已经不重要,重要的是生产什么能够获得剩余价值。这就导致资本家为了获得眼前的利益,为了获得利润,不会去考虑长远的影响。也正是在这样的思想的支配下,西班牙种植主才会在古巴焚烧山林以种植能够直接获得利润的咖啡树,而若干年后这些地方因为被热带大雨冲毁之后只留下赤裸裸的岩石而失去肥沃的土壤。虽然恩格斯并没有展开详细的论证,但是恩格斯提纲挈领地指出了资本主义生产过程中的短视行为、需求和供给之间的对立现象。这种外在的支配直接表现为工业周期的过程,这种外在的对立根源于以劳动为基础的私有制。

恩格斯在自然辩证法的理论中已经为我们指正了一个不容置疑的事实:在资本主义社会中,一方面人变成了自然界的主人,自然界变成了外在于人的一个纯粹客体,二者构成了一种征服与被征服的关系。另一方面,在资本主义生产中资本家为了获得眼前的利润而不顾人类的长远发展。在这样的双重异化中,人与自然的关系从内在的统一关系异化为外在对立关系。恩格斯在自然辩证法中洞穿了生命共同体所遭遇到的历史性塌陷,为我们今天重构人与自然之间的生命共同体指明了方向。

---

① 代砚春等:《资本逻辑批判与生命共同体的三重反思》,载《广西社会科学》2020年第9期。

## 四、生产的变革性：生命共同体的再度复归

恩格斯认为我们人类优于其他一切生物的地方就在于我们能够认识和正确运用自然规律。我们之所以站在自然之外去支配自然，一个重要的原因就是我们没有正确地理解自然规律，没有认识到我们干预自然的过程中所产生的较远的后果。人类需要经过长时间的劳动才能正确地估计到我们的行为对自然产生的较远的影响，我们需要经过更长的时间才能学会预见自己的行为在社会方面的较远的影响。我们人类在经历了长时间的甚至是痛苦的过程后，反复总结经验，才能达到对较远影响的控制和调节。

在指出对规律不断认识的同时，恩格斯在异化的生产方式中探寻到了解决异化的办法——对生产方式以及整个社会制度实行彻底的变革。虽然恩格斯没有直言资本主义生产必然带来对生命共同体的破坏性影响，没有明确这种破坏性影响在资本主义生产方式内无法自我解决，但其论述中已然内嵌了这样的逻辑。基于这样的理论认识和逻辑关联，恩格斯才会提出调节和控制这些影响，"仅仅有认识还是不够的。为此需要对我们的直到目前为止的生产方式，以及同这种生产方式一起对我们的现今的整个社会制度实行完全的变革"①。如果没有生产方式和社会制度的变革，人类就无法控制自己活动的长远影响。因为这不是由资本家的道德品行所决定的，也不能由资本家个人来负责，资本家不过是这种生产方式中资本的人格化。

变革生产方式和社会制度，需要有现实的路径，否则就容易陷入"乌托邦"。恩格斯在《自然辩证法》中不仅指出了调节和控制这些影响的根本路径，还找到了变革生产方式和社会制度的具体实践路径。这一路径就隐藏在恩格斯对"生存斗争"的分析中。恩格斯指出，在资本主义生产方式中，一方面社会制造出大量不能被消耗掉的生活资料、享受资料和发展资料，另一方面广大的生产者大众又被人为地和强制地同这些生活资料、享受资料和发展资料相隔离。这就必然导致相对过剩的经济危机。面对相对过剩的经济危机，资本主义采取了"毁灭生产力本身的一大部分"这样的方式来"重建平衡"，以维持资本主义生产这个系统的正常运转。因此，我们要实现"保护资产阶级的资本主义社会所生产出来的产品和生产力"这一目标，就必须剥夺资本家手中的社会生产和社会分配的领导权，并把这个领导权交给生产者即广大的工人群众。这就是社会主义革命。也就是说，我们要杜绝资本主义生产对生命共同体的破坏，就要变革资本主义生产方

---

① 《马克思恩格斯文集》第 9 卷，人民出版社 2009 年版，第 561 页。

式和资本主义制度,而变革资本主义生产和资本主义制度的实践路径就是工人群众反对资产阶级的社会主义革命。也正是因为工人阶级的历史使命中蕴含了这样的生态内涵,福斯特认为:"恩格斯的分析从一开始就隐含着一个可以称之为'环境无产阶级'(environmental proletariat)的概念。"①

由恩格斯的分析我们可以看到,资本主义社会中资本所主导的生产不仅不能成就生命共同体,相反以资本逻辑主导的资本主义生产方式是消解人与自然之间生命共同体关系的根本原因。通过社会主义革命,完全变革生产方式和社会制度,则是实现人的复归与自然的复活、重构人与自然之间生命共同体关系的根本途径。可见,"作为现实运动的共产主义为人与人、人与自然的双重'和解'提供了可能;作为社会制度的共产主义为人与人、人与自然的双重'和解'提供了现实性"②。

习近平总书记在社会主义生态文明建设的新时代提出"人与自然是生命共同体"不仅具有现实基础,更具有现实意义。可以说"人与自然是生命共同体"的现实基础和现实意义都源自于我们当前的生产方式即经济发展状态。党的十九届四中全会提出:"公有制为主体、多种所有制经济共同发展,按劳分配为主体、多种分配方式并存,社会主义市场经济体制等社会主义基本经济制度,既体现了社会主义制度优越性,又同我国社会主义初级阶段社会生产力发展水平相适应,是党和人民的伟大创造。"③ 所有制性质决定了分配方式,所有制性质和分配方式决定了相应的经济体制即具体的运行模式。三者从不同维度阐释了我国基本经济制度和生产方式的特征。当前的生产方式决定了在新时代提出"人与自然是生命共同体"命题的现实基础和现实意义。

一方面,生产资料公有制为主体和建立在公有制基础上的按劳分配是提出"人与自然是生命共同体"的积极现实基础。在生产资料公有制中,虽然仍然进行商品生产,实行等价交换,但在公有制经济中人们的生产不再是纯粹地追求剩余价值,而是产品生产。虽然生产中依然存在剩余,但是这种剩余不是作为"剩余价值"而存在,而是公有制经济扩大再生产的物质储备,是国家和集体取之于民用之于民的物质财富。总之,公有制经济生产的产品,是为了满足人们日益增长的美好生活需要(注意:不是需

---

① [美] 约翰·贝拉米·福斯特:《"人类世"时代重读恩格斯的〈自然辩证法〉》,载《国外理论动态》2021年第2期。
② 邓莹、孙道进:《恩格斯共产主义三重界定的生态学意蕴及其当代启示》,载《西南大学学报》(社会科学版)2022年第3期。
③ 《中共中央关于坚持和完善中国特色社会主义制度推进国家治理体系和治理能力现代化若干重大问题的决定》,载《光明日报》2019年11月6日。

求,而是需要,这是马克思主义政治经济学与西方经济学的起点差别)。没有了剩余价值追求的冲动,人不再是私有制下的"愚蠢而片面"的个人,整个社会生产才能合理地调节眼前利益和长远利益关系,人们才能把那些"在晚些时候才显现出来的、通过逐渐的重复和积累才能产生效应的较远的结果"①作为自己生产的目的,才能合理地调节和控制人的生产活动对自然的消极影响。

另一方面,我们今天的市场经济体制中依然存在非公有制经济和相应的分配方式,这是我们现在提出"人与自然是生命共同体"的消极的现实基础。非公有制经济依然是资本逻辑主导的经济发展模式,其生产不是为了获得商品的使用价值,其生产过程是使用价值形成过程与价值增殖过程的统一。换言之,剩余价值的生产是非公有制经济生产的唯一目的。这种以剩余价值为追求的非公有制经济,或者说这种由资本主导的生产方式,由于其生产的短视性和生产无限扩大的趋势,势必会不断地瓦解人与自然之间的生命共同体。也正是因为非公有制经济的这种解构性质,我们才需要提出"人与自然是生命共同体"这一理念。换言之,如果非公有制经济对自然界的消极影响是有限和可控的,如果没有了非公有制经济的消解性质,我们也就没有必要提出这一理念。

当然,我们也要辩证地看待非公有制经济,虽然非公有制经济存在对自然的消极影响等负面作用,但是非公有制经济作为资本逻辑主导的经济形式,能够有效地调动生产的积极性,是促进生产力发展的有效手段。虽然非公有制经济的生产目的是剩余价值,但是其生产的商品作为使用价值仍然是满足人们日益增长的美好生活需要的重要基础。"自我异化的扬弃同自我异化走的是同一条道路"②,说的就是这个道理。因此,在社会主义市场经济发展新阶段,问题不在于要不要非公有制经济,重要的是在经济运行中如何引导非公有制经济的合理发展,有效避免非公有制经济的消极作用;问题不在于要不要资本,而是要在利用资本的同时如何有效地控制和驾驭资本,"使资本为了利润的最大化而不惜对自然环境的伤害降到最低的程度"③。在这个意义上,"人与自然是生命共同体"这一理念的提出,本身就是合理引导非公有制经济发展、有效引导资本运行的一个重要理念。当"人与自然是生命共同体"这一理念落实为具体的经济发展的战略、政策和生态文明建设的体制、机制时,这一理念的引导作用也就现实地凸显

---

① 《马克思恩格斯文集》第9卷,人民出版社2009年版,第562页。
② 《马克思恩格斯文集》第1卷,人民出版社2009年版,第182页。
③ 陈学明:《生态文明论》,重庆出版社2008年版,第64页。

出来。

恩格斯把生产方式和社会制度的完全变革理解为恢复和重构人与自然之间生命共同体的途径,把社会主义革命把握为变革生产关系和社会制度的具体实践路径。恩格斯的上述理论有助于我们从本体论上理解习近平总书记提出的"人与自然是生命共体"这一论断的"原则高度"①,这就是人与自然之间生命共同体的复归。这种复归不是原初意义上共同体的复归,而是在更高生产水平、更合理的生产方式基础上的积极复归;这种复归意味着我们探索真正解决人与自然、人与人之间矛盾的开始,意味着我们走向"人道的自然主义"和"自然的人道主义"的开始。

## 结语

我们在自然辩证法的理论视域中澄明了"人与自然是生命共同体"这一论断的本体论意义,也就意味着我们在逻辑与历史、理论与实践的统一中理解了习近平总书记这一科学判断的深刻内涵,意味着我们深刻地领悟了这一命题所具有的"巨大的历史感"和"深厚的现实感",意味着我们深切地感受到这一命题不是一个纯粹的认识论命题,而是一个具有本体论意义、关涉我们每一个人的生存和发展的生存理念。唯有理解了这一命题的本体论意蕴,我们才可能真正把自然界理解为我们自身,我们才会真正像保护自己的眼睛、自己的身体一样去保护生态环境,我们才能不断完善在中国特色社会主义道路上开创的中国式现代化道路,不断发展在中国特色社会主义新时代所创造的人类文明新形态,成功建设美丽中国、实现中华民族的永续发展。

---

① 马克思所使用的"原则高度"意指不仅要达到"现代各国的正式水准",而且要超越这个水准进而达到"人的高度"。详见《马克思恩格斯文集》第 1 卷,人民出版社 2009 年版,第 11 页。

# 马克思"自我意识"的辩证法
——基于《博士论文》再论马克思思想的起点

陈士聪①

"自我意识"思想既是马克思博士论文《德谟克利特的自然哲学和伊壁鸠鲁的自然哲学的一般差别》(以下简称《博士论文》)中的核心思想,也是马克思探索如何处理哲学理论与社会现实、个体性的人与整体性的社会之间关系时的首次尝试。马克思借鉴了康德—费希特主义、黑格尔主义、青年黑格尔派等诸多思想理论思考自我意识的思想内涵,希望走出自己的哲学道路。

一种观点认为,既有的研究表明马克思这一时期是一名黑格尔主义者。在马克思1837年11月给父亲的信时发现,马克思自我意识思想从康德—费希特式的主观唯心主义或者法的形而上学,转向黑格尔的客观唯心主义或辩证法。这一发现逐渐被学界认为符合马克思1842年之前的思想发展历程。因此,马克思的"自我意识"是一种黑格尔主义的"自我意识"。另一种观点认为,马克思这一时期是一名康德—费希特主义者。青年马克思被认为圆满完成了青年黑格尔派交代的任务——自我意识的主观化。依从青年黑格尔派的理论兴趣和研究规划,马克思选择了伊壁鸠鲁原子论作为切入点,从原子的偏斜运动出发来论证自我意识的哲学原则,这一点无疑契合了鲍威尔关于自我意识"绝对化"的立场,而这种自我意识的绝对化是对康德—费希特主义的主体性原则的进一步发展。还有一种观点认为,马克思在写作《博士论文》时期很明显受到了费尔巴哈唯物主义思想的影响。恩格斯的话佐证了这一论点:"这时,费尔巴哈的《基督教的本质》出版了。它直截了当地使唯物主义重新登上王座……这部书的解放作用,只有亲身体验过的人才能想象得到。那时大家都很兴奋:我们一时都成为费

---

① 陈士聪,东北师范大学马克思主义学部副教授。

尔巴哈派了。马克思曾经怎样热烈地欢迎这种新观点……"①《基督教的本质》一书为马克思批判唯心主义指明了方向，当时的激进思想者们包括马克思在内都成了费尔巴哈主义者。这三种观点，代表了三种不同的思想立场，其中黑格尔主义的普遍性思辨逻辑与康德—费希特主义的主体性逻辑存在明显对立，同时黑格尔、康德、费希特等人的唯心主义思想又同费尔巴哈的唯物主义思想相对立。这些研究都把马克思的自我意识思想看作一个完全僵化的研究对象，而忽视了马克思本人论述自我意识思想的主动性和逻辑建构。

如果把马克思的自我意识思想置于马克思思想的起点，我们就会发现马克思思想吸收和借鉴了上述三种观点，并把三种观点置于辩证法正题、反题与合题的逻辑体系之中。黑格尔主义的普遍性思辨逻辑代表了马克思自我意识辩证法的正题，康德—费希特主义的主体性批判逻辑代表了马克思自我意识辩证法的反题，费尔巴哈唯物主义的现实关切代表了马克思自我意识辩证法的合题。

## 一、作为正题的普遍性自我意识与马克思辩证法的总体性

马克思在《博士论文》序言开篇即指出，他最初的打算是以黑格尔意义上的"更加严格的科学形式"②写作这篇博士论文。马克思在写作《博士论文》的笔记中也曾言："这又一次使我明白了，没有哲学（黑格尔哲学）我就不能前进。这样我就必须怀着我的良知重新投入她的怀抱，并写了一个新的形而上学原则的体系。"③没有黑格尔哲学便不能前进，因此马克思觉得需要重新回到黑格尔哲学的怀抱中去思考自我意识问题，去构建一个科学的体系，亦即一个黑格尔主义的辩证形而上学体系。

之所以称黑格尔的形上体系为"科学的"，是因为黑格尔以思辨的辩证法使得整个形上体系都处于一个严谨的逻辑演绎体系之中。马克思在《博士论文》中认为真正的"哲学"是黑格尔的"哲学"，这种哲学首先是从现象（现实）上升到概念，然后用"概念"来解释现象（现实）的逻辑演绎体系。"哲学家在他所规定的世界和思想之间的一般关系中只是为自己把他的特殊意识同现实世界的关系客观化了。"④世界和思想、自我意识与现

---

① 《马克思恩格斯文集》第4卷，人民出版社2009年版，第275页。
② 《马克思恩格斯全集》第1卷，人民出版社1995年版，第10、25、52、33页。
③ 《马克思恩格斯全集》第40卷，人民出版社1982年版，第13页。
④ 《马克思恩格斯全集》第1卷，人民出版社1995年版，第25页。

实世界之间的关系在《博士论文》中便表现为从"现实到概念、从概念到现实"的逻辑关系,这一逻辑关系很明显是对黑格尔逻辑学"从现实过渡到主观概念""从概念的主观性过渡到客观性"的直接运用。所以对于自我意识思想,马克思是根据黑格尔辩证法的结构来理解的。马克思在《博士论文》中以黑格尔辩证法的科学逻辑来阐释自我意识思想主要表现为三个方面:

(一) 在黑格尔那里,形式与质料、现象与本质统一于个体性的"概念"之中

马克思把原子等同于黑格尔的"概念",原子的直线运动即表现为原子在现象界的质料性运动,原子的偏斜运动即表现为原子的形式性运动,质料与形式统一于原子之中,因此,马克思称原子是"抽象的个别性概念"①,并且这种"抽象的个别性"概念通过"概念的现实化"而表现为现象界中的具有质料的原子。原子的"概念的现实化"的过程是从本质世界到现象世界的过程,在这个过程中实现了本质与现象、形式与质料的统一。"伊壁鸠鲁把物质和形式之间的矛盾看成是现象和自然界的性质,于是自然界就成了本质自然界即原子的映像……只有在伊壁鸠鲁那里,现象才被理解为现象,即被理解为本质的异化,这种异化本身是在它的现实性中作为这种异化表现出来的。"② 马克思在探究伊壁鸠鲁原子论时,运用的本质与现象、质料与形式的辩证关系无疑是借鉴了黑格尔。

在形式与质料的辩证关系中,马克思指出,伊壁鸠鲁的原子因为偏斜运动而具有了"自我意识"。正是通过脱离直线的偏斜实现了对原子的质料性或者物质性的存在的批判性否定。因为原子的直线运动是一种被规定着的占有空间的运动(直线即象征着空间性),因而是一种物质性的质料性的运动;偏斜运动则体现出对质料的批判,或者说对形式的肯定和阐明,亦即一种形式性的运动。因此,偏斜运动是原子对外在必然性命运的否定和对自身"自由"的坚持,"脱离并且远离了与它相对立的定在",进而凸显了原子的"自我意识",实现了"把每一个被另一个定在所规定的定在都加以否定的纯粹个别性概念"③。而纯粹抽象的概念即体现了最高的自由和独立性的自我意识。可以看出,伊壁鸠鲁的自我意识的抽象性,脱离了物质性和规律性存在,打破了命运的必然性枷锁,进而实现了自由。马克思正

---

① 《马克思恩格斯全集》第1卷,人民出版社1995年版,第54页;[德]黑格尔:《哲学史讲演录》第2卷,商务印书馆1959年版关于伊壁鸠鲁的论述部分。
② 《马克思恩格斯全集》第1卷,人民出版社1995年版,第52页。
③ 《马克思恩格斯全集》第1卷,人民出版社1995年版,第33页。

是通过对伊壁鸠鲁在原子的偏斜运动中表现出来的抽象性揭示了自我意识的秉性。

马克思进一步指出，自我意识只有在抽象的形式中才能实现自身的本质。因为自我意识的性质只有从直线运动中的定在中抽离，才能实现它的纯粹的自为存在的形式规定，这种形式规定是一种普遍性的、概念化的规定。或言之，只有摆脱特殊定在的束缚，才能获得普遍性的本质。有学者对此这样评价："如果停留在特殊性的层面，那就容易受到'经验的感情'的纠缠而无法摆脱经验的局限性；如果停留在物质性的层面而不能上升到观念化的程度，那么，个别性就无法摒弃一切相对性并成为不依赖于直接定在的独立性。"① 自我意识只有摆脱了经验的局限性和物质性的层面的束缚才能实现观念的普遍性，而摆脱了经验性和物质性的束缚之后的自我意识很明显是一种普遍性的自我意识。

**（二）马克思论证自我意识的自由本性是借鉴黑格尔辩证法的自由旨趣**

在黑格尔的总体框架内，"既强调理性是独立于任何个人而存在的客观真理，又强调在理性的太阳照耀下的个人思想应该享有最充分的自由"②。马克思在这一时期认为，自我意识的自由是"使有道德的个人自由地联合起来"的自由。所以有学者指出，马克思这一时期的自我意识是黑格尔主义的自我意识，自由是黑格尔意义上的自由。黑格尔说："思想完全成为一种否定的思维，否定了那多方面地有规定性的世界，而自由的自我意识的否定性在生活的这种多样性形态中成为真实的否定性……原则认为：意识是能思维的东西，只有思维才是意识的本质，并且认为：任何东西只有当意识作为思维的存在去对待它时，它对于意识才是重要的或者才是真的和善的……这样，一种新形态的自我意识、一种以无限性或者以意识的纯粹运动为本质的意识就出现了。这是一个能思维的或自由的自我意识。"③ 马克思受此影响提出："抽象的个别性是脱离定在的自由，而不是在定在中的自由。"④ 原子只有在形式扬弃质料的辩证关系中才能实现自由，而不是仅仅局限于质料和现象领域之中。在此基础上，马克思认为自我意识只有脱离了个别的质料和现象才能够获得普遍性的性质规定。

**（三）马克思论证自我意识的普遍性是借助黑格尔辩证法的思辨性**

马克思借鉴黑格尔思想中的"科学形式"以展开关于自我意识的论证

---

① 唐正东：《马克思恩格斯哲学原著选读》，北京师范大学出版社 2010 年版，第 16 页。
② 孙伯鍨：《探索者道路的探索》，安徽人民出版社 1985 年版，第 87 页。
③ ［德］黑格尔：《精神现象学》上卷，贺麟、王玖兴译，商务印书馆 1979 年版，第 132—136 页。
④ 《马克思恩格斯全集》第 1 卷，人民出版社 1995 年版，第 50 页。

工作，借助黑格尔辩证法的思辨性以论证"自我意识"的普遍性。这主要表现在以下三个方面：第一，马克思指出黑格尔真正地发现了伊壁鸠鲁哲学中的自我意识。黑格尔在以科学的形式演绎哲学史的发展逻辑的过程中把斯多亚主义、伊壁鸠鲁主义和怀疑主义看作对古希腊哲学在自我意识维度的发展。在此基础上马克思借助黑格尔的"科学性"形式，从伊壁鸠鲁普遍性的自我意识思想中发现了批判性和主体性。第二，马克思借助黑格尔的"科学性"辨析出德谟克利特和伊壁鸠鲁的差别。伊壁鸠鲁与德谟克利特在原子论上的差别非常细微，只有基于黑格尔辩证法的科学分析才使得二者的差别显现：德谟克利特的原子只是一种纯粹质料性的原子，而伊壁鸠鲁的原子是质料与形式的统一。在此基础上，马克思从伊壁鸠鲁的原子的形式内涵出发提出了自我意识的普遍性和批判性。第三，马克思借助黑格尔的"科学性"分析发现：伊壁鸠鲁的自我意识是一种普遍性的、形式的自我意识，与具体的现实存在着距离和张力，进而指出自我意识作为一种普遍性的形式需要具体化和现实化。

需要指出的是，马克思对黑格尔的思想并不是全盘接受的态度。在黑格尔的思想中，自我意识是作为绝对精神的一个环节需要过渡到实体之中。或言之，自我意识、实体与绝对精神是"三者一致"的关系，我们不能脱离绝对精神和实体而单独谈论黑格尔的自我意识。然而，黑格尔的绝对精神被看作宗教神学的最后堡垒，绝对精神某种意义上被等同于上帝。因此，黑格尔的自我意识和上帝、实体等一样都是普遍性的形式规定。而马克思则通过辩证法的逻辑指出自我意识需要从普遍性的形式规定过渡到具体的特殊内容，以此获得内容上的丰富性。

## 二、作为反题的主观性自我意识与马克思思想的批判性

马克思在其博士论文中一直强调自我意识本身的发展性促使自我意识从普遍性的体系中走出来，走向自身的主观规定。马克思认为："自我意识本身仅仅处在发展的过程中，并为发展的直接力量所掌握，因而在理论方面还未超出这个体系的范围，所以，它们只感觉到同体系的有伸缩性的自我等同的矛盾，而不知道当它们转而反对这个体系时，它们只是实现了这个体系的个别环节。"① 当主观性的自我意识从普遍性的自我意识发展出来之后，它意识到自身与普遍性自我意识的对立，但是它并没有意识到自己是自我意识发展过程中的一个环节。

---

① 《马克思恩格斯全集》第 1 卷，人民出版社 1995 年版，第 76 页。

马克思指出,自我意识的主观性环节意识到了与自我意识普遍性环节的对立性。"他的学生们就应该根据他的内在的本质的意识来说明那个对于他本人具有一种外在的意识形式的东西。"① 黑格尔的学生们(尤其是青年黑格尔派)注重强调自我意识的主观性与自我意识的普遍性的对立性,进而认为主观性是对普遍性的批判和否定。因为自我意识普遍性的一面象征着普遍性的限定,主观性一面象征着打破限定的自由。"哲学自我意识的这种二重性表现为两个极端对立的派别:其中的一个派别,我们可以一般地称为自由派,它坚持把哲学的概念和原则作为主要的规定。"② 自由派强调跳出普遍性的抽象形式,从而对自我意识的概念和原则进行规定,挖掘自我意识的具体内容。这里的自由派主要是指青年黑格尔派,尤其是指布鲁诺·鲍威尔的自我意识思想。马克思写作《博士论文》时得到了布鲁诺·鲍威尔(Bruno Bauer,1809—1882)的指导和帮助。鲍威尔批判了黑格尔"绝对"体系和宗教神学思想,指出,"宗教的关系只是自我意识的内在的自我关系,所有那些看来是独立于自我意识的力量,无论是实体还是绝对观念,都不过是被宗教幻想所对象化了的自我意识的不同阶段"③。鲍威尔提出自我意识不受"绝对精神"的束缚,无论是宗教观念,还是绝对精神都只不过是自我意识的幻想,自我意识与实体是对立的;并且自我意识是绝对的,是人们认识世界、进行实践的基础。对于鲍威尔强调自我意识的绝对性这一点,马利宁和申卡鲁克指出,"鲍威尔依靠费希特哲学。采用自我和自我意识的手法"④。费希特强调"自我意识"在知识和伦理体系中的基础地位,自我意识当然不是某种现成存在的意识事实,也不是受任何他物规定了的意识事实,而是凭自身而存在,又可使自身得以产生的一种行动,即"本原行为"(Tathandlung,亦可译为原初或原动行为)。此行为"不可能是我们意识的诸经验规定之一,而毋宁是一切意识的基础,是一切意识所唯一赖以成为可能的那种东西"⑤。把自我意识看作其他一切意识和一切行为的基础,是康德、费希特主义"自我意识"思想的本质特征。鲍威尔的看法无疑受到康德、费希特等人的影响,而鲍威尔关于自我意识的

---

① 《马克思恩格斯全集》第1卷,人民出版社1995年版,第75页。
② 《马克思恩格斯全集》第1卷,人民出版社1995年版,第76页。
③ [德]布鲁诺·鲍威尔:《对无神论者和反基督教者黑格尔的最后批判》,见[英]戴维·麦克莱伦:《青年黑格尔派与马克思》,夏威仪、陈启伟、金海民译,商务印书馆1982年版,第62页。
④ [苏联]马列宁、申卡鲁克:《黑格尔左派批判分析》,曾胜林译,社会科学文献出版社1987年版,第88页。
⑤ [德]费希特:《全部知识学的基础》,王玖兴译,商务印书馆1986年版,第6页。

"康德—费希特主义"立场又影响了马克思。

马克思把"自我意识"看作"康德—费希特主义"的自我意识也与马克思要写作伊壁鸠鲁原子论的目的密切相关。"在伊壁鸠鲁那里,包含种种矛盾的原子论作为自我意识的自然科学业已实现和完成,有了最后的结论,而这种具有抽象的个别性形式的自我意识对其自身来说是绝对的原则,是原子论的取消和普遍的东西的有意识的对立物。"① 这里马克思指出,只有抽象的、形式的自我意识才是真正的自由的自我意识,这与"康德—费希特主义"的鲍威尔思想立场是一致的,二者都在强调形式的自我意识。马克思此时把彰显自我意识的自由和理性的启蒙看作哲学的任务。因此,马克思试图通过伊壁鸠鲁的原子论彰显和升华思想精神层面的"个体的自我意识自由",而"康德—费希特主义"的自我意识所具有的批判性和启蒙意义恰恰能够实现"个体的自我意识自由"。所以说,马克思这一时期的"自我意识"是"康德—费希特主义"的。

只有脱离了经验性和物质性束缚的自我意识才能够发挥出批判性的功能。"正是批判根据本质来衡量个别的存在,根据观念来衡量特殊的现实。"② 由于脱离了个别的经验性存在和特殊的事实,自我意识有了一种基于本质和观念的批判性。本质和观念来源于偏斜运动,个别的质料性的存在来源于直线运动,而偏斜是对直线运动的否定和批判,因此,本质和观念即对质料和个别具体存在的批判。由于应然的自我意识与实然的社会现实之间存在着一种天然的张力关系,自我意识可以从应然出发指出社会现实中一切不符合"应然"状态的问题。自我意识的这种应然性越是绝对,对实然的批判就会越尖锐。这种批判尤其体现在对宗教和上帝的批判上,马克思在《序言》中不吝于这种自我意识的批判性:"只要哲学还有一滴血在自己那颗征服世界的、绝对自由的心脏里跳动着,它就将永远用伊壁鸠鲁的话向它的反对者宣称:渎神的并不是那抛弃众人所崇拜的众神的人,而是把众人的意见强加于众神的人。"③ 马克思希望用自我意识哲学批判整个世界征服整个世界,使得整个世界都归于解放和绝对的自由。马克思同时借用普罗米修斯的话指出:"总而言之,我痛恨所有的神。就是哲学自己的自白,是哲学自己的格言,表示它反对不承认人的自我意识是最高神性的一切天上和地上的神。"④ 马克思认为人的自我意识比神还要高贵。凡是

---

① 《马克思恩格斯全集》第1卷,人民出版社1995年版,第64页。
② 《马克思恩格斯全集》第1卷,人民出版社1995年版,第75页。
③ 《马克思恩格斯全集》第1卷,人民出版社1995年版,第12页。
④ 《马克思恩格斯全集》第1卷,人民出版社1995年版,第12页。

不承认人的自我意识的宗教和神都应该受到批判。

　　一方面基于对自由的追求和对实然的社会现实的批判，马克思的自我意识是更接近于"康德—费希特主义"。另一方面，马克思又认为，"康德—费希特主义"的自我意识理论仅仅停留在"应然"层面，不可能真正推进实然的社会现实的客观性中。在马克思看来，过度强调主观独断的"自我意识"容易陷入应有与现有的对立之中。应有的"主观意识"被绝对化之后，会忽视客观的现实和科学。1837年11月马克思在给父亲的信中说："这里首先出现的严重障碍正是现实的东西和应有之间的东西的对立。这种对立是唯心主义固有的。"应有与现有之间的对立使得作为应有的理论无法解决现实社会中实有的问题。因此，马克思从康德—费希特的自我意识哲学中跳出来，转而向现实中去需求可供借鉴的思想，马克思说："我从理想主义，——顺便一提，我曾拿它同康德和费希特的理想主义比较，并从其中吸取营养，——转而向现实本身去寻求思想。如果说神先前是超尘世的，那么现在它们已经成为尘世的中心。"① 康德—费希特主义的自我意识导致应有与现有的对立，应有的自我意识无法回应实有的社会现实问题，因此我们必须回归现实。

　　进而言之，在主观的自我意识哲学中批判社会现实只能是当时德国那种特殊思想背景下黑格尔左派的无奈呐喊，不能真正实现人的自由。所以，马克思认为，"康德—费希特主义"只是一种主观性的自我意识，"如果我们把事情纯粹客观地看成哲学的直接的实现的话。但是，事情还有主观的一面，不过这只是它的另一种形式。这就是得到实现的哲学体系同它的精神承担者即表现哲学体系的进步的那些个别的自我意识的关系"②。相对于客观事情本身，这种自我意识就只是主观的、个别的自我意识。因此，需要把这种主观个别的自我意识与普遍抽象的自我意识在社会现实中统一起来。

## 三、作为合题的现实性自我意识与马克思思想的实践性

　　自我意识的主观性与普遍性只有进入社会现实，在社会现实的实践中才能统一起来。相反，如果把自我意识的主观性看作自我意识运动发展过程的完成，那么就容易导致神秘主义。马克思指出："如果抽象的、个别的自我意识被设定为绝对的原则，那么一切真正的和现实的科学，由于个别性在事物本性中不居统治地位，当然就被取消了……如果把那只在抽象的

---

① 《马克思恩格斯全集》第40卷，人民出版社1982年版，第15页。
② 《马克思恩格斯全集》第1卷，人民出版社1995年版，第76页。

普遍性形式下表现其自身的自我意识提升为绝对原理,那么就会为迷信的和不自由的神秘主义大开方便之门。"① 一旦我们把自我意识的主观性原则设定为绝对原则就容易陷入一种"主观"的独断之中,进而导致真正的和现实的科学被取消。所以,马克思开始思考"自我意识"的客观现实性。

在马克思看来,哲学达到内部的自我完善之后必然走向外部世界,"从自身中变得自由的理论精神成为实践的力量,作为意志走出阿门赛斯冥国,面向那存在于理论精神之外的尘世的现实,——这是一条心理学规律"②。当马克思经历了"康德—费希特主义"的自我意识的"主体性"批判和"黑格尔主义"的自我意识的"科学性"证明之后,自我意识在哲学内部的思考已经趋于完善。与之相对,在马克思看来,外部现实世界存在着亟待批判的问题和缺陷。马克思发现,德国的政治制度是落后的腐朽的,而这种落后是由于德国普通民众在"思想意识上的落后和愚昧"③。要改变德国社会中的缺陷和问题,就需要重新在德国民众中建立一种新的"自我意识"。然后以这种新的"自我意识"去改造外部世界。"本来是内在之光的东西,变成转向外部的吞噬一切的火焰。"④ 要使得世界按照自我意识的规定进行设计才能克服世界的缺陷,亦即要使得"世界哲学化"。"世界哲学化"的过程同时也是"哲学世界化"的过程。马克思说:"世界的哲学化同时也就是哲学的世界化,哲学的实现同时也就是它的丧失,哲学在其外部所反对的东西就是它自己内在的缺陷,正是在斗争中它本身陷入了它所反对的缺陷中,而且只有当它陷入这些缺陷之中时,它才消除掉这些缺陷。"⑤ 世界的哲学化,亦即对世界从自我意识的角度进行思考,哲学的世界化,亦即自我意识现实化,只有这样才能在实现自我意识的自由的同时,克服现实世界中的缺陷。马克思要把"自我意识"现实化,一方面是因为受到黑格尔影响,另一方面则是由于对社会现实关切的素朴唯物主义倾向。

黑格尔"自我意识"的科学性思想预示着马克思要走向现实去思考问题。因为黑格尔的自我意识强调要与现实结合起来,自我意识要有"实践"的维度。黑格尔辩证法的重要特质之一就在于要实现哲学理论与社会事实、理性与现实的内在统一。黑格尔说:"凡是合乎理性的东西都是现实的,凡

---

① 《马克思恩格斯全集》第 1 卷,人民出版社 1995 年版,第 63 页。
② 《马克思恩格斯全集》第 1 卷,人民出版社 1995 年版,第 75 页。
③ 唐正东:《马克思恩格斯哲学原著选读》,北京师范大学出版社 2010 年版,第 17 页。
④ 《马克思恩格斯全集》第 1 卷,人民出版社 1995 年版,第 75—76 页。
⑤ 《马克思恩格斯全集》第 1 卷,人民出版社 1995 年版,第 76 页。

是现实的东西都是合乎理性的。"① 现实的东西与合乎理性的东西是一个东西，或者说自我意识（亦即理性）与社会现实应该是内在一致的关系。换言之，社会现实必须要满足自我意识的"自由追求"，自我意识只有在社会现实中才能实现真正的自由。所以，黑格尔的这一命题就转变为"合乎理性的东西将成为现实的，而现实的东西将成为合乎理性的"②。自我意识关于现实的理性思索必然要在现实中实现，现实的东西必然要满足自我意识的"理性"。所以，马克思作为一名黑格尔主义者，自然的要把他自己的"自我意识"现实化。恩格斯对此这样评价："凡是在人们的头脑中合乎理性的，都注定要成为现实的，不管它同现存的、表面的现实多么矛盾。"③ 在自我意识中的理性必然要有一种在现实中实践出来的欲望。所以，马克思说"实践是理论的"，这里的理论是黑格尔意义上的理论。

可见，这时马克思所理解的"实践"仍然是在黑格尔的意义上使用的，指的是精神实现自身的外化过程，与马克思主义哲学语境中的"实践"概念存在巨大差别。尽管马克思强调这一时期的"实践"和对现实的关切是理论上的，但是恰恰基于黑格尔的理论才赋予自我意识以现实性。"哲学的实践本身是理论的。正是批判根据本质来衡量个别的存在，根据观念来衡量特殊的现实。"④ 正是自我意识的黑格尔意义上的理论本性赋予了自我意识本身对社会现实的批判性。因此，"这些自我意识把世界从非哲学中解放出来，同时也就是把它们自己从哲学中解放出来，即从作为一定的体系束缚它们的哲学体系中解放出来"⑤。马克思在处理哲学与现实世界的关系上，还是从黑格尔意义上的哲学出发，认为只有黑格尔哲学意义上的"实践"才能够认识世界的本质。然而，马克思已经看到并且关注哲学与现实世界的作用，哲学必须把世界从"非哲学"的状态中解放出来，实现"世界的哲学化"和"哲学的世界化"。从这一点出发，我们有理由相信马克思开始关注社会现实问题，开始关注"理论精神之外的尘世的现实"。

马克思转向对"自我意识"的现实化的另一方面则是因为马克思开始关注并从社会现实批判的视角思考问题。如果马克思仅仅是基于黑格尔主义的角度去思考现实问题，那么马克思便仍未走出黑格尔的范式。黑格尔

---

① [德] 黑格尔：《法哲学原理》，商务印书馆1961年版，第11页。
② [意] 洛苏尔多：《黑格尔与现代人的自由》，丁三东等译，吉林出版集团2008年版，第44—45页。
③ 《马克思恩格斯文集》第4卷，人民出版社2009年版，第269页。
④ 《马克思恩格斯全集》第1卷，人民出版社1995年版，第75页。
⑤ 《马克思恩格斯全集》第40卷，人民出版社1982年版，第258页。

的现实性强调现存与本质、事实与理性的统一,这种统一是基于理性的统一,而马克思很明显更为关注具体的社会现实批判。就此而言,马克思开始逐渐思考自己的哲学。有学者对此认为,之所以说马克思开始走向自己的哲学思考,是因为马克思的"自我意识"已经蕴含着唯物主义的思考。当然,这一点在学界存在着争议,部分学者认为,马克思《博士论文》中的自我意识完全是黑格尔主义的"唯心论"并没有涉及唯物主义。这种看法实质上是把黑格尔与唯心主义等同起来,而这种等同是以"物质和意识何者为本原"为依据:黑格尔是以意识为本原,所以黑格尔是唯心主义。但是如果我们深入探究黑格尔的思想就会发现,黑格尔非常强调客观事物在认识过程中的客观性和第一性。① 因此,马克思是一名黑格尔主义者,并不意味着马克思是一名"唯心主义者",更不意味着马克思片面地承认黑格尔的思想。其实,在《博士论文》中,我们可以找到马克思的"唯物主义"倾向。

首先,伊壁鸠鲁的"原子论"就是对唯物主义思想的表达。马克思在《博士论文》中要对伊壁鸠鲁的原子论进行"正名",不可避免地会受到伊壁鸠鲁"唯物主义"精神的影响。尽管马克思宣称"自我意识"只有在抽象的、形式的意义上才能实现真正的自由,但是马克思在批评德谟克利特的同时,也关注到伊壁鸠鲁思想中的唯物主义因素。德谟克利特的原子只是知性的抽象形式,不具有现实性的原则;而伊壁鸠鲁的原子论则包含着实存与本质的内在矛盾,同时这一矛盾被现实化为具有质的规定的原子。因此,伊壁鸠鲁的原子实现了本质与现象(现实)的统一,也因此,伊壁鸠鲁的原子论是唯物主义的原子论。马克思对伊壁鸠鲁的唯物原子论思想的认同间接说明了马克思对唯物主义思想本身的接受。

其次,马克思已经注意并且有意识地运用费尔巴哈的唯物主义。与费尔巴哈相类似的是,马克思在普鲁塔克评论的结束部分提到"所有哲学家都用谓语做主体",这让我们有理由推测马克思在写作《博士论文》期间已经受到了费尔巴哈《实证哲学批判》的影响,马克思在自觉运用唯物主义思想批判谢林、斯塔尔和老年黑格尔派等为代表的实证哲学。同时,马克思提出:"感性的自然也只是对象化了的、经验的、个别的自我意识,而这就是感性的自我意识。所以,感官是具体自然中的唯一标准,正如抽象的理性是原子世界中的唯一标准一样。"② 重视感性实践在自然中的基础作

---

① 陈士聪:《马克思是否"颠倒"了黑格尔的辩证法?——基于〈资本论〉的考察》,载《福建论坛·人文社会科学版》2018 年第 5 期。
② 《马克思恩格斯全集》第 1 卷,人民出版社 1995 年版,第 54 页。

用，这是费尔巴哈和马克思的共同之处，感性实践成为后来马克思提出自己的唯物主义思想的前提之一。

尽管佐证马克思开始接受费尔巴哈唯物主义思想的材料很多，但是仍然有学者对马克思这一时期的思想尤其是"自我意识"思想含有唯物主义因素存在疑虑。这种疑虑或许可以拒绝承认马克思"自我意识"思想中的唯物主义因素，但是不能否认马克思开始转向思考现实性问题。自我意识思想中对社会现实问题的关切，对物质（质料）与形式的统一关系的承认都是确证无疑的。到自我意识的现实性阶段，马克思构建了自己关于自我意识的辩证法。在这里马克思实现了把辩证法、自我意识与现实问题相结合的尝试，这种尝试在马克思之后的政治经济学批判中起到了重要作用，即把辩证法的批判、现实问题分析和个人的自由解放问题结合起来。

## 结语

人们在评价马克思《博士论文》中的自我意识思想时认为，马克思的思想在这里涵括了古希腊哲学的德谟克利特和伊壁鸠鲁、主观唯心主义的康德和费希特、客观唯心主义的黑格尔、青年黑格尔派的鲍威尔和费尔巴哈等诸多思想因素和观念立场。然而，尽管马克思也高举自我意识哲学的旗帜，突出自我意识在思想发展中的能动与变革作用，但他并没有像黑格尔那样把自我意识绝对的"普遍化"；也没有像康德、费希特、鲍威尔等人那样陷入片面的主观化。马克思之所以承认"自我意识"具有辩证法的背景，亦即"黑格尔主义"的一面，是因为马克思需要"自我意识"具有严谨的"科学性"；马克思之所以承认"自我意识"具有抽象的、形式的、绝对的一面，亦即"康德—费希特主义"的一面，是因为马克思需要"自我意识"具有犀利的"批判性"。但是，无论是"黑格尔主义"的自我意识，还是"康德—费希特主义"的自我意识，都无法表达马克思心中的"自我意识"的全部内涵，马克思说："这些个别的自我意识永远具有一个双刃的要求，其中一面针对着世界，另一面针对着哲学本身。"① 马克思认为自我意识永远具有复杂的内涵：一面是黑格尔主义的具有"康德—费希特"因素的"自我意识"，另一面则是指向现实世界的"自我意识"。由此，马克思开始思考自己的哲学道路。

正如赫斯在致奥尔巴赫的信中所评价的，马克思"把最机敏的才智与最深刻的哲学严肃性结合起来"，"卢梭、伏尔泰、霍尔巴赫、莱辛、海涅

---

① 《马克思恩格斯全集》第1卷，人民出版社1995年版，第76页。

和黑格尔在一个人（马克思）身上结合起来了"。① 马克思在《博士论文》中关于自我意识的思想是复杂的，涉及"康德—费希特主义"的主体性自我意识、"黑格尔主义"的科学性自我意识以及马克思自己的现实性自我意识等多方面的内容。但是这里我们需要明晰：马克思并不是把三种思想简单地杂糅在一起的"折中主义"，马克思并没有简单地接受任意一种思想，而是进行了深入思考之后汲取了其中的精华，从而把三种思想因素统一于辩证法的逻辑之中。自我意识蕴含着马克思对哲学道路探索的起点：只有把马克思的"自我意识"看作黑格尔主义的，我们才能够理解马克思这一时期从"普遍性"到"主观性"、从"黑格尔主义"到"康德—费希特主义"的辩证法发展进路；只有把马克思的"自我意识"看作"主观性"的，我们才能够理解马克思思想中自从青年时期就具有的批判性和革命性内涵，马克思要给"自我意识"（个人）以自由的理想和抱负；只有把马克思的自我意识理解为开始思考"现实性"问题的马克思主义，我们才能够理解马克思从唯心主义到唯物主义、从哲学批判到现实实践批判的转向，才能把握马克思走向自己思想的逻辑脉络。因此，自我意识作为马克思思想的起点汲取了三种内涵形成了马克思在《博士论文》时期自我意识的辩证法思想，进而开启了马克思对哲学道路的探索。

---

① ［德］莫泽斯·赫斯：《一位真正的哲学家》，见中共中央马克思恩格斯列宁斯大林著作编译局编：《回忆马克思》，人民出版社2005年版，第270—271页。

# 习惯法的扬弃：马克思历史唯物主义转向的法学注脚[①]

## 杨 军[②]

青年马克思的历史唯物主义转向是近年来重要的学术议题。正如广松涉所说，历史唯物主义转向乃是经由宗教批判、哲学批判和法学批判完成的。[③]《莱茵报》时期，马克思在法学批判中投入了大量精力。其中，对习惯法的扬弃尤为引人注目。在《历史法学派的哲学宣言》（下文简称"《宣言》"）中，习惯法构成了理性主义法学批判的素材。马克思通过比较暹罗和英国多地的习惯法得出，历史法学派对实证权威的拥护乃是"放荡者的全部轻佻"[④]。而在其后《关于林木盗窃法的辩论》（下文简称"《辩论》"）中，马克思则提出要"为穷人要求习惯法"[⑤]。习惯法构成了马克思解决"物质利益难题"的法学出路。就此而言，马克思对习惯法的态度发生明显的转变。这种转变绝非偶然。审视其基本逻辑可以发现，对习惯法的扬弃凸显了马克思从理性主义向历史唯物主义进发的思想动态，构成了马克思历史唯物主义转向的法学注脚。这证明了法学批判是马克思走向历史唯物主义的主要理论背景[⑥]，应当重视法学批判之于历史唯物主义转向的理论意义。

## 一、习惯法的出场：马克思理性主义法学批判的素材

作为一名法学生，求学阶段的马克思近距离接触了理性主义法学与历

---

[①] 本文为北京市社会科学基金青年项目"马克思法哲学与现代西方法学主要流派比较研究"（项目编号：21KDC011）的阶段性研究成果。
[②] 杨军，复旦大学马克思主义研究院副研究员、法学博士。
[③] ［日］广松涉：《早期马克思像的批判的再构成》，载邓习仪编译：《赫斯精粹》，南京大学出版社2010年版，第207页。
[④] 《马克思恩格斯全集》第1卷，人民出版社1995年版，第233页。
[⑤] 《马克思恩格斯全集》第1卷，人民出版社1995年版，第248页。
[⑥] 王贵贤：《青年马克思的法学批判与历史唯物主义的形成》，载《马克思主义与现实》2022年第1期第105—111页。

史法学之争。1836年，马克思转入柏林大学，此时的柏林大学正是理性主义法学与历史法学争论的中心。当时，虽然著名法哲学家黑格尔已经辞世，但其在柏林大学所积累的知识影响力依然十分巨大，活跃的黑格尔派学者构成了青年马克思主要的朋辈群体。与此同时，历史法学派的领军人物萨维尼同样在柏林大学深耕多年，加之修读萨维尼"学说汇纂"课程的缘故，马克思近距离地接触了历史法学派。这种历史机缘让理性主义法学与历史法学的分歧直接呈现在马克思面前。而分歧的核心便是，如何理解和评价习惯法的权威，以及如何看待习惯法与制定法之间的关系。

在历史法学派看来，法律来源于民族精神和国民一般的法确信，因此，作为实证存在的习惯法自然具有现实效力，且优于由国家意志建构的制定法。如萨维尼所说，"一切法是基于下列方式产生的：即占主导的，但并非十分恰当的说法称之为习惯法……假手内在的、静默作用的力量，而非借助立法者的意志"①。因此，真正的法律规范乃是透过民族精神所表达的习惯法。在哲学层面上，历史法学派沿袭了胡果的基本假设，认为实证的事物之所以是有效的，就因为它是实证的。② 习惯法应当被视为权威的存在，基于理性而制定法律的必要性反而值得怀疑。因此，萨维尼在德国法典编纂的问题上表现出了消极态度。在《论立法与法学的当代使命》中，萨维尼指出，因为绝对找不到一个真正的立法者，所以蒂博关于编纂法典必要性的论述及其编纂法典的建议不具有可行性。③

对于这种习惯法思想，黑格尔及其追随者提出了明确的不同意见。在黑格尔看来，法律是自在地是法的东西而被设定在它的客观定在中。④ 法要成为法律，需要同时获得普遍性的形式和真实的规定性。真正的法典是从思维上来把握并表达法的各种原则的普遍性和它们的规定性的。而由于习惯法的普遍性比较模糊，所以并不能把习惯法的汇编视为真正的法典。换句话说，习惯法并不天然地优于实定法。相反，法必须通过思维而被知道，习惯法只有在合乎立法者理性思维的前提下方才可以进入实定法的体系之中。黑格尔主张，应当基于人的理性思维认识法律内容中被规定的普遍性，并由此构建法律体系。相较于表示"我不认为我们具备制定一部优秀法典

---

① ［德］萨维尼：《历史法学派的基本思想（1814—1840）》，郑永流译，法律出版社2009年版，第8—9页。
② 《马克思恩格斯全集》第1卷，人民出版社1995年版，第231页。
③ ［德］萨维尼：《论立法与法学的当代使命》，许章润译，中国法制出版社2001年版，第118页。
④ ［德］黑格尔：《法哲学原理》，范扬、张企泰译，商务印书馆2018年版，第248页。

的能力"① 的萨维尼，黑格尔对立法者通过思维知晓法律并将其体系化的能力表现出了乐观。黑格尔指出，否定一个文明民族和它的法学界具有编纂法典的能力，这是对这一民族和它的法学界莫大的侮辱……有人否认各民族具有立法的使命，这不仅是侮辱，而且还含有荒谬的想法。② 黑格尔的这种思想在黑格尔派中产生了广泛的影响。马克思的刑法老师、黑格尔的学生甘斯延续了对历史法学派的批判，由此嘲笑萨维尼是"机敏有余而明智不足的犹太人"③，并把自己同历史法学派之间的理论论战视为其终生三大成就之一。④

作为黑格尔、萨维尼和甘斯的学生⑤，马克思选择了与黑格尔和甘斯站在一起。只不过，黑格尔指出的是历史法学派在习惯法和立法问题上的侮辱性和荒谬性。而马克思则没有过多纠缠于是否应当制定法典的问题，而是按照历史法学派"研究起源的口号""返回到历史学派的起源"⑥，通过清理历史法学派的哲学基础而将其弊病归结为"轻佻性"。在马克思看来，作为历史法学派起源的胡果哲学是否认事物必然本质的怀疑主义，而这种怀疑主义曲解了他的老师康德。在胡果看来，人们不能认识真实的事物。因此，只要不真实的事物存在着，就应当合乎逻辑地承认它完全有效。制度生命力的来源不是理性，而是实证本身。动物本性是人在法律上的特征。显然，这与康德哲学的立场并不相符。在康德看来，"人，一般说来，每个有理性的东西，都自在地作为目的而实存着"⑦。换句话说，人是有理性的存在物，理性构成了人与动物的重要区别，也是人之所以被视为目的而非手段的重要原因。人的理性和自由意志乃是康德哲学的逻辑起点，更加符合康德哲学这一逻辑起点的推论应当是，"理性是衡量实证的事物的尺

---

① ［德］萨维尼：《论立法与法学的当代使命》，许章润译，中国法制出版社2001年版，第37页。
② ［德］黑格尔：《法哲学原理》，范扬、张企泰译，商务印书馆2018年版，第250—251页。
③ ［美］唐纳德·R. 凯利：《法的形而上学——论青年马克思》，姚远译，载吴彦编：《观念论的法哲学及其批判：德意志法哲学文选（二）》，知识产权出版社2015年版，第208页。
④ M. H. Hoff Heimer, *Eduard Gan sand the Hegelian Philosophy of Law*, Kluwer Academic Publishers, 1995, p. 42.
⑤ 马克思与萨维尼、甘斯的师生关系是马克思接受二者授课而"自然"取得的。同时，虽然马克思没有真正地上过黑格尔的课，但其对黑格尔思想的继承和发扬完全足以构成其与黑格尔在思想上的师承关系。
⑥ 《马克思恩格斯全集》第1卷，人民出版社1995年版，第229页。
⑦ ［德］康德：《道德形而上学原理》，苗力田译，上海人民出版社2012年版，第36页。

度"①，习惯法等制度的实证效力应当接受理性的检验。正因如此，马克思才会说："如果说有理由把康德的哲学看成是法国革命的德国理论，那么，就应当把胡果的自然法看成是法国旧制度的德国理论。"②

为了证明历史法学派哲学立场的问题，马克思集中批判了历史法学派对习惯法实证权威的追捧。在《宣言》中，马克思不厌其烦地列举了胡果对不同民族习惯法的相同态度。在胡果看来，暹罗人和英国人一样实际，康奇人和法国人一样实际，德国人与拉杰普特人一样实际。虽然这些国家在国王命令、衣服穿着、养育女儿等方面的习惯法有巨大的差别，但胡果依然认为应当"服从那些在你自己的小天地里是实际的事物"③。同时，马克思还摘录了胡果为奴隶制辩护的言论，即"当奴隶也要比忍受贫困优越"，"在国家制度的范围内，正是奴隶才免除了种类奇多的压迫"。④ 马克思对于这种无差别、不观照理性而直接认肯习惯法权威的态度表达了强烈的质疑，指出这些现代词句后面藏着的乃是"旧制度的启蒙思想家的那种龌龊而陈旧的怪想"⑤。这种批判一直延续到了《〈黑格尔法哲学批判〉导言》中，马克思在该文中指出，"历史法学派本身如果不是德国历史的杜撰，那就是它杜撰了德国历史"⑥。

按照历史法学派的前述观点，历经岁月沉淀而存在于人类社会的习惯法可以因其存在性获得规范国家和市民生活的权威和效力。如果将批判的时点放在21世纪的当下而在完整的历史唯物主义法学观下审视，实际上并不能完全否认历史法学派此种推论的合理性。因为法律作为人民物质生产交往活动所形成社会关系的表现，的确与人民的交往习惯有密切关联。不同民族在历史习惯上的差异性往往决定了法律上的异质性，不同国家不同的习惯法确实有可能具有相同的"实际性"。即便是在19世纪的时点来审视，也无法否认马克思对历史法学派存在一些误解。马克思曾指出，历史法学派"以昨天的卑鄙行为来说明今天的卑鄙行为是合法的"⑦。而如萨维尼所说，历史法学派并不主张"产生于过往的法构成被认为是至上之物"，这只是一种误解和歪曲。历史法学派主张的乃是从历史中把握法的本质。⑧

---

① 《马克思恩格斯全集》第1卷，人民出版社1995年版，第231页。
② 《马克思恩格斯全集》第1卷，人民出版社1995年版，第233页。
③ 《马克思恩格斯全集》第1卷，人民出版社1995年版，第232页。
④ 《马克思恩格斯全集》第1卷，人民出版社1995年版，第234页。
⑤ 《马克思恩格斯全集》第1卷，人民出版社1995年版，第238页。
⑥ 《马克思恩格斯全集》第3卷，人民出版社2002年版，第201页。
⑦ 《马克思恩格斯全集》第3卷，人民出版社2002年版，第201页。
⑧ [德]萨维尼：《当代罗马法体系I》，朱虎译，中国法制出版社2010年版，第3页。

质言之，青年马克思对历史法学派的批判未免于有失偏颇。

但显然，对习惯法问题乃至历史法学派的全面评价并非此时的马克思所关注的重点。面对理性主义与历史法学派的论战，作为青年黑格尔派的马克思关注的重点是两种立场之间突出的理论差异，国家和法律建构中理性的地位当属其中最重要的问题。因此，当发现历史法学派承认非理性的习惯法与理性的法律具有相同的普遍性和生命力、否认以理性来论证和衡量习惯法的实证效力和权威时，马克思才会尖锐地将胡果这种"否认理性存在的怀疑主义"斥为"庸俗的怀疑主义"和"摄政时期放荡者的全部轻佻"①。换句话说，青年马克思批判历史法学派的主要动因在于"捍卫启蒙运动以来的理性主义批判精神"②，理性主义法学观构成了此时马克思法学批判的理论原点和基本立场。而习惯法则是马克思理性主义法学批判的素材。

## 二、"为穷人要求习惯法"：马克思解决利益难题的法学出路

在理性主义时期的马克思看来，习惯法的权威应当由理性来衡量，理性构成了习惯法权威的前提。这是青年马克思停留于理性主义自我意识法哲学的思想表征。③ 不过，在"第一次遇到要对所谓物质利益发表意见的难事"④ 之后，马克思从抽象的理性主义中脱离出来，开始重新审视习惯法与物质利益、制定法之间的联系。如果说在马克思的理性主义法学批判中习惯法扮演着批判素材的角色，在面对物质利益难题时，马克思已经转变了对习惯法的态度而将其视为解决难题的法学出路。

1840年代，莱茵省的下层人民受贫困所迫，经常去林区捡拾枯树枝。对此，林木所有者强烈不满，希望通过修改林木盗窃法将捡拾枯树枝的行为纳入盗窃罪。马克思的《辩论》一文便围绕莱茵省议会的辩论而展开，对莱茵省的立法活动进行了全面的批判。马克思发现，莱茵省议会的立法能力和立法偏好与广大的下层贫苦人民之间存在尖锐的矛盾，立法者甚至愿意"为了幼树的权利而牺牲人的权利"⑤。对此，马克思依照理性主义的

---

① 《马克思恩格斯全集》第1卷，人民出版社1995年版，第232、233页。
② 公丕祥主编：《马克思主义法律思想通史》（第1卷），南京师范大学出版社2014年版，第82页。
③ 刘恩至：《从"人民自由的圣经"到"物质利益的圣经"——论马克思法哲学本体论的转向》，载《马克思主义研究》2018年第5期第94—97页。
④ 《马克思恩格斯文集》第2卷，人民出版社2009年版，第588页。
⑤ 《马克思恩格斯全集》第1卷，人民出版社1995年版，第243页。

法学分析范式从占有的法律边界、犯罪的定型性和裁判标准、犯罪严重性的价值衡量尺度等方面逐一批判了修改林木盗窃法的立法问题。经由这些理性主义法学的反思之后，马克思敏锐地发现，林木所有者判断法律规定好坏时所谓的讲求实际，乃是以对其自己是否有利为标准的；纯粹从法理幻想出发而有利于被告的，便被视为多余的、有害的、不实际的。① 换句话说，被理性主义者奉为圭臬的法理在现实的立法活动中不过是一种幻想。因为在林木所有者以及代表其利益的等级议会那里，是否符合其物质利益需求构成了判断法律好坏的标准。理性主义法哲学的立法要求与现实中莱茵省议会的立法选择之间存在巨大的鸿沟。前者执着于追求理性的崇高地位，后者却在现实中将物质利益视为法律的前提。"法律不再是'人民自由的圣经'，它反倒成为了'物质利益的圣经'。"②

因此，马克思的法学批判无法再停留于理性世界的逻辑推演层面，法律与物质利益的关系成为无法忽视的现实问题。而在林木盗窃法的问题上，这个问题具体地表现为：当物质利益确实构成了法律的前提时，如何"为政治上和社会上备受压迫的贫苦群众的利益"寻找法律上的出路？这种出路如何获得法哲学上的证成？对此，马克思提出"为穷人要求习惯法"，并从两个方面进行了理论证成。

一方面，通过考察习惯法的起源，马克思将特权者的习惯法归结为法的动物形式而非人类内容，由此否定了特权者习惯法进入制定法的合理性。在马克思看来，习惯起源于人类的自然史阶段。在这一阶段，人类分成了若干特定的、不平等的种属，习惯起源于不同的种属内部。由于种属之间的不平等，不同种属的习惯法在法律中的地位也不平等。当不平等的种属和习惯正面相遇时，经过在自然界熔炉之中的敌对与斗争，最终归结为一种人靠另一种人为生，一种人奴役另一种人的形态，亦即封建制度所体现的"精神的动物王国"。在此意义上，特权者要求其习惯进入制定法，"他们所要求的并不是法的人类内容，而是法的动物形式"③。显然，这种动物形式与法律的形式即普遍性和必然性的形式是相矛盾的。这种形式并不真正体现法的人类内容，不具有普遍性和必然性。因此，特权者的习惯是和法以及合理的法概念相抵触的习惯。④ 这种习惯法所要求的并不是法律，而是对法律的改变；所要求的也不是法的内容和形式，而是其动物形式在法

---

① 《马克思恩格斯全集》第1卷，人民出版社1995年版，第248页。
② 刘恩至：《从"人民自由的圣经"到"物质利益的圣经"——论马克思法哲学本体论的转向》，载《马克思主义研究》2018年第5期98页。
③ 《马克思恩格斯全集》第1卷，人民出版社1995年版，第249页。
④ 《马克思恩格斯全集》第1卷，人民出版社1995年版，第248、250页。

当中的体现。当依照法和法律的标准来评判特权者的习惯法时，结论只能是，"它们是习惯的不法行为，因此，决不能违反法律而要求这些习惯法，相反，应该把它们当作同法律对立的东西加以废除"①。只有当习惯法具备了法的普遍性和必然性而不与法的形式相抵触时，亦即，"习惯是制定法的预先实现"② 时，方可进入制定法。这正是贫民习惯法的合法性来源。

另一方面，通过考察贫民习惯法所受到的"片面的对待"，马克思提出，"贫民的习惯中存在合乎本能的法的意识，这些习惯的根源是实际的和合法的"③，应当将其确定在国家制度之中。马克思指出了立法的片面性："立法者只限于把已有的法表述出来并把它们提升为普遍的东西。而在没有这些法的地方，它们也不去加以制定。"④ 显然，在莱茵省议会那里，他们所关注的只是特权者基于其利益而提出的法和法的要求。至于贫民的习惯和利益，却被排斥在法的视野之外。特权者阶级的习惯变成了合法的要求，而贫民的习惯则被立法者直接忽视了。这种片面性凸显了立法者将物质利益视为立法前提的基本逻辑，也体现了立法者对法的必然性的忽视。这尤其表现在立法者对自然界中具有二重性和不确定性的财产的片面立法上。按照马克思的观点，自然界的部分财产在权利归属上是二重的、不确定的。这种归属状态客观而必然地存在于自然界，是贫民满足其欲望乃至基本生活需要的依赖，构成了贫民的习惯和习惯法的现实根源。因此，贫民的习惯法乃是符合自然规律和事物本质的，具备了法的普遍性和必然性。贫民的习惯法已经符合制定法的形式要求，构成了制定法的预先实现。在此意义上，应当在国家制度中确立贫民习惯法应有的地位，而不是片面地以罗马法中现有的抽象私法范畴对这些财产进行归属立法，忽视这些财产自然发生的本质和偶然存在而属于先占权范围的对象。⑤

在马克思看来，习惯法应该划分为特权者的习惯法和贫民的习惯法两种类型。而通过分别考察两种类型习惯法的起源及其所具备的法的形式的程度，可以发现，特权者的习惯法乃是与法相抵触的存在，而贫民的习惯法则合乎法的意识和形式。因此，要解决穷人物质利益的难题，便应当提倡合法的、穷人的习惯法。

当然，此时马克思的历史唯物主义法学观尚未完全成型，其"批判的

---

① 《马克思恩格斯全集》第 1 卷，人民出版社 1995 年版，第 249 页。
② 《马克思恩格斯全集》第 1 卷，人民出版社 1995 年版，第 250 页。
③ 《马克思恩格斯全集》第 1 卷，人民出版社 1995 年版，第 253 页。
④ 《马克思恩格斯全集》第 1 卷，人民出版社 1995 年版，第 250 页。
⑤ 《马克思恩格斯全集》第 1 卷，人民出版社 1995 年版，第 252 页。

武器"也不是完整的或完全的历史唯物主义。例如,在论证两种类型的习惯法何者应予批判而何者值得提倡时,马克思遵照的依然主要是黑格尔理性主义法学关于法的形式的要求,此时的法学批判依然带有理性主义法学批判的色彩。如果依照历史唯物主义法学观进行审视,马克思此处的法学批判甚至还具有一定的局限性。例如,尽管马克思已经认识到了物质利益之于法的重要性,并且从穷人利益出发为穷人要求习惯法,但此时的马克思同样将以物质利益为前提的法哲学及其世界观称为"下流的唯物主义……违反各族人民和人类神圣精神的罪恶"①。但是,这些论证过程上的不完整性并不会削弱马克思为穷人要求习惯法的正确性和重要性。其最直接的意义在于,它让马克思开始具体地审视习惯法的内部构造,不再抽象地将其视为理性主义法学批判的素材,而是结合法哲学的分析范式和具体的价值追求加以扬弃,从而确立解决物质利益难题的法学出路。而更重要的意义在于,马克思对习惯法态度的转变以及具体的扬弃态度已经初步显现了马克思法哲学中的历史唯物主义倾向,构成了马克思历史唯物主义转向的法学证据。

## 三、习惯法的扬弃具有的历史唯物主义表征及其当代意义

由上观之,在青年马克思的法学批判中,习惯法历经了从作为理性主义法学批判的素材到作为解决物质利益难题的法学出路两种不同角色的转换。从表面看,这种角色的转换表现了习惯法在马克思不同法学批判场景中的不同理论地位。而在本质上,青年马克思对习惯法的扬弃正是其逐渐从理性主义转向历史唯物主义的表征。

一方面,习惯法的扬弃在观念上吸收并发展了进步主义的历史观,并在事实上践行了唯物主义的法律观。为穷人要求习惯法的马克思表现出了进步主义的历史观,这与理性主义对绝对自我意识的推崇和对历史的忽视存在明显差异。在黑格尔的观念里,抽象自我意识高于习惯法的意义,习惯法必须经由理性的裁剪方得以进入制定法。马克思提倡穷人习惯法的论证中依然可以看到这种观念。但不同的是,马克思看到了特权者历史与贫民历史的差异,"一种人靠另一种人为生"。与理性主义抽象的自我意识哲学不同,马克思关注到具体的、现实的人历史地形成的习惯法,进而得出应当加以区别对待的结论。换句话说,虽然为穷人要求习惯法的青年马克思没有完全摆脱理性主义的限制,但他在习惯法的问题上已经明确地(虽

---

① 《马克思恩格斯全集》第1卷,人民出版社1995年版,第289页。

然在《辩论》中尚未一贯地）从对理性和自我意识的绝对尊崇中脱离出来，而开始重视特权者和贫民这些具体的历史主体的习惯法。马克思的历史观与历史法学派的历史观也有所不同。在历史法学派看来，习惯法之所以可以成为法的渊源，在于其乃是民族精神的体现，"法本来的居所当是民族的共同意识"①。马克思的观念与此并不相同。在论证习惯法的合法性基础时，贫民满足自身生存欲望的历史实践被马克思视为习惯法合乎于法的原因。"贫民在自己的活动中已经发现了自己的权利。"② 就此而言，马克思的历史观中贫民的具体实践代替了抽象的、主观的历史，习惯法的实践性替代了精神性。马克思已经表现出了对具体的历史主体及其历史实践的重视，并由此来论证部分习惯法成为法律渊源的合法性。

与此同时，马克思为穷人要求习惯法的呼吁乃是其首次基于贫民的现实物质利益提出立法诉求，在事实上践行了唯物主义的法律观。这可以从两个方面来看。一方面，为穷人要求习惯法的理论动因具有唯物主义特征。马克思发现，在林木所有者以及等级议会那里物质利益构成了法的前提和基础，是否符合他们的物质利益构成了判断法律好坏的标准。而这正是马克思基于穷人的利益而要求穷人习惯法的原因，即"为政治上和社会上一无所有的贫苦群众要求……只能是这些最底层的、一无所有的基本群众的法"③。另一方面，穷人习惯法的合法性来源具有唯物主义特征。在马克思看来，穷人习惯法与特权者习惯法的差异在于，穷人习惯法不反对法的形式，只是缺少制定法的定形状态。而不反对（或者说符合）法的形式的原因则是，穷人习惯法符合事物自然发生的本质。由于这些事物的本质是自然的、实际的，因而符合这些本质的穷人习惯法是合法的。事物自然本质的客观性决定了合乎这种客观存在合法性判断标准的唯物主义特征。由此，虽然此时马克思对于物质利益和事物本质的认识尚未达到物质关系或物质生活条件这一更为科学的层面，但显然，马克思基于以上两个方面为穷人要求习惯法的主张已经具备了唯物主义的特征，并与以发扬自我意识为目的的法哲学具有了本质上的差异。这种差异便是唯物主义与唯心主义的差异。

另一方面，习惯法的扬弃在方法论上批判并发展了历史主义，并在事实上运用了唯物主义的分析方法。马克思运用历史主义方法追溯起源的同

---

① ［德］萨维尼：《历史法学派的基本思想（1814—1840）》，郑永流译，法律出版社2009年版，第7页。
② 《马克思恩格斯全集》第1卷，人民出版社1995年版，第253页。
③ 《马克思恩格斯全集》第1卷，人民出版社1995年版，第248页。

时为历史主义注入了辩证法的思想，进而发展了历史主义。在《宣言》中，马克思明确地将历史法学派的哲学基础批判为怀疑主义，并强烈地讽刺了历史法学派对习惯法权威的追捧。但是，在其后对特权者和贫民的习惯法加以具体地扬弃时，马克思也直言，为穷人要求习惯法正是"要求那一帮学识渊博而又温顺听话的奴才即所谓的历史学家所发明的东西"①。而无论是追溯特权者习惯法的根源——法的动物形式，还是贫民习惯法的合理性来源——自然财产的二重性和不确定性，马克思所运用的都是追溯起源的历史主义的分析方法。不过，马克思也并未由此陷入历史主义的怀疑主义和保守主义陷阱。相反，在进行历史分析时，马克思清醒而辩证地区分了特权者习惯法与贫民习惯法的差异，并依据法的形式要求具体地讨论了不同习惯法与制定法的关系。在此意义上，马克思进行习惯法的扬弃时，既继承了黑格尔的辩证法，又发扬了萨维尼历史主义中的进步因素，使其历史主义不再只是"陈旧的、祖传的、历史的鞭子"②，而逐渐具备了科学性。

同时，马克思自觉地运用了唯物主义的法学分析范式，初步试验了与黑格尔唯心主义法哲学不同的研究进路。从康德到黑格尔，出于对理性和自由意志的推崇，法哲学始终围绕着构建理想的国家和法律展开，抽象的法意识和法精神构成了法哲学研究的重点。马克思在沿循黑格尔路径对历史法学派进行的批判中，便是如此。与此相对，现实的法律却并未受到足够的重视。直到物质利益难题切实地摆在面前，马克思才终于发现，现实的法律与理性主义的设想存在巨大差别。法律不是普遍而必然的理性所决定的，反而是现实的物质利益所决定的。在此意义上，虽然马克思此时并未彻底摆脱理性主义和唯心主义法学，但其法学批判的方法论基础已经出现了转变，即关注重点从抽象的法转向具体而现实的法，从应然的法转向实然的法，从主观世界的法转向客观世界的法，对人的关注也从抽象的人转向了具体而现实的人。这种转变构成了马克思历史唯物主义法学与唯心主义法学之间的主要差别，即关注现实世界的法的目标、形态、过程，而不仅仅关注法的内部结构和内部原则。由此开始，马克思的法学批判开始更大幅度地偏离理性主义法学，他不再执着于从解释学角度为贫民捡拾枯树枝辩护，而是站在法和法律的外部并将其视为一种现实而客观的现象加以批判。这正体现了历史唯物主义法学相较于唯心主义法学在方法论上的重大变革。

---

① 《马克思恩格斯全集》第1卷，人民出版社1995年版，第248页。
② 《马克思恩格斯全集》第3卷，人民出版社2002年版，第201页。

当然，正如本文一再强调的，尽管马克思在习惯法的扬弃中已然出现了历史唯物主义转向的表征，但此时马克思的法哲学观念与真正的历史唯物主义法哲学依然存在较大的差距。不过，这并不会削弱习惯法扬弃中历史唯物主义转向的理论意义。从作为理性主义法学批判的素材到作为解决物质利益难题的法学出路，习惯法角色转换背后的理论扬弃已经足以构成马克思历史唯物主义转向的证据。而当审视的着眼点回归于构建中国特色社会主义法治体系的当下，马克思习惯法扬弃中的历史唯物主义表征更具有重要的当代意义。习近平总书记在党的二十大报告中指出，要"传承中华优秀传统法律文化"。而传统法律文化最重要的实践来源和现实呈现便是习惯法。在全面建设社会主义现代化国家的新征程中，要进一步推进法治中国建设，离不开对习惯法的科学扬弃。尤其是，在当代法的现实格局中，习惯法是"一种真实而有力的存在"①。如何恰当地处理习惯法与制定法体系的关系，如何在法律实施中对其恰当地加以安顿，一直是重要的法学课题。在此意义上，重新审视马克思对习惯法的扬弃便具有了更加贴合于当代中国的现实意义。其现实意义主要表现在两个方面：

一方面，能够为中国特色社会主义法律体系的完善提供指导。当前，伴随着全面依法治国重大战略的实施，中国特色社会主义法律体系的不断完善迎来了更高的要求。其中，应当如何处理脱胎于中华民族几千年来生产实践的习惯和习惯法便是一个重大的课题。这背后潜藏着法的民族性与世界性的张力，更直接影响着亿万中国人迈入新时代之后的生活生产方式。马克思对习惯法的扬弃为此提供了理论上的指引。亦即，既不盲从于习惯法的权威，也不盲从于抽象的法理幻想。而是应当在充分尊重人民主体的历史实践和事物自然本质的基础上，对实存的习惯法加以扬弃，进而通过制定法的形式加以定型。如果说德国法典编纂构成了理性主义法学与历史法学派论战的缘起，那么在我国各部门法领域大力推进法典化工作的今天，作为对理性主义法学和历史法学派批判性发展成果的习惯法的扬弃，则正是实现其理论价值最好的时机。

另一方面，有助于在法律实施中更好地评价当事人基于习惯法做出的行为选择。在法律实施的话语中，不同部门法领域中的习惯法处于截然不同的地位。在民商事领域，习惯法因公序良俗和商事习惯的话语而被视为正当的法律渊源，当事人由此作出的行为选择大体都能得到正面的评价。然而，刑事法领域却呈现出明显的话语和实践脱节的局面。相较于当代刑

---

① 杜宇：《重拾一种被放逐的知识传统：刑法视域中"习惯法"的初步考察》，北京大学出版社 2005 年版，第 54 页。

法理论将"排斥习惯法"视为不可动摇的话语，现实的司法实践中习惯法却在实际上置换和改写了制定法。而透过马克思对习惯法的扬弃可以看到，抽象地在刑事领域将习惯法置于法治的反面不过是一种忽视历史主体客观实践的做法。更加符合历史唯物主义的立场应当是，如果当事人的行为选择源自符合历史实践现实的习惯法，那么便应当对其社会危害性或者说违反法规范的程度进行具体的评价，而非一律将其视为犯罪。正如马克思所指出的，"在民间的习惯法受压制的地方，遵循这些习惯法的做法，只能作为单纯违反警章规定的行为来对待，无论如何不能当作犯罪来惩罚"①。

---

① 《马克思恩格斯全集》第1卷，人民出版社1995年版，第254页。

# 三、马克思主义中国化时代化与习近平新时代中国特色社会主义思想研究

# 谱写马克思主义中国化时代化新篇章

商志晓[①]

习近平总书记在二十大报告中指出:"实践没有止境,理论创新也没有止境。不断谱写马克思主义中国化时代化新篇章,是当代中国共产党人的庄严历史责任。"我们党在中国革命、建设、改革的不懈奋斗历程中,坚持马克思主义科学理论指导并使之与中国国情、中国实践、中国历史文化紧密结合,不断推进马克思主义中国化时代化,取得重大实践成就和丰硕理论成果。立足新时代新征程,我们党团结带领全国各族人民朝向全面建成社会主义现代化强国、实现第二个百年奋斗目标迸发,必须继续推进实践基础上的理论创新,打牢团结奋斗实现中国式现代化的思想支撑和理论基础,不断谱写马克思主义中国化时代化新篇章。这是党的二十大提出的庄严任务,也是当代中国伟大实践的基本要求。

## 一、谱写马克思主义中国化时代化新篇章,是"归根到底是马克思主义行、中国化时代化马克思主义行"的必然要求

"实践告诉我们,中国共产党为什么能,中国特色社会主义为什么好,归根到底是马克思主义行,是中国化时代化的马克思主义行。"习近平总书记在党的二十大报告中阐发的这一重要论断,既是对此前有关论述的重申与强调,更展示出我们党在认识上的深化与拓展。在"归根到底"的意义上,强调马克思主义行,凸显中国化时代化的马克思主义行,是对马克思主义、中国共产党、中国特色社会主义三者关系的深刻理解,是对由马克思主义到中国化时代化的马克思主义的承续发展及其历史地位和重大意义的科学把握。这一重要论断昭示出谱写马克思主义中国化时代化新篇章的历史必然性,昭示出谱写马克思主义中国化时代化新篇章对当代中国及未

---

① 商志晓,山东省高校当代中国马克思主义研究院院长、山东师范大学教授。

来发展的极端重要性。

马克思主义是我们立党立国、兴党兴国的根本指导思想，拥有马克思主义科学理论指导是我们党坚定信仰信念、把握历史主动的根本所在。从鸦片战争到五四运动的近八十年间，虽有几代中国人奋起抗争，却仍未找到救亡图存的方向和路径。在中华民族积贫积弱、任人宰割的时期，各种主义和思潮都进行过尝试，资本主义道路没有走通，改良主义、自由主义、社会达尔文主义、无政府主义、实用主义、民粹主义、工团主义等也都"你方唱罢我登场"，但都没能解决中国的前途和命运问题。是马克思主义科学理论的传入并在五四运动中与中国工人运动的初步结合，才孕育诞生了先进的政党——中国共产党。中国共产党运用马克思主义世界观和方法论，找到了新民主主义革命的正确道路，建立了新中国，使古老中国走上社会主义道路，走上中国特色社会主义道路，使中华民族实现了从站起来到富起来、再到强起来的伟大飞跃。这样一个翻天覆地的历史进程，中国革命、建设、改革一路高歌猛进取得的伟大成就，明确无误地告诉人们：中国共产党为什么能，中国特色社会主义为什么好，归根到底是马克思主义行，是中国化时代化的马克思主义行，马克思主义科学理论的指导、科学方法的运用是促进实现中国社会发展进步的关键。

然而，马克思主义科学理论的正确运用并发挥应有的作用，必须与具体实际和具体情况相结合，必须使之介入并融入具体国情和具体实践之中。马克思主义揭示资本主义运行的特殊规律，同时创造性地揭示了人类社会发展的一般规律；指导无产阶级和劳苦大众争取自身解放，同时为人类指明了从必然王国向自由王国飞跃的途径。马克思主义的普适性特征与开放性品格，使它具有密切联系实际、指引解决现实矛盾的优势和能力。而中国共产党也在革命斗争实践中，深切认识到不能教条主义、经验主义地对待科学理论，必须在坚持继承的同时推进实现创造性丰富和创新性发展。这一过程就是马克思主义中国化时代化的过程，这一过程取得的理论成果就是中国化时代化的马克思主义。中国化时代化的马克思主义标示着我们党坚持发展马克思主义的智慧和能力，在毛泽东思想、邓小平理论、"三个代表"重要思想、科学发展观、习近平新时代中国特色社会主义思想一脉承续的发展中，得到了充分展示和鲜明呈现，成为中国革命、建设、改革不断夺取新胜利的指导思想和行动指南。

"归根到底是马克思主义行，是中国化时代化的马克思主义行"的科学结论，是在以往的奋斗历程中总结出来并得到充分验证的真理。这一科学结论不只说明过去，更要指导运用于现在和未来。在我们迈上全面建设社会主义现代化国家新征程、奔向第二个百年奋斗目标之际，我们需要秉持归根到底是马克思主义行、是中国化时代化的马克思主义行的信念,继续推进马克思主义中国化时代化,不断谱写马克思主义中国化时代化新篇章。这是历史的映照,更是现实的需要。

## 二、谱写马克思主义中国化时代化新篇章,必须把马克思主义基本原理同中国具体实际相结合、同中华优秀传统文化相结合

在新的历史条件下,继续谱写马克思主义中国化时代化新篇章,我们必须遵循的一条根本原则,是把马克思主义基本原理同中国具体实际相结合、同中华优秀传统文化相结合。党的二十大报告明确指出:"只有把马克思主义基本原理同中国具体实际相结合、同中华优秀传统文化相结合,坚持运用辩证唯物主义和历史唯物主义,才能正确回答时代和实践提出的重大问题,才能始终保持马克思主义的蓬勃生机和旺盛活力。"党的二十大结束后不久,习近平总书记在考察河南安阳殷墟遗址时强调,中华优秀传统文化是我们党创新理论的"根",我们推进马克思主义中国化时代化的根本途径是"两个结合"。

把马克思主义基本原理同中国具体实际相结合、同中华优秀传统文化相结合,贯通在我们党一百多年的奋斗历程中,是我们党始终坚持的基本原则和一贯做法。早在新民主主义革命时期,毛泽东同志要求全党要学会用马克思主义之"矢"去射中国革命之"的",指出:"马克思主义必须通过民族形式才能实现。""没有抽象的马克思主义,只有具体的马克思主义。"他提出"马克思主义中国化"科学命题,要求"使之在其每一表现中带着中国的特性,即是说,按照中国的特点去应用它"[①],"使得马克思列宁主义这一革命科学更进一步地和中国革命实践、中国历史、中国文化深相结合起来"[②]。毛泽东同志强调马克思主义的民族形式和中国特性,强调三个"深"相结合,深刻揭示了马克思主义中国化的科学内涵和根本要求,促进了马克思主义与中国革命实践、中国历史、中国文化的深度融汇,指导了新民主主义革命和社会主义建设事业不断胜利前进。

如果说我们党以往把马克思主义与中国历史文化的结合,是马克思主义与中国实际相结合的题中应有之义;那么,党的十八大以来,以习近平

---

① 《中共中央文件选集》第 11 册,中共中央党校出版社 1991 年版,第 658—659 页。
② 《建党以来重要文献选编(一九二一——九四九)》(第二十册),中央文献出版社 2011 年版,第 318—319 页。

同志为核心的党中央则将这一内涵凸显出来并聚焦至中华优秀传统文化上，使马克思主义与中华优秀传统文化的结合成为一个重要方面得以单列标示。马克思主义基本原理同中国具体实际相结合、同中华优秀传统文化相结合的提出，因于中国特色社会主义进入新时代的现实，因于当代中国马克思主义、21世纪马克思主义的发展，因于文化自觉、文化自立、文化自信增强的需要，因于世界文化交流互鉴和交锋竞争的新形势，既是对我们党的一贯主张和基本原则的继承与坚持，更是在新的历史条件下在创新发展马克思主义、厚植中国特色社会主义文化根基方面的认识提升和理念创新。"两个结合"是我们党在新时代推进理论创新的重要成果，也是我们党在新时代推进马克思主义中国化时代化的重要支点和根本途径。

要把马克思主义基本原理同中国具体实际结合好、同中华优秀传统文化结合好，我们必须按照党的二十大的部署要求，切实做好以下几个方面。一是坚持以马克思主义为指导，运用其科学世界观方法论解决中国的问题，而不是只背诵和重复其具体结论和词句，更不能把马克思主义当成一成不变的教条。二是坚持解放思想、实事求是、与时俱进、求真务实，一切从实际出发，着眼解决新时代改革开放和社会主义现代化建设的实际问题，不断回答中国之问、世界之问、人民之问、时代之问，作出符合中国实际和时代要求的正确回答。三是植根本国、本民族历史文化沃土，充分汲取中华优秀传统文化蕴含的思想观念、人文精神、道德规范，发掘其同科学社会主义价值观主张具有高度契合性的内容，通过创造性转化创新性发展使之实现当代价值、发挥现实作用。四是坚定历史自信、文化自信，坚持古为今用、推陈出新，把马克思主义思想精髓同中华优秀传统文化精华贯通起来、同人民群众日用而不觉的共同价值观念融通起来，不断赋予科学理论鲜明的中国特色，不断夯实马克思主义中国化时代化的历史基础和群众基础。五是把"两个结合"有机结合好，辩证把握"两个结合"互为作用关系，拓展开辟马克思主义中国化时代化新境界的理论创新之源，增强开辟马克思主义中国化时代化新境界的理论创新之力，始终保持马克思主义的蓬勃生机和旺盛活力。

### 三、谱写马克思主义中国化时代化新篇章，要科学把握习近平新时代中国特色社会主义思想的世界观和方法论，坚持好、运用好贯穿其中的立场观点方法

立足当下，着眼未来，继续谱写马克思主义中国化时代化新篇章，必

须坚持马克思主义基本理论，坚持我们党一脉相承的理论创新成果，坚持习近平新时代中国特色社会主义思想。其中，最为首要的，是科学把握习近平新时代中国特色社会主义思想的世界观和方法论，坚持好、运用好贯穿其中的立场观点方法。

习近平新时代中国特色社会主义思想是马克思主义中国化时代化的最新成果，是中国化时代化的马克思主义。党的十八大以来，国内外形势发生新变化，中国特色社会主义实践提出新要求，迫切需要我们从理论和实践的结合上深入回答关系党和国家事业发展、党治国理政的一系列重大时代课题。以习近平同志为核心的党中央勇于进行实践创新和理论探索，以全新的视野深化对共产党执政规律、社会主义建设规律、人类社会发展规律的认识，取得重大理论创新成果，集中体现为习近平新时代中国特色社会主义思想。这一科学理论体系，坚持和运用辩证唯物主义和历史唯物主义，既是世界观、历史观，又是认识论、方法论；既讲是什么、怎么看，又讲怎么办、如何干；既部署"过河"的任务，又指导解决"桥和船"的问题，为推进党和国家事业发展提供了锐利思想武器。

贯穿在习近平新时代中国特色社会主义思想中的世界观和方法论，表征着这一科学理论体系的立场观点方法，具有丰富内容，呈现为诸多方面。党的二十大报告提出六个"必须坚持"，需要我们深化理解和科学把握。一是必须坚持人民至上，站稳人民立场、把握人民愿望、尊重人民创造、集中人民智慧，从人民的创造性实践中获取理论创新的不竭源泉，形成为人民所喜爱、所认同、所拥有的理论。二是必须坚持自信自立，坚持对马克思主义的坚定信仰、对中国特色社会主义的坚定信念，坚定道路自信、理论自信、制度自信、文化自信，以更加积极的历史担当和创造精神为发展马克思主义作出新的贡献。三是必须坚持守正创新，以科学的态度对待科学、以真理的精神追求真理，紧跟时代步伐，顺应实践发展，不断拓展认识的广度和深度，敢于说前人没有说过的新话，敢于干前人没有干过的事情。四是必须坚持问题导向，增强问题意识，聚焦实践遇到的新问题、改革发展稳定存在的深层次问题、人民群众的急难愁盼问题、国际变局中的重大问题、党的建设面临的突出问题，不断提出真正解决问题的新理念新思路新办法。五是必须坚持系统观念，用普遍联系的、全面系统的、发展变化的观点观察事物，善于通过历史看现实、透过现象看本质，不断提高战略思维、历史思维、辩证思维、系统思维、创新思维、法治思维、底线思维能力。六是必须坚持胸怀天下，既为中国人民谋幸福、为中华民族谋复兴，也为人类谋进步、为世界谋大同，为解决人类面临的共同问题努力作出贡献，以海纳百川的宽阔胸襟借鉴吸收人类一切优秀文明成果，推动建设更加美好的世界。

六个"必须坚持"是继续开辟马克思主义中国化时代化新境界必须遵循的世界观和方法论，是不断谱写马克思主义中国化时代化新篇章必须坚守的立场观点方法，是我们前瞻性思考、全局性谋划、整体性推进党和国家各项事业发展必须依照的科学思想方法。开辟马克思主义中国化时代化新境界是时代所需、是事业所需，不断谱写马克思主义中国化时代化新篇章是全面建设社会主义现代化国家、全面推进中华民族伟大复兴所需。我们唯有按照党的二十大的战略部署，抓好二十大精神的学习贯彻落实，积极回应世界之变、时代之变、历史之变，奋力推进实践基础上的理论创新，才能不断迈出新步伐，创造新成就，引领和保障中国特色社会主义巍巍巨轮乘风破浪、行稳致远。

# 论拥有和掌握马克思主义科学理论指导与把握历史主动

张树德　王会方①

思想力量激扬奋进力量，理论主动才能把握历史主动。习近平总书记在党的二十大报告中鲜明宣示："马克思主义是我们立党立国、兴党兴国的根本指导思想。""拥有马克思主义科学理论指导是我们党坚定信仰信念、把握历史主动的根本所在。"回顾党的奋斗历程，"中国共产党为什么能，中国特色社会主义为什么好，归根到底是马克思主义行，是中国化时代化的马克思主义行。"马克思主义科学理论为中国革命、建设、改革提供强大思想武器，使我们党始终能够掌握历史主动，锚定奋斗目标，沿着正确方向坚定前行。特别是进入新时代，党中央主动识变应变求变，作出一系列重大判断，提出一系列重大战略决策，推动一系列重大工作，不断实现马克思主义中国化时代化发展，牢牢掌握住新时代新征程党和国家事业发展的历史主动，创造了人类历史上前所未有的发展奇迹，中华民族伟大复兴进入不可逆转的历史进程，走向光明宏大的未来。习近平总书记强调，历史发展有其规律，但人在其中不是完全消极被动的。只要把握住历史发展规律和大势，抓住历史变革时机，顺势而为，奋发有为，我们就能够更好前进。拥有和掌握马克思主义科学理论这一思想武器，是我们凝聚奋进伟力、把握历史主动、夺取新的更大胜利的先手棋和关键棋。

## 一、马克思主义科学理论具有真理的魄力和把握历史主动的力量

拥有科学的理论才拥有真理的力量，拥有和掌握科学的理论指导事业

---

① 张树德，军事科学院军队政治工作研究院研究员；王会方，中共中央党校（国家行政学院）哲学教研部博士研究生。

才拥有光明的前途。习近平总书记指出,在人类思想史上,就科学性、真理性、影响力、传播面而言,没有一种思想理论能达到马克思主义的高度,也没有一种学说能像马克思主义那样对世界产生了如此巨大的影响。马克思主义与中国具体实际的成功结合已经反复证明马克思主义是科学的理论、人民的理论、实践的理论、不断发展的开放的理论,具有巨大真理魄力和强大生命力,对人类认识世界、改造世界、推动社会进步具有不可替代的作用,是我们赢得优势、赢得主动、赢得未来的思想之旗、实践之道。

马克思主义是科学的理论,创造性地揭示了人类社会发展规律,具有真理的力量。马克思主义所揭示的人类历史发展规律是在总结前人理论成果基础之上创立的,列宁称马克思主义的社会理论是一种"极其完整严密的科学理论"。在马克思主义科学社会主义理论提出之前,资产阶级人道主义者和空想社会主义者都已经对资本主义的弊端进行过猛烈抨击,表达过对变革社会和构建新社会的设想。然而,他们的历史观是唯心的,他们的理论要么仅仅停留于抽象的道德批判,要么诉诸情感表达,根本不具备变革社会的力量。马克思主义的社会历史观与以往唯心主义的历史观划清界限,是人类历史上最为重大的科学社会理论之一。马克思主义从辩证唯物主义的立场观点方法出发分析人类社会并阐明剥削制度发展的逻辑必然性,揭示出人类历史如同自然界一样,也具有发生、发展到灭亡的一般规律,并指出正像资本主义取代封建主义,资本主义社会终将被更高级的社会形态所取代,这是一种自然的历史进程。在马克思主义的视野中,一般规律源于对特殊规律的具体把握,同时一般规律只有回到具体的历史实践之中才能具有现实意义。对马克思主义来说,掌握人类历史发展的一般规律在于更好地认识"资本主义必然灭亡的历史趋势",为人类的普遍解放,最终实现全人类的自由全面发展提供现实指引。马克思主义所揭示的人类社会发展的本质和客观规律,是科学社会主义的重要理论基石,是国际共产主义运动取得辉煌成就的重要指导思想,更是中国共产党不断续写更加绚丽华章的重要思想武器。我们应当看到,无论时代如何变化,马克思主义科学理论所揭示的历史大势没有改变,马克思主义主要立场观点没有过时,加之资本主义丧钟还未敲响,都需要我们透过复杂的社会关系认清人类社会发展的不可逆转的总趋势,谋划好每一历史阶段中的大势、大局、大事,才能真正掌握历史主动,发挥好历史主动。

马克思主义是人民的理论,第一次创立了人民实现自身解放的思想体系,具有道义的力量。马克思主义的本质属性是人民性,它是马克思主义科学理论的出发点。习近平总书记鲜明指出,马克思主义是人民的理论。在马克思主义人民理论出场之前,社会上占统治地位的理论都是为了维护少数统治阶级利益并为其剥削做辩护。马克思第一次旗帜鲜明地立足于人民立场，站在无产阶级广大人民群众的一边，致力于为"绝大多数人谋利益的独立的运动"。习近平总书记概括指出，马克思主义第一次站在人民的立场探求人类自由解放的道路，以科学的理论为最终建立一个没有压迫、没有剥削、人人平等、人人自由的理想社会指明了方向。马克思主义绝不是书斋中的纯粹学术理念，而是为人民立言、为人民谋幸福的伟大思想武器。马克思主义的人类解放立于人类社会价值理念的道义制高点，不仅为社会主义国家所认同，而且得到了世界人民的普遍赞许和广泛传播。它的崇高价值追求超越具体地区和国家的特殊利益，对全世界追求进步的民族和国家都具有价值指引作用。通过逐步实现人类对美好生活的理想追求，最终朝着实现全人类的自由而全面发展的终极目标前进，是我们坚定历史自信、牢牢掌握历史主动的强大精神力量，是引领我们认识世界、改造世界最具动力的希望。

马克思主义是实践的理论，指引着人民改造世界的行动，具有实践的力量。马克思主义的本质特征是实践性。马克思指出，哲学家们只是用不同的方式解释世界，问题在于改变世界。这清楚地表明以往的旧哲学都落入解释世界的窠臼，而更重要的应该是如何改变世界。马克思主义坚持实践第一的观点，以改造世界为目的来认识世界、探索规律，以实践的主动精神将理论的力量真正转化为物质的力量，使"批判的武器"真正发挥出改造人民生活、改变人民历史命运的作用。与此同时，"理论的武器"通过不断地付诸实践、接受实践检验，也实现了理论的进一步飞跃，这不但丰富和发展了马克思主义科学理论，也使人们改造客观世界具有了更加强大的思想武器。离开实践的抽象理论，最终只会走向自身的反面，对现实没有任何指导作用。从历史上看，列宁坚持实践的观点，不但在理论上发展了马克思主义，而且领导俄国十月革命取得了最终胜利；第二国际的理论家，忽视实践的重要作用，导致修正主义的产生。毛泽东同志在革命斗争时期非常重视实践的作用，坚决反对本本主义和教条主义，不但发展了实践的认识论，而且领导中国革命取得了胜利。邓小平同志坚持"实践是检验真理的唯一标准"，重新确立了实事求是思想路线，领导中国进入改革开放和社会主义现代化新时期。历史反复向我们证明，是否坚持实践的观点事关党和国家事业的兴衰成败。历史还反复向我们证明，在现实生活中真正在行动上一以贯之地贯彻实践的观点是极其不易的。真正坚持马克思主义不动摇，首先要坚持马克思主义的实践观点不动摇。习近平总书记在党的二十大报告中再次着重强调："空谈误国，实干兴邦。"只有坚信一切重大的社会理论问题都只能在实践中得到正确理解和恰当解决，通过历史性的革命实践活动不断改善人与人之间的关系、人与社会之间的关系以及人与自然之间的关系，中国特色社会主义道路才会越走越坚定、越走越主动。

马克思主义是不断发展的开放的理论，始终站在时代前沿，具有创新的力量。马克思主义具有与时俱进的理论品质，是开放的理论。马克思一再告诫人们，马克思主义理论不是教条，而是行动指南。马克思主义从不固守自己的理论。面向实践，马克思主义者反对墨守成规、思想僵化，因为教条式说教根本不可能回答中国之问、世界之问、人民之问和时代之问，不仅会影响党和国家事业的前进，也会使马克思主义科学指导失去生命力和说服力。面向未来，马克思主义者始终立足于时代的发展进行自我反思与自我革新，坚持倾听时代的声音，反映时代的要求，不断对已有的理论进行积极的自我扬弃。实践没有止境，理论创新也没有止境。从社会发展的必然规律来看，我们要突破前人的理论，后人也必然会突破我们的理论。邓小平同志强调，不以新的思想、观点去继承、发展马克思主义，不是真正的马克思主义者。坚持用马克思主义开放性视角去观察时代、解读时代、引领时代，才能不断开辟马克思主义中国化时代化新境界，才能让21世纪中国的马克思主义彰显出更加强大的历史主动精神以及更有说服力的真理力量。

## 二、拥有和掌握马克思主义科学理论指导，才能发挥理论的"武器"作用，才能把握历史主动

拥有和掌握马克思主义科学理论指导是一个相互关联、不可分割的统一整体，拥有马克思主义科学理论指导是发挥理论的"武器"作用的基础和前提。但是拥有并非意味着掌握，理论只有被掌握，做到内化于心、外化于行，才能变成物质力量，真正发挥出把握历史主动、指导实践的积极作用。一百多年来，中国共产党在主动拥有和掌握马克思主义科学理论的指导下，以强烈的历史主动精神积极推动中国革命、建设、改革发展事业，找到了工作的切入点、实践的结合点、发展的契合点，书写了可歌可泣的历史篇章，实现了一个又一个人间奇迹。事实证明，历史和人民选择马克思主义是完全正确的，中国共产党把马克思主义写在自己的旗帜上是完全正确的，坚持马克思主义基本原理同中国具体实际相结合、不断推进马克思主义中国化时代化是完全正确的！

中国近代历史证明拥有与掌握马克思主义科学理论指导才能救中国。习近平总书记指出，一个民族要走在时代前列，就一刻不能没有理论思维，

一刻不能没有正确思想指引。中华民族有着五千年悠久的历史和灿烂的文化，为人类文明的进步作出过不可磨灭的重大贡献。但在近代，中国遭受了沉重的打击。为了实现国家的独立、民族的解放和人民的幸福，资本主义、改良主义、社会达尔文主义、无政府主义、自由主义等各种理论"轮番登场"，而在这些理论指导下发动的改良运动和革命运动，最后都没有改变中国的前途和命运，纷纷以失败告终。十月革命一声炮响，给我们送来了马克思主义，实现民族独立解放的历史使命也落在了以马克思主义科学理论为指导的中国共产党的肩上，从此中国革命面貌为之焕然一新。中国共产党成立后，以毛泽东同志为代表的中国共产党人，将马克思列宁主义基本原理同中国革命的具体实际相结合，对经过艰苦探索、付出巨大牺牲积累的一系列独创性经验作了理论概括，创立了毛泽东思想。在毛泽东思想的指引下，中国共产党带领人民开拓了一条农村包围城市、武装夺取政权的革命道路，推翻了压在人民头上的"三座大山"，完成了新民主主义革命，建立了中华人民共和国，实现了中国从几千年封建专制政治向人民民主的伟大飞跃。正如习近平总书记所指出的，中国共产党之所以能够完成近代以来各种政治力量不可能完成的艰巨任务，就在于始终把马克思主义这一科学理论作为自己的行动指南。

马克思主义不能束之高阁，只有根植中国大地，才能根深叶茂，才能发挥理论的"武器"作用。只有根植本国、本民族历史文化沃土，马克思主义真理之树才能根深叶茂。马克思主义理论一般原理的实际运用随时随地都要以当时的历史条件为转移，这样才能发挥科学理论指导实践的"武器"作用。新中国成立后，我们党坚持把马克思主义基本原理同中国具体实际和时代特征相结合，在理论上不断取得创新成果，丰富和发展了毛泽东思想。在这一科学理论的指导下，我们党创造性地开辟了一条适合中国特点的社会主义改造道路，带领全国人民完成了社会主义革命，建立了社会主义基本制度，为中国的发展奠定了政治前提和制度基础，实现了一穷二白、人口众多的东方大国大步迈进社会主义社会的伟大飞跃，为在新的历史时期开创中国特色社会主义提供了宝贵经验、理论准备、物质基础。党的十一届三中全会以来，马克思主义中国化得到了极大的丰富和发展。以邓小平同志为主要代表的中国共产党人科学回答了建设中国特色社会主义道路的一系列基本问题，成功开创了中国特色社会主义。以江泽民同志为主要代表的中国共产党人，根据新的历史形势进一步回答了什么是社会主义、怎样建设社会主义，建设什么样的党、怎样建设党等时代课题，形成了"三个代表"重要思想，成功把中国特色社会主义推向21世纪。以胡锦涛同志为主要代表的中国共产党人，深刻认识和回答了实现什么样的发展、怎样实现发展等重大时代课题,形成了科学发展观,成功在新形势下坚持和发展了中国特色社会主义。在这一过程中,中国特色社会主义理论体系形成,实现了马克思主义中国化新的飞跃。在科学理论的指导下,我们党深入推进改革开放和社会主义现代化建设,实现了从生产力相对落后的状况到经济总量跃居世界第二的历史性突破,实现了人民生活从温饱不足到总体小康、奔向全面小康的历史性跨越,推进了中华民族从站起来到富起来的伟大飞跃。正如《中共中央关于党的百年奋斗重大成就和历史经验的决议》所指出的,"党深刻认识到,开创改革开放和社会主义现代化建设新局面,必须以理论创新引领事业发展"①。

只有主动拥有和掌握马克思主义科学理论指导,才能把握新时代中国历史的主动。理论是实践的先导。理论的先进,是最彻底的先进;思想的主动,是最大的主动。党的十八大以来,党和国家事业的发展给我们提出了一个重大时代课题,即新时代坚持和发展什么样的中国特色社会主义、怎样坚持和发展中国特色社会主义,建设什么样的社会主义现代化强国、怎样建设社会主义现代化强国,建设什么样的长期执政的马克思主义政党、怎样建设长期执政的马克思主义政党等。围绕对这一重大时代课题的深邃思考和科学判断,以习近平同志为主要代表的中国共产党人,坚持把马克思主义基本原理同中国具体实际相结合、同中华优秀传统文化相结合,坚持毛泽东思想、邓小平理论、"三个代表"重要思想、科学发展观,深刻总结并充分运用党成立以来的历史经验,从新的实际出发,创立了习近平新时代中国特色社会主义思想,深化了我们党对中国特色社会主义建设规律的认识,实现了马克思主义中国化新的飞跃。在习近平新时代中国特色社会主义思想的指引下,我们党着眼当代中国由大国走向强国的时代背景,立足我国发展的现实需要,回应人民群众对美好生活的热切期待,团结带领全党全国各族人民为实现中华民族伟大复兴的中国梦,锐意进取、励精图治,以新的理论和实践,深化了我们党对共产党执政规律、社会主义建设规律、人类社会发展规律的认识,提出了统筹推进"五位一体"总体布局,协调推进"四个全面"战略布局,形成了一系列治国理政新理念、新思想、新战略,推动了具有许多新的历史特点的伟大斗争,全面建成小康社会目标如期实现,党和国家事业取得历史性成就、发生历史性变革,彰显了中国特色社会主义的强大生机活力,党心军心民心空前凝聚振奋,为实现中华民族伟大复兴提供了更为完善的制度保证、更为坚实的物质基础、

---

① 《中共中央关于党的百年奋斗重大成就和历史经验的决议》,人民出版社2021年版,第17页。

更为主动的精神力量。中国共产党和中国人民以英勇顽强的奋斗向世界庄严宣告，中华民族迎来了从站起来、富起来到强起来的伟大飞跃。习近平总书记指出，马克思主义为中国革命、建设、改革提供了强大思想武器，使中国这个古老的东方大国创造了人类历史上前所未有的发展奇迹。一百多年来，我们党坚持以马克思主义为指导，团结带领中国人民砥砺前行、不懈奋斗，取得的巨大成就、实现的伟大飞跃都已证明，我们党只有主动拥有和掌握马克思主义科学理论指导，才能不断增强创造力、向心力、战斗力，增强全体人民的凝聚力，形成万众一心的磅礴力量，从而才能把握新时代中国的历史主动。

## 三、推进马克思主义科学理论创新，才能牢牢把握新时代的历史主动

习近平总书记强调，实践没有止境，理论创新也没有止境。站在新的历史方位上，与中华民族伟大复兴的光明前景所相伴的是沉甸甸的责任使命和历史任务。从历史上看，每当社会进入到新的发展阶段，人们就会产生新的需要。马克思指出：已经得到满足的第一个需要本身、满足需要的活动和已经获得的为满足需要而用的工具又引起新的需要，而这种新的需要的产生是第一个历史活动。新需要若无法在现实中得到满足，通常就会产生新的矛盾问题。当前，国内外形势的新变化和新的实践性要求，迫切需要中国共产党人从理论和实践的结合上深入回答关于党和国家事业发展、党治国理政的一系列重大时代课题。这就要求我们党必须要主动拥有和掌握马克思主义科学理论指导，加强理论总结，进行理论创新，并用以指导实践，进而产生新思想、新办法、新方案乃至新的设计安排与制度创新。只有这样，我们才能正确回答时代和实践提出的重大问题，才能始终保持马克思主义的蓬勃生机和旺盛活力，才能牢牢把握新时代的历史主动。

坚持运用辩证唯物主义和历史唯物主义，才能牢牢把握新时代的历史主动。我们党自成立起就高度重视在思想上用马克思主义哲学教育和武装全党。党的十八大以来，习近平总书记两次主持中央政治局集体学习历史唯物主义和辩证唯物主义，目的是推动我们对马克思主义哲学有更全面、更完整的了解。马克思主义科学理论是世界观和方法论，任何教条式的、本本式的学习都是误读的表现。拥有和掌握马克思主义科学理论，实现马克思主义科学理论的创新与发展，首先要重点学习和掌握马克思主义科学理论的精髓实质。试想，学习马克思主义科学理论不懂得唯物论，不懂得

唯物辩证法，否认人类社会发展的客观规律性，还何谈继承和弘扬马克思主义科学理论的优良传统，还何谈把握历史主动。今天，我们比历史上任何时期都更接近、更有信心和能力实现中华民族伟大复兴的目标，比历史上任何时期都面临着更加严峻的形势和考验。伟大的光明前景与严峻的时代考验并存，完整、准确掌握马克思主义辩证唯物主义和历史唯物主义的精髓要义，将其客观灵活地运用于中国实践，作出符合时代的新的理论阐释和方法指导，对于我们始终保持马克思主义的蓬勃生机和旺盛活力，更加主动地推进党和国家各项工作建设都具有重大意义。

坚持把马克思主义基本原理同中国具体实际相结合，才能牢牢把握新时代的历史主动。习近平总书记指出："中国共产党是高度重视理论指导、不断推进马克思主义中国化、善于进行理论创新的党。这里所说的马克思主义中国化，就是把马克思主义基本原理同中国具体实际和时代特征结合起来。"一百多年来，我们党之所以能够带领中国人民开辟伟大道路、创造伟大事业、取得伟大成就，一个根本原因就在于我们党始终坚持运用马克思主义立场观点方法观察时代、解读时代、引领时代，不断推动马克思主义基本原理同中国具体实际相结合基础上的理论创新。今天，面对新时代新任务新要求，立足中华民族伟大复兴战略全局和世界百年未有之大变局，我们必须始终不渝推进马克思主义基本原理同中国具体实际相结合，洞察时代大势，牢牢把握新时代的历史主动。理论研究是推进马克思主义科学理论创新的基础性工作，但理论研究决不能局限于句读之中。党的二十大报告指出："我们坚持以马克思主义为指导，是要运用其科学的世界观和方法论解决中国的问题，而不是要背诵和重复其具体结论和词句，更不能把马克思主义当成一成不变的教条。"这就指出，理论研究必须具有强烈的现实关怀和问题意识，从当代实践的需要出发，面向现实，寻找回答当代实践问题的答案，不断推动马克思主义基本原理同中国具体实际相结合，在理论与实践的统一中不断进行理论创新。问题是时代的声音，是社会矛盾运动的集中体现，它既表征着不同时代的历史特点，又蕴含着推动历史进步的关键。如果没有强烈的问题意识，或是害怕问题、回避问题、甚至掩盖问题，就不能有效破解改革和发展中的各种难题，这不仅难有光明前景，甚至会开历史的倒车。我们只有倾听问题、直面问题，概括问题的本质，找到问题的症结，进而加强理论总结，进行理论创新，并将其用以指导实践、解决问题，在理论创新和实践创新中不断推动马克思主义基本原理同中国具体实际相结合，才能推动时代的前进，促进历史的发展。

坚持把马克思主义基本原理同中华优秀传统文化相结合，才能牢牢把握新时代的历史主动。中华民族优秀传统文化是中华民族独特的精神标识和精神命脉，是发展中华文明、实现民族复兴的强大根基和不竭动力。坚持把马克思主义基本原理同中华优秀传统文化相结合是马克思主义中国化的题中应有之义，其实质是立足当代中国和世界的现实，运用马克思主义的方法对中国的历史文化进行总结和概括，进一步丰富和发展马克思主义，推动马克思主义科学理论创新，以指导新时代我国的社会主义建设实践，从而牢牢把握住新时代的历史主动。正如党的二十大报告所指出的，"坚持和发展马克思主义，必须同中华优秀传统文化相结合。只有植根本国、本民族历史文化沃土，马克思主义真理之树才能根深叶茂"。如何推动马克思主义基本原理同中华优秀传统文化相结合，党的二十大报告提出了两个方面的方法论。一是要坚持把马克思主义思想精髓同中华优秀传统文化精华贯通起来。这是推进马克思主义基本原理同中华优秀传统文化相结合的关键所在。二是要坚持把马克思主义思想精髓同人民群众日用而不觉的共同价值观念融通起来。这是推进马克思主义基本原理同中华优秀传统文化相结合的根本所在。就"人民群众日用而不觉的共同价值观念"而言，其意味着要在潜移默化、循序渐进中不断将马克思主义思想精髓融入到人民群众的共同观念之中，成为须臾不可缺失的深沉的价值认同。这就启示我们，推动马克思主义基本原理同中华优秀传统文化相结合，党必须要在科学阐明马克思主义基本原理与中华优秀传统文化的融通性契合性的基础上实现二者的有机结合，既推进马克思主义理论吸取、融入中华民族的民族精神，同时又赋予中华民族的民族精神以新的活力和新的内容，从而将马克思主义真正内化于中华民族的灵魂，这样才能真正地实现其中国化。

# 着力构建中国马克思主义概念史学术范式

靳书君①

西欧概念史研究着眼于近代欧洲大陆具有代表性的政治概念和社会基本概念,其研究对象、素材、方法论基础,都具有深厚的马克思主义渊源,紧随其后的东亚概念史研究揭示了汉字圈共创新词语的历史脉络,考证了大量马克思主义概念的术语渊流。其中,中国概念史研究钩沉了一系列重要概念,中共党史领域也借助于中共概念史研究追求学术突围。党史概念侧重马克思主义中国化的社会政治概念,亟须拓展到囊括哲学概念、经济概念、政治概念、社会概念、文化概念、法学概念、民族学概念等的马克思主义思想体系的全面研究。将概念史研究全面融入马克思主义发展史,打造中国马克思主义概念史学术范式,能够使语言考证和历史考证、语言构造和语用实践相辅相成,既透过多重历史面相透视意义生产,又通过概念理性把握马克思主义精髓,实现概念史意义上的知识考古。

## 一、西欧概念史研究的众多概念素有马克思主义渊源

伴随着中世纪西欧的文艺复兴运动和宗教改革运动,作为科学母语的拉丁语逐步退出学术舞台,意大利语、英语、法语以及德语等诸多西方语言始而将拉丁语融入自身语言以丰富自身语言库。至19世纪,马克思主义的诞生与传播有力推动了欧洲近代语汇体系的定型。马克思主义既是人类优秀文化遗产的产物,也是西学发展的顶峰。马克思主义中的基本概念逐渐成为通识概念,直接参与和有力推动了欧洲近代语汇建构和定型的过程。

"二战"后,概念史研究首先在德语发起,很快在西欧形成了海德堡学派的历史语义学研究、剑桥学派的政治语言史研究和法国的概念社会史研究。西欧兴起的概念史研究通过考察在欧洲近代语汇体系中具有基础作用

---

① 靳书君,江苏师范大学马克思主义学院副院长、教授。

或关键作用的历史性概念，以审视18世纪以来德国和欧洲的历史。研究者将这些概念置于当时的社会历史情境中，追根溯源其逻辑性、合理性及必要性。仅以德国概念史研究的早期代表性著作《历史的基本概念》来看，其选取了德国历史中122个（组）具有代表性的政治概念和社会基本概念，涉及历史学、哲学、政治学、法学、经济学等诸多学科领域，其研究的基本概念都是政治和社会语汇中不可或缺、无法替代的概念，亦是马克思主义中的重要概念。在具体研究中，西欧学者从研究对象的界定到研究素材的选取再到研究方法的运用都坚持历史性和批判性，竭力捍卫其概念取舍方面的客观性，限制研究者表达的随意性，力求做到从社会的整体视野下研究概念，这也正是马克思主义理论的本质特性的一部分。因此无论是从西欧概念史研究的对象、素材、方法，抑或是学术原则，其都具有深厚的马克思主义渊源。

与此同时，社会主义实践在世界范围内大规模展开，但很快在以美国为首的西方国家推行的新自由主义政策及其实践上的新帝国主义效应下遭受曲折。这不仅表现为大多数社会主义国家"改旗易帜"，同时也表现为马克思主义的话语危机——在知性霸权和政治—文化霸权上遭受相对完全地摧毁。在这个不可忽略的历史节点上，除却"马克思学研究"、"列宁学研究"的兴起和MEGA$^2$的整理、编撰和修订工作外，西方左翼理论界还开展了"关键词"研究和"概念发展史"研究，通过对概念的历史考证，一方面"拯救性批判"了马克思主义的历史问题，有助于大众重新认识、理解马克思主义的理论与思想；另一方面，在全球化浪潮下，于社会关系、思想理论发生多样变化的实践中发展马克思主义。英国左翼杂志《新左派评论》称概念史的知识效应为"马克思主义的政治经济学批判"。

1976年，新左派的领军人物、西欧当代马克思主义文化理论家雷蒙·威廉斯的著作《关键词：文化与社会的词汇》问世。威廉斯试图通过对词语意义的考辨梳理，寻找有效研究社会和文化的独特方法，以呈现问题的起源、发展与流变，揭示隐身于词语的意识形态，绘制出认识文化与社会的路线图。该书运用历史语义学的方法叙写了110个关键词汇（1983年第二版增补为131个），通过努力发现词汇意义的嬗变历史、复杂性和不同用法来揭示词语背后的历史蕴含和隐含动机。与德国概念史研究相较，该书尽管在内容和篇幅上相差甚多，但其所倡导的通过关键词研究挖掘历史实在的方法与前者相似或相通之处颇多，具有很大的方法论启示作用。同时，由于其左派的政治立场，使得其更加关注弱势阶级和非主流文化，"希望从词义的主流定义之外,还可能找出其他边缘的意涵"①。

1983年,沃尔夫冈·弗里茨·豪格教授等4位德国学者发起编撰德文版《马克思主义历史考证大辞典》(HKWM)以纪念马克思逝世100周年。该辞典选录了几乎横跨哲学社会科学的1500多个关键概念,并且包含了一些在全球化时代产生的新概念。研究者以概念为切入点,以概念的发展史为主线,秉承客观和科学的精神,坚持历史唯物主义世界观,从哲学社会科学的不同领域对人类社会和世界历史作批判性考察。《马克思主义历史考证大辞典》既侧重于对实践的考证和对经验的传播,同时对词条的引用极为谨慎、出处标识明确,极大便利了后来者的研究和学习,成为当代学者继《马克思恩格斯全集》(MEGA)历史考证版之后又一部研究马克思主义极为重要的基础文献。由于《马克思主义历史考证大辞典》的编撰过程恰逢苏东剧变,社会主义运动在世界范围内处于低潮,因而概念的历史考证也极具现实意义:"一方面在于对历史经验的批判(和自我批判)分析利用,另一方面在于对大量思想资料的学术考察、发现和考证式的钻研。对错综复杂的马克思主义知识'图书馆'进行历史考证可以使我们获得有益的清醒。通过钻研而保持的记忆能够使我们摆脱盲目重复的束缚。"②

## 二、东亚概念史研究考证了大量马克思主义概念的术语渊流

19世纪的中国和东亚在欧风美雨的浸淫下经历了前所未有的时代更替,固有的知识无法对应东渐而来的新知识,东渐的西学知识在东亚开始了与本土知识碰撞而发生的再生产,开启了中、日、韩等国扬弃原有知识体系的进程。这种知识再生产的首要前提是语言的理解与词汇的对接。在语言三要素当中,语音是物质外壳,语法为结构方式,词汇则是承载意义的材料,反映社会生活变迁的新思想首先通过词汇,特别是新词语承载的新术语、新概念表现出来。近世以来汉字文化圈的新词语、新术语、新概念、新范畴迭出,既是汉字文化圈针对西方现代文明刺激的语言反映,亦是东亚文明不甘淡出世界历史、追赶世界历史的语言创造。日本学界的概念编成史研究者、韩国学界的社会科学概念形成史研

---

① [英]雷蒙·威廉斯:《关键词:文化与社会的词汇·导言》,刘建基译,生活·读书·新知三联书店2016年版,第18页。
② [德]沃尔夫冈·弗里茨·豪格主编、俞可平等编译:《马克思主义历史考证大辞典》,商务印书馆2018年版,前言第3页。

究者以及以陈力卫、沈国威等人为代表的一部分旅日留日学者对近代以来汉字文化圈出现的 100 个关键新词汇的概念进行了"东亚知识考古",用于解决近代东渐而来的西学知识与本土知识碰撞而发生的西学知识的再生产问题,以及中日间语词、知识的互动与共有问题和近代中日概念的形成及相互影响问题。

日本学界认为前近代日本的历史概念深受中国的影响,近代日本转而容受欧美思想创生新概念,其传统概念逐渐分化、细化、重构进而形成如今被广泛认同的通识概念。但日本学界原有的史学分析图式并不能辨明这些概念的编成重构过程,因此需要构建日本乃至东亚近代概念编成史研究。韩国学者针对学术界关于近代与脱近代、民族主义与脱民族主义、内在发展论与殖民地近代化论、脱殖民主义、东亚细亚论等争论,提出了需要对政治社会概念之源进行研究的主张,开始了韩国社会科学概念的形成史研究。陈力卫、沈国威近年来着重研究中日间语词、知识的互动与共有问题和近代中日概念的形成及相互影响问题,目前已经对"民主""共和""社会"及各种"主义"等概念进行了梳理和研究,盛福刚对比了《德意志意识形态》的郭沫若译本和日文首译本之间的关键术语、主要底本,考察了郭译本与日译本的相互关系,继而证明郭译本是以日译本为底本、同时参考德文版翻译完成的。

由此可见,知识的再生产不仅源于东西方文明的碰撞,同时还来自同地域近邻间的中介作用和相互影响。正如鸦片战争后,中国所发生的巨变和汉译西学知识对日本近代转型所起到的作用一样,日本明治维新的成功也刺激了甲午战争后中国的知识分子,中国知识分子大举东渡,学习已经日本化的西学知识,形成了中日间的知识往返与再生产。同属于东亚汉字文化圈的诸国翻译者运用借词、配词和组词三种造词法将汉字义素拼义构词,共同创生新词对译西方术语词汇。同时,东亚近代的西学东渐也是早期马克思主义东传的必经之路,翻译者运用上述方法对译定型的西方术语词汇包含着众多马克思主义术语汉译词。如"哲学""要素""有机体""意识形态""政党""个人""无产阶级""殖民地""独裁""特色"等原语借词,便是借用幕末以来日译西学特别是明治后期日译社会主义著作产生的术语词;"资本""实践""主义""革命""市民"等是汉语古典回归词,"自由""平等""法律""共和""共产""阶级""本质"等是传入日本的汉译西书术语回归词,回归术语词虽与出国前词形无异,但术语含义已完成从固有古典义向新生现代义的转化。配词就是非经日语词中转,中国从汉语古典词中选词对译英语、俄语或德语马克思主义术语,使古典词义扩大、缩小、引申、借指,对接马克思主义原著术语意义,成为汉语马克思主义概念词,"人民""民族""民主""专政""生产""时代""市场""价值""社会存在"等都是旧词新义、古词马义。

中、日、韩三国学者从 100 个关键概念入手进行"东亚知识考古",以概念史的方法对概念条分缕析地钩沉,既揭示了汉字圈共创新词语的历史脉络,又考证了大量马克思主义概念的术语渊流。

### 三、中国概念史研究为马克思主义概念中国化展示出多重历史面相

"中国概念史"是东亚汉字圈概念史研究的重中之重,冯天瑜的历史文化语义学研究、金观涛的词汇统计学研究、黄兴涛的中国近代新名词研究、孙江的中国近代知识与制度体系转型研究,通过对一系列重要概念的钩沉,勾勒出近现代中国知识、思想、制度乃至社会的变迁。但不可回避的是,近现代中国知识、思想、制度、社会的变迁离不开马克思主义中国化。19世纪中叶以来,由于"西学东渐""东学入中""借鉴苏俄",大量的外来词汇、术语、概念被翻译到中国,最终庞杂多义的西学化为有中国特色的马克思主义,进而形成近现代中国的知识体系与话语体系。中国概念史研究尽管其研究立意和研究角度未有明确的马克思主义学科特点,但其无论是从研究对象、研究方法、研究实绩都与马克思主义学科密不可分、水乳交融,为研究马克思主义概念中国化展示出多重历史面相。

冯天瑜、方维规二人的历史文化语义学研究,研究某一个词语或概念的生成、发展和变化及其与一些相关概念的关系,注重一个概念的发展和定型"过程",或不同时代对于一个概念的不同认识,不仅仅对语义作历时性研究,努力开掘语义变化背后所蕴藏的历史文化意涵,同时以社会变迁和历史沿革为线索,分析了特定概念在英语、日语、汉语之间的语义关联,剖析概念的变化与互动,以实例佐证并具体阐释了东西方语言的交流和会通。港台学者金观涛、刘青峰二人着手创建了 1830 年至 1930 年间的"中国近现代思想史研究专业数据库",以中国现代重要政治术语作为研究中国现代思想史的重要依据和经验基础。金、刘的《观念史研究:中国现代重要政治术语的形成》一书是运用词汇统计学研究思想史的代表性成果。黄兴涛认为,对近现代汉语新词的概念史考察有助于弥补以往中国社会文化史和思想史研究的不足。他强调:"只有把近代中国新名词置于思想史、文化史和社会史的广阔视野中去研究和透视,其历史内涵才能得到更充分的了解和揭示。"黄河清发现,考证古词古语是我国学术界的优良传统,但这

一传统并未在今词今语的考证上发扬光大，近现代汉语新词的考证反而成为了薄弱环节。他以分析新名词对于现代性思想体系构建的作用，来透视近现代中国人思维方式和价值观念的转变。但近现代新词的考证不仅仅关系到汉语词汇发展史、词汇演变规律的研究，更有助于理解近现代中国历史，同时对某些学科的发展演变也能提供一些旁证。另有孙江、张凤阳、李里峰等学者倡导的中国近代知识与制度体系转型研究将近500年来不断发展变化的词语、概念、制度视为研究对象，将历史文本和文本语境相关联，将域外话语构成的概念还原于历史语境之中，关注文本生成背后的情境，可将其概括为"东亚近代知识的考古"。

最近20多年来，多位中国学者将概念史研究广泛运用在思想史、社会史、观念史、文化史、学术史等诸多领域，彰显出强劲的学术生命力和思想生产力。中国概念史研究以概念为主线研究史料史事，但不是把概念当作最高理性、最高逻辑，而是当作社会历史的语言行动，也就是当作社会历史实践本身。大到社会动员、决策会议、政治安排、战略部署、意识形态宣传，小到布置任务、协调各方，语言行动都贯穿始终。其中，语言行动中的概念反映着实践理性的本质规定。中国概念史研究将概念视为历史中的社会政治实践生成性要素，把概念史与社会史、经济史、政治史统一起来，从而把概念的内史与外史结合起来，通过特定历史时期基本概念内涵与外延的迁衍，呈现出真实有序的多重历史面相。中国概念史研究作为一种史学研究范式，尽管其研究立意和研究角度未有明确的马克思主义学科特点，但是从研究对象、研究方法、研究实绩来看，它都与马克思主义学科密不可分、水乳交融。中国概念史研究通过对一系列重要概念的钩沉，勾勒出近现代中国知识、思想、制度乃至社会的变迁。但不可回避的是，近现代中国知识、思想、制度、社会的变迁离不开马克思主义中国化。因而其研究对象既是近现代重要的政治经济文化概念，同时也是马克思主义中国化概念；其研究方法强调的实践理性和对实证主义研究范式的超越，就是从马克思主义历史语义学汲取营养，按照历史唯物主义世界观从社会历史实践的视野分析语境。同时，中国概念史研究在西欧概念史研究范式影响下，对传统经学研究方法的创造性转化应用体现了概念史研究的中国化。从研究实绩看，中国概念史研究通过不同的路数挖掘概念的内外史、分析特定历史时期基本概念内涵与外延的迁衍进而深入历史本质层面，激活了来源史料的思想生产能力，其成果为马克思主义概念中国化研究展示了多重真实有序的历史面相。

## 四、中共概念史研究为马克思主义概念史研究提供了借鉴和鉴戒

近10年来，中共党史研究借助于中共概念史研究实现学术突围，其中既有李里峰、郭若平等学者构划了党史研究的概念谱系，同时也有众多学者对中共党史领域延展的各种概念进行考察和探究。

李里峰认为，虽然在中共党史领域内关于各种概念的研究成果颇多，但许多学者仍然在误用、错用一些概念，其原因就在于中共党史没有形成系统的概念谱系，党史中的基本概念往往浮于表面、含混不清、归属不明，这也是制约党史学科理论研究水平继续提高的重要因素。在具体研究中，他把若干个具有互文、类义、对比、分层等关系的概念划分为一个"概念群"或"概念链"，并且根据性质或功能的不同将这些"概念群"、"概念链"划构为不同的谱系：制度性概念、价值性概念、身份性概念、分析性概念、本土化概念和各种主义概念等。同时，他要求研究者应该具备三种特质：历史感——"设身处地"、层次感——"由表及里"和张力感——"回本溯源"。

郭若平从学理上和功用上探讨了概念史之于党史研究的重要性。从学理上看，党史既是中国共产党的政党历史，同时也是社会历史的构成要素，是关于中国近现代以来的社会变迁的历史叙事。因此，表达或阐释这种叙事的各种概念便内在地储存着相应的社会事实经验；同样党史叙事也必须借助概念才能被表达、被解释。从功用上看，党史研究中，概念的似是而非、张冠李戴、时空错位、意义位移问题比比皆是，解决概念的滥用、误用、错用问题是概念史研究的一个功能。而且，概念史研究可以为党史研究提供新的研究视野、开拓新的研究路径。同时，他对十余年来中共党史概念史研究的实践进行了总结：概念史研究虽不是一套完善的理论或方法，同时也不具备绝对的可靠性和有效性，但其是一种必要的手段，同样还是一个值得深入研究的新领域。

同时，近十余年来，多位学者对党史领域内的核心概念以及创生的次级概念、三级概念进行了系统考察，相关的专业学术期刊也陆续刊载了多篇中共概念史学术论文：《党史研究与教学》从2012年第1期起开设"概念考索"栏目，截至2019年第2期，共刊载21篇中共概念史研究文章；《党的文献》从2012年开始在"党史国史专题研究"栏目相继刊载了李磊、

张旭东、胡国胜等人的七篇相关文章①；《中共党史研究》从 2013 年开始在"理论与方法"、"专题研究"、"史实考证"等栏目中相继刊载了郭若平、杨东、曹龙虎等人的十余篇中共概念史研究文章②。就已有的学术成果来看，针对中共概念史研究的基本理论和研究方法的探讨，都处在起步探索阶段，但中共概念史研究已然成为中共党史研究新的研究空间，中共党史研究的概念谱系已经基本划构，中共党史研究逐步从自然状态走向自觉状态。这种学术突围的手段对于当下马克思主义发展史研究有很强的借鉴意义，党史概念同时也是马克思主义中的重要概念。但从马克思主义传播史和马克思主义概念发展史角度看，马克思主义入华后首先经历了原著概念的汉译过程和术语的定型过程，随后是中国化概念的生成过程和范畴的建构过程，党史领域的概念史研究对于前两者的研究关切不足，仍然留有很大空间。

## 五、以概念为主线构建思想发展史，打造中国马克思主义概念史学术范式研究

100 多年前，马克思主义在西学东渐潮流中来到中国，与现代汉语白话文运动同步启动，马克思主义经典著作汉译进程中产生的新术语，成为现代汉语体系的核心概念，为建构言文一致、官民公用、南北互通的中华民族国语奠定了基石。如果离开了这些词汇、术语、概念，人们就无法理解马克思主义在中国传播、发展的历史。从这个意义上讲，中国马克思主义概念史就是马克思主义发展史。然而，列宁在《哲学笔记》中谈道："没有一个马克思主义者是理解马克思的。"③ 20 世纪末，随着传统社会主义在苏东遭受的挫折和中国大规模社会主义改革实践的展开，人们不禁发问：什

---

① 这些文章是：何益忠《中共创建时期"民主集中制"考》2012 年第 1 期；李磊《中共第一代中央领导集体认识和使用"执政党"概念论析》2012 年第 2 期；栗荣、郭若《20 世纪三四十年代中国共产党"阶级"概念的演变》2012 年第 6 期；方涛、罗平汉《"现代化"：历史演进、概念体系与语义用法——以党的文献为中心的文本分析》2016 年第 1 期；庄蕾、王建华《革命语境中"群众"内涵的演变——基于新中国成立前中共文献的文本分析》2016 年第 2 期；张旭东《"改革"内涵的演进：从"改革"到"全面深化改革"》2016 年第 1 期；胡国胜《中国共产党"新中国"符号的话语建构与历史演变》2017 年第 1 期。

② 这些文章主要有：郭若平《概念史与中共党史研究的新视野》2013 年第 5 期；杨东《中共党史文献中的"老爷"概念及其运用》2015 年第 12 期；曹龙虎《"民主革命"界说：一项基于近代中国情境的概念史考察》2016 年第 6 期；王刚《对"自己动手，丰衣足食"号召形成的历史考察》2017 年第 2 期；郭若平《实践限度：中共概念史研究的技艺认知》2017 年第 11 期；凌承纬《中共概念史研究学术历程的回顾与反思》2017 年第 11 期。

③ 《列宁全集》第 55 卷，人民出版社 1990 年第 2 版，第 290 页。

么是真正的马克思主义？如何真正地理解马克思主义、掌握科学的马克思主义？这些问题迫切需要解答，也时刻面临追问。

针对这些问题，有学者认为改革开放四十年来的疑虑和争论，内层都是马克思主义概念的解释问题，应该打造马克思主义考据学派，从术语、语义、语用、文本、版本、辨伪等六方面进行考据，运用西方解释学等方法对核心概念进行知识考古；也有学者认为应该回归原著、回归文本，倡导对马克思主义母语原著进行概念史考古。同时，多位学者已然运用概念史研究方法付诸马克思主义研究实践，基本上沿着四条路径展开：一是马克思主义概念的发生史研究，通过对比考察概念的外文母本、译本，重新解析概念的运用和阐述，梳理此概念在马克思主义发展史中的逻辑演变；二是马克思主义概念的发展史研究，勾勒出此概念起承转合、脉络完整的发展史；三是马克思主义概念的理解史研究，着重考察概念自诞生以来传播、接受与理解的历程，同时辨析不同历史语境下含义的异同；四是马克思主义核心概念中国化的转化史研究，关注特定概念发展衍化的历史，聚焦特定历史时空中的政治和社会思想在特定概念话语意涵，同时要注意概念言说者提出特定概念的目的和意图。但总观而言，国内马克思主义理论界运用概念史方法考察马克思主义概念的研究重视历史语境中的意义生产，但对承载概念的语言材料考证不足，尚未实现笔者提出的概念史意义上的知识考古。

梳理西欧概念史—东亚概念史—中国概念史—中共概念史—马克思主义概念史的学术史可见，深化马克思主义发展史研究，必须打造学术范式，归纳和分类中国马克思主义概念史的研究素材，明确中国马克思主义概念史的研究对象，科学设计、运用和推介中国马克思主义概念史的研究方法。进而将概念史研究全面融入马克思主义发展史，激活马克思主义文献史料的思想生产能力。以概念为主线考察文献史料如何完成意义生产，概念的生成又如何建构思想体系，把概念作为思想的出口，让马克思主义思想富矿充分涌流。

**（一）中国马克思主义概念史的研究素材**

任何概念都是在一定的思想材料、语言材料中呈现与传播的。恩格斯认为："即使只是在一个单独的历史事例上发展唯物主义的观点，也是一项要求多年冷静钻研的科学工作，因为很明显，在这里只说空话是无济于事的，只有靠大量的、批判地审查过的、充分地掌握了的历史资料，才能解决这样的任务。"① 因此，研究马克思主义的形成、发展与其中国化的社会

---

① 《马克思恩格斯选集》第2卷，人民出版社2012年版，第9页。

历程必须在坚持历史唯物主义世界观的基础上，全面把握和综合使用各种阐述、表达马克思主义术语概念的素材。笔者认为，中国马克思主义概念史研究的素材主要包括马克思主义经典著作、内含马克思主义重要术语的文献材料以及近现代中外辞书和工具书等。

1. 考证马克思主义经典著作

马克思主义经典著作是马克思主义术语的使用、表述的源头，将经典著作作为中国马克思主义概念史研究的第一手素材坚持了实事求是的原则和正本清源的思路。首先要考证经典著作母本包括马恩德文原版、马恩审定版/认定版/修订版、英文流传本、俄文流传本、列宁著作俄文原版、马恩列著作日文流传本等，其次考证马克思主义经典著作的多语译本包括摘译、节译、变译、译述和全译本；还要考证新中国成立后，中共中央编译局和许多学界同仁系统翻译、多次更新与修订的各版本、译本。

2. 考察内含马克思主义重要术语的文献材料

"任何史学研究都不可能在其研究过程中规避提及过去时代和现时代的语言表述及自我描述。"①概念史研究要求在社会运转中起作用的资料都应被加以考察，力求做到从社会的整体视野下研究概念。马克思主义入华期间发行的报刊、出版的书籍和人物传记等文献资料中包含丰富的马克思主义术语，隐藏着大量与马克思主义相关的社会性信息。按照主体的不同，笔者将内含有重要语汇的文献材料分为四类：一是近代外国传教士创办的中文期刊和翻译的西方书籍，这些报刊和书籍虽然是传教士宣传、灌输西方价值观和宗教观的舆论工具，但是也宣传了西方先进的实用科学和人文社会科学，成为近代知识分子思想启蒙的来源之一。二是近代洋务派、维新派、资产阶级革命派、早期共产党人士以及近代爱国人士、民主团体、学生团体等创办的报刊和翻译的西方书籍。三是近代旅欧旅俄留日人士创办的报刊及其著书、译书，这些人士在传播西学的过程中或是自觉或是顺带地将马克思主义译介到中国。四是近代旅欧旅俄留日人士、近代出访外国使节、近代外国访华使节的游记和人物传记，这些文献包含着近代中国社会、文化变迁的历史脉络，研究者也不能忽视其中包含的社会性信息。

3. 考察近现代中外辞书和工具书

中国马克思主义术语的形成经历了由欧洲到日本再到中国的跨语际实践，马克思主义术语并不能直接和汉语语词进行对译。中国学者在马克思

---

① 冯凯：《概念史：德国的传统》，见《亚洲概念史研究》第 3 卷，商务印书馆 2018 年版，第 226 页。

主义术语翻译过程中没有另造新术语,而是借助汉字的拼义功能把现代汉语基本词库的一些术语词进行意义生产和再生产,对译马克思主义术语,随后在语用实践中不断地将汉语译词进行丰义、转义,最终使其获得正确的定义,普及为中国马克思主义概念。在此过程中,中国学者一方面汲取欧美日辞典和工具书中的确定的、成熟的术语概念,另一方面又将思想界、学术界公认的马克思主义术语概念的最新含义收纳进新编撰的辞典和工具书中,因此近现代中外辞书和工具书也是学者需要考察的重要资料。

**(二) 中国马克思主义概念史的研究对象**

自1899年马克思主义汉译开始至1949年新中国成立的中国马克思主义概念基本定型的五十年间,马克思主义汉译词不断衍变直至定译,汉语马克思主义术语逐渐定型,中国马克思主义概念逐渐生成,中国马克思主义范畴逐步建构。中国马克思主义概念史的研究对象就是在马克思主义入华五十年间出现的并且在社会历史进程中不断发挥作用的新词语、新术语、新概念、新范畴。

1. 马克思主义原著概念探要

将马克思主义原著概念作为首要研究对象,有助于研究者准确理解马克思主义原著乃至马克思主义的科学的思想内核,同时以此作为基点充分拓展马克思主义学科的研究空间。通过笔者对研究素材的整理,对马克思主义原著概念的研究需要着重考察马克思主义原著概念的原初语境、本真意蕴和马克思主义经典作家的政治概念、经济概念、哲学概念、社会学概念和民族学概念的形成脉络。这就要求研究者回归原著、深入文本,考察马克思主义原著概念对日常生活概念的提炼、对启蒙学者概念的扬弃,在历史语境中理解马克思主义原著概念的形成和发展。

2. 马克思主义汉译词衍变考证

斯金纳在《现代政治思想的基础》一书中说:"一个社会开始自觉地掌握一种新概念的最明确的迹象是:一套新的词汇开始出现,然后据此表现和议论这一概念。"①词汇是语言的基本单元,也是语言意义的承载者和表现者,反映社会生活变迁的新思想首先通过一定的词汇表现出来。马克思主义发源于欧洲大陆,经由欧美、日本和苏俄三条路径传入我国。马克思主义中国化、时代化、大众化的历程首先伴随着一系列马克思主义汉译词的出现和使用,这些汉译词经历了由音译词—文言译词—文白夹杂译词—现代汉语译词的衍变进程,研究这些马克思主义汉译词的发生史和发展史就是从

---

① [英] 昆廷·斯金纳:《现代政治思想的基础》上卷,奚瑞森等译,译林出版社2011年版,前言第2页。

微观层面研究中国马克思主义发展史，为分析意义生产准备语言材料和历史材料。

3. 汉语马克思主义术语定型研究

术语是词语，但词语不一定是术语，术语是专门学科的专门用语。术语的厘定，是学科形成进而发展的必要前提。对于任何学科而言，必须拥有一批义项单一、内涵精确、外延明确的术语。只有正确厘定术语的含义和概念，学科才能稳步发展。因此，正确厘定汉语马克思主义术语的含义和概念是马克思主义学科发展壮大的必要前提。就中国马克思主义概念史研究而言，马克思主义早期汉译的 20 年，在政治、经济、社会、文化、历史、法律、教育、民族学、哲学等学科领域内出现的一系列新术语逐步定型，这都应被研究者纳入考察的视野。

4. 中国马克思主义基本概念生成研究

马克思主义术语的跨语言旅行为概念发生发展提供了语言载体和意义空间，尤其在以不同译法多次翻译马克思主义经典母本母词的过程中，汉译词的衍变表达出中国人对马克思主义原著术语的理解历程，同时也是汉译词的意义生产过程，通过意义生产和通识生成汉语马克思主义概念。1919 年至 1939 年，马克思主义实践应用 20 年，中国共产党将马克思主义由"课堂"搬到"田间"，在中国语境下赋予马克思主义汉译术语以现实语义，并通过与原著概念形成对译关系成为中国概念。由于马克思主义术语的广泛性，其对应的概念也非常丰泛，这些概念从词源到引申意涵，都需要通过概念史研究方式予以剖析。

5. 中国马克思主义范畴建构研究

当概念发展较为成熟后，在表达其含义时往往衍生出次生的下位概念，此时概念就发展成为范畴。范畴是最基本和一般性的概念，也是最广义的分类和最高层次的类的统称。在同一范畴中，同一层级上的概念是同位概念，内涵较少、外延较多、概括能力较强的概念是上位概念，内涵较丰富、外延较少、概括能力较弱的概念是下位概念。1939 年至 1949 年，马克思主义概念广泛语用 10 年，形成马克思主义话语体系、理论体系和价值体系，建立起概念逻辑关系，核心概念成为马克思主义范畴。研究者应该集中考察建立逻辑关系的三条路线：（1）中国马克思主义话语体系对概念格义关系的勾勒；（2）中国马克思主义理论体系对概念层次关系的构划；（3）中国马克思主义价值体系对概念互文关系的构建。

从马克思主义原著概念到马克思主义汉译词，然后到汉语马克思主义术语，再到中国马克思主义基本概念，最后到中国马克思主义范畴，马克思主义用语的发展不断深化，这既是马克思主义中国化、大众化加深的历程，也是东西方文化中历史概念、语用习惯不断碰撞、交融的过程，更是马克思主义学科概念不断科学化的过程。研究、掌握近代以来马克思主义传入中国后出现的新词语、新术语、新概念、新范畴，既是历史学研究发展的要求，也是马克思主义学科新的研究方向。

（三）中国马克思主义概念史的研究方法

近年来见诸学术期刊的中国马克思主义概念史研究，不断尝试在研究过程中运用概念史的研究方法，考察马克思主义学科各种主导性概念的变迁。综观这些具体研究以及笔者自身的实践，笔者认为中国马克思主义概念史主要有经学考据学、历史语义学、结构语言学和话语分析四种研究方法。

1. 以经学考据学考证文本、术语、人物

马克思主义由西渐东，经典著作译本、版本繁多，译文、译词、译者各有不同，因此需要用经学考据学对马克思主义文本、术语、人物进行知识考古。我国传统经学考据学的具体方法主要包括辑佚、训诂、校勘等。在我国推进马克思主义理论研究与建设工程和马克思主义典藏工程的背景下，对中国马克思主义概念的研究既要吸收古代经学考据学的精华，又要创造性转化和应用我国经学考据学传统。

从考证方法看，辑佚法即已经佚失的书籍文献得以恢复或部分恢复。由于"马藏工程"的开展，比较重要的马克思经典著作基本上已经辑佚。学者更应该着眼于本地区各时期马克思主义传播的宣传手册、报刊、大字报、地方史志等一系列文献资料，借助现代信息技术，充分搜集和还原研究素材，力求资料的全面性。所谓"训诂"，即用易懂的语言解释难懂的语言，用现代的语言解释古代的语言，用普通话解释方言。马克思主义传入中国的过程中，正值汉语从文言文到白话文的转变之时，因此研究资料中既有文言文，也有白话文，甚至于民间俗语和俚语也有出现，而因为译者的不同，也可能存在方言等现象。这就需要学者展开"训诂"，用现代汉语进行解读和说明。最后，对马克思主义相关文献的校勘可以借鉴近代我国校勘学的基本方法和程序，即发现错误、改正谬误、证明所改不误。学者在使用和研究相关资料时不可避免地会发现错误，大致可以分为主观地发现错误和客观地发现错误：前者是指在我们阅读时遇到迷惑之处，便认为文字有错误；后者是指因版本的不同而发现某种版本有错误。主观错误往往引起我们对各种版本的搜索，但也可能是我们未能理解作者的原意，而客观错误则需要我们依据"最古本"和"最善本"改正谬误并且证明自己所改不误，借此支撑我们的研究工作和成果。

从考证对象看，就译本而言，要考证译本翻译依据的马克思主义经典母本；分析译本翻译时所处的文化状态和历史背景；辨别译本的目的，是学者个人研究的成果，或是受组织、机构委托，还是个人读书摘抄。就译词而言，马克思主义经典著作汉译过程中，马克思主义单个新术语、新概念最初往往由许多中文词汇、中文词组来描述，直到实际运用中反复提萃，最终固定通用一个特定的汉语词对译原著术语。就译者而言，在马克思主义经典著作汉译过程中，译者本身的政治立场、学科背景、语言背景、认知水平等都会影响对马克思主义术语概念的理解，进而影响到汉译词的选用。

2. 以历史语义学考证概念的内外史

历史语义学是一种史学研究方法。这种方法要求"研究者在对概念的语义进行考察时，着力于开掘语义变化背后所蕴藏的历史文化意涵，通过考察关键术语和概念在不同用例中反映的语义变化，探悉由此传递的政治、经济、文化、风俗等多方面的涵义"，即采用内外史相结合的方法深入社会变迁的实际语境，基于概念的意义生产阐释语言构造的衍变。

将历史语义学应用于马克思主义学科时，必须坚持历史唯物主义世界观，从社会历史实践的视野分析语境，综合考察词汇概念的内史和外史，对词汇的历时性和共时性都加以研究。马克思主义学科一系列基本概念的语义流转和语义形塑经历了从西方语境转入中国语境，结合中国社会实践的历练，不断获取政治、社会意义的过程。考究词汇概念的内史就是指考证词汇在中国语境中意义的起源、衍生，尤其是在马克思主义传入中国后，马克思主义学科选择该词汇概念与西方语境中相关词汇概念对译的原因，及其意义的新发展和新变化。通过考究词汇概念的内史，分析概念在时间轴上的意义变迁，辨明并重建各种"语言"，实现对概念的历时性分析。考究词汇概念的外史就是分析在整个社会历史语境中选择该词汇的历史文化原因，在特定的社会情境与时间框架下探寻概念的语义与意涵，实现对概念的共时性分析。

3. 以结构语言学考察马克思主义汉译词衍变

结构语言学方法适用于分析和研究马克思主义汉译词衍变过程。从语言学角度来讲，汉语是拼义文字，拉丁文字是拼音文字。马克思主义传入中国后，最开始用发音近似的汉字翻译西方术语，这种译法中用于译音的汉字不再有其自身的原义，只保留其语音和书写形式。这些译词的词义与术语的词义实质上并无对应关系，因此其具有很强的文化隔阂感，无法发挥汉字作为拼义文字的特有优势，也无法进入现代汉语国语成为常用词汇，更不可能为现代汉语话语系统提供科学概念。随着马克思主义传播的不断深入，中国人对马克思主义原著术语概念的理解不断深化，一系列基本术语、概念在从西方语境转入中国语境的社会实践中，汉译词逐渐由音译转为意译，其主要方式就是通过对译和仿译构词。对译即以汉字构词对等翻译外语母词，仿译即是以若干汉字仿照外语母词结构组合构词。在马克思主义术语汉译词衍变过程中，翻译者利用汉字义素拼义，运用借词、配词和组词三种造词法构词。借词即从同属汉字文化圈的日语借形，直接借用和制汉字词，一种是原语借词，即借用幕末以来日译西学特别是明治后期日译社会主义著作产生的术语词；另一种是回归借词，汉语古典词或汉译西书术语词传入日本，日本以之对译英语社会主义术语，再经甲午战后留日旅日华人回流中国。配词就是非经日语词中转，中国从汉语古典词中选词对译英语、俄语或德语马克思主义术语，使古典词义扩大、缩小、引申、借指，对接马克思主义原著术语意义，成为汉语马克思主义概念。如果既有汉语古典词、和制汉字词都无法对译马克思主义术语，那就援引汉字义素拼义组成新词对译。构词的过程就是意义再生产的过程。在分析和理解这些基本词汇和概念时必须运用结构语言学的方法，通过对词汇结构的研究，廓清中国马克思主义概念的形成过程，探究马克思主义原著概念汉译词更替及其义素、义位和义项演变，根据词形与词义的互动关系考察丰义、转义、增义和引申义，进而揭明中国马克思主义概念发生史和发展史的基本特征。

4. 以话语分析法分析词频、主题词、搭配词和语篇

概念不仅包含了静态的语词结构，更体现为动态的语用实践。列宁指出："只有当概念成为在实践意义上的'自为存在'的时候，人的概念才能'最终地'抓住、把握、通晓认识的这个客观真理。"在具体语用实践中，中国马克思主义概念才能成为中国道路、中国方案、中国智慧、中国精神和中国价值的表述方式。因此，要厘清和理解中国马克思主义概念，还必须进行话语分析。

在以往的中国马克思主义概念史研究中，研究者通常是依靠马克思主义经典作家的话语来分析某一时期某些术语概念的形态，这样，中国马克思主义概念史研究只是马克思主义中国化研究的分支。但是，自上世纪90年代以来，历史文献逐渐趋于数码化、信息化，尤其近十年来信息采集、信息存储、信息交互发展如火如荼，这为中国马克思主义概念史研究带来了转机。研究者应该通力合作，建立语料数据库，在特定的区域、特定的历史纪元对词汇的词频、搭配以及索引进行统计和分析，这尤其适用于进入媒体、文件、会议及生活中的特定术语的分析。通过词频分析、主题词分析、搭配词分析和语篇分析，校准概念内外史结合的切入口，同时进行多方面的比较研究乃至科学的定性、定量分析。这既有助于科学认识中国

现代思想文化演进的历史，中肯评价马克思主义以及各种思想流派的历史价值，同时又极大推动了汉语马克思主义术语史和中国马克思主义概念史研究。

将概念史研究范式引入马克思主义研究，必须坚持两个基本前提：一是概念史研究必须科学化，按照历史唯物主义世界观从社会历史实践的视野分析语境，汲取马克思主义历史语义学营养；二是概念史研究必须中国化，要创造性转化和应用我国经学考据学传统，对相关素材进行知识考古。通过这两个前提，将概念史研究与中国马克思主义研究有机结合，努力将语际传播与历史语境、术语迁衍与意义生产、词语构造与语用实践、概念工具与话语建构统一起来，为中国马克思主义研究打造一个比较可靠、比较规范的概念史学术范式。通过考察马克思主义术语、概念在中国的流转，不仅有助于探寻马克思主义术语在历史语境中的意义，使概念史研究全面融入马克思主义发展史，把概念作为思想的出口，让马克思主义思想富矿充分涌流；而且有助于呈现不同历史时期概念演化中超出文本的历史意义，关联概念背后的行动指南，从而使中国马克思主义发展史研究由以往的宏大叙事向微观实证转变，为当前中国特色社会主义话语体系建构提供借鉴。

# 新时代主流意识形态号召力提升的逻辑理路①

左路平　田旭明②

党的十八大以来，习近平总书记在多个场合强调意识形态建设的重要意义。在新时代语境下，主流意识形态安全面临着来自各方的威胁，包括国内外敌对势力的意识形态攻击、各类错误社会思潮的冲击以及多元价值观的消解等，面对这些挑战，必须要通过提升主流意识形态的凝聚力、引领力和号召力来应对，其中，提升主流意识形态号召力成为意识形态建设的重要内容，它体现了主流意识形态在群众日常生活中的吸引力和影响力，彰显了主流意识形态对于群众的思想引导和现实动员的能力。主流意识形态号召力的不足和缺乏会直接影响党对于群众价值共识的凝聚、思想的引领以及行为的动员等能力，这些能力关系党领导人民建设中国特色社会主义事业的大局和未来，因此，在新时代的新征程中，提升主流意识形态号召力是意识形态建设的重要内容。党只有保持在意识形态领域的强大号召力，才能巩固群众共同的思想基础、凝聚最大价值共识、维系广泛情感纽带，进而带领中国人民实现中国梦。

## 一、主流意识形态号召力的内涵、构成及意义

主流意识形态是指一个社会占据主导地位的意识形态，对于中国而言，毫无疑问，主流意识形态是社会主义意识形态，本文所述的主流意识形态号召力指的是社会主义意识形态在当下中国的号召力。主流意识形态号召

---

① 本文系作者主持的国家社会科学基金青年项目"美好生活视域下新兴权利生成与保护的法治路径研究"（项目编号：22CFX001）的阶段性研究成果。
② 左路平，安徽大学马克思主义学院讲师、博士，遵义师范学院中国共产党革命精神与文化资源研究中心特约研究员，西南大学意识形态安全与文化发展战略研究院特约研究员；田旭明，广西师范大学马克思主义学院教授、博士生导师。

力由多重具体内容构成,其对新时代中国特色社会主义的发展也具有重要意义。

(一) 主流意识形态号召力的内涵

意识形态是指适合一定的经济基础以及建立在这一基础之上的法律和政治上层建筑而形成起来的,代表统治阶级根本利益的情感、表象和观念的总和。① 作为思想观念体系,不同的阶级和群体可能有着不同的意识形态。同样,一个社会由于成员的利益诉求不同也必然会导致形色各异的意识形态的存在,而其中占据主导地位的,或者说属于统治阶级的意识形态则被称为主流意识形态。关于主流意识形态号召力,目前学术界并没有相关界定和论述,笔者在综合相关学者对党的社会号召力的定义的基础上,尝试进行概述。有学者指出:"执政党社会号召力是执政党依据政治权威、领导水平、执政绩效、意识形态以及社会环境变化对社会成员进行引导、动员、凝聚与感召,使得社会成员产生强烈的向心力、认同力、归属感和追随倾向。"② 简单来说,社会号召力就是对社会成员的动员能力。进而,笔者认为,主流意识形态号召力是指主流意识形态作为思想观念体系所具备的对于社会成员的理论说服能力、价值共识整合能力、思想文化引领能力以及情感动员能力等,使得社会成员对于主流意识形态形成心理认同,自觉响应并践行意识形态的内容、要求和号召。具体而言,根据意识形态体系中内容形态的不同,又可以将主流意识形态号召力的实现方式具体划分为:理论形态的意识形态得到心理认同,进而引导社会成员的思维方式和价值观念;制度形态的意识形态得到实践遵循,进而规范社会成员思想和行为;政治政策形态的意识形态得到贯彻,进而引导实践生产的方向;新闻舆论形态的意识形态得到传播,进而引导社会心理的发展方向;等等。简而言之,主流意识形态号召力指的就是主流意识形态对于社会成员的理论说服力、思想感召力、行为动员力和情感引导力等。

(二) 主流意识形态号召力的构成要素

主流意识形态号召力的关键就在于作为一种思想观念体系,它能够得到社会成员的普遍认同,进而对社会成员进行思想塑造、价值引导、行为动员等,进而促进社会成员在共享相同的理论、道德和价值观念体系中,团结一致、凝心聚力,为共同的社会目标而奋斗。在这个意义上,笔者尝试将主流意识形态号召力的构成要素划分为六个方面。

第一,主流意识形态对于社会利益的表达力。马克思曾明确指出:

---

① 俞吾金:《意识形态论》,上海人民出版社1993年版,第129页。
② 田旭明:《提升党的社会号召力论析》,载《理论探讨》2019年第4期。

"'思想'一旦离开'利益',就一定会使自己出丑。"① 也就是说,一定的意识形态如果不能反映特定成员的利益诉求,那么这种意识形态就不能保持对于特定社会成员的吸引力和号召力。对于社会主义意识形态而言亦是如此,如果它不能够反映和表达人民群众的根本利益诉求,那么它就得不到群众的广泛认同,也就谈不上号召力。只有时刻把群众的利益诉求融入意识形态的内容体系中,不断依据利益诉求的变化更新和丰富意识形态的具体内容,才能实现主流意识形态对社会成员持续有效的号召力。

第二,主流意识形态对于社会心理的反映力。"社会心理是反映时代问题的晴雨表,比较及时地反映和表达着一定时代群众的呼声和愿望。"② 社会心理会比较及时而且集中地反映一定时期社会成员关心什么、社会问题的什么、群众在想什么等,这些不仅会影响社会成员对于掌权者的态度,还会影响社会实践的发展方向。如 2020 年新冠疫情期间,在疫情的影响下,社会成员呈现出各种社会心理状态,如恐慌心理、围观心理、焦虑情绪、同情心理等,如果能够及时捕捉和把握这些心理诉求,通过主流意识形态的舆论传播、思想引导等手段及时回应这些心理,则主流意识形态的号召力会不断提升,反之,如果主流意识形态不能够积极响应社会心理诉求,回应和疏导社会负面心理,则主流意识形态在群众中的号召力会呈现下降趋势。

第三,主流意识形态自身的理论说服力。意识形态作为思想观念的体系,其必然会以一定的理论为基础,构建体系完备的理论大厦,理论自身的科学性和价值性也决定了意识形态能否具有号召力。一个具有内在严密逻辑、完整结构和科学基础的意识形态,它能够被实践所反复检验,能够在实践中指导社会成员作出正确的价值判断和行为选择,这样的意识形态必然会拥有强大的号召力。如马克思主义理论则是具有强大号召力的主流意识形态,因为它不仅具有严密的逻辑体系、科学的历史观基础和正确的价值导向,而且被多国的历史实践所检验,并且具备与时俱进的更新能力,这样具有强大理论说服力的主流意识形态则必然会拥有强大号召力。反之,如果一种意识形态不仅缺乏理论说服力,还难以被实践所检验,虽然在一定时期内可能会具有迷惑性,进而具有一定的号召力,但是这种意识形态最终会被历史所淘汰。

第四,主流意识形态对于价值共识的凝聚力。一般而言,意识形态的

---

① 《马克思恩格斯文集》第 1 卷,人民出版社 2009 年版,第 286 页。
② 左路平、吴学琴:《五四时期马克思主义传播的社会心理分析及其启示》,载《马克思主义研究》2019 年第 4 期。

核心内容是价值观,对于事情的价值认知、价值判断和价值选择则构成了价值观的核心。在一个流动的社会中,受环境氛围、利益诉求、教育背景等影响,社会成员会形成纷繁复杂的价值观,多元价值观共存的局面会长期存在,在正常的状态下,主流意识形态如果具有强大的包容性和整合性,能够凝聚多重价值共识,那么,多元价值观并存局面并不会对社会的稳定和发展产生威胁,反而在彼此尊重的氛围中会促进社会的和谐与发展。也就是说,如果主流意识形态能够凝聚社会成员最大的价值共识,那么其必然会得到他们的认同和支持,主流意识形态号召力也因此彰显。相反,如果主流意识形态不能最大程度凝聚社会成员的价值共识,不能整合协调多元价值观,那么成员之间的价值冲突就会影响社会的稳定与和谐。

第五,主流意识形态对于思想文化的引领力。主流意识形态作为一个国家和社会思想文化领域发展的主导性内容,其号召力还体现在对思想文化发展的引领力上,如果其对思想文化的引领力不够,则会引起思想文化领域发展的杂乱无序状态,特别是各种社会思潮会肆意传播,造成社会成员的思想混乱,文艺作品创作领域也会因此受到错误思潮的影响,也就是说,主流意识形态号召力会因此而削弱。比如,党的十八大以来,主流意识形态号召文艺领域创作符合时代要求、反映人民心声、宣传正能量的精神作品,如果主流意识形态对文艺领域的引领力不够,那么其号召则会显得虚弱而无力。具体而言,这种引领力体现在引领思想文化发展的正确方向,为思想文化各具体领域的发展提供旗帜和导向,主流意识形态对于思想文化领域的发展如果具有强有力的引领力,则其号召力也必然强大。

第六,主流意识形态对于现实行动的动员力。马克思曾指出:"但是理论一经掌握群众,也会变成物质力量。"① 也就是说,思想理论只有被群众掌握,才能转化为物质力量。主流意识形态号召力最终也会体现在对于实践的改造力,如果不能转化为实践动力和改变现实的力量,那么,主流意识形态号召力也只会是一纸空谈。如习近平生态文明思想作为主流意识形态具有强大号召力,因为它生成于马克思主义科学理论与中国特色实践的完美结合中,响应了时代要求和人民诉求,因而在实践中人民群众会自觉践行其要求,把节约资源、保护环境、绿色发展等内容落实为现实行动。

(三)提升主流意识形态号召力的重要意义

在网络自媒体迅速发展的新时代背景下,主流意识形态面临着多重挑战和威胁,提升主流意识形态号召力不仅是其自身发展的内在要求,还是

---

① 《马克思恩格斯选集》第1卷,人民出版社2012年版,第9页。

时代之需，主要体现在以下几个方面。

第一，是巩固马克思主义在意识形态领域指导地位的内在要求。党的十九届四中全会指出，要"坚持马克思主义在意识形态领域指导地位的根本制度"①。在新时代，要继续巩固马克思主义在意识形态领域的指导地位，制度保障是最基本的手段，而提升主流意识形态的号召力则是内在要求。社会主义意识形态因为有了马克思主义的理论基础而对群众具有强大号召力，而这种号召力如果不继续加以维护和提升，则会受到错误思想理论的干扰和削弱，马克思主义的指导地位则得不到保障。因而，提升主流意识形态的号召力可以确保马克思主义指导地位的持续性巩固。

第二，是提振"四个自信"的关键所在。党的十八大后，习近平总书记推动"三个自信"的丰富与发展，提出了"四个自信"的时代要求，将文化自信纳入理论体系中。实际上，无论是道路自信、理论自信、制度自信还是文化自信，都与主流意识形态有着密切的关联。提升主流意识形态号召力，让群众对主流意识形态更加认同、更加信任，才能提升群众关于"四个自信"的自觉认知和主观认同，才能在主流意识形态的引导下不断生成自信的心理状态。反之，如果主流意识形态号召力不足，群众对其不信赖和不认同，那么"四个自信"就无从谈起，自信的心理状态也无法生成，在对主流意识形态的质疑中，也会产生对于"四个自信"的质疑。

第三，是为"四个全面"战略布局的推进提供源源不断动力的重要依赖。主流意识形态号召力不仅体现在思想文化的影响上，而且还体现在现实动员力上，号召力的不断提升会增强群众把党的意识形态转化为实践行动的动力，在主流意识形态的号召下，党在新时代的"四个全面"战略目标必然会拥有源源不断的动力支撑，进而，中国梦的实现也会在这种号召下不断推进。反之，如果主流意识形态号召力被削弱，党的意识形态主张不能转化为现实力量，那么，"四个全面"战略的推进则会因动力不足而受阻，中国特色社会主义事业的发展也会因此而滞缓。

## 二、新时代主流意识形态号召力面临的挑战

在新时代，网络新技术迅速发展、世界文明交往进一步加深等都给意识形态领域发展带来了严峻的挑战，主流意识形态在各种思想潮流和文化入侵的干扰下，面临着号召力被削弱和消解的风险与威胁。

---

① 《中共中央关于坚持和完善中国特色社会主义制度　推进国家治理体系和治理能力现代化若干重大问题的决定》，载《人民日报》2019年11月6日第1版。

### (一) 各种错误思潮干扰下主流意识形态号召力被消解的挑战

在新时代,伴随着自媒体技术的发展和信息传播的加速,各类社会思潮的传播也呈现出加快的趋势,错误的社会思潮借助社交媒体平台数量级传播的技术优势,在思想领域给意识形态安全造成了严重威胁。部分不明真相的群众被相关错误思潮误导后,形成错误的认知和价值判断,进而对主流意识形态产生错误的看法,主流意识形态号召力也在不知不觉间被消解,主要体现在以下方面。其一,历史虚无主义思潮对主流意识形态的消解。近年来,历史虚无主义者炮制的各类失实言论层出不穷,于网络社交媒体平台迅速传播,这些言论要么污蔑和戏谑英雄人物,要么抹黑党的领袖人物,要么替反面人物翻案,他们尝试通过各种途径来实现虚无化历史的目的,进而达到消解主流意识形态对历史的客观评价和价值定论,历史虚无主义的传播近合了部分群众的猎奇心理和反权威心理,引起了一些群众对历史的错误认知和价值判断,进而降低了部分群众对于主流意识形态的心理认同,一定程度上消解了主流意识形态的号召力。其二,精致利己主义思潮对意识形态核心价值观的消解。社会主义意识形态所倡导的价值观的核心内容是集体主义,这种价值观是新时代中国各项事业发展的价值根基和根本取向,也是社会性质的根本要求。但是,受到资本主导的泛娱乐化和个人主义价值观的影响,部分社会成员形成了错误的价值观念,即精致利己主义价值观,"精致利己主义者的'精致'体现在追求高度的效率优先,善于以最小的成本获取最大的利益,而其利己主义则是高度的自私自利"①。这种价值观是对集体主义价值导向的一种背离,对主流意识形态形成了消解之势,如果任由这种价值观传播和发展,人们就会质疑主流价值观的合理性,其与主流意识形态背道而驰的价值取向会造成主流意识形态号召力的消减。第三,民粹主义思潮对意识形态权威的消解。"民粹主义者往往将自己装扮成民意化身和弱势群体代言人,将一些社会问题和矛盾的根源统统指向现行体制、权力腐败、富人阶层,进而站在所谓道德的立场上对精英、官员、体制、制度进行攻击和否定"②,恶意的否定和别有用心的批评是民粹主义者的手段,他们的根本目的是否定政府的权威,否定党和国家的根本制度,民粹主义思潮的传播和泛滥容易引起民众对党和政府的质疑和不信任心理,进而消解主流意识形态的权威性和合法性,也消

---

① 崔驰、戴明、孙可可:《中国大学生是否是精致利己主义者?——基于显示偏好原理的独断博弈实验研究》,载《北京师范大学学报(哲学社会科学版)》2020年第1期。
② 田旭明:《英雄是民族最闪亮的坐标——新时代培育和弘扬英雄文化的若干思考》,载《马克思主义研究》2019年第8期。

解了主流意识形态在民众中的号召力。

### (二) 敌对意识形态攻击下主流意识形态号召力被削弱的挑战

作为世界上少数的社会主义国家之一，西方资本主义国家一直对中国实施意识形态入侵，而伴随着中国的快速发展和愈加强大，新时代背景下，部分发达国家加剧了对中国的意识形态渗透和攻击，试图搅乱思想和进行意识形态颠覆，这些都对主流意识形态号召力产生了消解作用。其一，敌对国家对中国进行意识形态渗透和颠覆的活动一直在隐蔽地进行着，试图瓦解主流意识形态号召力。在网络化时代，敌对资本主义国家"通过技术掌控、文化产品传播、文化标准垄断、资本支持、话语输出等方式对其他国家特别是发展中国家搞信息霸权、文化霸权和文化冷战，企图进行文化殖民和制度颠覆"①。这种日常生活式的意识形态入侵（如电影传播、学术传播等）导致我国部分社会成员思想上的错误认知和错误价值倾向，敌对势力给中国人民制造自由、民主的意识形态幻象，把资本主义描绘成理想王国，而少数人则沉浸其中、不能自拔，从近年来出现的"精日分子""哈韩分子""崇美分子"等社会现象就可以看出其毒害之深。这种意识形态的入侵和渗透在一定程度上消解了主流意识形态的号召力，少数社会成员开始质疑主流意识形态，崇尚和沉浸于资本主义意识形态为其营建的幻象中。其二，敌对势力利用各种舆论事件对我国主流意识形态进行攻击，试图消解其权威性和号召力。境内外的敌对势力尤其善于利用我国发生的各种事件设置舆论议题，引导舆论的走向，进行意识形态攻击，在网络舆情的煽风点火中实现其意识形态攻击之目的，如2020年初新冠疫情在中国爆发后，部分资本主义国家不仅不及时提供人道主义援助，还煽风点火制造舆情，抹黑中国政府和人民在疫情中的努力，用武汉疫情来诋毁中国形象，在国际范围内制造歧视中国的氛围，进而试图利用负面舆情进行意识形态攻击，消解我国主流意识形态的凝聚力和号召力。

### (三) 利益分化和价值观多元背景下主流意识形态号召力不足的挑战

改革开放以来，伴随着社会主义市场经济的发展，社会成员的利益诉求呈现出向不同维度分化的局面，同时，在利益分化和外来价值观的双重影响下，社会成员的价值观也呈现出多元分化的状态，这种现实经济境遇对主流意识形态产生了一定的冲击，对其号召力产生了负面的消解作用。其一，利益分化一定程度上降低了社会成员对于主流意识形态的认同度。市场经济下各种市场主体不断生成，由于各自经营的行业、参与社会分工

---

① 田旭明、李春艳：《新时代提升党领导发展本领探析》，载《马克思主义与现实》2019年第1期。

以及工作领域的不同，利益的构成和诉求也因此不同，利益分化会导致价值认同的迷失和价值共识的难以达成，"深受逐利思维、猎奇心态、媒体炒作、非理性消费观等影响，价值无序竞争、任性妄为、随性盲从、错乱迷失、荒诞无趣、离经叛道等问题逐渐凸显，导致社会价值的统一性评判依据和标准迷茫、价值之间的不可通约性加剧、价值共识困境突出"①。利益分化的加剧会导致主流意识形态对社会各群体的利益表达整合不足，价值观领域也会因此而呈现无序、混乱状态，进而引起社会成员对主流意识形态认同度的降低，主流意识形态的号召力也会因此被消解。其二，多元价值观并存的局面已经成为新时代的一种常态，对主流意识形态号召力起着一定消解作用。一方面，社会成员利益分化引起的价值观分化，个人主义价值观不断生成和发展，而这种价值观与主流价值观所倡导的集体主义价值观存在一定的冲突，这也致使部分社会成员对主流价值观产生不认同，进而消解了主流意识形态的号召力。另一方面，在全球交往加速的互联网时代，外来价值观的输入也影响了部分社会成员，如西方发达国家输出的"自由主义""个人主义""西式民主""普世价值"等价值观，在外来价值观的迷惑性伪装下，我国民众受此影响会对西方价值观产生崇拜与向往，错误价值观会对主流意识形态形成错误思想认知和错误价值判断，对主流意识形态的合法性、合理性产生质疑和不认同，一定程度上也消解了主流意识形态的号召力。

**（四）党、政府与群众信任鸿沟下主流意识形态号召力降低的挑战**

党的十八大以来，党内治理等方面虽然已经得到重视和持续性改善，但是依然存在一些问题，特别是部分党政干部的贪腐问题，已经严重危及党的执政根基，这在一定程度也消解了主流意识形态的权威性和号召力。党的意识形态主张和政治政策在执行过程中出现生硬教条化、形式主义等作风，容易引起群众的反感和抵制，导致主流意识形态号召力的削弱。党的意识形态主张在内容创新上往往能够紧紧把握群众需求、走在时代前列，但是，在意识形态制度的执行中、在政治政策的实施中，有时存在着形式主义、教条主义等作风，如精准扶贫是新时代意识形态的创新，而在具体推进中则出现了个别的形式主义做法，不能较好地贯彻执行党的政治政策，这些情况都会在一定程度上消解主流意识形态的号召力。党与群众之间的情感沟通不畅，容易引起民众对党的情感信赖和情感认同降低，进而消解了主流意识形态认同的情感基础。在日常生活中，党员与群众之间如果缺乏有效的情感沟通和情感交流，则会表现为党与群众之间的互不信任，如

---

① 田旭明：《提升党的社会号召力论析》，载《理论探讨》2019 年第 4 期。

在2020年初的新冠疫情期间，部分民众表现出对政府的不信任心理，质疑政府的一些专业做法，不配合党统筹大局、整体规划的相应举措，这也容易消解主流意识形态的号召力，造成关键时刻主流意识形态号召力不足的情况。

## 三、新时代主流意识形态号召力的提升路径

主流意识形态号召力面临着多方的挑战和威胁，为迎接挑战、解决问题，在新时代必须要采取多种措施加以应对，并着力提升主流意识形态号召力。

### （一）主流意识形态要"以利得人"，增强利益号召力

意识形态要实现向现实力量的转化，就必须以满足民众的利益需求为基础，因而，构建意识形态的利益实现机制、提升利益号召力是主流意识形态号召力提升的基础。其一，满足人民群众的美好生活需要是提升主流意识形态号召力的关键所在。十九大报告中指出我国社会主要矛盾的变化，美好生活需要构成了主要矛盾的主要方面，美好生活需要不仅包括基础性的物质、文化需要，还包括"在民主、法治、公平、正义、安全、环境等方面的要求日益增长"①。在新时代，满足美好生活需要成为人民群众的美好愿望和共同向往，只有通过全体社会成员共同参与、共同发力和共同分享的共享发展，才能实现每个成员在参与中有尊严地共享改革发展的成果，进而满足自身的各类需要。在满足群众的美好生活需要进程中，党和政府应该积极发挥整合资源、优化分配、供给政策等功能，保障每一个群众不掉队，帮助贫困群众跟上队，一起走向共同富裕的道路，只有如此，党所倡导的意识形态主张才能得到群众的认同和支持，党的意识形态才能具有号召力。其二，建构和完善群众的利益表达、协调和整合机制，是提升主流意识形态在全体社会成员中号召力的重要方面。不同的社会群体有着异质的利益诉求，并不是所有利益诉求都能够得到满足，但是一定要有畅通的利益诉求表达途径，无论是自媒体平台，还是传统的官方途径，都应该设置相应的利益表达机制。而且，党和政府应当充分利用人工智能的新技术，搜集民声、民愿和民意，通过大数据等手段收集、整理、分析相应的信息，掌握和了解群众最新的关注和诉求。在搜集和分析群众利益诉求和民意的基础上，党和政府要通过有效的途径整合社会利益，进而协调利益

---

① 习近平：《决胜全面建成小康社会　夺取新时代中国特色社会主义伟大胜利——在中国共产党第十九次全国代表大会上的报告》，载《人民日报》2017年10月19日。

分配，防止利益分化导致的两极化现象，为不同社会群体创造参与共享发展的机会，协调地区利益差距、城乡利益差距、个体利益差距等，为共同富裕创造条件，群众在共享利益的实践活动中才能不断增加对于主流意识形态的认同度，主流意识形态对群众的号召力才能得以提升。

（二）主流意识形态要"以理服人"，增强理论号召力

"意识形态是一个政党通过理论形态表达自身宗旨理念、规范其活动，进而争取民众的思想基础。"① 作为思想理论体系的意识形态，如果自身的科学性不足以让人民信服，那么，显然其号召力也会不足。对于新时代我国主流意识形态而言，只有以其自身的科学性、价值性来说服群众，才能获得群众的信赖，进而提升理论的号召力。其一，主流意识形态的理论创新是其科学性的保障，也是提升其号召力的基础所在。马克思主义能够经久不衰的原因就在于其因时因地不断自我更新的理论创新能力，同样，在实践变化和现实需求中，社会主义意识形态只有不断推进理论创新，才能保持自身的科学性和对实践的指导地位，而科学性是其号召力生成的基础所在。在新时代，主流意识形态必须以问题意识和时代意识为导向，始终保持与实践之间的良性互动，一方面，"问题就是公开的、无畏的、左右一切个人的时代声音。问题就是时代的口号"②。问题反映了时代的呼应和需要，以现实问题为导向，就是以理论创新来回应时代需要，来解决现实问题，让理论更具生命力和解释力，在回应和解决现实问题中，主流意识形态的创新可以提升其理论号召力。另一方面，理论创新必须面向现实、适应中国语境，在反映时代特征和引导实践发展中丰富和完善自身，主流意识形态只有以实践为基础，以时代需要和时代特征为依据，才能适应时代的需求，满足群众的理论需求，进而提升理论号召力。其二，主流意识形态的人民性底蕴是其生命力的关键，也是其号召力提升的根本。社会主义意识形态的价值性体现在其以人民为中心的价值导向上，因此，在新时代主流意识形态的创新中，要贯彻"把人民放在最高位置的执政理念，以人民为中心的发展理念，坚持人民主体地位的制度设计，把人民对美好生活的向往作为奋斗目标等"③，也就是说，在执政理念、发展理念、制度设计、奋斗目标的理论创新中都要贯穿以人民为中心的价值追求，只有进行以人民为中心的理论创新，与人民生活相融通的理论创新，以人民看得懂、理

---

① 孙绍勇、陈锡喜：《思想从严：全面从严治党纵深发展的意识形态内生逻辑》，载《马克思主义研究》2018年第7期。

② 《马克思恩格斯全集》第40卷，人民出版社1982年版，第289页。

③ 侯惠勤：《哲学与意识形态领导权》，载《马克思主义研究》2019年第3期。

解得了的表达方式进行的理论创新,把理论创新扎根在大地上、融入在生活中,主流意识形态才能获得群众的支持和信赖,其号召力才能得以提升。

(三) 主流意识形态要"以神凝人",增强价值号召力

意识形态的核心内容就是价值观,民众对于价值观的认同与否也深刻影响着意识形态号召力的强弱,在新时代,必须要发挥主流价值观的精神感召力,以中国精神凝聚最广泛的价值共识,在价值共识的凝聚中和中国精神的感召中提升主流意识形态的号召力。其一,以社会主义核心价值观为核心,凝聚最广泛社会成员的价值共识,提升主流意识形态的价值号召力。社会主义核心价值观是新时代主流意识形态的核心内容,也是最大的价值公约数和价值共识,在新时代价值观多元发展的背景下,社会成员可能会秉持着不同的价值观念,其中,不乏错误的价值取向,对于这些社会成员,必须要以核心价值观对其加以教育和引导,帮助其形成正确的价值观,而对于那些合理范围内的价值观差异,要遵循和而不同的原则,在遵循价值观差异的前提下,凝聚最大的价值共识,以价值共识来团结社会力量,进而推动中国特色社会主义事业的前进和发展。总之,价值共识的凝聚不仅可以最大程度减少价值差异引起的价值失序和价值冲突,还可以促使社会成员围绕核心价值观形成价值共同体,增强主流意识形态的价值号召力。其二,锤炼中国精神,以精神鼓舞人、凝聚人,提升主流意识形态的精神感召力。中国精神是中华民族在历史的传承和发展中凝练出来的精神财富,它既包括一脉相承的民族精神,也包括革命时代的共产党人的精神锤炼,也包括当代中国人民的时代精神,它总是给人以鼓舞、以前进的动力。因此,一方面要继承在历史上形成和凝练的中国精神,如民族精神中的勤劳勇敢、奋斗不息、爱国奉献等,革命精神中的红船精神、长征精神、井冈山精神、西柏坡精神等,将这些精神内涵形象化、鲜活化,并以此丰富主流意识形态的具体内容和精神内涵,增加精神号召力;另一方面,要锤炼当代中国人民的时代精神,在生产实践中凝练中国精神,以中国精神来充实主流意识形态的时代内涵,增强其感召力,如 2020 年新冠疫情期间,各行各业在疫情防控中就锤炼了当代中国人的时代精神,如"'家是最小国,国是千万家,有了强的国,才有富的家'的爱国主义,'团结一心、众志成城'的集体主义,'敬佑生命、救死扶伤'的人道主义,'不计报酬、无论生死'的革命英雄主义,'不畏艰难、坚定信心'的革命乐观主义,'特别能吃苦、特别能战斗'的斗争精神"①。这种源于当代实践而锤

---

① 吴家华、闫鹏:《全面小康收官之年的抗疫"大考"》,载《安徽日报》2020 年 2 月 20 日。

炼的中国精神，更加能打动人、鼓舞人、凝聚人，更加能增强主流意识形态的凝聚力和号召力。

**（四）主流意识形态要"以情感人"，增强情感号召力**

习近平总书记在多个场合强调要推动主流意识形态的情感认同，情感认同是更深层次的认同，"情感认同更进一步地表明一个人对社会主义意识形态的内化程度"①，意味着认同的强化和持久性。在新时代，要善于采取多重策略推动意识形态的情感认同，进而提升主流意识形态的情感号召力。其一，在主流意识形态宣传中要善于运用情感策略，增强主流意识形态的情感号召力。主流意识形态传播中情感策略的运用具体体现在两个方面。一方面，主流意识形态在内容创新中应该有效把握群众的情感需要和心理诉求，把群众的社会心理诉求转化为党的意识形态主张，如此，才能使得主流意识形态更加贴近群众的心声，容易被群众接纳和认同。意识形态创新中融入社会心理因素是实现其情感认同的前提和基础，也是主流意识形态号召力提升的重要方面。另一方面，在主流意识形态教育和宣传中，要善于运用情感策略，在情感共鸣中提升其号召力。在教育和宣传中，要运用符合不同群众心理特征的方式来进行宣教，具体而言，就是要以优秀的文化作品来触动群众的情感深处，以适当的话语方式来调动和引导群众的情感走向，以鲜活的生活故事来打动群众引起共鸣，总之，在教育与宣传中要充分调动群众的情感以实现情感认同，进而提升其号召力。其二，在党和政府的工作中要加强党群之间的情感交流，在情感融通中增强互相信任，进而提升主流意识形态号召力。在党的历史上，党与群众之间建立了深厚的感情，这也是党能够取得群众信任，从而建立新中国，走上社会主义道路的重要原因，党的意识形态主张也因此得到群众的广泛信赖，形成巨大的号召力。在新时代，要继续保持这种水乳交融的情感沟通状态，在现实工作中，党和政府要从为群众办实事、解决难题、创造利益收入等方面入手，增强党与群众之间的情感联系和互相信任，群众对党和政府的工作满意和认可了，必然会拥护和支持党的意识形态主张，主流意识形态号召力也会随之提升。

**（五）主流意识形态要"以言动人"，增强话语号召力**

马克思曾指出："思想、观念、意识的生产最初是直接与人们的物质活动，与人们的物质交往，与现实生活的语言交织在一起的。"② 也就是说，思想观念是以语言的形式表达出来的，语言和意识是纠缠在一起的。而在

---

① 邱华宇、王晖：《深化对社会主义意识形态的情感认同》，载《人民论坛》2019 年第 7 期。
② 《马克思恩格斯文集》第 1 卷，人民出版社 2009 年版，第 524 页。

日常生活中，语言（即话语）使用的方式会影响使用后的效用，科学的话语让人信服、优雅的话语让人舒心，反之，生硬的、晦涩的话语让人不舒适。对于主流意识形态而言，优质的意识形态话语可以激发倾听的意愿，增强动员力和号召力；反之，劣质的话语不能引起共鸣，甚至会引起反感。其一，主流意识形态话语要实现从理论话语、政治话语向日常生活话语的转化，以贴近生活的话语表达吸引和感召群众。主流意识形态"以概念、判断、推理的理论形态表现自身，要想掌握群众，就必须实现话语的转换，用深入浅出、生动形象、通俗易懂的语言表达抽象的理论"①。主流意识形态所使用的话语体系与民众日常生活使用的话语体系之间存在着一定的差距，为实现话语的引导力、感染力，就必须要实现话语体系的转化，将理论话语、政治话语转化成面向群众的宣传话语和日常生活话语。一方面，要根据不同的话语言说对象，灵活采用不同的话语表达方式，如针对农民群众就应当使用日常生活的大白话，针对大学生群体就可以使用理论话语与生活话语结合的方式，而针对其他群体则需要采取相应的话语表述；另一方面，要根据具体的语境和场域来使用合适的话语体系，如在国庆节的阅兵仪式上，需要采用特定的宣传话语，而在革命纪念场所则需要采取故事叙述话语和大众话语相结合的言说方式。其二，主流意识形态话语要实现自我完善和不断创新，构建内容丰富的多元话语体系，才能不断提升话语号召力。主流意识形态话语创新是其始终保持旺盛生命力的关键，在不同的时代语境下，实践状况的改变会引起人们话语使用和表达的变化，特别是自媒体迅速发展的新时代，网络空间成为人们虚拟交往的场域，大量网络用语应运而生，主流意识形态如果不能有效地吸收这些话语表述进行自我更新和完善，则会因落后于时代而导致话语吸引力和号召力不足。因此，在新时代，主流意识形态话语必须要适应时代变化需求，可以充分利用传统话语进行"老话新说"，如借鉴国外话语和概念表述实现"为我所用"，整合和吸收网络话语进行"优化改造"，进而打造新时代主流意识形态的多元话语体系，使其既有生动活泼的感性表达，又有客观严谨的理性陈述；既有展现科学魅力的理论话语，又有符合群众话语习惯的生活话语；既有精准严谨的政治话语表达，又有通俗易懂的故事表述；既有展现传统文化魅力的经典话语，又有彰显世界情怀的国际话语等。

---

① 吕峰、王永贵：《新时代我国主流意识形态话语权建构的多重维度》，载《社会主义研究》2018 年第 4 期。

# 深入把握中国式现代化的中国特色

何建津[①]

追求现代化是古老中华文明在近代经历了"三千年未有之大变局"的冲击之后，重新焕发生机和活力的必然选择，是实现中华民族伟大复兴的题中应有之义。新中国成立以来，特别是改革开放后，中国共产党为把我国建成社会主义现代化国家进行了长期探索和实践，尤其是经过党的十八大以来在理论和实践上的创新突破，我们党成功推进和拓展了中国式现代化。"中国式现代化，是中国共产党领导的社会主义现代化，既有各国现代化的共同特征，更有基于自己国情的中国特色。"[②] 中国式现代化的中国特色体现在：它是人口规模巨大的现代化，是全体人民共同富裕的现代化，是物质文明和精神文明相协调的现代化，是人与自然和谐共生的现代化，是走和平发展道路的现代化。上述中国特色既是对我国现代化建设已有成就和经验的反思、升华，又是我们继续推进中国现代化事业必须牢牢把握的要求。深入把握中国式现代化的中国特色，既要看到中国特色所体现的基本国情，也要看到中国特色所彰显的社会主义性质，还要体悟到中国特色实现了马克思主义基本原理与中华优秀传统文化的贯通。

## 一、中国式现代化的中国特色反映了中国的基本国情

第二次世界大战结束后，现代化成为众多新兴民族独立国家竞相追求的国家目标。新中国在中国共产党的领导下经过艰辛曲折的探索和实践，在改革开放后大踏步地赶上了时代潮流。与此同时，先发内源性现代化国家的经验在一些后发外源性现代化国家不时被当作只能照抄照搬的金规铁律。对此，中国共产党始终立足中国现实的基本国情，既批判吸收、借鉴

---

[①] 何建津，中共福建省委党校（福建行政学院）哲学教研部教授。
[②] 《党的二十大文件汇编》，党建读物出版社2022年版，第17页。

其他国家实现现代化的成功经验，又坚持独立自主，避免"依附"或"脱钩"；坚持从中国实际出发，脚踏实地，实事求是，坚持稳中求进，循序渐进，持续推进，展现了中国共产党领导中国人民进行社会主义现代化建设既奋发有为又行稳致远的实践品格。

党的十八大后，中国特色社会主义进入新时代，社会主要矛盾已经转化为人民日益增长的美好生活需要和不平衡不充分发展之间的矛盾；同时，我们仍然处于社会主义初级阶段，仍然是世界上最大的发展中国家。社会主义初级阶段、社会主要矛盾、人口规模大、人均资源占有量少、发展不平衡不充分等，都是我们党在领导中国现代化建设过程中在想问题、作决策、办事情时必须立足的国情实际。

人口规模巨大是中国基本国情的典型反映，是我国制定任何国家战略和出台有关政策举措都必须考量的现实依据。人口规模大既有可能为经济社会发展提供丰富人力资源，形成强大的发展动力；同时，事关10多亿人口的任何问题，都有可能产生巨大的乘数效应。新中国成立以来，我国之所以能创造经济保持高速发展、社会保持长期稳定这两大奇迹，原因之一是我们很好地利用了人口规模巨大的优势，同时又有效避免了人口规模巨大可能带来的矛盾和风险。在全面建设社会主义现代化国家的新征程上，我们党将要在不到30年时间里带领14亿多人口整体迈进现代化，从人口规模、时间限度来看，都前所未有。目前全球将近80亿人口，真正迈入现代化的人口数量还没有超过中国一个国家的人口数量，现代化程度高的7个发达国家其人口总和也不过11亿左右，而且其现代化进程已经历200多年时间；目前以国家为单位整体进入现代化的最大人口规模也不过3亿左右。可见，人口规模巨大的中国式现代化既是一个世界壮举和奇迹，同时其复杂性、艰巨性在人类数百年现代化历史上前所未有，从而中国的发展途径和推进方式也必然具有自己的特点。新征程新阶段，只要我们不折腾，并善于调动和激发亿万中国人的积极性和创造活力，善于利用好10多亿人口所蕴涵的丰富人力资源，善于利用10多亿人口改革开放40多年积蓄的巨大市场潜力，人口规模巨大这一中国特色将转化为中国实现现代化的巨大优势。

## 二、中国式现代化的中国特色彰显了中国的社会主义性质

现代化是在世界历史和经济全球化大背景下由市场经济和工业化引发的社会整体变迁和文明演进运动。相对于传统社会，现代化不仅是科技、经济、政治、文化等社会各领域的质变，也是人们生产方式、生活方式、

思维方式等方面的嬗变。现代化发端于西方资本主义国家。西方资本主义现代化为人类文明发展进步作出了巨大历史贡献,但也存在诸多弊病和隐患,甚至也给全人类带来不少痛苦、代价。目前,不论从资本主义带来的种种社会历史问题,还是从全球自然资源和生态环境对人类经济发展的约束不断趋紧的现实来看,全人类要普及西方式现代化道路,是不可能实现和平发展、可持续发展的。而中国式现代化就是中国共产党立足世情、国情,顺应时代潮流和历史逻辑而自主探索的一条痛苦和代价都更小的现代化道路。这种现代化在根本性质上是社会主义的。

中国式现代化的社会主义性质体现在以马克思主义为指导。由于历史条件和现实国情的原因,中国式现代化与西方现代化都是在市场和资本具有主导经济发展合理性的时代展开。习近平总书记曾指出:"我们仍然处于马克思主义所指明的时代。"①马克思主义所指明的时代,不仅是一个资本和市场促进经济发展的历史作用仍然需要得到肯定和发挥的时代,也是马克思主义者对资本和市场的运行规律和消极影响有了充分自觉的时代。在这样的时代进行现代化建设,对于像中国这样的发展中国家来说,既不能对资本和市场采取简单否定的态度,也不能放任资本和市场盲目自发地起作用,而应该利用资本和市场的文明面为现代化建设服务。马克思曾经在1867年《资本论》第一卷第一版《序言》中指出:"一个社会即使探索到了本身运动的自然规律,……它还是既不能跳过也不能用法令取消自然的发展阶段。但是它能缩短和减轻分娩的痛苦。"②中国式现代化从一定意义上说就是具有马克思主义理论自觉的中国共产党人自觉运用历史规律缩短和减轻发展痛苦与代价,进而创造人类文明新形态的现代化。这种现代化之所以可能,是因为它以人民至上的价值立场和以人民为中心的发展逻辑扬弃了资本立场和资本逻辑。

中国式现代化的社会主义性质体现在全体人民共同富裕。人民至上的价值立场和以人民为中心的发展逻辑意味着,中国式现代化的出发点和落脚点是实现人民对美好生活的向往。人民向往的美好生活,首要标准当然是与一个国家整体生产力发展水平大体相当的物质生活水准;同时,这样的美好生活离不开人民自身的努力奋斗。但是,在一个资本和市场对经济发展仍然发挥重要作用的时代,如果放任资本和市场逻辑自发地起作用,一味依赖市场对经济的自发调节,一味满足资本对利润和财富增殖的贪欲,其结果甚至不是保持社会稳定前提下可以承受的一定程度的贫富差距,而

---

① 《习近平谈治国理政》第 2 卷,外文出版社 2017 年版,第 66 页。
② 《马克思恩格斯选集》第 2 卷,人民出版社 2012 年版,第 83 页。

是可能危及社会长治久安的两极分化。西方资本主义现代化早期所谓弱肉强食的自由竞争和"小政府大市场"的治理模式引发的种种社会问题，便是前车之鉴；最近几十年一些迷信新自由主义改革和发展理论的发展中国家落入种种发展陷阱，可谓殷鉴不远；甚至已经有了长达两百多年现代化历史的一些发达国家，贫富差距之所以至今仍然成为其突出的社会问题，主要原因是其经济发展的主导逻辑说到底还是资本利益。因此，中国式现代化要实现人民对美好生活的追求，首先必须坚定人民立场、坚持以人民为中心，坚决防止两极分化，把逐步实现全体人民共同富裕，作为体现共享发展理念的主要指标，作为在物质财富分配和占有上体现社会公平正义的重要尺度。

中国式现代化的社会主义性质体现在物质文明与精神文明相协调。人民至上的价值立场和以人民为中心的发展思想意味着中国式现代化不仅是全体人民共建共享、物质富足的现代化，而且是追求精神富有的现代化，因而是人的全面发展的现代化。资本逻辑、市场逻辑支配下的现代化，人仅仅被当作服从资本追求利润的一种生产要素；同时，资本主义市场经济条件下的人，是一种服从狭隘社会分工的片面发展的畸形的人；更重要的是，资本逻辑和市场逻辑支配下的现代化，是一种物质利益成为至上追求以及普遍买卖、普遍商品化的现代化。这种现代化不仅带来了反复发作、日益复杂的经济危机，而且在 20 世纪 70 年代后引发了日趋严峻的全球性生态环境问题，尤其是还带来了因人被物化而产生的生命意义与价值危机。坚持人民至上和以人民为中心的发展逻辑的中国式现代化，在利用资本和市场发展经济的同时，不仅在物质文明上坚持以人民为中心，而且充分自觉到精神文明对于人的全面发展的特殊重要性。因此，中国式现代化不仅致力于改变物质贫困的状况，同时致力于发展社会主义先进文化以满足人民的精神需求，致力于用社会主义核心价值观为人民培根铸魂、启智润心，致力于用中华优秀传统文化滋养民族精神根脉，以防止精神贫困。

## 三、中国式现代化的中国特色实现了马克思主义基本原理与中华优秀传统文化精华的贯通

中国式现代化是我们党对建设什么样的社会主义现代化强国、怎样建设社会主义现代化强国这一重大时代课题的最新回答，是马克思主义中国化时代化最新成果的重要内容。中国式现代化的中国特色不仅体现了马克思主义基本原理与中国具体实际的结合，也是马克思主义基本原理与中华

优秀传统文化相结合的生动体现,尤其"人与自然和谐共生""走和平发展道路"的中国特色,更是把马克思主义思想精髓与中华优秀传统文化精华贯通起来的典范。

唯物辩证法是马克思主义的思想精髓。作为世界观和方法论,唯物辩证法认为,世界是由不同部分或要素,在相互联系、相互依存中构成的系统整体。因此,人们应该树立一种正确处理整体与部分、一体与多元辩证关系的系统观念,既反对无视多元分化和差异的整体主义,也反对只见树木不见森林的原子机械论思维。作为世界观和方法论,唯物辩证法认为,任何事物都是由相互作用、相互依存的矛盾双方所构成,相互矛盾的两个方面,既对立又统一,矛盾是联系的实质内容,也是发展的根本动力。因此,看待事物既要坚持一分为二,又要坚持合二而一,反对片面强调矛盾双方的对立斗争或否定矛盾存在的抽象同一性。

"和合"哲学是中国传统文化精华之一。"和合"哲学的要义在于,既充分肯定和承认事物差异性、多样性或多元存在的意义,又以互济互补的方式把彼此不同的事物看作统一于一个相互依存的和合体中,并在不同事物和合的过程中,吸取各个事物的优长而克其短,使之达到最佳组合,由此促进新事物的产生,推动事物的发展。所谓"夫和实生物,同则不继。……若以同裨同,尽乃弃矣"(《国语·郑语》)、"君子和而不同,小人同而不和"(《论语·子路》)、"万物负阴而抱阳,冲气以为和"(《道德经》第四十二章)等,便是对事物多元差异性、矛盾性的充分肯定;而所谓"保合太和,乃利贞"(《周易集解》卷一)、"礼之用,和为贵"(《论语·学而》)、"畜之以道,则民和;养之以德,则民合。和合故能习"(《管子集校》第八)等,则表明人们应以兼容并包、共存并处、相互调剂的方式,处理多元差异以达到平衡、和谐、合作的和合状态。

唯物辩证法与"和合"哲学的相通之处是都在多元于一体的辩证关系中看待世界,都以对立统一的方式处理多元之间的矛盾关系。它们作为世界观和方法论,对于当今时代如何妥善处理人与自然、人与人(包括不同社会群体、国家、民族、文明)之间的相互关系,具有重大现实意义。

中国式现代化的"人与自然和谐共生"和"走和平发展道路"两大中国特色,充分体现了中国共产党人在中国式现代化探索实践中对唯物辩证法与"和合"哲学的创造性运用,是把马克思主义基本原理与中华优秀传统文化相贯通来回答中国之问与时代之问的典范。

从"人与自然和谐共生"的中国特色来看。人与自然和谐共生的现代化以承认人与自然是生命共同体为前提。而人与自然是生命共同体的命题,从以下几个方面体现了唯物辩证法和和合哲学。首先,它承认人与自然生态系统是一个共生共存的系统整体，二者存在不可分割的有机联系。人因自然而生，人与自然是一种共生关系，"人与自然共生共存，伤害自然最终将伤及人类"①。这意味着人与自然之间并非人对自然的单向改造与利用关系，更不是人仅从物质财富的意义上对自然的利用和占有关系，而是一种利害与共，尤其是与人的生命活动的丰富内涵和意义息息相关的关系。其次，它认为自然的各个组成部分也是相互联系的系统整体，而非彼此独立的机械组合。习近平总书记说"生态是统一的自然系统，是相互依存、紧密联系的有机链条"，如"山水林田湖草是生命共同体"②等。这意味着，我们无论是处理人与自然的关系，还是处理自然系统内部各部分之间的关系，都需要一种系统思维。第三，它承认人在自然面前的主体地位，即这个生命共同体存在人与自然的分化，从而人有利用自然和改造自然的必要，只是要在遵循自然规律的前提下发挥人开发、利用自然的主体作用，追求一种超越传统工业文明的现代化。习近平总书记指出，"人类可以利用自然、改造自然"③，但"人类只有遵循自然规律才能有效防止在开发利用自然上走弯路"④；"我们不能吃祖宗饭、断子孙路，用破坏性方式搞发展"⑤，"我们要建设的现代化是人与自然和谐共生的现代化"⑥。这意味着，把人与自然当作生命共同体并不是回归原始的天人合一，而是通过改变人的实践活动方式，重构人与自然的和谐关系，追求彻底的自然主义或人道主义。

从"走和平发展道路"的中国特色来看。中国的现代化不是闭门造车的现代化，而是在世界历史和经济全球化大背景下与世界互动的现代化。因此，如何看待这个世界，如何处理中国与世界的关系，是中国式现代化必须认真对待的问题。中国共产党审时度势，提出构建人类命运共同体，来表达自己追求的世界愿景。"走和平发展道路"的中国特色就彰显了这个目标愿景。

习近平总书记提出的构建人类命运共同体，既立足于世界上有近200个主权独立国家、存在多种文明类型和多极政治力量这一具有多样性差异的现实，又顺应近代以来人类社会在数次科技革命和产业变革推动下不断扩展和深化的经济全球化这一不可抗拒的历史潮流，辩证看待世界一体融合与多元共生的基本矛盾关系。其中蕴涵的唯物辩证法与"和合"哲学智

---

① 《习近平外交演讲集》第2卷，中央文献出版社2022年版，第22—23页。
② 《习近平谈治国理政》第3卷，外文出版社2020年版，第363页。
③ 《习近平外交演讲集》第1卷，中央文献出版社2022年版，第289页。
④ 《习近平谈治国理政》第3卷，外文出版社2020年版，第39页。
⑤ 《习近平外交演讲集》第2卷，中央文献出版社2022年版，第23页。
⑥ 《习近平谈治国理政》第3卷，外文出版社2020年版，第39页。

慧，可以从我国的外交政策、外交关系准则、对外开放战略、全球治理主张、文明相处之道等多方面体现出来。这些外交政策主张概括地说就是，第一，维护团结而反对分裂，即主张不同国际行为主体顺应一体融合的历史趋势，反对人为制造对立、分裂和对抗的冷战思维；第二，主张多边主义而反对单边主义，即主张多元主体相互尊重、平等相待，按照共商共建共享的原则处理共同事务，反对一元优先、一元至上、用一元凌驾于整个世界之上的单边主义；第三，主张公道反对霸道，即主张天下为公，认为天下不是哪一国、哪一教、哪一派、哪一家的天下，天下是全人类的天下，天下事由天下人商量着办，反对恃强凌弱、弱肉强食的强权与霸权；第四，主张合作共赢反对零和博弈。总之，中国的和平发展道路，集中体现在我们"高举和平、发展、合作、共赢旗帜，在坚定维护世界和平与发展中谋求自身发展，又以自身发展更好维护世界和平与发展"①。

中国式现代化是在世界历史和经济全球化大背景下生成和发展的伟大事业。因此，其中国特色不仅是民族的，也是世界的；不仅需要进一步彰显，也必将进一步丰富和发展。

---

① 《党的二十大文件汇编》，党建读物出版社2022年版，第18页。

# 中国式现代化新道路的时代价值、基本遵循和未来着力点

燕连福　赵婧姝①

中国式现代化新道路承载了中国共产党的伟大历史使命，开辟了人类文明发展与演进的新历史阶段。在世界谋求现代化发展的潮流中，中国共产党团结和带领中国人民上下求索，不懈奋斗，走出了一条区别于西方现代化的中国式现代化新道路，推动我国社会主义现代化建设取得了举世瞩目的伟大成就。2022年10月，习近平总书记在党的二十大报告中指出："从现在起，中国共产党的中心任务就是团结带领全国各族人民全面建成社会主义现代化强国、实现第二个百年奋斗目标，以中国式现代化全面推进中华民族伟大复兴。"② 中国式现代化新道路是在马克思主义理论的指导下，在中国共产党正确领导下，充分汲取了中国共产党在探索、建设和改革历程中积累的社会主义建设经验、改革开放发展经验和世界现代化历程中的有益经验的正确道路，是中国共产党原创性创造并贡献世界文明的新道路。在全面建设社会主义现代化国家开局起步的关键时期，我们不仅要遵循人类历史发展规律、社会主义发展规律，更要把握中国式现代化新道路的基本遵循，以人民至上的价值理念为出发点和落脚点，推动"五个文明"协调发展，构建世界现代化发展的新智慧和新方案，谱写全面建设社会主义现代化国家的崭新篇章。

## 一、中国式现代化新道路的时代价值

中国式现代化新道路具有历史维度和现实维度的双重意义。从历史的

---

① 燕连福，西安交通大学马克思主义学院院长、教授、博士生导师；赵婧姝，西安交通大学马克思主义学院博士研究生。
② 习近平：《高举中国特色社会主义伟大旗帜　为全面建设社会主义现代化国家而团结奋斗——在中国共产党第二十次全国代表大会上的报告》，人民出版社2022年版，第21页。

维度看，冲破了长久以来西方资本逻辑范式下霸权主义的发展牢笼，超越了苏联模式体制机制单一的发展困境，开创了近代以来实现中华民族和中国人民最为美好和最迫切愿景的正确途径，为发展中国家独立自主地探索现代化道路提供了中国方案和中国智慧；从现实的维度看，打破了世界东西方阵营话语对立下的西方中心主义霸权，重塑了世界话语表达的新体系，展现出中国话语的新表达，把全人类的幸福作为价值导向，融合全世界人民的共同利益开辟人类文明新形态。

（一）进一步以中国式现代化推进中华民族伟大复兴

实现中华民族的伟大复兴是近代以来中华儿女最伟大的梦想。近代的中国在内无强国制度，外有资本掠夺中沦为半殖民地半封建社会，致使国家蒙辱，人民蒙难，文明蒙尘。有志之士在内忧外患之境地展开了维新运动、辛亥革命等途径试图挽救国家民族于危亡之中，但由于改革的不彻底性，并未撼动封建制度的顽固旧疾。为寻求现代化道路，走向民族复兴，在西方列强与中华民族的激烈对抗中，封建势力与人民大众的利益斗争中，各阶层组织和政治团体的角逐较量中，中国共产党鲜明地举起了马克思主义的旗帜，团结人民群众浴血奋战，推翻了压迫中华民族的"三座大山"，取得了新民主主义革命的胜利。新中国成立后，中国共产党坚持实事求是的思想路线，结合马克思主义基本原理和中国具体实际，团结带领人民完成社会主义革命，推翻了一切剥削与压迫，建立起社会主义制度，为现代化道路奠定了理论准备和物质基础。改革开放后，党团结带领人民深刻总结正反两方面的经验教训，活学活用马克思主义，大力解放和发展生产力，把工作中心转移到经济建设，明确提出建设有中国特色的社会主义，为现代化道路的进一步发展提供了制度基础和物质保证。

历史实践证明，走现代化道路是历史演进的必然路径。党的十八大后，习近平总书记尊重历史逻辑，顺应历史大势，高屋建瓴地提出了实现中华民族伟大复兴的政治宣言，他指出："现在，我们比历史上任何时期都更接近中华民族伟大复兴的目标，比历史上任何时期都更有信心、有能力实现这个目标。"① 民族复兴不是停留在口头上的政治口号，而是既有理论创新又有实践成效的现代化系统性工程。在顶层设计上，宏观提出了"两个一百年"奋斗目标，通篇谋划"五位一体"总体布局、"四个全面"战略布局和"五大发展理念"，把国际国内两个大局相互融通，推动"五个文明"的协调发展，致力于扎实推进全体人民共同富裕，分层递进地构建中国式现代化新道路的理论指引。在实践成效上，中国用几十年的时间走完了发

---

① 《习近平谈治国理政》，外文出版社2014年版，第35—36页。

达资本主义国家几百年才能完成的现代工业化道路,成为世界上经济发展最快的发展中国家,在经济高速发展的同时坚持人民的历史主体地位,在短短几年内完成了消除绝对贫困的历史任务,取得了脱贫攻坚的伟大胜利,在世界上最大的发展中国家全面建成小康社会。新时代现代化道路上所取得的巨大成就进一步证明,中国式现代化是实现中华民族伟大复兴的重要战略举措。

(二)进一步为发展中国家独立自主探索现代化道路提供新可能

现代化是人类历史发展的必然趋势,姓"资"姓"社"成为当今世界现代化发展的两种导向。作为现代大工业代表之一的西方资本主义凭借在人类进入工业化时代中起过"非常革命的作用"①,成为发展中国家走向现代化的主导模式。然而,历史不等于现实,"物"的现代化不等于"人"的现代化,资产阶级无法解决与生俱来的基因病,即生产力与生产关系的矛盾时,其以"物"为逻辑起点的发展模式必然弊病冗杂。照搬照抄西方资本主义国家发展模式必然出现"人"的现代化与"物"的现代化之间的矛盾、资本逐利与生态发展之间的取舍,甚至导致沦为西方资本主义国家攫取利益的增值工具,成为其在政治、经济等方面的附属。苏联作为世界上第一个社会主义国家,高度集权和计划经济使其一跃成为世界强国,其发展模式成为发展中国家走向现代化的另一种导向。然而,体制模式僵化,对国家发展定位不准,急于向共产主义过渡,意识形态阵地缺失等诸多因素导致苏联解体。照搬照抄苏联模式造成经济构成单一,个人崇拜盛行,生产效率低下等弊病,影响发展中国家的现代化进程。覆车之鉴,没有根据本国的具体实际而照搬照抄他国经验会导致他国制度在本国水土不服,不可避免地出现发展中国家现代化进程不可持续的问题。

中国式现代化,是中国共产党领导的社会主义现代化,既有各国现代化的共同特征,更有基于自己国情的中国特色。在中国共产党的领导下,中国式现代化新道路以实现人的价值为基础,融合物质文明和精神文明协同发展,指向全体人民共同富裕,构建人与自然和谐共生,倡导人类命运共同体,走和平发展道路,是全面协调的现代化发展。中国共产党坚持"两个结合"与时俱进地创新理论,形成了中国特色社会主义思想体系,创造性地提出社会主义市场经济,把市场经济与社会主义经济体制有机结合,提出建设有中国特色的社会主义道路,成为改革开放以来党全部理论与实践的主题。中国式现代化新道路没有桎梏在封闭僵化的苏联模式的牢笼中,而是坚持理论与实际相结合,历史与现实相借鉴,走出了一条符合历史发

---

① 《马克思恩格斯选集》第1卷,人民出版社2012年版,第402页。

展规律，指向人类未来社会的道路。中国式现代化新道路实现了对马克思主义基本理论的超越，走出一条主权独立、政治独立、经济独立的自主道路，所取得的成功为发展中国家探索现代化道路提供了理论和实践的参考。

（三）进一步为打破西方中心主义的现代化话语范式提供新表达

西方中心主义话语范式在人类社会进入工业文明以来力据主导，西方资本主义国家凭借其现代大工业的先发优势、科技领域的超前优势以及资本资源的价值优势在全球化进程中构建了一套以西方政治、经济、文化、科技为基础的社会逻辑话语体系，随着西方资本主义国家硬核实力的提升，西方中心主义的话语范式试图独占全球现代话语主导地位。新的历史境遇下，西方大国坚持"西方中心论"的逻辑思想，用政治霸权主义、经济霸权主义、科技霸权主义等全面遏制中国的崛起与发展。实践证明，意识形态话语权是西方国家为掩盖其维护自身利益、转嫁国内危机的真实目的的常用手段，西方中心主义竭力表达其所谓"民主""自由"的话语范式，肆意干预他国内政，致使盲目追随的国家陷入发展低谷和民主陷阱。时代变迁与世界局势演变交错，新冠肺炎疫情弥漫，西方国家经济持续低迷、政治腐败，抗疫缺失，其话语范式在实践中经不起考验而失去普遍信任，面临"已无力应对贫富分化加剧、价值共识缺失、阶层分裂严重等内政治理难题"①。"文明冲突论""历史终结论"在历史赓续演变中俨然落下帷幕，西方中心主义构筑的"一元化现代国家"深陷泥泞，全球治理结构已经失衡的同时依然以其根深蒂固的东西方对峙思维抹黑、丑化中国，在国际上对中国道路和中国制度刻意歪曲，严重威胁全球话语表达的客观性和公正性。

中国式现代化新道路涵育了现代化话语范式的新表达，为进一步打破西方中心主义话语范式构建了主题鲜明、以人为本、包容并蓄、开放共享的话语表达新体系。习近平总书记强调："这是一个需要理论而且一定能够产生理论的时代，这是一个需要思想而且一定能够产生思想的时代。我们不能辜负了这个时代。"② 时代是思想之母，实践是理论之源，中国式现代化道路总结了人类历史发展的先进经验和世界现代化发展历程的精髓，走出了与西方资本驱动为前提的现代化判若霄壤的中国式现代化新道路。中国式现代化摒弃了资本主义制度下以"人的异化"为代价的发展模式，构建了以人的价值为根基的中国式现代化新道路。在政治维度，坚持党的领

---

① 王岩：《新时代我国主流意识形态话语权的建构路径》，载《马克思主义研究》2018年第7期第60—69、160页。

② 习近平：《在哲学社会科学工作座谈会上的讲话》，人民出版社2016年版，第8页。

导下的民主协商制度，发展全过程人民民主，保障人民主体地位；在经济维度，加快构建新发展格局，推动经济高质量发展；在社会维度，增进民生福祉，着力保障和改善民生，积极抗击疫情，带动经济快速恢复，推进全体人民共同富裕；在文化维度，坚持发展以社会主义核心价值观为引领的社会主义先进文化，继承发展中华优秀传统文化；在生态维度，融合人与自然共生，坚持"两山"理论，践行绿色发展新理念；在外交维度，积极构建人类命运共同体。中国式现代化新道路发展的理论与实践，在政治领导、经济发展、社会治理等方面全方位构建了世界现代化话语范式的新表达。

（四）进一步为开创面向未来的人类文明新形态提供新路径

人类文明进入工业化时代以后，资产阶级为更大程度地发展资本主义工商业，推翻了束缚资本发展的封建统治阶级，资本主义就在它所能达到的地方肆意生长。近代以来，资产阶级为实现资本增殖的唯一价值，走通过征服他国和赤裸裸的掠夺实现自身现代化的霸权道路，中国在资本主义扩大世界市场中也被裹挟卷入世界现代化进程。马克思深刻指出："资产阶级，由于开拓了世界市场，使一切国家的生产和消费都成为世界性的了。"[①] 正是在资本主义世界市场野蛮发展史中，加强了世界各国的经济文化联系，同时，"不断扩大产品销路的需要，驱使资产阶级奔走于全球各地。它必须到处落户，到处创业，到处建立联系"[②]，从此，民族史变为世界史，人类社会开启资本主义野蛮生长的发展阶段。追求资本的无限增殖是资产阶级生存的必要条件，无论历史还是今天，资本逐利的本质根深蒂固，西方资本主义大国利用广大发展中国家在发展过程中缺乏发展的必要条件，设置不平等国际秩序，以改良的"文明"手段进行剥削和压榨，致使亚非拉发展中国家陷入债务旋涡。西方大国资本逐利的霸权主义是单边的发展模式，是建立在囚禁发展中国家发展道路之上的发展模式，这种发展模式必然加剧世界治理危机，阻断世界和平发展的新形态。

中国式现代化新道路破解了资本主义基本矛盾带来的发展壁垒，扬弃了资本主义发展之弊病，开创了符合人类历史发展规律，实现人的自由全面发展的现代化新道路。中国式现代化新道路是对现有人类文明形态的理论、制度、实践的超越，是深刻把握人类社会历史性发展趋势的新飞跃。习近平总书记在党的二十大报告中强调："构建人类命运共同体是世界各国人民前途所在。"中国共产党把马克思主义关于人类命运共同体意识与中华

---

① 《马克思恩格斯选集》第1卷，人民出版社2012年版，第404页。
② 《马克思恩格斯选集》第1卷，人民出版社2012年版，第404页。

优秀传统文化中"天下大同""和谐社会"的发展理念相结合，构建"共商共建共享"的全球治理新理念。中国始终坚持走和平发展道路，着力于建设持久和平、普遍安全、共同繁荣的世界格局，构建相互尊重、公平正义、合作共赢的新型国际关系；坚持对外开放的基本国策，布局对外经济的顶层设计，提出"一带一路"倡议，建设亚投行，成为各国互联互通的重要平台；坚持和而不同的大国风范，积极维护人类文明的多样性，包容互鉴不同民族不同国家的文明成果，共同促进文明发展繁荣；坚持绿色发展理念，积极参与全球生态治理和保护，完善实现"双碳"目标的制度与实践，为世界可持续发展持续发力。中国式现代化新道路不仅展现出中国智慧和中国方案，而且为开创未来人类文明新形态开辟了新路径。

## 二、中国式现代化新道路的基本遵循

现代化是人类社会发展的目标，标志着人类文明的新阶段，中国式现代化新道路是实现中华民族伟大复兴的重要战略举措，也是中华民族迎来文明新曙光的象征。因此，必须基于中国式现代化的基本特征，处理好大与小的关系、富和均的关系、物质和精神的关系、人与自然的关系以及中国与世界的关系，以顽强斗争精神克服改革发展道路上的一切艰难险阻，着力实现人口规模巨大的现代化、全体人民共同富裕的现代化、物质文明和精神文明相协调的现代化、人与自然和谐共生的现代化，走出一条和平发展的中国式现代化新道路。

### （一）处理好大与小的关系，实现人口规模巨大的现代化

人口体量巨大是中国式现代化面临的基本国情，也是中国式现代化的重要特征。迄今为止，西方资本主义最发达的31个地区和国家，一共约10亿人口，而中国人口约为14.1亿，约占世界总人口的18%，中国既是世界上最大的发展中国家，也是人口大国。习近平总书记指出："我们这个世界上最大发展中国家实现了现代化，意味着比现在所有发达国家人口总和还要多的中国人民将进入现代化行列，其影响将是世界性的。"① 中国共产党是世界上最大的执政党，带领着世界上人口规模最大的发展中国家全面建设社会主义现代化，"大"是显著特征。人口规模巨大的现代化既是中国特色，也是中国难度，实现人口规模巨大的现代化要面临解决的是不同发展结构、不同发展特点、不同发展层级的难题。一部分人的现代化不是中国

---

① 中共中央宣传部编：《习近平新时代中国特色社会主义思想学习纲要》，人民出版社2019年版，第60页。

式现代化,一部分区域的现代化也不是中国式现代化,要使14亿多的人口实现现代化,既不能"只见树木,不见森林",也不能"囫囵吞枣",要稳中求进,循序渐进地实现人口规模巨大的现代化,必须聚焦整体与个体,处理好大与小的关系。

实现人口规模巨大的现代化,就要有"大"的举措和目标。习近平总书记强调,中国共产党是世界上最大的政党,大就要有大的样子。中国共产党是中国式现代化新道路的创造者、引领者和建设者,其性质和宗旨决定了人民是党干事创业出发点和落脚点。中国共产党肩负中国人口规模巨大的现代化进程,首先,要坚持"以人民为中心"的发展思想。坚持发展目标、发展动力、发展的落脚点在人民,汇聚起全体人民的智慧合力,形成"敢教日月换新天"的伟力,共同推进中国式现代化的历史步伐。其次,要坚持人民至上的价值理念。现代化的本质是人的现代化,要始终锚定人民对美好生活的向往,不断以新发展理念引领现代化建设,让现代化建设成果归全体人民共享,更多地惠及全体人民。再次,要以世界眼光推动现代化建设。占世界人口比重最大国家的现代化,要着眼于解决世界难题,为全球发展提供更多的公共产品,积极做世界和平的建设者、全球发展的贡献者和国际秩序的维护者,以中国式现代化贡献中国智慧和中国力量。

## (二)处理好富与均的关系,实现全体人民共同富裕的现代化

共同富裕是中华民族始终不断追求的价值理念,也是中国特色社会主义的本质要求。马克思构建未来美好社会的前提是生产力极大的提高,在《1857—1858年经济学手稿》中,马克思明确提出:"生产将以所有人的富裕为目的。"① 中国共产党继承发扬了儒家先贤提出"天下大同"的价值理念,融合了马克思实现人自由而全面发展的理念,提出实现全体人民共同富裕的现代化。习近平总书记指出:"我们坚持把实现人民对美好生活的向往作为现代化建设的出发点和落脚点,着力维护和促进社会公平正义,着力促进全体人民共同富裕,坚决防止两极分化。"② 这就要求中国式现代化既不是富而不均,也不是均而不富,而是全体人民共同富裕的现代化。富而不均的发展不符合社会主义的本质要求,贫富差距过大,社会财富掌握在少数人手中,人民生活得不到实实在在的提升,只会陷入"资本至上"的旋涡,不是中国式现代化的原则遵循。均而不富的发展不符合中国式现代化的宏伟蓝图,"平均主义"、"大锅饭"致使经济缺乏增长动力,不是

---

① 《马克思恩格斯选集》第2卷,人民出版社2012年版,第787页。
② 习近平:《高举中国特色社会主义伟大旗帜 为全面建设社会主义现代化国家而团结奋斗——在中国共产党第二十次全国代表大会上的报告》,人民出版社2022年版,第22页。

科学的现代化发展道路,这就要求推进全体人民共同富裕的现代化,要处理好富与均的关系。

实现全体人民共同富裕的现代化,就是要让全体人民共享现代化的成果,不仅要做大"蛋糕",还要分好"蛋糕"。中国式现代化新道路要始终以满足人民对美好生活的向往为导向,这是社会主义的本质属性,也是中国共产党性质和宗旨的集中体现,更是中国共产党在百年历程中始终坚守的初心与担当。将扎实推进全体人民共同富裕作为中国式现代化的基本特征,就要推动"四个富裕",不断激发和提高社会生产力促进全民富裕,把人民至上的价值理念贯穿到社会主义现代化建设的全过程,让全体人民共享现代化发展成果,在共同富裕的道路上不落下一人;在构建共同富裕的道路上促进全面富裕,物质文明和精神文明是社会发展的两大基本构成,共同富裕既要满足人民的物质基础保障,也要丰富人民精神生活,让社会文明既有坚实物质基础又有富足的精神文化;在建设中国式现代化的过程中促进共建富裕,人民是社会主义现代化的参与者和建设者,激发人民参与现代化建设的激情和热情,依靠人民的智慧和力量推进中国式现代化建设行稳致远;在推进全体人民共同富裕的进程中实现渐进富裕,共同富裕不是一蹴而就的,而是长期的历史过程,按照党中央向第二个百年奋斗目标进军关键时期制定的实现现代化强国的战略安排,分阶段分步骤分目标逐步推进,让全体人民在中国式现代化道路上循序渐进地实现共同富裕。

(三) 处理好物质与精神的关系,实现物质富足、精神富有的现代化

人类社会每一发展阶段都是物质与精神共同发展的总体建构,马克思深刻指出:"每一历史时代的经济生产以及必然由此产生的社会结构,是该时代政治的和精神的历史的基础。"① 马克思关于经济基础和上层建筑关系的阐述,表明了在人类社会发展中物质与精神共同作用的不可或缺性。人作为社会生活的出发点和落脚点,满足人自由而全面的发展必须协同物质文明与精神文明的齐驱并进,这就决定着无论在社会生产中还是在人的自我价值的实现中,片面地发展社会生产或精神生活,只会陷入"人的异化"或"空想社会主义"的误区。中国式现代化是物质文明和精神文明相协调的现代化,如果以满足人民物质生活为唯一目的,不可避免地会出现精神空虚、信仰危机、凝聚力下降、个人主义盛行等严重社会问题,社会发展失去生机和活力。如果只注重精神生活,把现代化停留在理论与精神层面,社会主义现代化建设就会出现"海市蜃楼"虚假现象,社会的发展就会失去内生动力。"一元化"的发展观,严重遏制了社会主义现代化建设的健康

---

① 《马克思恩格斯选集》第1卷,人民出版社2012年版,第380页。

性和可持续性,这就要求处理好物质文明和精神文明的关系。

中国式现代化要协同物质文明和精神文明发展,注重国家"硬实力"和"软实力"同步提升。协调发展的"二元性"符合人类历史发展的基本规律,是中国式现代化新道路的重要原则。习近平总书记强调:"中国式现代化是物质文明和精神文明相协调的现代化。物质富足、精神富有是社会主义现代化的根本要求。"① 物质文明是精神文明的基础,以经济高质量发展带动物质文明的提升,以城乡区域的协同发展弥合区域性经济差距,从而提升人民物质生活水平。精神文明是物质文明的保障,要大力发展社会主义先进文化,弘扬中华优秀传统文化和红色革命文化,丰富人民群众的精神文化生活,进而促进物质文明更好更快发展。只有物质文明和精神文明建设都搞好,国家物质力量和精神力量都增强,全国各族人民物质生活和精神生活都改善,中国特色社会主义事业才能顺利向前推进。物质文明与精神文明协调发展的中国式现代化新道路避免了陷入"一条腿走路"的误区,也是中国式现代化的应有之义。只有物质文明建设和精神文明建设相互促进,协同提升,实现全体人民的物质富足、精神富有,中国式现代化新道路才能越走越远、越走越宽、顺利向前推进。

(四)处理好人与自然的关系,实现人与自然和谐共生的现代化

人与自然和谐共生关系到中华民族永续发展的现实诉求。人与自然是不可分割的生命共同体,人类的生存和发展离不开自然环境的供给和保护。人类社会在现代化发展的历程中,时时刻刻与自然界共生共存,只有以人和自然和谐共生为出发点的现代化,才能实现现代化的永续发展。西方资本主义在现代化先发的历程中,往往以牺牲自然环境为代价创造社会财富,采取的是先污染后治理的现代化老路。恩格斯曾经在《自然辩证法》中强调:"但是我们不要过分陶醉于我们人类对自然界的胜利。对于每一次这样的胜利,自然界都对我们进行报复。"② 以消耗自然资源换取社会财富的现代化必然会带来自然生态的难以修复的恶果,危及人类社会的可持续发展。世界现代化的历史实践证明,单边谋求物质财富的增长而枉顾自然环境的保护,最后不得不以更高的代价弥补破坏自然环境带来的恶果,甚至阻断了人类社会良性发展的重要基础。中国式现代化坚决摒弃以破坏自然环境为代价的发展模式,坚决防止掉入先污染后治理、边污染边治理的发展"怪圈",这就要求必须处理好人与自然的关系,把人和自然和谐共生作为

---

① 习近平:《高举中国特色社会主义伟大旗帜 为全面建设社会主义现代化国家而团结奋斗——在中国共产党第二十次全国代表大会上的报告》,人民出版社2022年版,第22页。
② 《马克思恩格斯选集》第3卷,人民出版社2012年版,第998页。

中国式现代化的基本属性。

实现人与自然和谐共生的中国式现代化，就要始终坚持"绿水青山就是金山银山"的价值理念，把绿色发展新理念贯彻到全面建设社会主义现代化国家的新征程中。习近平总书记强调："大自然是人类赖以生存发展的基本条件。尊重自然、顺应自然、保护自然，是全面建设社会主义现代化国家的内在要求。"① 构建人与自然和谐共生的现代化，首先，要节约资源，保护环境。中国式现代化是一条遵循绿色发展理念的新道路，这就要求我们坚持节约优先、保护优先、自然恢复为主的方针，通过加快发展方式的绿色转型，发展绿色低碳产业，将节约战略落到实处。通过推进环境污染防治策略，打赢空气资源、水资源、土地资源保卫战。其次，满足人民对优美环境的需要。良好的生态环境是最普惠的民生福祉，保护生态环境就是保护现代化潜在社会生产力，要走出一条发展经济和保护环境双赢的崭新道路，创造出更多生态产品，满足人民对优美居住环境的需要。将生态文明建设转化为人人享有、人人参与的共同事业，构建起人与自然和谐相处的内生逻辑。再次，共谋全球生态文明建设。人与自然和谐共生是全世界高度重视的发展命题，是中国式现代化矢志不渝的追求目标。地球是人类赖以生存的共同家园，要深度参与到全球生态治理体系中，推动全球形成生态文明制度体系，不仅在中国构建人与自然和谐共生的现代化，更要让世界人民共享中国构建绿色发展理念的红利，推动全球生态治理融入世界现代化进程。

**（五）处理好中国与世界的关系，实现和平、发展、合作、共赢的现代化**

坚持走和平发展道路始终是中国共产党的基本理念，也是中国式现代化的重要特征。中国式现代化道路始终坚持维护和平发展的原则，坚持共商共建共享的世界发展观，在维护世界和平发展中谋求中国式现代化发展新道路，同时积极推动构建人类命运共同体，贡献改革发展的中国智慧和中国方案。近代以来，西方资本主义国家秉承以资本增殖为中心的发展理念，在现代化崛起的进程中，对内疯狂剥削压榨工人阶级的剩余价值，对外侵略亚非拉发展中国家，从事贩卖黑奴和鸦片的无耻贸易，以实现资本扩张最大化，导致无产阶级不得不以革命形式推翻暴虐统治以换得生存空间，正如马克思所言，"资本来到世间，从头到脚，每个毛孔都滴着血和肮

---

① 习近平：《高举中国特色社会主义伟大旗帜 为全面建设社会主义现代化国家而团结奋斗——在中国共产党第二十次全国代表大会上的报告》，人民出版社2022年版，第49—50页。

脏的东西"①。西方大国的现代化是建立在对发展中国家掠夺和控制基础上的现代化,习近平总书记强调:"我国不走一些国家通过战争、殖民、掠夺等方式实现现代化的老路,那种损人利己,充满血腥罪恶的老路给广大发展中国家人民带来深重苦难。"② 中国式现代化走的是和平、发展、合作、共赢的发展道路,中国始终坚持和世界人民一同营造和平共赢的国际环境,这就要求必须处理好中国和世界的关系。

实现和平、发展、合作、共赢的现代化,就要坚持走和平发展之路,用世界历史眼光审视中国式现代化发展。习近平总书记指出:"我们坚定站在历史正确的一边、站在人类文明进步的一边,高举和平、发展、合作、共赢旗帜,在坚定维护世界和平与发展中谋求自身发展,又以自身发展更好维护世界和平与发展。"③ 在维护和平发展的国际环境中走好中国式现代化新道路,首先,中国要把自己的事情办好。办好中国的事情,关键在党。必须坚持和加强党中央集中统一领导,深入推进全面从严治党,保持党的先进性和纯洁性特征,团结带领人民把我国建成富强民主文明和谐美丽的社会主义现代化强国。其次,贡献中国智慧和中国力量。面对"世界怎么了,我们怎么办"的世纪之问,中国始终坚持维护世界和平,促进共同发展,不断以中国新发展创造世界发展新机遇,以中国发展的智慧和力量推进世界发展进入新阶段。最后,积极构建人类命运共同体。构建人类命运共同体关系到世界各国人民的未来发展图景,中国式现代化为构建人类命运共同体注入核心力量。中国与世界是休戚与共、命运相连的有机整体,中国始终坚持同世界各国人民一道致力于建设和平稳定和共同繁荣的命运共同体。

## 三、中国式现代化新道路的未来着力点

中国式现代化是中国共产党领导的面向未来、面向世界的伟大事业,凝结了中国共产党和中国人民不懈奋斗的夙愿和期盼,也是民族复兴的关键所在。因此,必须坚持党的领导、坚持中国特色社会主义、坚持"五位一体"总体布局、坚持"两个大局"的发展视野,让中国式现代化新道路成为具有党中央集中统一领导制度优势的现代化,成为世界社会主义发展

---

① 《资本论》第 1 卷,人民出版社 2004 年版,第 871 页。
② 习近平:《高举中国特色社会主义伟大旗帜 为全面建设社会主义现代化国家而团结奋斗——在中国共产党第二十次全国代表大会上的报告》,人民出版社 2022 年版,第 23 页。
③ 习近平:《高举中国特色社会主义伟大旗帜 为全面建设社会主义现代化国家而团结奋斗——在中国共产党第二十次全国代表大会上的报告》,人民出版社 2022 年版,第 23 页。

历程中独具中国特色的现代化,成为更加全面协调发展、不断推动人类共同发展的现代化,为人类文明新形态开辟新路径,贡献新智慧。

(一) 坚持党的领导,让中国式现代化成为具有党中央集中统一领导制度优势的现代化

党的领导是中国式现代化的核心特征,也是中国式现代化不断深入推进的根本保证。习近平总书记指出:"在新中国成立特别是改革开放以来长期探索和实践基础上,经过十八大以来站在理论和实践上的创新突破,我们党成功推进和拓展了中国式现代化。"① 近代以来,面对支离破碎的旧中国,代表各阶级利益的政治团体都没能彻底改变旧中国的落后面貌,在300多个政治力量的反复比较中,中国共产党代表人民的根本利益脱颖而出,历史和现实选择了中国共产党,在中国共产党的领导下,开辟出独立自主的现代化道路。中国式现代化体现了中国共产党的使命任务和本质属性,党始终践行为民初心和复兴使命,取得了新民主主义革命到新时代中国特色社会主义的伟大成就,为中国式现代化奠定了坚实的物质、理论和精神基础。历史实践反复证明,只有在中国共产党的坚强领导下才能解决中国的发展难题。坚持党的领导是中国式现代化区别于其他现代化的显著特征,也是我们坚定建设社会主义现代化强国的底气所在和最大保障。

坚持和加强党中央集中统一领导是中国式现代化最大制度优势。习近平总书记强调:"坚持和加强党的领导,关系党和国家前途命运,我们的全部事业都建立在这个基础之上,都根植于这个最本质特征和最大优势。"② 深入推进中国式现代化要不断加强党的领导,让党的领导体系成为中国式现代化行稳致远最坚强的制度保障。一是健全党的领导制度体系。党的领导是全面的、系统的、整体的,因此,要在加强党总揽全局、协调各方领导制度体系上下功夫,确保全党团结统一,发挥集中力量办大事的制度优势。二是坚持自我革命,破解大党独有难题。自我革命是中国共产党最鲜明的政治品格,是党清除顽瘴痼疾,增强拒腐防变能力的锐利武器。中国共产党是团结带领14亿中国人民长期执政的大党,面临"四大考验""四种危险",肩负民族复兴历史重任,必须以自我革命塑造坚强有力的党,引领伟大社会革命。三是锻造一支堪当民族复兴重任的干部队伍。全面建设社会主义现代化国家,必须有一支政治过硬、适应新时代要求、具备领导现代化建设能力的干部队伍。坚持把新时代好干部的标准作为培养选拔

---

① 习近平:《高举中国特色社会主义伟大旗帜 为全面建设社会主义现代化国家而团结奋斗——在中国共产党第二十次全国代表大会上的报告》,人民出版社2022年版,第22页。
② 习近平:《论坚持党对一切工作的领导》,中央文献出版社2019年版,第222页。

干部的重要原则，注重在大风大浪中磨砺干部，坚持敢于斗争，善于斗争，保持昂扬斗争精神建设社会主义现代化强国。

**（二）坚持中国特色社会主义，让中国式现代化成为社会主义发展历程中独具中国特色的现代化**

中国式现代化是党团结带领人民在中国特色社会主义道路上开辟的新路径，开辟了社会主义发展史的新阶段。社会主义历经从"空想"到"科学"，深刻改变了资本主义"一统天下"的世界格局，这条正确道路是党带领人民坚持马克思主义，立足中国具体国情，冲破世界社会主义发展困境，经过上下求索、不懈奋斗得出的理论与实践的深刻总结。坚持中国特色社会主义体现了中国式现代化的合规律性，既是中国自己的现代化，同时符合社会主义现代化的规律和人类社会发展规律。在中国特色社会主义现代化建设的道路上，坚持党的领导，坚持人民当家做主，发展全过程人民民主；坚持以经济建设为中心，坚持社会主义市场经济，推进全体人民共同富裕；坚持独立自主，坚持艰苦奋斗、敢于斗争等中国特色社会主义基本特征，彰显了社会主义的"中国特色"。中国式现代化不是资本主义的现代化，也不是简单描述的社会主义的现代化，而是中国特色社会主义道路上的中国式现代化。因此，坚持中国特色社会主义是中国式现代化质的规定性，是中国式现代化的本质要求。

坚持中国特色社会主义是中国式现代化的鲜明旗帜，使中国式现代化更具有中国特色，开辟了人类现代化的新认识，拓展了对社会主义现代化的新探索。"只有毫不动摇地坚持发展中国特色社会主义，才能顺利推进中国社会主义现代化进程，不断开辟中国发展进步的新天地。"[①] 坚持和发展中国特色社会主义是中国式现代化的题中应有之义，一是要把握习近平新时代中国特色社会主义思想的时代意涵。马克思主义中国化的最新成果是中国式现代化的理论源泉，中国共产党人坚持马克思主义，不断在实践的基础上进行理论创新，开辟了马克思主义中国化时代化新境界，成为坚持中国特色社会主义的坚强思想指引，要牢牢把握蕴含其中的世界观和方法论，确保中国特色社会主义不断向前推进。二是要坚定不移地走中国特色社会主义道路。中国特色社会主义道路凝聚了中国共产党百年历史实践的经验总结，要沿着正确方向不断奋进，既不走封闭僵化的老路，也不走改旗易帜的邪路，确保中国特色社会主义道路始终成为中国式现代化的基础和原则。三是要立足中国实践，回答"四个之问"。中国式现代化的体量、规模、路径在世界现代化中独具特色，坚持实事求是，坚持一切从中国实

---

① 《习近平新时代中国特色社会主义思想基本问题》，人民出版社2020年版，第49页。

际出发,解决中国实际问题,才能回答好中国之问、世界之问、人民之问和时代之问,让中国特色社会主义这篇大文章不断续写辉煌。

**(三)坚持"五位一体"总体布局,让中国式现代化成为更加全面协调发展的现代化**

中国特色社会主义道路坚持多维立体的发展结构,以"五位一体"总布局的全方位发展方式推进中国式现代化。纵观世界现代化的发展历程,西方式的现代化往往走比较片面的发展道路,工业革命后在西方资本主义国家普遍建立的现代化,其发展禁锢于"资源资本化"的单一模式。在政治层面,西方的现代化政治体制无论是沿袭了封建君主制还是现代议会制,都膜拜于资本,为资本让位。在经济层面,西方大国的现代化单一追逐资本增殖,由于其先天不足,无法解决生产力与生产关系之间的矛盾,引发周期性的经济危机。在文化层面,极度宣扬本国利益第一,用"自由""民主"掩饰殖民文化,用霸权主义和强权政治发展现代化。在社会层面,服务于资产阶级的社会结构导致无产者的社会生存举步维艰,遂有"贫民窟"式的贫富差别固化。在生态保护层面,以美国正式退出巴黎协定为例,严重破坏了全球气候治理和国际合作,转嫁经济增长带来的生态危机。不可否认,西方现代化的进程极大地促进了生产力的发展,同时,西方的现代化沿袭了其殖民扩张的本质属性,过度强调现代化经济增长的单一模式,导致社会"短板"无法弥合。在现代化的进程中,发展畸轻畸重,只会导致发展的不彻底性和不可持续性,成为"跛脚"的发展,无法完成中国式现代化的目标要求。

中国式现代化是在深刻把握我国现阶段经济、政治、文化、社会和生态环境等诸要素运行规律及其相互联系的基础上科学谋划的全面协调可持续发展道路。中国特色社会主义的总布局协同了政治、经济、文化、社会、生态文明的全面发展,中国式现代化新道路要推动物质文明、政治文明、精神文明、社会文明、生态文明的协调发展。"五个文明"协调发展与"五位一体"总体布局遥相呼应、相互补充,紧紧扣住中国式现代化新道路中的新形势新变化新挑战。在推进中国式现代化新道路的征程中,要以物质文明为中心,坚持高质量发展,满足人民物质生活富庶的需要,推进全体人民共同富裕;以政治文明为核心,坚持人民当家做主的主体地位,发展全过程人民民主,健全人民民主专政制度,提高人民有序的政治参与;以精神文明为重心,坚持弘扬中国特色社会主义文化,把马克思主义价值理念、社会主义核心价值观、中华优秀传统文化有机统一,凝聚共筑中国梦的决心和信心;以社会文明为保障,提高提升社会治理能力,着力保障和改善民生;以生态文明为靶点,坚持绿色发展理念,构建人与自然和谐共生的美好环境,"五个文明"一起抓,各自独立又相互联系,相辅相成、相互促进、形成合力,彰显了"五位一体"总体布局的全面性,更是成为解决不平衡不充分问题的"秘密武器",使中国式现代化成为全面协调发展的现代化。

(四)坚持"两个大局"发展视野,让中国式现代化成为推动人类共同发展的现代化

中国的现代化是协同世界发展的新道路,是一项伟大而艰巨的和平发展之路。西方式的现代化主张"国强必霸",西方资本主义大国依靠两次工业革命的生产力跨越和对外殖民扩张侵占的资本先发走上现代化,其自身的强大和发展是建立在对工人阶级的残酷剥削和对殖民地人民的血腥压迫的基础之上,从资本至上的价值起点出发形成霸权主义和强权政治。西方国家野蛮残酷的现代化历程镶嵌在西方大国的血脉基因里,塑造了其"强国必霸"的思维逻辑。全球化的历史演进推进了世界各国的现代化进程,自从资本主义国家发生房地产泡沫化的"次贷危机"和华尔街金融海啸,造成了西方政治舆论的根本性转变,西方大国以自身现代化实践历程的思维逻辑在国际话语体系中不断制造矛盾,从苏联解体后的"中国崩溃论"延宕至中国发展欣欣向荣后的"中国威胁论",马克思所说的"世界历史时代"跌宕起伏。西方极力制造"强国必霸"的话语主导权,采取恃强凌弱、零和博弈等霸凌行径遏制发展中国家的现代化崛起,是只让先发展的国家发展,不希望后发展的国家发展的现代化,是以西方为中心、东方为边缘的现代化。在推进世界现代化的历史背景下,任何不利于世界和平的霸权主义和强权政治都不符合经济全球化的时代要求和人类共同发展的美好愿景。

中国式的现代化则是具有世界眼光的现代化新道路,是推动人类共同发展的现代化。世界百年未有之大变局同中华民族伟大复兴的战略全局相互交融,中国的复兴之路成为世界历史进入新阶段的重要内容,中国式现代化的发展是与世界各国人民共融的发展。习近平总书记指出:"中国人民要建设社会主义现代化强国,但我们坚持走和平发展道路,不会走扩张主义和殖民主义道路,更不会给世界造成混乱。"① 中国式现代化新道路是坚持和平、发展、合作、共赢的国际发展理念的现代化,走出一条区别于西方"国强必霸"思路的和平崛起的现代化,这就要求我们坚持中国特色社会主义道路,坚持党的领导,坚持新发展理念和新发展格局,把人民对美好生活的需要作为现代化的出发点和落脚点,与世界各国人民共筑美好之

---

① 《习近平会见美国国防部长马蒂斯》,载《人民日报》2018年6月28日第1版。

梦，共同推动构建人类命运共同体。中国式现代化新道路要深入把握世界百年未有之大变局与中华民族伟大复兴战略全局同步交织的发展大局，正确把握中国与世界的关系、中国式现代化新道路以及人类文明新形态的发展大势，使中国式现代化新道路成为推动构建人类命运共同体、实现全世界人民对美好生活向往的助推力，创造人类文明新形态。

# 从世界大视野看中国式现代化的独特创新

成 龙①

中国式现代化是中国共产党人百年奋斗的伟大创造,它的活力来自它的独特创新。中国式现代化的独特创新在哪里?搞清这一问题是我们自立自信,全面推进中国式现代化,实现中华民族伟大复兴的前提。习近平总书记在二十大报告中指出:"中国式现代化,是中国共产党领导的社会主义现代化,既有各国现代化的共同特征,更有基于自己国情的中国特色。"②笔者认为,要深入认识中国式现代化的独特创新,必须把中国式现代化放到世界现代化的广阔视野,从普遍和特殊、共性和个性的结合中进行比较分析,从中得出结论。中国式现代化的独特创新集中体现在六个方面。

## 一、人民主体、劳动本位的价值取向创新

任何现代化都是围绕一定的价值取向而加以建构的。在世界现代化的进程中,围绕劳动、资本、国家的关系,先后形成两类现代化模式:以资本为主体的英美式资本主义现代化和以国家为主体的苏联式社会主义现代化。英美式现代化建立在剥夺劳动的基础之上。"劳动为富人创造了奇迹般的东西,但是为工人生产了赤贫。劳动生产了宫殿,但是给工人生产了棚舍。劳动生产了美,但是使工人变成畸形。劳动用机器代替了手工劳动,但是使一部分工人回到野蛮的劳动,并使另一部分工人变成机器。劳动生产了智慧,但是给工人生产了愚钝和痴呆。"③ 国家成为资本的代言人和为

---

① 成龙,浙江大学马克思主义学院教授、博士生导师、浙江大学中国特色社会主义研究中心研究员、浙江省中国特色社会主义理论体系研究中心浙江大学研究基地首席专家、享受国务院特殊津贴专家。
② 习近平:《高举中国特色社会主义伟大旗帜 为全面建设社会主义现代化国家而团结奋斗——在中国共产党第二十次全国代表大会上的报告》,人民出版社2022年版,第22页。
③ 《马克思恩格斯文集》第1卷,人民出版社2009年版,第158页。

资本服务的工具。正如恩格斯所指出的,"现代国家,不管它的形式如何,本质上都是资本主义的机器,资本家的国家,理想的总资本家。"① 毋庸置疑,第二次世界大战后,资本主义国家内部一些有识之士一再反思,对资本主义的生产关系进行较大幅度的调整,出现了一些有利于工人阶级的新因素。比如,社会保障制度的广泛推行,职工参与企业管理制度的规定,征收高额累进税,推行社会福利制度,资本社会化趋势加强,等等。同时,由于生产自动化程度的提高,工人阶级的劳动条件和生活条件有所改善,劳资矛盾相对缓和,但这并没有改变国家为资本服务的性质。据美国《民族周刊》,美国家庭的财富不平等在1989年至2019年的30年间显著扩大。收入排在前10%的家庭所拥有的总财富份额从63%增加到72%,收入排在前1%的家庭所拥有的总财富份额从27%增加到34%。相比之下,收入最低的一半家庭所拥有的总财富份额从4%下降到2%。人权被肆意践踏。2020年美国非洲裔男子乔治·弗洛伊德被白人警察残忍跪压致死的惨案震惊了整个世界。总统选举完全受富人、名人、媒体和利益集团的操纵。2018年中期选举中,40%以上的竞选资金是由仅占美国总人口0.01%的富豪提供的。据统计,91%的美国国会选举取决于是否获得最多资金支持,约70%的美国人对政策制定没有任何影响。② 据《政客》网站刊文,在2020年总统选举中,美国制药企业针对两党进行了大量政治捐款,民主党政府上台后"投桃报李",仅莫德纳公司就获益近10亿美元。联邦政府以大量采购新冠疫苗的方式直接向制药企业输送利益,造成美国疫苗大量囤积浪费。③

列宁在领导俄国革命的过程中,始终把建立工农代表苏维埃作为奋斗目标。晚年列宁一再强调,"在我们苏维埃共和国内,社会制度是以工人和农民这两个阶级的合作为基础的"④。他要求改组工农检查院,吸收工农中的优秀分子来充实检查院的工作,同时加强中央监察委员会的工作,党和政府的一切工作人员都应毫无条件地接受监督。"应该注意不让任何人的威信、不管是总书记,还是某个其他中央委员的威信,来妨碍他们提出质询,检查文件,以至做到绝对了解情况并使各项事务严格按照规定办事。"⑤ 列宁深刻认识到工业化的重要性,提出"共产主义就是苏维埃加全国电气化"

---

① 《马克思恩格斯文集》第3卷,人民出版社2009年版,第559页。
② 中华人民共和国外交部:《美国民主情况》,载《人民日报》2021年12月6日。
③ 中华人民共和国国务院新闻办公室:《2021年美国侵犯人权报告》,载《人民日报》2022年3月1日。
④ 《列宁选集》第4卷,人民出版社2012年版,第783页。
⑤ 《列宁选集》第4卷,人民出版社2012年版,第782—783页。

的著名公式。没有发达的工业,不但不能赢得国家的独立,而且根本无法谈论社会主义。俄国必须吸取资本主义的一切先进文明成果为我所用。列宁提出一个著名的论断:"苏维埃政权+普鲁士的铁路秩序+美国人的技术和托拉斯组织+美国的国民教育等等等等++=总和=社会主义。"① 怎样才能把资本主义的一切拿来为我所用?列宁提出"新经济政策"的方案,要求办国家资本主义,通过国家资本主义迂迥曲折地走向社会主义,客观上肯定了市场、商品、货币在俄国不可或缺的作用。但在列宁去世不久,苏联很快放弃"新经济政策",撤销工农检查院,形成国家主导的、以迅速发展重工业从而战胜法西斯侵略为目标的工业化体系,民主法制遭受严重破坏,同时将资本、市场、货币完全排除在社会主义之外。特别是在勃列日涅夫执政后期,以党代政的官僚主义进一步升级,高级干部"带头"腐化堕落,享有各种特权,形成自成一体的贵族集团,严重脱离人民群众,与社会主义的本质背道而驰。20世纪80年代,戈尔巴乔夫试图借助所谓"新思维",对整个社会大厦进行"根本改造",声称"要一切从头做起",建设人道的民主的社会主义。其结果不但没有收到预期的改革效果,人民生活水平不升反降,反共反社会主义的各种"魔鬼"趁机出笼,大肆活动,大造舆论,终于使苏联在剧烈的动荡中陷入前所未有的危机状态,导致共产党下台,国家解体,葬送了社会主义。

中国式现代化建立在马克思主义的基础之上。马克思和恩格斯认为,"历史的活动和思想就是'群众'的思想和活动。"② 人民群众不仅是中国式现代化的建设者和依靠者,而且是资本的占有者和使用者,更是国家权力的拥有者和监督者,社会利益的创造者和共享者。早在新民主主义革命时期,毛泽东就给中国共产党人定下"全心全意为人民服务"的宗旨,并且指出:"人民,只有人民,才是创造世界历史的动力。"③ 人民群众是打不倒的钢铁长城。陈毅元帅曾不无感慨地指出:淮海战役是人民群众用小推车推出来的。新中国成立之初,一切国家机构都贯以"人民"二字。如最高行政机构称为"人民政府"、最高权力机构称为"全国人民代表大会"、多党合作机构称为"中国人民政治协商会议",法院称为"人民法院",检察院称为"人民检察院",突出反映了新中国的人民性质。党的十一届三中全会后,在整个改革开放的进程中,邓小平把现代化与人民生活水平的提高密切联系起来,制定了从"温饱""小康"到"中等发达"的

---

① 《列宁全集》第34卷,人民出版社2017年版,第520页。
② 《马克思恩格斯文集》第1卷,人民出版社2009年版,第286页。
③ 《毛泽东选集》第3卷,人民出版社1991年版,第1030页。

"三步走"战略,把人民"拥护不拥护""赞成不赞成""高兴不高兴""答应不答应"作为评价改革成功与否的首要标准。他说:"农村搞家庭联产承包,这个发明权是农民的。农村改革中的好多东西,都是基层创造出来,我们把它拿来加工提高作为全国的指导。"① 我们党突破苏联模式的束缚,发扬社会主义民主,从恢复思想路线到端正组织路线,着力加强党和国家制度建设,废除领导职务终身制,建立了退休制度、公务员制度、反腐倡廉制度、纪律监督制度,等等。同时,吸引世界各国的资金、技术、人才,以及各方面的管理经验,充分肯定资本、市场、货币在中国现代化建设中的作用,让资本为人民服务,同时对资本和市场进行国家监督,防止了资本的无序扩张。党的十八大以来,以习近平同志为核心的党中央以钉钉子的精神,着力纠治"四风",反对特权思想和特权现象,祛疴治乱,"打虎""拍蝇""猎狐"多管齐下,纠治顽瘴痼疾,刹住了各种歪风邪气,消除了党、国家、军队内部存在的严重隐患。党的二十大报告强调:"中国式现代化是人口规模巨大的现代化",中国共产党人一定要"站稳人民立场、把握人民愿望、尊重人民创造、集中人民智慧"②,充分体现了中国式现代化在新时代的人民本色。"人口规模巨大"不仅是中国独有的国情,是共产党人制定战略策略的基本前提,同时超大规模人口也蕴藏着推进中国现代化的巨大动力,只要深化人才发展体制机制改革,真心爱惜人才、悉心培育人才、倾心引进人才、精心使用人才,就一定能够把各方面优秀人才集聚到中国式现代化的事业中来。

## 二、注重效率、保障公平的经济形态创新

资本主义现代化是建立在私有制基础上的市场经济。直到今天,私有制仍然是资本主义生产的根基。法国经济学家皮凯迪指出:"当前在发达国家,国民资本几乎全部为私人资本:90%以上,有些国家甚至超过100%。"③ 社会主义能不能采取市场经济的生产方式,这是国际共产主义运动史上的巨大难题。马克思和恩格斯曾经基于资本主义的基本矛盾,设想在无产阶级夺取政权以后,将利用自己的统治夺取资产阶级的全部资本,用计划经济取代商品经济,从而消除生产的无政府状态。"一旦社会占有了

---

① 《邓小平文选》第3卷,人民出版社1993年版,第382页。
② 习近平:《高举中国特色社会主义伟大旗帜 为全面建设社会主义现代化国家而团结奋斗——在中国共产党第二十次全国代表大会上的报告》,人民出版社2022年版,第19页。
③ [法]托马斯·皮凯迪:《21世纪资本论》,巴曙松等译,中信出版社2014年版,中文版序第Ⅹ、Ⅶ页。

生产资料,商品生产就将被消除,而产品对生产者的统治将随之消除。社会生产内部的无政府状态,将为有计划的自觉的组织所代替。"① 20 世纪初,列宁在俄国建立了世界上第一个社会主义国家,在反复的试验和探索中,列宁深刻认识到市场的重要性,并且进行以"新经济政策"为主要内容的试验,但在列宁去世后,苏联很快就宣布停止"新经济政策"的试验,把市场经济等同于资本主义而完全加以排斥,形成僵化的社会主义公式:"社会主义=清一色的国家所有制+大一统的计划经济+平均主义分配+激烈阶级斗争"。新中国成立后,以毛泽东为代表的中国共产党人,试图突破苏联模式的束缚,独立自主探索适合中国特点的现代化道路,他批评苏联过早结束列宁的"新经济政策",认为"斯大林有许多形而上学,并且教会许多人搞形而上学"②。中国可以再搞一段新经济政策,"可以搞国营,也可以搞私营。可以消灭了资本主义,又搞资本主义"③。可惜的是这一思想并没有贯彻到底。

党的十一届三中全会揭开改革开放的序幕。邓小平指出:要通过改革破除官僚主义,调动各方面的积极性,尽可能快地为国家创造财富、增加个人收入,首次提出了"最终实现共同富裕"的目标。党的十二届三中全会通过的《中共中央关于经济体制改革的决定》指出:社会主义经济是公有制基础上的有计划的商品经济。共同富裕决不等于也不可能是完全平均,富裕有先有后、有快有慢,但"绝不是那种极少数人变成剥削者,大多数人陷于贫穷的两极分化"④。党的十三大报告进一步指出:商品经济的充分发展,是社会经济发展"不可逾越的阶段",是实现生产社会化、现代化的"必不可少的基本条件"。社会主义的分配方式不可能是单一的,要坚持"以按劳分配为主体,其他分配方式为补充"的原则,合理拉开收入差距,又防止贫富悬殊。党的十四大根据邓小平的建议,首次把建立社会主义市场经济体制确立为我国经济体制改革的目标,明确肯定使市场对资源配置起"基础性"作用,使经济活动遵循价值规律的要求,并初步提出"兼顾效率与公平"的分配原则。党的十四届三中全会指出,建立社会主义市场经济体制是一项前无古人的开创性事业,需要解决许多极其复杂的问题;并进一步勾画了建立社会主义市场经济体制的蓝图和基本框架。党的十五大针对社会上的各种议论,明确肯定公有制实现形式的多样化,肯定非公

---

① 《马克思恩格斯选集》第 3 卷,人民出版社 2012 年版,第 671 页。
② 《毛泽东文集》第 7 卷,人民出版社 1999 年版,第 194 页。
③ 《毛泽东文集》第 7 卷,人民出版社 1999 年版,第 170 页。
④ 中共中央文献研究室编:《十二大以来重要文献选编》中,中央文献出版社 2011 年版,第 64 页。

有制经济是我国社会主义市场经济的重要组成部分。党的十六大进一步完善以按劳分配为主体、多种分配方式并存的分配制度,确立劳动、资本、技术和管理等生产要素按贡献参与分配的原则,提出初次分配要注重效率,再分配要注重公平,加大政府对收入分配的调节,调节差距过大的收入。2007年3月召开的第十届全国人民代表大会第五次会议通过《中华人民共和国物权法》,明确肯定:私人的合法财产受法律保护,禁止任何单位和个人侵占、哄抢、破坏。党的十七大提出要加快经济方式的转变,努力提高自主创新能力,建设创新型国家,促进"又好又快发展",完善基本经济制度,健全现代市场体系,并且指出:合理的收入分配制度是社会公平的重要体现,要进一步健全劳动、资本、技术、管理等生产要素按贡献参与分配的制度,"初次分配和再分配都要处理好效率和公平的关系,再分配更加注重公平"①。党的十八大提出要加快完善社会主义市场经济体制和加快转变经济发展方式,认为经济体制改革的核心问题是处理好政府和市场的关系,必须更加尊重市场规律,更好发挥政府作用。要千方百计增加居民收入,深化收入分配制度改革,完善再分配调节机制。

党的十九大提出要坚持新发展理念,建设现代化经济体系,加快完善社会主义市场经济体制,经济建设要坚持"两个毫不动摇",激发全社会创造力和发展活力,"努力实现更高质量、更有效率、更加公平、更可持续的发展"②。党的二十大进一步提出,全面建设社会主义现代化强国,必须提高发展质量,要着力构建高水平社会主义市场经济体制,建设现代化产业体系,把发展重点放在实体经济上,"加快建设制造强国、质量强国、航天强国、交通强国、网络强国、数字中国"③。同时,二十大报告还指出:中国式现代化不是少数人富裕、多数人贫穷的现代化,而是实现全体人民共同富裕的现代化。这就要求我们在坚持已有基本分配制度的基础上,进一步深化分配制度的改革,"构建初次分配、再分配、第三次分配协调配套的制度体系。"努力通过各种途径,提高居民收入,扩大中等收入群体。完善按要素分配政策制度,加大税收调节力度。"保护合法收入,调节过高收入,取缔非法收入。"④ 中国式现代化自始至终体现了社会主义的本质特

---

① 《胡锦涛文选》第2卷,人民出版社2016年版,第643页。
② 习近平:《决胜全面建成小康社会 夺取新时代中国特色社会主义伟大胜利——在中国共产党第十九次全国代表大会上的报告》,人民出版社2017年版,第35页。
③ 习近平:《高举中国特色社会主义伟大旗帜 为全面建设社会主义现代化国家而团结奋斗——在中国共产党第二十次全国代表大会上的报告》,人民出版社2022年版,第30页。
④ 习近平:《高举中国特色社会主义伟大旗帜 为全面建设社会主义现代化国家而团结奋斗——在中国共产党第二十次全国代表大会上的报告》,人民出版社2022年版,第47页。

征：社会主义现代化既是生产力高度发达的现代化，同时也是全体人民共同富裕的现代化。

中国特色现代化市场经济体系，是对传统社会主义计划经济和英美式市场经济的综合创新，在西方教科书和传统社会主义教科书上几乎都是空白。其独特创新突出表现在：公有制为主体和多种所有制经济共同发展相结合，国家宏观调控作用和市场对资源配置决定作用相结合，提高经济质量同促进社会公平相结合，坚持独立自主同参与经济全球化相结合，中央集权同地方分权相结合，等等。这种新型现代化的经济制度在实践中展现出独特优势。意大利中国问题研究专家洛丽塔·纳波利奥尼（Loretta Napoleoni）认为，"与苏联不同，中国成功地创立了一种以经济活动为基础的社会主义。这一制度与其他体系相比在促进经济发展和财富增长方面无疑更为成功，取得了令人震惊的成就。"① 美国中国问题研究专家傅高义曾指出：改革开放使中国发生了一种结构性转变，"确实可以称为自两千多年前汉帝国形成以来，中国最根本的变化"②。这是有一定道理的。从中国历史的角度看，自秦汉以来，中国就一直是一个"重农抑商"的国家。新中国成立以后实行的苏联模式，从另一方面排斥商品生产。改革开放使中国走上真正的腾飞之路，彻底改变了中国的经济形态。

## 三、多元协商、全程民主的国家制度创新

无产阶级在夺取政权以后，采取什么样的国家形式，马克思和恩格斯都曾将之作为毕生的研究课题。1843年写的《黑格尔法哲学批判》，马克思旗帜鲜明地主张人民主权论，批判黑格尔的君主主权论、君主立宪论。1844年1月，马克思关于《现代国家》一书的构想，以法国革命为历史起点，谈论"现代国家起源"，粗线条式地展开现代国家的理论建构。《共产党宣言》提出无产阶级革命的第一步就是夺得政权，使自己"上升为统治阶级，争得民主"，然后利用自己的统治，剥夺资产阶级的全部资本，"把一切生产工具集中在国家即组织成为统治阶级的无产阶级手里，并且尽可能快地发展生产力的总量"③。在《资本论》中，马克思进一步以世界历史的近代走向为经线，以现代国家制度创新为纬线，简明扼要地研究了现代

---

① ［意］洛丽塔·纳波利奥尼：《中国道路：一位西方学者眼中的中国模式》，中信出版社2013年版，第8页。
② ［美］傅高义：《邓小平时代》，生活·读书·新知三联书店2013年版，第641页。
③ 《马克思恩格斯文集》第2卷，人民出版社2009年版，第52页。

国家形成发展的六种类型，或叫六个阶段，并从资本积累的趋势预见无产阶级新型国家的历史趋势。1871年，马克思执笔起草的《法兰西内战》，实质上是把巴黎公社的革命实践作为一个新型无产阶级国家的最初萌芽，阐发新型无产阶级国家根本超越资产阶级现代国家的本质特征，认为公社"实质上是工人阶级的政府，是生产者阶级同占有者阶级斗争的产物，是终于发现的可以使劳动在经济上获得解放的政治形式"①。1875年，在《哥达纲领批判》中，马克思借探讨党的理论纲领、政治纲领之机，再次探讨了未来社会国家制度的创新问题，指出无产阶级专政与未来社会新型民主国家，实际上是一而二、二而一，相互制约又相互联系的重大问题。晚年恩格斯在《1891年社会党纲领草案批判》，以及1895年写的《卡·马克思〈1848年至1850年的法兰西阶级斗争〉一书导言》中，探讨了在新时代、新条件下，在普选制、民主制的和平形势下，走向工人阶级新型民主的现实途径，通过共和国的路径，走向新型民主。然而，受时代条件的限制，无产阶级革命完成后，到底应该怎样组织无产阶级的国家，马克思和恩格斯更多是基于历史和现实的逻辑推导，还缺少无产阶级国家的具体实践。

列宁创建了世界上第一个社会主义国家。然而，在革命取得胜利后，如何进行新型国家建设，以保障每个劳动者参与国家管理的民主权利，保证工农当家作主，这是列宁晚年思考的核心问题之一。列宁深刻意识到，社会主义新型民主的建设其实没有人们想像得那么简单。落后的俄国经济状况，文盲、半文盲的比例之大，党内严重的官僚主义，都严重阻碍着俄国新型民主建设的进程。列宁不止一次地尖锐指出苏维埃民主制在形式与内容上存在的重大矛盾。为加强工农群众对党政机构的监督，列宁亲自主持通过《工人监督条例》和《罢免权令》，强调实行工人监督，"使人民的代表真正服从于人民"，是"社会主义革命的基本原则和任务"。1918年5月，为加强国家机关的监督工作，按照列宁的提议，成立了国家监察人民委员部。1919年3月，列宁在人民委员会会议上，对于改组国家监察人民委员部的法令草案提出了修改意见，并致信起草这一草案的斯大林，中心论点是要求贯彻人民监督原则，让工人群众参与国家监察机关。1920年1月，列宁提出国家监察工作全盘工农化的原则，为了贯彻这一原则，他力主把国家监察人民委员部逐步改组为工农检查院，把国家监督与工农监督结合起来，并以人民监督、社会监督为主。之后在新党章中，要求强化党自身的监督系统，特别是对党的领导机关的全党监督。依靠党外普通群众进行清党的实践经验，加深了列宁的人

---

① 《马克思恩格斯文集》第3卷，人民出版社2009年版，第158页。

民监督权思想。根据党的十大决议进行的清党,有17万人被清理出党,占当时党员总数的25%,一定程度纯洁了党的队伍。令列宁感到最为棘手的问题,是国家机关中的官僚主义问题。官僚主义不仅渗透进国家机关,而且渗透进党的机体,工农检查院几乎形同虚设、成了附庸。同时,党、国家、人民三支监察机构很不协调,难以构成统一强大的人民监督系统①。面对这种困境,列宁经过苦苦思索,把主要希望寄托在强化人民监督权上。列宁最后之作,《给代表大会的信》《我们怎样改组工农检查院》《宁肯少些,但要好些》,其中心议题都是强化人民监督权。然而,由于列宁过早去世,苏联模式从理论和实践上完全背离了列宁工农主体的国家构想,根本否认人民群众自己管理自己的发展方向,严重扭曲反官僚主义的根本任务,取消党内民主,党政不分,以党代政,以人治代替法治,甚至个人独断专行。

创建具有中国特点的新型国家,是以毛泽东同志为主要代表的中国共产党人的理想。早在20世纪40年代,中国的抗日战争如火如荼,在《新民主主义论》《论联合政府》等文章中,毛泽东就指出:"我们要建立一个新中国",即一个新民主主义的共和国,"这种新民主主义共和国,一方面和旧形式的、欧美式的、资产阶级专政的、资本主义的共和国相区别",另一方面,"也和苏联式的、无产阶级专政的、社会主义的共和国相区别"。原因是无论"欧美式的",还是"苏联式的",都不适合中国的国情。1949年9月,根据《中国人民政治协商会议共同纲领》的规定,中国所要建立的是一个新民主主义的国家,由工人阶级、农民阶级、小资产阶级、民族资产阶级共同组成联合政府,建立共产党领导下的多党合作和政治协商制度,实行人民民主专政。由此创建了新中国的基本政治制度:全国人民代表大会制度,共产党领导的多党合作和政治协商制度,民族区域自治制度,以及具有中国特色的国家领导制度、立法制度、行政管理制度、决策制度、司法制度、人事制度和监督制约制度,并于1954年颁发了新中国的第一部宪法。在这一进程中,中国共产党人遵循"全党服从中央""党指挥枪""党管干部"的原则,保证了党的统一、军队的统一和国家的统一,彻底结束了旧中国"一盘散沙""山头林立"的局面。然而,由于"左"倾错误的发展,一些制度在"文化大革命"中遭到了破坏。

党的十一届三中全会开启了改革创新国家体制新的历史进程。邓小平一再指出:要切实保障人民民主权利,包括民主选举、民主管理和民主监

---

① 参见王东:《系统改革论:列宁遗嘱,苏联模式,中国道路》,吉林人民出版社2014年版,第264—265页。

督,必须通过加强法制保障人民民主,"应该集中力量制定刑法、民法、诉讼法和其他各种必要的法律,例如工厂法、人民公社法、森林法、草原法、环境保护法、劳动法、外国人投资法等等"①。1980年8月,邓小平发表《党和国家领导制度的改革》等讲话,着力解决党和国家领导制度中存在的权力过分集中,党政不分、以党代政,领导职务终身制等官僚主义问题。西方政治文明的先进成果,比如,注重法制的精神、舆论监督的方法、国家公务员制度、退休制度、反腐倡廉制度,等等,都先后被我们所吸收借鉴。但中国几代领导人又始终如一地强调,必须坚持四项基本原则,决不照搬西方的政治制度。邓小平指出:"评价一个国家的政治体制、政治结构和政策是否正确,关键看三条:第一是看国家的政局是否稳定;第二是看能否增进人民的团结,改善人民的生活;第三是看生产力能否得到持续发展。"② 一个国家采取什么样的政治制度,一定要从本国国情出发,"要求全世界所有国家都照搬美、英、法的模式是办不到的。……中华人民共和国不会向美国学习资本主义制度"。③

党的十八大以来,以习近平同志为核心的党中央深入推进国家治理体系和治理能力现代化建设。党的十八届三中全会提出,全面深化改革必须更加注重改革的系统性、整体性、协同性,并且提出加强社会主义民主政治制度建设,必须推动人民代表大会制度与时俱进,推进法治中国建设,强化权力运行制约和监督体系。党的十八届四中全会对如何加强社会主义法治建设进行专门的系统阐述,为深入推进依法行政,加快建设法治政府,保证公正司法,加强和改进党对全面推进依法治国的领导,提供了重要理论基础。党的十九大报告进一步指出:"世界上没有完全相同的政治制度模式,政治制度不能脱离特定社会政治条件和历史文化传统来抽象评判,不能定于一尊,不能生搬硬套外国政治制度模式。"④ 中国特色社会主义政治制度是中国共产党和中国人民的伟大创造,要坚定政治制度自信。党的十九届三中全会提出对党和国家机构进行体系化建构的总目标,"构建系统完备、科学规范、运行高效的党和国家机构职能体系,形成总揽全局、协调各方的党的领导体系,职责明确、依法行政的政府治理体系,中国特色、世界一流的武装力量体系,联系广泛、服务群众的群团工作体系"⑤。党的

---

① 《邓小平文选》第2卷,人民出版社1994年版,第146页。
② 《邓小平文选》第3卷,人民出版社1993年版,第213页。
③ 《邓小平文选》第3卷,人民出版社1993年版,第359—360页。
④ 习近平:《决胜全面建成小康社会 夺取新时代中国特色社会主义伟大胜利——在中国共产党第十九次全国代表大会上的报告》,人民出版社2017年版,第36页。
⑤ 《中共中央关于深化党和国家机构改革的决定》,人民出版社2018年版,第6页。

十九届四中全会进一步对党和国家领导制度进行体系化设计，提出坚持和完善党的领导制度体系、人民当家作主制度体系、中国特色社会主义法治体系、中国特色社会主义的政府治理体系的具体任务和要求。在中央人大工作会议上的讲话中，习近平总书记指出：民主不是装饰品，一个国家民主不民主，关键要看人民是否真正当家做主。"如果人民只有在投票时被唤醒、投票后就进入休眠期，只有竞选时聆听天花乱坠的口号、竞选后就毫无发言权，只有拉票时受宠、选举后就被冷落，这样的民主不是真正的民主。"① 党的二十大报告进一步指出："全过程人民民主是社会主义民主政治的本质属性，是最广泛、最真实、最管用的民主。"② 这些论述，说明中国特色社会主义已经有了一套比较成熟的国家制度体系，治理能力现代化提升到一个新的水平。

  具体来讲，中国式现代化国家的鲜明特点：一是强调中国共产党对中国现代化事业的领导核心地位。中国共产党的领导是全面的、具体的，体现在国家政权的机构、体制、制度等的设计、安排、运行之中。共产党与八个民主党派之间的关系不是互相对立、互相竞争的关系，而是民主党派作为参政党的合作和监督关系。这有效避免了党争纷沓、相互倾轧的现象。"协商民主是中国社会主义民主政治中独特的、独有的、独到的民主形式。"③ 二是强调法治国家、法治政府、法治社会的统一。中国不搞"三权分立"和"两院制"，实行人民代表大会"一院制"，多党合作与政治协商、民族区域自治以及基层群众自治相结合。"这样一套政治安排，能够有效保证人民享有更加广泛、更加充实的权利和自由，保证人民广泛参加国家治理和社会治理"。三是强调中央集权与地方分权相结合，"自上而下"与"自下而上"相结合，协商与参与相结合，中国不搞"联邦制"。这样的民主原则有利于促使各类国家机关提高能力和效率、增进协商和配合、形成治国理政的强大合力，切实防止出现相互掣肘、内耗严重的现象。四是强调健全人民当家作主的制度体系。保证人民依法实行民主选举、民主协商、民主决策、民主管理、民主监督，发挥人民群众积极性、主动性、创造性，巩固和发展生动活泼、安定团结的政治局面。加拿大知名比较政治哲学家贝淡宁（Daneil A. Bell）认为，中国的政治模式能够最大程度地趋利避害，既具有现实性、也具有理想性。在世界上的确是

---

  ① 《习近平谈治国理政》第 4 卷，外文出版社 2022 年版，第 259 页。
  ② 习近平：《高举中国特色社会主义伟大旗帜　为全面建设社会主义现代化国家而团结奋斗——在中国共产党第二十次全国代表大会上的报告》，人民出版社 2022 年版，第 37 页。
  ③ 《习近平谈治国理政》第 2 卷，外文出版社 2017 年版，第 293 页。

"独一无二的"。①

## 四、古今中外、百花齐放的文化发展道路创新

中国是一个有着悠久历史的文明型国家。自1840年鸦片战争打开中国大门，古老的中华文明受到空前冲击。如何对待中国传统文化、如何建构具有中国特点的新文化，成为无数政治家、思想家思考的重大课题。洋务运动期间，张之洞、左宗棠、李鸿章等人提出"中学为体，西学为用"主张。甲午战争之后，康有为、梁启超等人实质上采取的是"西学为体，中学为用"的方针。新文化运动期间，激进派在积极主张现代化革新的同时，简单机械地全盘否定以儒家为代表的中国传统文化，乃至中国方块汉字。保守派则以标榜维护孔子、维护传统、"昌明国粹，融化新知"为名，根本否定中国文化需要划时代的大变革、大创新。

新中国成立后，在相当长一段时间里，传统文化被视为走向现代化的"包袱"而一再遭到批判。十一届三中全会后，我们党一再反思历史，总结经验，破除各种禁区、禁令，重申"三不主义"，切实执行"古为今用，洋为中用，推陈出新，百花齐放，百家争鸣"的方针，优秀传统文化开始进入中小学和大学教材，从不同视角不同层面得到开掘，中西文化交流空前繁荣，涌现出一大批创新型成果，为社会主义精神文明和中国现代化增添了崭新内容。

党的十八大以来，习近平总书记发表系列重要讲话，在深入挖掘优秀传统文化精华，实现创造性转化和创造性发展方面迈出新的步伐。他在山东考察时专门去看了孔府孔庙，到福建考察时又去看了朱熹园。他指出："抛弃传统、丢掉根本，就等于割断了自己的精神命脉。博大精深的中华优秀传统文化是我们在世界文化激荡中站稳脚跟的根基。"② 在纪念孔子诞辰2565周年国际学术研讨会上，他深刻阐释中国优秀传统文化的现实价值。"中国优秀传统文化的丰富哲学思想、人文精神、教化思想、道德理念等，可以为人们认识和改造世界提供有益启迪，可以为治国理政提供有益启示，也可以为道德建设提供有益启发。"③ 在习近平总书记看来，马克思主义科学揭示人类社会的发展规律，第一次站在工人阶级的立场，提出改造世界

---

① Daneil A. Bell, *The China Model: Political Meritocracy and Limits of Democracy*, Princeton University Press, 2015, p. 180.
② 《习近平谈治国理政》第1卷，外文出版社2018年版，第164页。
③ 《在纪念孔子诞辰2565周年国际学术研讨会暨国际儒学联合会第五届会员大会开幕会上的讲话》，载《人民日报》2014年9月24日。

的科学理论,闪耀着真理的光芒,是中国共产党人的"本"和"体"。优秀传统文化是一个国家、一个民族的"根"和"魂",包含着讲仁爱、重民本、守诚信、崇正义、尚和合、求大同的时代价值。西方现代文明是人类现代化的精神积淀,是中国共产党人需要借鉴的"器"和"用"。中国特色社会主义文化既立足中国,大力弘扬优秀传统文化,但又不固步自封,与儒学复古主义划清界限;既吸收资本主义先进文明成果,但又不搞"全盘西化",与资产阶级个人主义、功利主义、实用主义划清界限;既坚持马克思主义的指导地位,把马克思主义作为根本的世界观、价值观、方法论,又坚决反对在文化上搞官僚化、行政化的国家垄断主义,与实行文化专制的苏联模式划清界限。

## 五、互利共赢、命运与共的世界治理体系创新

近代以来,随着现代化和全球化的发展,全球问题也应运而生。第二次世界大战后,世界各国出于对世界大战的恐惧,为实现和平发展,成立了世界性的国际组织联合国,形成了以美国为首的"北约"和以苏联为首的"华约"集团"两大阵营",持续了近半个世纪的冷战。冷战期间,美苏两个超级大国为争夺世界霸权,争相进行军备竞赛,核战争的危险一再升级,大有一触即发之势。20世纪90年代,随着苏联的解体,出现了美国独霸世界的局面。时至今日,全球问题不但没有减少,反而增加。生态环境危机、核战争危机、南北危机、文明危机、价值观危机,成为人类现代化进程面临的最为深层的危机。自20世纪80年代以来,美国先后退出《联合国海洋法公约》(1982)、《联合国教科文组织》(1984)、联合国国际法庭(1985)、联合国工业发展组织(1995)、拒绝签署《京都议定书》并退出《反弹道导弹条约》(2001)、《国际刑事法院规约》(2002)、退出跨太平洋伙伴关系协定(2017)、全球移民协议(2017)、联合国人权理事会(2018)、气候变化巴黎协定(2020)、伊朗核问题全面协议(2019)……"退群"已经成为美国的任性常态。为阻止中国崛起,美国组织一再制造事端,无理打压中国贸易企业,并插手中国新疆、西藏、香港事务,为台独势力打气撑腰,同时在中国南海挑拨是非,围堵中国。俄乌冲突暴发后,以美国为首的西方国家又一味拱火,核战争的危险再次威胁人类。美国外交关系委员会主席理查德·哈斯(Richard Haass)认为,"二战"以来引导世界的所有规则、政策和机构大都到了尽头。"事实表明,这个世界正在

偏离过去近400年来的历史轨迹。"① 这是很有道理的。依靠美国治理全球问题已经成为一种幻想。

中国共产党人一直胸怀世界，积极参与全球治理。早在20世纪50年代，中国共产党首创"和平共处五项原则"，成为我国独立自主外交工作的基本原则。中国超越意识形态，与一切待我平等之民族建立外交关系。70年代，毛泽东又发表"三个世界划分"的理论，为反对苏美两个超级大国的霸权主义提供了重要理论基础。80年代，邓小平重新判断国际形势，认为"国际上有两大问题非常突出，一个是和平问题，一个是南北问题。还有其他许多问题，但都不像这两个问题关系全局，带有全球性、战略性的意义"②。要把"和平问题"和"发展"提到全人类的高度来认识，不是通过"战争"和武装干涉，而是通过"合作"与"对话"来解决国际争端，有的问题可以用"搁置争议""共同开发"的办法来解决，必须改变不合理的国际经济政治秩序，发达国家要拿出更多资金和技术帮助发展中国家实现现代化。苏东剧变后，中国共产党人积极推进世界格局的多极化，倡导建立面向21世纪的新型国家关系和公正合理的国际政治经济秩序，摒弃冷战思维和由此而产生的各种强权行径，主张从根本上全面彻底销毁核武器，共同应对人类发展面临的环境恶化、资源匮乏、贫困失业、人口膨胀、疾病流行、毒品泛滥、国际犯罪活动猖獗等全球性问题。江泽民指出："如同宇宙间不能只有一种色彩一样，世界上也不能只有一种文明、一种社会制度、一种发展模式、一种价值观念。"③ 进入21世纪，胡锦涛提出构建"和谐世界"的理念，突显了中国作为大国的责任与担当。"推动建设和谐世界，回答的是中国将致力于建设什么样的世界、什么样的国际秩序，其实质是我们党的国际秩序主张与行为准则。"④ 中国经历了由主流世界的反抗者、批判者、游离者，到接受者、参考者、合作者，再到倡导者、建构者、塑造者的转变，从一个负责任的地区大国走向全方位负责任的大国。

进入新时代，习近平一再分析世界形势的发展，认为"世界正经历百年未有之大变局"，世界之变、时代之变、历史之变正以前所未有的方式展开。一方面，全球化深入发展，各国相互联系、相互依存的程度空前加深，人类生活在同一个地球村里，越来越成为"你中有我、我中有你"的命运

---

① ［美］理查德·哈斯：《失序时代：全球旧秩序的崩溃与新秩序的重塑》，黄锦桂译，中信出版社2017年版，"序言"第Ⅺ页。
② 《邓小平文选》第3卷，人民出版社1993年版，第96页。
③ 《江泽民文选》第3卷，人民出版社2006年版，第110页。
④ 戴秉国：《坚持走和平发展道路》，载《人民日报》2010年12月13日。

共同体,和平、发展、合作、共赢的历史潮流不可阻挡。另一方面,少数发达国家秉持零和博弈的旧思维,对其他弱小国家恃强凌弱、巧取豪夺,和平赤字、发展赤字、安全赤字、治理赤字日益加重,当今世界正面临前所未有的挑战。世界怎么了、我们怎么办?中国方案是构建人类命运共同体,实现共赢共享。其范畴所指,包括"责任共同体""利益共同体""发展共同体""民族命运共同体"与"人类命运共同体"等多种内涵,本质上是和平发展的时代观、平等互利的交往观、义利统一的价值观、包容互鉴的文明观、清洁美丽的生态观、普遍综合的安全观。为推动构建人类命运共同体,中国提出共建"一带一路"倡议,致力建设和平之路、繁荣之路、开放之路、绿色之路、创新之路、文明之路,推进一大批关系沿线国家经济发展、民生改善的合作项目,携手各方打造当今世界范围最广、规模最大的国际合作平台,中国已与149个国家、32个国际组织签署200多份合作文件。中国提出全球发展倡议,旨在与各国一道,跨越发展鸿沟、重振全球发展事业,共同构建全球发展共同体,得到100多个国家和国际组织的积极响应和支持。在金砖国家领导人会晤举行期间,中国发布了一份包含32项举措的成果清单,覆盖全球发展倡议涉及的减贫脱贫、粮食安全、抗疫和疫苗、发展筹资、气候变化和绿色发展、工业化、数字经济、数字时代互联互通八个重点领域。中国提出全球安全倡议,明确了维护和实现全球安全的核心理念、根本遵循、重要原则、长远目标和可行思路,为人类社会应对前所未有的历史变局、闯过动荡变革期的"至暗时刻",提供了思想引领,得到70多个国家的赞赏和支持。一系列中国智慧、中国方案、中国力量,为推动国际社会携手应对全球性威胁和挑战、推动构建人类命运共同体擘画了路径、指明了方向,充分彰显了中国作为负责任大国的担当。

## 六、改革引领、创新驱动的动力机制创新

任何现代化都需要一定的动力来驱动。英美式现代化建立在功利主义主导的丛林法则之上。出于无限扩大的资本积累的需要,英国历史上曾经上演"羊吃人"的"圈地运动",迫使大批农民出卖土地,或远走他乡,陷于极端悲惨的境地。美国历史上的"西进运动",大批印第安人被屠杀,幸存者也被赶到西部更为荒凉的"保留地"。马克思说:"对直接生产者的剥夺,是用最残酷无情的野蛮手段,在最下流、最龌龊、最卑鄙和最可恶的贪欲的驱使下完成的。"[①] 除压榨本国人民,资产阶级还进行全球性的殖

---

[①] 《马克思恩格斯文集》第5卷,人民出版社2009年版,第873页。

民掠夺。据统计,从16世纪到19世纪,西班牙从拉美殖民地榨取了250万公斤黄金和1亿公斤白银。葡萄牙从巴西搜刮到至少价值6亿美元的黄金和3亿美元的钻石,而其从巴西蔗糖业取得的利润比从开采金矿和金刚钻矿所得利润要大10倍。相伴而生的跨大西洋黑奴贸易,接踵而至的英法德等国对非洲、亚洲殖民地原材料的攫取和市场的宰割,直至20世纪日本帝国主义对中国等亚洲国家的入侵,都是依靠掠夺落后国家推进本国现代化的铁证。①时至今日,美国除凭借美元霸权,还进行明火执仗的抢劫。据伊拉克前总统巴尔哈姆·萨利赫的讲话,自2003年美联军进入伊拉克以来,美国掠夺走伊拉克1500亿美元的石油。叙利亚政府的数据表明,美国入侵叙利亚后,叙利亚现有83%石油被美军偷走,损失1000亿美元以上。美军撤离阿富汗后,无理扣押阿富汗70亿美元的外汇储备。

苏联式现代化是依靠国家行政命令建构起来的。当时苏联已不可能从殖民地进行掠夺,也无法得到国外贷款,工业化所需的资金只能依靠国家强制作用来解决。国家作为至高无上的唯一主体,通过自上而下的行政强制性、指令性计划,直接组织调度生产与分配,垄断了宏观、中观、微观三个层次上的决策权,把市场机制的资源配置作用与企业、劳动者的自主权,基本排除在外。整个社会好像一个统一指挥、平均分配的大工厂,把高积累、高投入作为主要途径,以国家政治经济军事实力的高增长、高速度作为压倒一切的首要目标。② 这种高积累主要是通过农业全盘集体化、严格控制城市居民消费等方式实现的。苏联还采取增加税收、发行公债、动员居民义务捐款等各种方式来吸收居民手中的资金。这种建立在行政命令基础上的单一计划经济体制,违背经济发展的内在规律,简单排斥市场机制,导致国民经济内部各种比例关系失调,失去应有的生机和活力。

中国式现代化一开始就建立在改革创新的基础之上。新中国的建立本身就是对旧制度的破坏和创新。20世纪50年代,由于缺乏经验,中国照搬苏联现代化的模式。但毛泽东很快就发现了苏联模式的弊端。毛泽东先后发表《论十大关系》等文章,认为苏联式现代化"片面注重重工业,忽视农业和轻工业,因而市场上的货物不够,货币不稳定"③。过分的高积累"把农民搞得太苦"。他们走过的"弯路",我们不能再走。一定要破除对苏联的教条和迷信,打倒奴隶主义,埋葬教条主义,独立自主地干中国式

---

① 参见冯维江:《从中西比较的视域把握中国式现代化的动力与优势》,载《光明日报》2021年12月1日。

② 参见王东:《系统改革论——列宁遗嘱,苏联模式,中国道路》,吉林人民出版社2014年版,第341页。

③ 《毛泽东文集》第7卷,人民出版社1999年版,第24页。

的现代化。在与音乐工作者的谈话中，他鼓励音乐工作者大胆创新，可以把"两个半瓶醋合成一瓶醋"，搞出一些"不中不西""非驴非马"的东西来。在阅读苏联版的政治经济学教科书时，毛泽东指出：只有《实践论》《矛盾论》不能解决现实的问题，一定要大胆创新，写出新的理论著作来。60年代，在全党调查研究的基础上，中共中央逐渐调整各项政策，陆续制定了"农业六十条""工业七十条""商业四十条""教育六十条""科学十四条""文艺十条"等工作条例。70年代，我们党突破"两个凡是"的教条，迎来全面改革创新的新时代。经济上从实行家庭联产承包责任制、设立经济特区，进而向全面建立社会主义市场经济体制转变；政治上从改革党和国家领导制度，废除终身制，实行政企分开，进而向全面依法治国转变；文化上从恢复高考制度，向全面教育创新，建设人才强国、文化强国转变。

党的十八大以来，以习近平同志为核心的党中央，明确提出要把改革创新作为推进发展的第一驱动力。习近平总书记指出：一个国家和民族的创新能力，从根本上影响甚至决定国家和民族前途命运。创新包括理论创新、体制创新、制度创新、人才创新等。十八届三中、四中，十九届三中、四中全会专门解决国家治理体系和治理能力现代化问题，先后推出1200多项改革举措，坚决破除各方面体制机制弊端，各领域的基础性制度框架基本建立，"许多领域实现历史性变革、系统性重塑、整体性重构"①，为中国发展注入强大动力。中国正从科技大国向科技强国转变，人工智能、大数据、区块链、量子通信等新兴技术加快应用，培育了智能终端、远程医疗、在线教育等新产品、新业态。我国科技事业发生历史性、整体性、格局性重大变化，成功进入创新国家行列，走出一条从人才强、科技强，到产业强、经济强、国家强的发展道路。党的二十大报告进一步指出：要坚持创新在我国现代化建设全局中的核心地位，健全新型举国体制，提升国家创新体系整体效能，加快实施创新驱动发展战略，提高科技成果转化和产业化水平。不断深化体制机制改革，拓展科技创新之路，这是中国式现代化发展的根本动力所在。

---

① 习近平：《决胜全面建成小康社会 夺取新时代中国特色社会主义伟大胜利——在中国共产党第十九次全国代表大会上的报告》，人民出版社2017年版，第9页。

# 深刻认识中国式现代化的本质要求

房广顺　马洪顺[①]

现代化作为一种反映人类社会跃迁过程的社会历史现象，肇始于西方资本主义国家，成为世界现代化的历史原点，后来成为各国普遍追求的发展愿景。但是，由于不同国家和民族历史文化、社会制度、基本国情都不尽相同，导致现代化的发展模式、路径选择和历史进程呈现出不同程度的差异。中国共产党领导中国人民建构了一条非资本逻辑主导的现代化新道路，有效规避了西方现代化造成的"现代性之殇"，是对既往现代化发展模式的重大突破。中国式现代化具备现代化的一般特征，同时又具有明确的本质规定和鲜明的中国特色。在党的二十大报告中，习近平总书记对中国式现代化的本质要求作了集中论述，使中国式现代化理论得到进一步拓展和丰富。我们必须将它置于党和国家事业发展和世界历史发展进程中加以审视与考察，以深刻领会其精神实质和内涵要义。

## 一、中国式现代化的本质要求的科学论述实现了中国式现代化理论的守正创新

中国式现代化理论是中国共产党带领人民探索现代化道路进程中形成的规律性认识，是以中国近代社会的"转型升级"为时代背景形成的，是对马克思主义经典作家现代化构想的实践应用，对世界各国生产力变革和文明进步具有重要指向意义。中国式现代化理论具有典型的超越性，即超越西方资本逻辑、更加凸显人的价值，同时又具有鲜明的发展性，随着时代变迁和实践深化不断拓展丰富。中国式现代化的本质要求是新时代中国共产党人对中国式现代化的全新认识，是唯物史观的理论逻辑、现代化发

---

[①] 房广顺，辽宁大学马克思主义学院教授、博士生导师；马洪顺，辽宁大学马克思主义学院博士研究生，天津师范大学马克思主义学院教师。

展的历史逻辑的有机统一。

中国式现代化的本质要求是马克思关于现代化构想的实践应用。马克思是较早研究西方现代化的思想家,通过全面分析西方现代化的动力机制和生产变革,进一步"揭示现代社会的经济运动规律"。① 在这里,马克思所论及的"现代社会"指的是资本主义历史时代背景下的工业社会,因而这个具有人类现代化开端意蕴的"现代社会"必然充斥着资本的肮脏与剥削,马克思为此耗费毕生精力对资本主义现代化进行病理诊断,提出了瓦解资本逻辑的科学方法。马克思认为,人类社会的全部历史都是在为不断满足人的需要而作充分准备的历史,在这一过程中会使人成为感性意识的对象。但是,在资本逻辑主宰下,人的日常行为和生产活动自然而然受"物"的抽象统治,甚至是对"物"产生了盲目崇拜,从而弱化了对"人"的现实关照。在这样的现代化场域下,人的自由解放不仅无法实现,而且将面临着长期遭受剥削和压迫的困境,人最基本的生理和情感需要将无法得到满足。这样就必然产生诸多具象化的矛盾,比如资本的无序扩张、社会的两极分化、人的劳动与精神的异化等。这些矛盾积聚到一定程度必然爆发彻底的革命,现存社会形态就会被推翻,取而代之的将是自由人的联合体。作为马克思主义政党,中国共产党自觉继承和发展马克思现代化理论,在实践上成功超越西方现代化模式。中国式现代化以人的全面发展为逻辑主线,通过各领域全面协调发展不断实现人民群众对现实生活的良好愿景,在跳脱资本主义局限的同时,成功地将马克思主义关于未来社会的设想逐渐转变为现实。关于中国式现代化本质要求的凝练总结,是新时代中国共产党人突破西方现代化悖论的行动纲领,清晰厘定了社会主义现代化的逻辑结构、本质规定和互动机理,诠释了人的自由全面发展才是终极现代化指征。

中国式现代化的本质要求是中国共产党关于现代化的认知升华。在中国现代化的历史时序中,有两个截然不同的历史阶段:一个是在旧民主主义革命时期,以半殖民地半封建的社会根基进行的现代化,呈现出被动性的典型特征;另一个是中国共产党领导中国人民为尽快恢复国民经济,以现代化为目标独立自主建设社会主义的历史过程,呈现出主动性的鲜明特质。在党的历史上,1949年3月,毛泽东在七届二中全会上首次提出了"现代化"的概念。他认为,我们废除封建土地所有制"取得了或者即将取得使我们的农业和手工业逐步地向着现代化发展的可能性"②。这就表明,此时中国共产党人对现代化目标性的认识已经超越了现代化的一元论。梳

---

① 《马克思恩格斯文集》第5卷,人民出版社2009年版,第10页。
② 《毛泽东选集》第4卷,人民出版社1991年版,第1430页。

理中国现代化的历史进程可以看出,中国式现代化的本质要求这一论述,实现了中国共产党人对现代化认知的两方面升华。一方面是现代化维度的拓展。现代化的内涵要义从农业和手工业到农业、工业、国防和科学技术的现代化,再到涵盖了物质与精神、民主与文明、人类与自然、国内与世界等多重维度的立体结构。另一方面是现代化价值理念的深化。中国共产党人早期对现代化的认识还局限在改变中国落后面貌、推动工业化建设的物质层次,当然这和当时中国社会状况有很大关系。随着经济社会发展,中国共产党在领导社会主义现代化建设实践中更加关注人们日益增长的对美好生活的现实需要。中国式现代化的本质要求集中体现了新时代以人民为中心的价值理念,不断谋求人的幸福指数的提高,这是中国共产党人正确处理"资本""人"与"现代化"关系的奥秘所在。

中国式现代化的本质要求为后发国家走向现代化提供全新借鉴。当今世界仍然处于马克思和恩格斯所指出的历史时代,社会主义与资本主义两种制度长期共存、相互斗争的基本面没有改变,整个世界的现代化局面仍然被资本主义主导,这是对人类现代化所处时代环境的基本判断。中国式现代化的本质属性是社会主义现代化。它与资本主义现代化交汇在同一个时空中,将人类现代化放置于共同体的语境中,以弘扬全人类共同价值为文明指向,为后发国家摆脱西方现代化模式的垄断提供了新的启迪。一方面,中国式现代化的本质要求摒弃了资本非理性方面,改写了现代性基因,引导后发国家摆脱西方现代化泥潭。在资本主义现代化中,整个社会经济发展是在资本的运行范式下进行的,因而资本的统治地位必然辐射到社会生活各个方面。而中国式现代化的本质要求谋求在资本与人的张力中找到平衡点,破除人对物的人身依附关系,明确人类现代化进程的人本定位,始终把握人类现代化的正确航向。另一方面,中国式现代化的本质要求致力于构建多元文明交互融合的新的文明样态,勾画了人类文明演进的崭新图景。社会主义文明形态是各种文明形式殊途同归的最终结果,它所显现的精神状态、价值旨趣和文明指向带有马克思所指明的共产主义文明的鲜明底色。这样的文明形态是以全人类共同价值为基础,摆脱对资本主义现代化的依附,是对现代化单边发展模式的全新突破,为后发国家独立自主选择发展道路提供了实践范本。

## 二、中国式现代化的本质要求的科学论述明确了中国式现代化的领导力量和旗帜方向

习近平总书记在二十大报告中指出:"中国式现代化的本质要求是:坚

持中国共产党领导,坚持中国特色社会主义,实现高质量发展,发展全过程人民民主,丰富人民精神世界,实现全体人民共同富裕,促进人与自然和谐共生,推动构建人类命运共同体,创造人类文明新形态。"① 这一高度凝练的深刻阐释,将中国式现代化理论进一步深化和拓展,是中国特色社会主义新时代以中国式现代化全面推进中华民族伟大复兴的行动指南。坚持中国共产党领导,坚持中国特色社会主义,处于中国式现代化的本质要求的首要位置,开宗明义指明了中国式现代化的领导力量和旗帜方向,是中国式现代化性质宗旨的高度概括和根本指向,体现了中国式现代化必须坚持中国共产党领导和中国特色社会主义制度的根本要求。早在1983年,邓小平就指出:"我们搞的现代化,是中国式的现代化。"② 历经40多年的发展,中国式现代化在中国特色社会主义理论指导和道路指引下不断推进,使"中国大踏步赶上了时代"③。在深刻总结中国共产党百年奋斗历史经验,深刻总结改革开放和社会主义现代化建设40余年历史经验,特别是总结新时代十年历史经验的基础上,党的二十大进一步提出中国式现代化的本质要求的科学概括和深刻阐述,实现了党的现代化理论的升华和实践的发展。习近平总书记指出:"中国式现代化,是中国共产党领导的社会主义现代化。"④ 审视世界现代化所处的历史方位不难发现,当代世界是两种现代化形式并存的发展阶段。在现代化谱系中,中国式现代化是充分体现科学社会主义基本原则和价值观主张的社会主义现代化,这是由我国的社会制度决定的。"中国式"的科学规定厘定了中国现代化的基本属性、本质规定和价值目标。首先,中国式现代化是在社会主义条件下推进的,社会主义是中国式现代化的"边界",这就决定了中国式现代化是一种迥异于西方资本主义现代化的独特的现代化模式。其次,中国式现代化是发展中国家的现代化,这个特殊国情是中国式现代化的实践基础。我国是最大的发展中国家,同时也是现代化的迟到国,这就决定了我们建设现代化国家"走美欧老路是走不通的"。⑤ 最后,中国特色社会主义道路是推进中国式现代

---

① 习近平:《高举中国特色社会主义伟大旗帜 为全面建设社会主义现代化国家而团结奋斗——在中国共产党第二十次全国代表大会上的报告》,人民出版社2022年版,第23—24页。

② 《邓小平文选》第3卷,人民出版社1993年版,第29页。

③ 《中共中央关于党的百年奋斗重大成就和历史经验的决议》,人民出版社2021年版,第23页。

④ 习近平:《高举中国特色社会主义伟大旗帜 为全面建设社会主义现代化国家而团结奋斗——在中国共产党第二十次全国代表大会上的报告》,人民出版社2022年版,第22页。

⑤ 中共中央文献研究室编:《习近平关于社会主义生态文明建设论述摘编》,中央文献出版社2017年版,第3页。

化的必由之路。中国式现代化从发展进程来说属于后发型的现代化，因而以发达国家为实践范本的现代化发展道路对我们来说都具有不可复制性，后发现代化国家只能选择多任务时空叠合的发展方式。具体来说，中国式现代化就是国家的工业化、信息化、城镇化、农业现代化并联叠加发展，坚持社会主义目标方向，全面协调发展经济、政治、文化、社会、生态，实现人的全面发展。

坚持党的领导是中国式现代化的独特优势，也是以中国式现代化全面推进中华民族伟大复兴的根本保证。中国式现代化涵盖的内容十分广泛，是一个复杂立体的系统性工程。同时中国式现代化又是在一个发展不平衡不充分的最大发展中国家推进的，困难之多、挑战之大前所未有。因而，必须依靠一个具有严密政治组织体系和科学理论指导的先进政党，领导全体人民推进中国式现代化，回应后发国家现代化进程中遇到的机遇与挑战。这个使命任务历史地落到了中国共产党的肩上。一方面，坚持中国共产党的领导能够发挥社会主义制度的优势。社会历史发展是在社会各方面因素共同作用下实现的，而每一个因素作用的发挥都不是自发的，需要强有力的政党组织和凝聚各方面力量，从而形成推动历史发展的合力。中国共产党在领导推进中国式现代化进程中，充分发挥社会主义制度集中力量办大事的优势，协调各方资源，凝聚先进力量，总揽发展全局，充分彰显了党的领导是中国式现代化的独特优势。另一方面，中国共产党为推进中国式现代化提供世界观和方法论指导。中国共产党是马克思主义政党，马克思主义的立场、观点、方法是党带领人民实现中国式现代化的基本遵循。当代中国的社会变革，早已不是简单套用其他国家的发展模板就可以轻松实现的。历史已经并将继续证明，中国共产党将科学社会主义基本原理与中国历史传统、具体国情、时代条件相结合这一世界观和方法论原则，将始终确保中国式现代化沿着正确方向走下去。

坚持中国特色社会主义是中国式现代化的旗帜方向，与坚持党的领导相统一构成了中国式现代化的根本要求。中国特色社会主义是中国共产党人在不发达的社会主义阶段通过理性建构与实践演化互动结合形成的新社会样态，也是一条落后国家克服"资本至上"弊端的全新道路。首先，坚持中国特色社会主义可以确保中国式现代化不跑偏、不走调，始终保持社会主义现代化的根本属性。尽管人类社会形态的跃迁都遵循着依次相接的演变顺序，但是中国特色社会主义根据人类历史发展的运动规律可以"缩短和减轻分娩的痛苦"①，为中国式现代化破除思想迷雾，坚定正确方向，

---

① 《马克思恩格斯文集》第5卷，人民出版社2009年版，第10页。

聚焦奋斗目标。其次，坚持中国特色社会主义可以使科学社会主义价值观融入现代化实践中，充分调动人民群众的首创精神。科学社会主义由理论向实践飞跃的历史过程中，凝练形成了以谋求人的全面发展为核心的价值观主张。这种价值观念在中华优秀传统文化的滋养下，使中国特色社会主义深深扎根亿万人民心中，不断满足人民群众的现实期待和理想追求，从而赢得了全体中国人民的强烈认同。最后，坚持中国特色社会主义为推进中国式现代化提供科学思想指引。中国共产党带领人民在改革开放之初成功开创中国特色社会主义，在实践探索中形成了中国特色社会主义理论体系，创立了习近平新时代中国特色社会主义思想。马克思主义中国化时代化的理论成果为中国式现代化的目标设计、步骤谋划、价值确立、路径选择提供了正确指导。没有中国化时代化马克思主义的正确指导，没有党的创新理论提供的强大真理力量，中国式现代化只能是止步不前、一无所获。

## 三、中国式现代化的本质要求的科学论述彰显了中国式现代化奋斗目标的全面性

习近平总书记关于中国式现代化本质要求的重要论述，要求"实现高质量发展，发展全过程人民民主，丰富人民精神世界，实现全体人民共同富裕，促进人与自然和谐共生"①，高度凝练概括了中国式现代化的奋斗目标，使富强、民主、文明、和谐、美丽的现代化强国目标更加具象化，体现了现代化目标要求的社会主义性质，同时表明中国式现代化是一个多维立体的系统工程。

中国式现代化是全面发展的现代化。理解中国式现代化的全面性特征，必须将其放置于社会主义初级阶段的基本国情中加以审视和把握。从实践上看，中国式现代化是在经济文化各方面都较为落后的国家确立和发展起来的，这就决定了在发展类型上中国式现代化属于"赶超型"，而这个超越不仅仅包括现代化发展的内生动力，更涵盖了与人民生活密切相关的各个领域。中国式现代化的内涵和主要内容在几代中国共产党人接力建构中不断拓展和深化，实现了由"四化并举"到"五位一体"的转变。从内容上看，中国式现代化的本质要求涵盖了建设现代化的各个领域，把"五位一体"总体布局和社会主义现代化强国目标更加具体化。比如，经济建设方面要实现的强国目标是"富强"，这就要求中国式现代化要实现高质量发

---

① 中共中央文献研究室编：《习近平关于社会主义生态文明建设论述摘编》，中央文献出版社2017年版，第23—24页。

展；政治建设方面实现"民主"的强国目标，需要大力发展全过程人民民主，建设社会主义民主政治；在文化建设方面实现"文明"的现代化任务，需要丰富人民精神世界，推动物质文明和精神文明协调发展；在社会建设方面的目标任务是"和谐"，依靠全体人民共同富裕来达成，使人民群众有更多的获得感、幸福感；在生态建设方面要建设一个"美丽"的现代化强国，具体来说就是要处理好人与自然的关系，促进人与自然和谐共生。

中国式现代化是协调发展的现代化。现代化的动力要素是由多方面构成的，各要素之间在以满足人的利益需要为导向下相互协调，形成推动现代化发展的强大动力。一方面，中国式现代化的发展模式是一种多元复合的新式现代化方案，强调调动各方面积极因素服务现代化发展目标，致力于实现全体人民共同富裕。这就说明，中国式现代化不是与资本逻辑完全割裂，而是找到了资本与社会主义和谐共生的新样态，集中体现了共建共享的本质特征和科学社会主义的基本原则。另一方面，中国式现代化整体目标的实现需要统筹各领域的现代化协同推进，蕴含了整体与部分的辩证逻辑。"全局是由它的一切局部构成的"①，中国式现代化作为关系中华民族伟大复兴的全局性事业，是由各领域、各要素、各方面共同构成的。中国式现代化具有典型的协调性特征，这种协调性体现在其各领域之间的均衡协调、各要素之间有序配合、各方面之间和谐相处。具体来说，中国式现代化在谋求人的自由解放这一终极价值时，始终关注人的需要，通过经济、政治、文化、社会、生态各领域均衡发展来统筹人与自然、人与社会、人与自身的关系，从而使现代化社会达到一种和谐、平衡的状态。这就使得中国式现代化布局由一维向多维拓展，形成全方位联动、各区域兼顾、多空间整合的良好局面，从而实现现代化建设的各项目标任务。

中国式现代化是与人的全面发展相贯通的现代化。中国共产党的领导和中国特色社会主义本质属性共同规约了中国式现代化是以人的全面发展为逻辑主线，重置了物与人的位置关系。中国式现代化的本质要求关于富强、民主、文明、和谐、美丽的目标设计和科学论述，进一步廓清了中国式现代化的价值追求，是中国共产党人对马克思主义关于人的自由全面发展思想的实践与创新。马克思认为，人作为一种社会存在物，吃喝住穿等方面的需要是由人的社会属性决定的，实现人的自由解放的基本前提就是满足人的多方面需要，因而这种"'解放'是一种历史活动，不是思想活动"②。中国式现代化是中国近现代社会引起重大历史变迁的行动，人民群

---

① 《毛泽东选集》第1卷，人民出版社1991年版，第175页。
② 《马克思恩格斯选集》第1卷，人民出版社2012年版，第154页。

众作为社会历史的创造者,自然不会也不能缺席这场运动。激发社会全体人民自觉投入到现代化进程的动力因素多种多样,其中最为根本的动力来源就是现代化的价值目标与人的发展需要的耦合。这种"耦合"驱使具有个性的单个人抵制"偶然性"的行动样态,显现出强烈的历史主动和自觉,在中国共产党的凝聚下形成强大的历史合力。人的全面发展在现代化发展中有着强大的牵引作用,这种牵引作用使涵盖的领域如此之多、涉及方面如此之广的中国式现代化,始终保持统一性和整体性的特征,成为关系中华民族伟大复兴的全局性事业。

### 四、中国式现代化的本质要求的科学论述诠释了中国共产党人胸怀天下的使命担当

中国式现代化的本质要求的科学论述,进一步确证了各民族文明演进的类型和方式蕴含着普遍与特殊的辩证逻辑。中国式现代化是超越西方资本文明的典型代表,实现了人类现代化理论与实践的新飞跃。习近平总书记关于中国式现代化的本质要求的科学论述,立足中国、放眼世界,站在人类现代化发展的共同追求的高度,提出了"推动构建人类命运共同体,创造人类文明新形态"①的根本要求,体现了中国式现代化对人类社会发展的世界意义和世界贡献,标定了社会主义现代化的未来指向,诠释了中国共产党人胸怀天下的宽广胸襟。

中国式现代化的本质要求昭示中国自身发展与人类社会发展是相互统一的。马克思认为,世界各民族历史与整个人类社会历史最终都会走向融合,这是不可逆转的规律性演进。也就是说,当前发达资本主义国家根深蒂固的冷战思维和长期奉行的单边主义与世界历史发展背道而驰,全球各国不可避免地生活在历史和现实交汇融合的同一时空里。中国的发展与世界各国的发展从来不是相互隔绝的,也不可能成为彼此孤立的个体,中国式现代化在谋求本民族发展的同时,也在不断建构具有一般特征的实践形态、发展秩序。习近平总书记在党的二十大报告中指出:"构建人类命运共同体是世界各国人民前途所在。"② 从世界历史发展的角度审视今天现代化

---

① 习近平:《高举中国特色社会主义伟大旗帜　为全面建设社会主义现代化国家而团结奋斗——在中国共产党第二十次全国代表大会上的报告》,人民出版社2022年版,第24页。
② 习近平:《高举中国特色社会主义伟大旗帜　为全面建设社会主义现代化国家而团结奋斗——在中国共产党第二十次全国代表大会上的报告》,人民出版社2022年版,第62页。

建设，我们不难发现，世界各国发展的关联性与依存性决定了构建人类命运共同体是历史进步的必然趋势。任何国家的现代化都不是在自我封闭中实现的，恰恰相反，只有选择开放包容、普惠共赢才能摆脱贫穷落后的现状。中华民族自古以来就有协和万邦的天下情怀，中国共产党百年来始终秉持着民族进步与世界发展同频共振的历史自觉、民族命运与人类命运休戚相关的思想意识，这使得中国式现代化始终顺应历史潮流，在发展自己的同时努力造福世界，突破了西方国家秉持的与和平发展相悖的现代化困境。中国式现代化是在社会主义意识形态主导下建立起来的，自觉规避了资本主义社会条件下西方现代化普遍存在的掠夺性、排他性和腐朽性特征，同时找到了与和平发展相适宜的实践路径，从而使得中国的和平发展道路是"思想自信和实践自觉的有机统一"①。

中国式现代化为世界社会主义运动增添新的实践范本。长期以来，世界社会主义运动遭受资产阶级的质疑和责难，尤其是东欧剧变、苏联解体后，资本主义国家炮制的"历史终结论"一时间甚嚣尘上，严重阻碍了社会主义国家的发展。冷战结束后，中国共产党人以敢于斗争、善于斗争的精神气质，带领人民成功开创了经济社会发展和社会长期稳定的两大奇迹，使得"社会主义在同资本主义竞争中的被动局面得到很大程度的扭转，社会主义优越性得到很大程度的彰显"②。首先，中国共产党领导的中国式现代化进一步深化了对人类社会发展规律的认识。在人类社会历史进程中，现代化是任何一个民族和国家都必须经历的发展阶段，但是不同国家现代化的启动时间、动力来源、实践场域各不相同，这就导致不同国家的现代化路径选择呈现出较大差别。无论选择什么样的发展模式，其根本出发点都是立足于对人类社会发展规律的一般认识。中国式现代化是超大规模的发展中国家在充分尊重人类文明的多样性、自觉批判资本主义的腐朽性基础上发展起来的，是对人类社会发展规律科学运用的结果。其次，中国式现代化的成功实践证明了科学社会主义理论的正确性，"历史终结论""社会主义失败论"等谬误不攻自破，同时为科学社会主义增添了新的时代内涵。在"一球两制"长期并存的情况下，意识形态斗争愈演愈烈，中国式现代化向前推进不仅面临实践上的挑战，更面临理论上的考验。科学社会主义以人的自由解放为核心的价值观深深融入中国共产党治国理政的实践中，也影响中国式现代化的

---

① 《习近平谈治国理政》第 1 卷，外文出版社 2018 年版，第 267 页。
② 中共中央宣传部：《习近平新时代中国特色社会主义思想学习问答》，学习出版社、人民出版社 2021 年版，第 44 页。

目标规划、战略谋划、蓝图擘画。最后，中国式现代化独立自主的发展模式为世界上其他社会主义国家提供了新的发展图式，发挥了良好的示范和引领作用，为世界社会主义运动注入新的生机与活力。中国式现代化是后发型和外生型相结合的现代化，所以中国式现代化的成功实践就为同样属于后发外生型的社会主义国家提供了一种新型的实践范本。

中国式现代化的文明指向是创造人类文明新形态。中国式现代化的本质要求的科学论述，明确了我们的现代化建设为全世界作出的最大贡献就是创造人类文明新形态，这是中国式现代化的使命任务。马克思主义经典作家运用唯物史观在人类社会实践当中考察"文明"这一概念，得出重要的结论就是文明是依赖于社会形态存在的，是人类物质生产实践的产物。马克思指出："亚细亚的、古希腊罗马的、封建的和现代资产阶级的生产方式可以看做是经济的社会形态演进的几个时代"①，这五种社会形态的演变既遵循着一般的历史发展规律，同时又结合不同历史条件、生产发展、社会关系形成了多样性的文明形态。简单来说，就是资本主义社会制度下必然孕育形成的是资本主义文明，中国式现代化是社会主义的现代化，因而创造的文明形态必然是社会主义的文明。中国式现代化的本质要求所指明的人类文明新形态，包含三个方面的基本内容和鲜明特色。首先，人类文明新形态是在中国特色社会主义这个新的社会形态基础上建立起来的。中国特色社会主义是中国共产党在社会主义初级阶段通过实践探索确认的新社会形态，是统筹物质与精神、民主与法治、人与自然相协调的社会主义。因而在这个新社会形态建立起来的文明必然具有较强的包容性，是中华文明与社会主义文明交汇融合的最新成果，打破了长期以来西方奉行的"文明优劣论"。其次，人类文明新形态是扬弃资本主义文明的新文明。人类文明新形态较强的包容性，还体现在它摒弃意识形态对立，充分吸收包括资本主义文明在内的全人类优秀文明成果，在百年未有之大变局和世纪疫情交织叠加下的现代社会不断引领人类文明新趋向，主动化解不同文明间的冲突，超越长期存在的文明隔阂。最后，人类文明新形态为更高级别文明形成发展创造条件。人类文明绝不会止步于当前的文明样式，我们在社会主义初级阶段创造的文明形态是要为更高级别文明的诞生奠定基础。按照马克思的构想，人类社会最终的走向是要达到共产主义社会，这是一个漫长的历史过程，社会主义只是这个过程中的一部分。人类文明新形态超越

---

① 《马克思恩格斯选集》第 2 卷，人民出版社 2012 年版，第 3 页。

了资本主义文明的种种弊端，满足了马克思对现代文明转型的期待，表现出了较强的文明示范效应和引领作用，是对社会文明"何去何从"的全新解答。纵观整个人类文明发展历史，人类文明新形态彰显的价值旨趣、文化样态、社会面貌已经初具更高级别文明的萌芽形态，必将在推动中国式现代化水平不断提高的同时，推动人类文明历史不断前进。

# 中国式现代化理论的系统阐释[①]

## 洪晓楠[②]

### 一、将"美国现代化理论"或"西方现代化理论"命名为"现代化理论",是美国推销其"普世价值"的一个典型案例

现代化作为一个世界历史进程,反映人类社会从传统农业社会向现代工业社会所经历的巨变。现代化理论研究兴起于20世纪五六十年代,主要学术阵地在美国、西德、日本等国家和地区。研究的对象是战后新兴民族独立国家即第三世界发展中国家,研究的任务是探索这些新国家的新的发展道路、发展战略与发展模式等。一般说来,西方关于现代化的研究开始是分学科进行的,主要是运用西方的社会学、经济学、政治学、心理学等不同学科的理论和方法,构筑理论框架,对非西方发展中国家的现代化进行分析比较,开展实地调查研究。"现代化"一词从英文modern即"现代""摩登"演化而来,在英文中是modernization,是个动态名词,意为to make modern,即"使成为现代的"意思。它有两个基本词义:一是成为现代的、适合现代需要;二是大约公元1500年以来出现的新特点和新变化。韦氏词典注称:现代指从大约1500年到当前这段历史时间。Modern是文艺复兴时代的人文主义者最早使用的,是相对于medieval即中世纪而言,即把文艺复兴看作一个与中世纪对立的新时代。因此,它不仅是一个时间尺度,而且是一个价值尺度,是指区别于中世纪的新的时代精神。20世纪50年代,美国一批社会学家、经济学家和政治学家相继开展了现代化研究。1951年6月,美国著名经济学家西蒙·库兹涅茨创办的《文化变迁》杂志在芝加

---

[①] 本文为国家社会科学基金重点项目"坚持马克思主义在意识形态领域指导地位建构路径研究"(项目编号:20AZD013)的阶段性研究成果。

[②] 洪晓楠,大连理工大学马克思主义学院教授、博士生导师。

哥大学召开学术会议,讨论了经济发展不平衡及美国对外政策等问题及其相关理论。与会学者感到使用"现代化"一词来说明从农业社会向工业社会的转变是比较合适的。从此,"现代化"这个术语被学者们广泛使用。1958年,丹尼尔·勒纳出版《传统社会的消逝:中东现代化》一书,认为从传统社会向现代社会的转变就是现代化。1959年,美国社会科学研究会比较政治委员会召开了政治现代化讨论会,并于1966出版《发展中地区的政治学》;20世纪60年代西方陆续出版了一批有影响的现代化研究专著,标志着现代化理论基本形成;20世纪70—80年代,现代化理论面临诸多挑战,同时也得到全面发展,形成了五光十色的现代化理论。由此可见,虽然"现代化理论"是一个"普遍性的名称",但是,实际上它应该是一个专名,这是西方学者(特别是美国学者)在理论上论证西方资本主义制度的优越与合理,美国一些大学开始盛行关于现代社会兴起的研究,并从这种研究中逐步形成所谓"现代化理论",确切地说应该是"西方现代化理论"或"美国现代化理论"。现代化理论产生后,很快为西方的发达国家所接受,并很快地扩展到许多非西方不发达国家。因为现代化理论一方面论证了西方社会制度的成功与合理,另一方面又向广大第三世界国家展示了其发展的"美好"前景:要想像我们一样发达,那就要照我们这样做。这一切既符合了"二战"后"美国中心"的国家利益需要,又迎合了当时国际社会发展的趋势。从美国学者提出"西方现代化理论"或"美国现代化理论",而将其命名为"现代化理论",我们就可以发现美国将其自己的价值打扮为"普世价值"的一贯做法。

## 二、中国现代化的理论与实践

有的学者认为,中国人提出"现代化",以及对这一概念作出初步规定,要先于西方国家约二十年至三十年。① 事实正是如此。"现代化"一词,在五四以后关于东西文化观的争论中,已偶尔出现。例如,柳克述在1927年出版的《新土耳其》一书中,就把"现代化"与"西方化"并提。② 1929年,胡适在为英文《基督教年鉴》写的《文化的冲突》一文中,正式使用了"一心一意的现代化"的提法。在这个时期,很多人认为现代化就是"西化"或"欧化"。但是,有的人已经提出工业化的思想,共产党人恽代英于1923年10月写的《中国可以不工业化乎》、杨明斋于1924

---

① 参见刘永佶:《中国现代化导论》,河北大学出版社1995年版,第116页。
② 参见柳克述:《新土耳其》,商务印书馆1927年版,第337页。

年 6 月出版的《评中西文化观》等，是其代表作。1933 年 7 月《申报月刊》为纪念创刊一周年刊出的"中国现代化问题号"特辑，大概是这个新概念被广泛运用的正式开端。编者在前言中写道："须知今后中国，若于生产方面，再不赶快顺着'现代化'方向进展，不特无以'足兵'，抑且无以'足食'。我们整个民族，将难逃渐归淘汰，万劫不复厄运。现在我们特地提出这几十年来，尚无切实有效方法去应付的问题，作一回公开的讨论。"① 在这次讨论中，许多知名人士都谈了自己的看法。

  在新中国成立初期，我国仍然把现代化等同于工业化，并以这个思想为指导，制定了第一个五年计划。但在这个五年计划实施的过程中，中国共产党人把工业化的思想逐渐发展成了"四个现代化"的思想。1954 年 9 月，周恩来在第一届全国人民代表大会第一次会议上，提出了工业、农业、交通运输业和国防现代化的目标。后来毛泽东曾提出科学文化的现代化，但 1964 年周恩来在第三届全国人民代表大会第一次会议上，正式提出的目标是工业、农业、国防和科学技术的现代化。这些目标，主要还是着眼于经济和科学技术。鉴于"文化大革命"的深刻教训，大家认识到除了发展经济和科学技术以外，还要加强社会主义民主和精神文明建设。于是，到党的十三大报告，就提出了建设富强、民主、文明的社会主义现代化国家的目标。这就是说，现代化不仅仅是经济和科学技术的现代化，而且包括政治、思想文化的现代化。在经济现代化方面，党的十三大报告提出了"工业化和生产的商品化、社会化、现代化"的新的四化目标，十五大报告又进一步提出了"工业化和经济的社会化、市场化、现代化"的新的四化目标，在认识上有了进一步发展和深化。② 党的十七大报告又提出了"工业化、信息化、城镇化、市场化、国际化"的新的五化的目标。党的十八大报告提出"在新中国成立一百年时建成富强民主文明和谐的社会主义现代化国家"的目标；党的十九大报告明确提出："从二〇二〇年到二〇三五年，在全面建成小康社会的基础上，再奋斗十五年，基本实现社会主义现代化"，"从二〇三五年到本世纪中叶，在基本实现现代化的基础上，再奋斗十五年，把我国建成富强民主文明和谐美丽的社会主义现代化强国"③，这就把基本实现社会主义现代化提前了十五年，从"社会主义现代化国家"到"社会主义现代化强国"虽然只有一字之差，却显示了中国共产党人实

---

  ① 参见《申报月刊》第 2 卷第 7 号，1933 年 7 月 15 日。
  ② 参见郭德宏：《什么是现代化?》，载《新视野》2002 年第 2 期。
  ③ 习近平：《决胜全面建成小康社会　夺取新时代中国特色社会主义伟大胜利——在中国共产党第十九次全国代表大会上的报告》，人民出版社 2017 年版，第 28—29 页。

事求是、敢于奋斗的精神状态。党的十九届四中全会通过《中共中央关于坚持和完善中国特色社会主义制度、推进国家治理体系和治理能力现代化若干重大问题的决定》，第一次系统地提出了国家治理体系和治理能力现代化的问题。党的二十大报告在党的十九大报告的基础上，不仅回答了什么是"中国式现代化"，指出了"中国式现代化"的五个方面特征，而且提出了"中国式现代化"的本质要求，实现"中国式现代化"必须牢牢把握的五个重大原则，全面谱写了中国现代化理论的新篇章。

## 三、构建"中国式现代化理论"的话语体系

实现现代化是世界各国人民的共同追求，但各国的现代化道路不尽相同，世界上没有放之四海而皆准的现代化模式，也不存在定于一尊的现代化标准。"中国式现代化，是中国共产党领导的社会主义现代化，既有各国现代化的共同特征，更有基于自己国情的中国特色"①，我们称为"中国式现代化"。

中国式现代化具有中国特色。经济、政治、文化等各个领域以及个人、组织、社会等各个层面的"现代性"，是"现代化"所要达到的目标。各国各民族由于历史背景、现实国情、文化传统不同，其实现"现代化"的道路肯定千差万别，但其所演进的目标即"现代性"可能是人类社会的共性。这种具有共性的"现代性"，当然不是人们先验的产物，也并非冥冥之中的宿命，它在各国各民族"现代化"的进程中不断被创造出来，又不断得到完善，最终积淀而成。各国现代化的共同特征大致有社会领域的世俗化；社会关系的制度化、法制化；经济领域的工业化、市场化；政治领域的民主化；社会分层的流动化；人类生存状态的都市化；文化的个性化；等等。中国式现代化既有各国现代化的共同特征，比如在人均收入、预期寿命、人均受教育年限等方面都有一定标准，更有基于自己特色即人口规模巨大、全体人民共同富裕、物质文明和精神文明相协调、人与自然和谐共生、走和平发展道路。这些特色是中国式现代化的领导力量中国共产党经过百年的实践探索概括和总结出来的，从而彰显了世界上最大的马克思主义执政党的性质宗旨、初心使命；这些特色是中国特色社会主义道路（中国道路）的必然反映，中国是社会主义国家、走自己的道路，必然是追求共同富裕、物质精神双丰收；这些特色源于中华民族五千年悠久文明，

---

① 习近平：《高举中国特色社会主义伟大旗帜　为全面建设社会主义现代化国家而团结奋斗——在中国共产党第二十次全国代表大会上的报告》，人民出版社 2022 年版，第 22 页。

必然追求人与自然和谐共生、走和平发展道路。正如习近平总书记所指出的:"如果没有中华五千年文明,哪里有什么中国特色?如果不是中国特色,哪有我们今天这么成功的中国特色社会主义道路?"①

中国特色社会主义道路为中国式现代化指出了具体的发展道路,也彰显了中国式现代化的本质要求。坚持中国道路,是党百年奋斗得出的历史结论。党的十九届六中全会通过的《中共中央关于党的百年奋斗重大成就和历史经验的决议》,总结了党百年奋斗的十条宝贵经验,其中一条就是坚持中国道路。习近平总书记指出:"实现中国梦必须走中国道路。这就是中国特色社会主义道路。"② 中国特色社会主义道路,就是在中国共产党领导下,立足基本国情,以经济建设为中心,坚持四项基本原则,坚持改革开放,解放和发展社会生产力,建设社会主义市场经济、社会主义民主政治、社会主义先进文化、社会主义和谐社会、社会主义生态文明,促进人的全面发展,逐步实现全体人民共同富裕,建设富强民主文明和谐的社会主义现代化国家。这条道路来之不易,它根植于中华民族5000多年悠久文明的传承,来源于近代以来180多年中华民族发展历程的深刻总结,尤其是中华人民共和国成立70多年的持续探索和改革开放40多年的伟大实践,是中国人民的智慧结晶,是中国共产党人百年奋斗形成的瑰宝,是实现社会主义现代化的正确道路。"我们坚持和发展中国特色社会主义,推动物质文明、政治文明、精神文明、社会文明、生态文明协调发展,创造了中国式现代化新道路,创造了人类文明新形态。"③ 这表明,中国特色社会主义道路为中国式现代化指出了具体的发展道路。具体而言,在现代化的领导力量上,中国式现代化道路强调中国特色社会主义的本质特征是中国共产党的领导;在现代化的战略布局上,中国式现代化道路强调坚持"四个全面"的战略布局;在现代化的总体布局上,中国式现代化道路强调坚持"五位一体"的总体布局;在现代化的基本制度上,中国式现代化道路强调坚持和完善中国特色社会主义制度。由此可见,"中国式现代化"既包含了中国式现代化道路、中国式现代化过程,还包含着中国式现代化的结果。如果按照马克思"从后思索"④ 的方式,那么从中国式现代化道路、过程和结果"反过来进行思考",我们就必然得出了中国式现代化的本质要求,这就是坚持中国共产党领导,坚持中国特色社会主义,实现高质量发展,发展

---

① 《习近平谈治国理政》第4卷,外文出版社2022年版,第315页。
② 《习近平谈治国理政》,外文出版社2014年版,第39页。
③ 习近平:《在庆祝中国共产党成立100周年大会上的讲话(2021年7月1日)》,人民出版社2021年版,第13—24页。
④ 《马克思恩格斯全集》第23卷,人民出版社1972年版,第92页。

全过程人民民主，丰富人民精神世界，实现全体人民共同富裕，促进人与自然和谐共生，推动构建人类命运共同体，创造人类文明新形态。这一重大概括，不仅反映了中国特色社会主义的本质特征，强调中国共产党是领导力量、坚持走中国道路，从经济、政治、精神、社会、生态、外交等方面剖析中国式现代化的丰富内涵，还特别彰显了通过中国式现代化创造人类文明新形态的天下情怀。这就告诉我们，通过中国式现代化道路，实现中国现代化目标的过程，也是创造人类文明新形态的过程，就此而言，中国式现代化道路与人类文明新形态两者是二位一体的。所以，党的二十大报告在总结过去五年工作和新时代十年伟大变革时指出："以中国式现代化推进中华民族伟大复兴，……不断丰富和发展人类文明新形态。"①

毋庸置疑，创造中国式现代化、人类文明新形态的过程不可能一帆风顺，总会面临各种矛盾和问题。"我国发展进入战略机遇和风险挑战并存、不确定难预料因素增多的时期，各种'黑天鹅'、'灰犀牛'事件随时可能发生。我们必须增强忧患意识，坚持底线思维，做到居安思危、未雨绸缪，准备经受风高浪急甚至惊涛骇浪的重大考验。"② 前进道路上，必须牢牢把握坚持和加强党的全面领导、坚持中国特色社会主义道路、坚持以人民为中心的发展思想、坚持深化改革开放、坚持发扬斗争精神五条重大原则。

总的说来，党的二十大报告在进一步阐释中国式现代化五大特征的同时，令人瞩目地提出九条本质要求和前进道路上必须牢牢把握的五条重大原则，深刻理解中国式现代化理论和全面建设社会主义现代化国家战略布局的关系，认识到前者是后者的理论支撑，从而深刻理解全面建设社会主义现代化国家战略布局的科学性和必然性。这是习近平总书记经过深入思考后提出的重大论断。中国式现代化理论具体包含了中国式现代化的含义、中国式现代化的特征，中国式现代化的本质要求，实现中国式现代化的战略安排、总体目标、主要任务以及实现中国式现代化需要牢牢把握住的重大原则，明确了中国式现代化的科学内涵、旨归意义、目标任务、实现途径，揭示了中国式现代化的独特优势、实践指引、光明前景，标志着我们党对中国式现代化的认识提升到一个新的高度。这些不仅构成了中国式现代化的话语体系，而且构成了中国式现代化的理论体系，是构建中国自主知识体系的重要步骤和重大进展，是对西方现代化理论的扬弃和

---

① 习近平：《高举中国特色社会主义伟大旗帜　为全面建设社会主义现代化国家而团结奋斗——在中国共产党第二十次全国代表大会上的报告》，人民出版社2022年版，第7页。

② 习近平：《高举中国特色社会主义伟大旗帜　为全面建设社会主义现代化国家而团结奋斗——在中国共产党第二十次全国代表大会上的报告》，人民出版社2022年版，第26页。

超越,是世界现代化理论的重大丰富和发展,"丰富走向现代化的路径"①,为人类实现现代化提供了新的选择,"为人类对现代化道路的探索作出新贡献"②。

---

① 《习近平谈治国理政》第4卷,外文出版社2022年版,第427页。
② 《习近平谈治国理政》第4卷,外文出版社2022年版,第427页。

# 中国式现代化的军事篇章

释清仁　冯利华　张超颖①

回顾近代中国军事现代化的历程，1954年10月毛泽东在国防委员会第一次会议上曾指出："中国军队的近代化，我看可以分作三个阶段。"② 第一代是清朝末年搞的新军，第二代是黄埔军，现在的中国人民解放军是第三代。毛泽东的讲话，清晰地勾勒出近代以来中国军事现代化的发展脉络。自1921年中国共产党成立并领导革命战争算起，我们党从无到有探索建立无产阶级军事力量，至今已走过了100余年的历程。百余年来形成的主要经验结晶，就是中国特色强军之路。中国特色强军之路以建设强大军队和巩固国防为鲜明主题，是中国式现代化的军事篇，开辟了人类军事现代化的新道路新选择，蕴含着丰富的现代化内涵与意蕴。

## 一、始终坚持中国共产党的领导，确保军事现代化的正确方向

军事现代化必须坚持正确的方向，否则会遭受重大挫折乃至失败。中国共产党是中国特色强军之路的开拓者和引领者，领导确立了中国式军事现代化的政治方向以及发展战略，确保了军事现代化不偏离正确的航向。坚持中国共产党的领导，坚持社会主义制度，是中国式军事现代化的最大制度优势。

第一，中国共产党确立了中国式军事现代化的政治方向。

在当今世界社会主义与资本主义两种社会制度对立共存的时代背景下，

---

① 释清仁，军事科学院军队政治工作研究院党的创新理论研究中心副主任、研究员；冯利华，国家信息中心助理研究员；张超颖，军事科学院军队政治工作研究院党的创新理论研究中心助理研究员。

② 《建国以来毛泽东军事文稿》（中卷），军事科学出版社、中央文献出版社2010年版，第237页。

军事现代化不是一个单纯的军事概念，而是有着深层次的政治内涵。这涉及两个根本性问题，军事现代化是为了谁？军事力量听谁指挥？不同社会制度下的军事现代化，在这两个问题上是截然不同的。社会主义国家的军事现代化，是为了维护最广大人民群众的根本利益，军事力量听从无产阶级政党的指挥；资本主义国家的军事现代化，服务于当政的大资产阶级的根本利益，军事力量听从资产阶级政党的指挥。

中国式的军事现代化，是社会主义国家的军事现代化，而不是资本主义国家的军事现代化，是姓"社"而不是姓"资"。中国的武装力量是人民武装力量，服务人民是其根本宗旨，中国共产党是中国武装力量的唯一的绝对的领导指挥者。坚持中国共产党的领导，坚持社会主义制度，始终是中国式军事现代化的定盘星。在这个问题上来不得丝毫含糊，西方宣扬的"军队国家化""军队非政治化""军队非党化"等政治论调是极端错误和荒谬的。离开了中国共产党的领导，离开了中国的社会主义制度，中国式军事现代化将步入歧途，军队乃至国家都将遭受重大挫折。20世纪80年代末，由于苏军取消苏联共产党的领导，军队在政权面临生死关头持观望态度甚至站到了反面，结果加快了苏联的灭亡，最终国家解体、苏军也不复存在。这是一个十分深刻的历史教训。

第二，中国共产党制定了中国式军事现代化的发展战略。

军事现代化需要科学合理的发展战略，明晰未来发展的整体思路，才能行稳致远、持续推进。中国共产党是中国式军事现代化的总设计师，在掌握政权、推进国家现代化的宏阔实践中，统筹制定中国式军事现代化的发展目标、发展路径、发展步骤、发展原则等。

革命战争年代，在战争频仍、物质技术落后的条件下，我们党领导军队边打边建，因地制宜地提高军队现代化水平。这一时期的军事现代化，具有临时性、应急性的特点，现代化水平整体比较低。新中国成立后，随着党和国家工作重点的转移，军队建设也转入到和平时期建设轨道上来。毛泽东提出"建设我军为世界上第二支最优良的现代化的军队"①，国家不间断制定与实施"五年规划"，国防和军队建设也纳入其中，中国式军事现代化进入有计划推进的阶段。"文化大革命"时期，受"左"的错误思想干扰，军队现代化建设一度陷入曲折。20世纪80年代，邓小平领导实施军队建设指导思想战略性转变，并确立了"建设强大的现代化正规化的革命

---

① 《建国以来毛泽东军事文稿》（中卷），军事科学出版社、中央文献出版社2010年版，第106页。

军队"① 这一总目标，军队建设再次步入正轨。20世纪90年代，江泽民领导制定了"三步走"的国防和军队建设发展战略，并历经调整，十九届五中全会确立了新"三步走"的国防和军队现代化战略安排。总的来看，我们党根据不同历史时期的客观条件，统筹考虑军事力量建设的当前需求与长远发展，相应制定军事现代化的发展战略，并及时纠正现代化历程中的一些偏差，为中国式军事现代化提供了科学清晰的蓝图。

## 二、始终坚持以我为主、独立自主，把军事现代化的立足点牢牢放在自己身上

军事落后始终是近代中国被动挨打的一个重要原因。为摆脱军事落后的状况，中国人进行了若干探索，从早期的洋务运动，到后来的北洋新军、黄埔军，虽然在推进军事现代化上或多或少取得一些成效，但都没有担负起为拯救中华民族于水火之中提供可靠军事手段的历史使命。这其中的一个重要军事原因，就是在推进军事现代化的方式路径上，或者照搬西方，或者依赖外国，没有把立足点真正放在自己身上。与之相反，中国共产党从中国革命实践中凝练而成了独立自主的宝贵品质，在推进军事现代化的过程中始终坚持以我为主、坚持独立自主，这就把立足点牢牢放在自己身上，从而奠定了中国式军事现代化的坚实基础。

第一，正确处理以我为主与学习外军的关系，走中国特色的军事现代化发展道路。

从世界范围看，军事现代化存在着一些普遍规律，各国之间是可以相互学习借鉴的。由于历史的原因，中国式军事现代化处于后发地位，这就有必要取长补短，学习先发者的先进经验。然而，由于各国实际不同，照搬他国的军事经验鲜有行得通的，必须跟本国的国情军情有机结合起来，否则会走弯路、吃大亏。新中国成立之初，在中苏友好大背景下，我军确立"学习苏军"方针，全面学习苏军建设模式，这包括照搬苏军组织体制、条令制度等。随着在学习苏军过程中逐渐暴露出一些问题，毛泽东指出："要以我为主，学习别人的先进经验。"② 他认为，学习苏联先进经验，最重要的是一定要和自己的独创相结合，马列主义的普遍原理与中国革命的实践相结合。这就把我军扭转到以我为主的建设轨道上来，标志着我们开

---

① 《邓小平文选》第2卷，人民出版社1994年版，第394页。
② 《建国以来毛泽东军事文稿》（中卷），军事科学出版社、中央文献出版社2010年版，第392—393页。

始独立探索中国特色的军事现代化道路。

20世纪90年代以来,美军在海湾战争、科索沃战争等局部战争中展现出巨大的战场优势,世界各国军队视美军为表率。受此影响,我军有段时期曾言必称美军,把美军的建设发展与作战之道奉为圭臬,在实践中出现了简单地照搬照抄的倾向。回头来看,这种脱离我军实际盲目照搬美军的做法,在一定程度上干扰了我军现代化的方向,给军队建设带来了一些负面影响。历史深刻证明,世界上没有放之四海而皆准的军事现代化道路,只有适合本国实际的才是最好的。必须毫不动摇地坚持以我为主的发展思路,走有自身特色的军事现代化道路。

第二,正确处理独立自主与借助外国的关系,依靠自主创新实现军事现代化的目标任务。

一个国家搞军事现代化,是可以借助外力的。尤其是当今世界各国之间交流合作十分密切,更加有必要在开放的环境中推进军事现代化,从外部环境中汲取有益的养分。与此同时,由于军事领域固有的对抗性,依靠外国很难搞成真正的军事现代化,还必须立足自身,把现代化的命脉牢牢掌握在自己手中。

新中国成立之初特别是抗美援朝时期,苏联在军事上给予的帮助与支援,对于快速推进我军现代化发挥了一定作用。例如,我军通过向苏联大量购买飞机,很快建立起一支比较强大的空军力量。然而,随着中苏关系出现问题乃至破裂,苏联全面中断了对中国的援助,包括核技术援助。历史深刻证明,搞军事现代化,依靠别人是靠不住的。毛泽东当时指出:"赫鲁晓夫不给我们尖端技术,极好!如果给了,这个账是很难还的。"[①] 从此,中国人民走上了独立自主推进军事现代化的路子,通过发挥自身的智慧和努力,成功地爆破了"争气弹",研制出"两弹一星"。

20世纪80年代以来,我们通过对外合作交流,获得了一些军事技术。但是,我们始终清醒认识到,核心技术人家是不会给的。我们这样一个大国、这样一支军队,搞国防和军队建设没有别的选择,只能坚持自主创新。近年来美国妄图对我们搞技术脱钩,更加凸显出自主创新的极端重要性。习近平提出全面实施科技强军战略,多次强调"增强自主创新能力"[②],坚决打赢关键核心技术攻坚战,尽快甩掉"卡脖子"的手。2015年中国人民

---

[①] 《建国以来毛泽东军事文稿》(下卷),军事科学出版社、中央文献出版社2010年版,第100页。

[②] 习近平:《高举中国特色社会主义伟大旗帜 为全面建设社会主义现代化国家而团结奋斗——在中国共产党第二十次全国代表大会上的报告》,2022年10月16日。

抗日战争暨世界反法西斯战争胜利70周年大阅兵，受阅装备全部为国产主战装备。与此形成鲜明对比的是，有些国家的军队过度依赖外国，自主创新能力不强，导致在战场上吃了大亏。例如，1982年的英阿马岛战争中，阿根廷的"飞鱼"导弹进口自法国，打一枚少一枚，严重制约作战行动，就是一个教训深刻的例子。

### 三、始终坚持改革创新、与时俱进，为军事现代化提供了源源不竭的动力

百余年来，中国共产党在领导推进军事现代化的历程中，面临着数不清的复杂难题。如何破解这些难题，开启中国式军事现代化并将其由低级阶段不断向高级阶段推进、拓展，这对我们党是一个重大考验。在这个过程中，我们党敢于解放思想，勇于开拓创新，进行了艰辛的理论与实践探索，先后解决了"建军"与"强军"这两大时代课题，谱写了中国式军事现代化的辉煌篇章。

首先，开创性地破解了"建军"的时代课题，开启了中国式军事现代化的历史征程。

我们党在领导中国革命之初，首先面临着在中国这样经济社会条件极其落后的半殖民地半封建国家，建立一支什么样的军队、怎样建设这支军队的重大课题。这一问题，没有任何现成的答案可以照搬。以毛泽东同志为主要代表的中国共产党人，把马克思主义与中国实际有机结合起来，以马克思主义者的勇气大胆创新与实验，最终探索确立了人民军队的性质、宗旨，确立了党指挥枪、支部建在连上等一整套人民军队的基本制度，发明了灵活机动的人民战争战略战术，把一支以农民为主体的旧军队成功地改造为一支具有强大战斗能力与战斗精神的新型无产阶级人民军队，科学解决了这一至关重要的革命难题，为赢得革命战争的胜利提供了坚强有力的力量保障。在这一伟大实践历程中，中国式军事现代化由此启航，无产阶级军事发展新篇章由此掀开。

其次，开创性地破解了"强军"的时代课题，将中国式军事现代化不断推向新的境界。

军事领域的竞争格外激烈。一个国家的军事现代化启航后，还需要持续强大动力不断推进，否则难以为继，最终会被对手落下。新中国成立后，中国共产党面临着在掌握政权的条件下，如何把处于低级阶段的军事现代化向更高级阶段推进与拓展的问题，并为此进行了卓有成效的探索。

一是把强军纳入到国家建设的大局下来统筹谋划,注重处理好军事现代化与其他现代化之间的关系。新中国成立之初,毛泽东提出"论十大关系",其中之一就是"经济建设与国防建设的关系",他指出"我们一定要加强国防,因此,一定要首先加强经济建设"①。改革开放和社会主义现代化建设新时期,邓小平、江泽民、胡锦涛继承并发展了这一思想。新时代条件下,习近平进一步指出:"我们要实现中华民族伟大复兴,必须坚持富国和强军相统一,努力建设巩固国防和强大军队。"② 强调富国和强军如车之两轮、鸟之双翼,要着力巩固和提高一体化国家战略体系和能力。

二是跟踪世界军事革命发展潮流,在军事发展大势中推进中国式军事现代化。古代中国重器轻物,科学意识缺乏,导致虽然最早发明了火药,但总体军事技术水平落后于西方。以毛泽东同志为主要代表的中国共产党人吸取这一教训,特别是通过在朝鲜战场上与美军交手,深刻认识到当时机械化军事的发展趋势,抓紧建设一支强大的机械化军队,并根据当时原子时代的特点做出研制"两弹一星"的战略决策。20世纪80年代,邓小平领导制定"国家高技术研究发展计划"("863计划"),在生物技术、信息技术等关键领域取得了重大进展。进入90年代,江泽民根据新军事革命发展的新趋势,领导确立"打赢信息化战争、建设信息化军队"的目标,开启了我军信息化建设的进程。新世纪新阶段,胡锦涛进一步推进了我军机械化与信息化建设的进程。进入新时代,习近平提出建设一支听党指挥、能打胜仗、作风优良的人民军队,要求全面建成世界一流军队,这就在世界军事大坐标上标定了我军未来发展的目标方向。近30年来,我军在世界新军事革命大潮中中流击水,基本上完成了机械化建设的任务,在信息化建设方面取得重要进展,并开启了智能化军事建设的新征程。

三是运用改革创新这一利器,不断革除军事现代化进程中的积弊,并将其持续不断向前推进。军事领域是最容易陷入保守的一个领域。恩格斯指出:"在长久的和平时期兵器由于工业的发展改进了多少,作战方法就落后了多少。"③ 其实,和平时期军队容易陷入停滞落后的,不止作战方法,还包括军事理论、组织形态等各个方面。为适应新的战争实际,我们党的历代领导集体坚持与时俱进,创新发展党的军事指导理论,适时调整积极防御战略方针,不断推进军队组织形态的改革与调整,几十年来我军改革

---

① 《建国以来毛泽东军事文稿》(中卷),军事科学出版社、中央文献出版社2010年版,第309页。
② 《习近平谈治国理政》第1卷,外文出版社2018年版,第219页。
③ 《马克思恩格斯全集》第13卷,人民出版社1998年版,第657页。

创新的步伐从来没有停止过。党的十八以来，习近平总书记领导推进马克思主义军事理论中国化时代化，确立新时代军事战略方针，提出建设创新型人民军队，大刀阔斧深化国防和军队改革，人民军队体制一新、结构一新、格局一新、面貌一新，我军现代化向前推进了一大步。

## 四、始终坚持把维护国家利益与维护世界和平有机统一起来，明确了军事现代化的价值指向

自古至今，军事现代化具有不同的价值指向，有用于防御自卫或者革命阶级夺取政权，有用于对内压迫或者对外侵略，由此具有正义与非正义之分。近代以来西方军事现代化的历程，总体来说是一个伴随着血与火的对外侵略与殖民的历程，由此形成了军强必霸、穷兵黩武的固有理念。在当今新一轮军事现代化中，美西方仍在骨子里信奉军强必霸的教条与理念。美国作为当今世界唯一的超级大国，抢占世界新军事革命的先机，发展与维持超强的军事实力，将其作为推进霸权主义政策与主张的重要手段，在世界各地挑起一轮又一轮战火冲突，严重损害了地区和世界和平。

与之不同的是，中国式军事现代化坚持和平发展的根本宗旨，坚持防御性的基本理念，坚持把维护本民族利益与维护世界和平有机统一起来，从根本上颠覆了西方军事现代化的传统价值理念，对人类军事文明作出了巨大贡献。对于中国式军事现代化的这一重大贡献，习近平在庆祝中国共产党成立 100 周年大会上的讲话中这样指出："人民军队为党和人民建立了不朽功勋，是保卫红色江山、维护民族尊严的坚强柱石，也是维护地区和世界和平的强大力量。"① 这是一个寓意深刻的客观评价。

一方面，坚决维护国家主权、安全与发展利益，履行好维护本民族利益的使命。

革命战争年代，人民军队是党领导人民群众推翻反动统治者、夺取政权的有力工具。社会主义建设时期，人民军队根据党和国家的需要，履行了一系列新的使命任务，这包括：保卫新生政权安全，防止社会主义政权被颠覆；坚决进行反侵略、反蚕食战争，有效维护国家的领土、主权；开展反分裂、反干涉军事斗争，逐渐掌握维护祖国统一的战略主动；开展海上维权，维护国家的领海及海洋权益；实施海上护航、海外撤侨、海上维权等行动，有效维护国家海外利益。历史证明，人民军队不愧为人民利益

---

① 习近平：《在庆祝中国共产党成立 100 周年大会上的讲话》，载《人民日报》2021 年 7 月 2 日。

的忠诚守护者和国家利益的可靠捍卫者。

另一方面,维护地区和世界和平,积极服务构建人类命运共同体。

中国共产党秉持天下大同的理念,赋予人民军队维护世界和平的重要使命任务。第一,维护地区和平。新中国成立以来,从来没有主动挑起过任何一场战争或冲突。相反,我们党领导指挥人民军队先后进行了抗美援朝、抗美援越两场战争,有力打击了霸权主义和强权政治在该地区的嚣张气焰,有效维护了该地区的和平安宁。第二,积极提供国际公共安全产品。自20世纪90年代以来,我军根据国家发展步伐逐渐履行大国军队国际责任,不断推进并扩大国际军事合作,塑造全方位国际军事合作新格局。参加联合国组织的国际维和活动,被国际社会誉为"维和行动的关键因素和关键力量"。参与从事人道主义救援,援助西非国家抗击埃博拉疫情,"和平方舟"号医院船为到访的40余个国家提供人道主义医疗服务。参与海上护航,保障海上重要战略通道安全,为人类和平事业作出了越来越多的贡献。未来,随着强军步伐不断前进,人民军队"有信心、有能力为世界和平与发展作出更大贡献"①。

---

① 习近平:《高举中国特色社会主义伟大旗帜 为全面建设社会主义现代化国家而团结奋斗——在中国共产党第二十次全国代表大会上的报告》,2022年10月16日。

# 中国式现代化的伦理意蕴及其超越①

**谢惠媛　海　翔②**

中国共产党第二十次全国代表大会报告明确提出，要以中国式现代化全面推进中华民族伟大复兴。中国式现代化，是中国共产党领导的社会主义现代化，既有各国现代化的共同特征，更有基于自己国情的中国特色。作为马克思主义基本原理同中国具体实际相结合、同中华优秀传统文化相结合的产物，中国式现代化蕴含中华民族的道德观、马克思主义伦理观和全人类共同价值，具有坚实的伦理根基。相较于西方现代化而言，中国式现代化在价值层面具有更为显著的优越性，展现了人类文明新形态，为人类实现现代化提供新选择。

## 一、中国式现代化蕴含公平正义的伦理诉求

中国式现代化是人口规模巨大的现代化，是全体人民共同富裕的现代化。共同富裕是社会主义的本质要求，是中国式现代化的重要特征。我们说的共同富裕是全体人民共同富裕，是人民群众物质生活和精神生活都富裕，不是少数人的富裕，也不是整齐划一的平均主义。在伦理层面，共同富裕蕴含了社会公平正义的诉求。公平正义是人类社会的共同追求，意味着个体能够获得应有之物，体现"应得"和"所得"的高度契合。它是制度安排的价值考量，是权力规范与权利保障的重要遵循，是一个社会、一个国家持续发展与长治久安的必然要求。

中国式现代化蕴含的公平正义诉求彰显中国特色社会主义制度优势，从社会发展的角度超越西方的公平正义观。西方现代化建立在资本原始积

---

① 本文为国家社会科学基金青年项目"美好生活视域下新兴权利生成与保护的法治路径研究"（项目编号：22CFX001）的阶段性研究成果。
② 谢惠媛，北京航空航天大学马克思主义学院教授、博士生导师；海翔，北京航空航天大学马克思主义学院硕士研究生。

累基础上,它所强调的公平正义以资本为中心,注重维护资产阶级的利益,实际上造成贫富差距拉大,导致两极分化。与之不同,中国式现代化蕴含的公平正义以人民为中心,有利于实现好、维护好、发展好最广大人民根本利益。2021年1月,在省部级主要领导干部学习贯彻党的十九届五中全会精神专题研讨班上,习近平总书记强调:只有坚持以人民为中心的发展思想,坚持发展为了人民、发展依靠人民、发展成果由人民共享,才会有正确的发展观、现代化观。可见,社会主义现代化建设的成果切实惠及全体人民,而非少数人、某阶层或某群体。以此种公平正义为伦理诉求,中国式现代化打破资本逻辑,反对资本无序扩张,制约资本的逐利特性,加强规范资本性所得管理,从而既注重把"蛋糕"做大做好,也注重把"蛋糕"切好分好,同时要求把社会公平正义贯穿于财富创造与分配等多个环节,体现机会平等与结果平等、程序正义与实质正义的统一,从而有效保障广大人民群众有机会凭自身能力参与现代化进程、凭自身贡献分享国家发展成果。

## 二、中国式现代化蕴含全面发展的伦理指向

中国式现代化是物质文明和精神文明相协调的现代化。物质富足、精神富有是社会主义现代化的根本要求。物质贫困不是社会主义,精神贫乏也不是社会主义。现代化建设要以人民对美好生活的向往为出发点和落脚点,而美好生活既表现在物质生活层面,也体现在精神生活层面,因此中国式现代化是物质文明与精神文明协同发展的现代化。中国式现代化的伦理指向与马克思主义人学观一脉相承,即以人的全面发展为旨归。这种伦理指向把人自身作为关注重点,承认人具有多种需求、人的生活具有多个面向,既正视物质条件的前提性意义,强调物质文明的积累,又关注精神文化的深层次价值,强调精神文明的升华,同时还要求二者相辅相成、相互促进、不可偏废。

全面发展的伦理指向丰富广大人民群众的精神世界,引导他们创造丰富多姿的美好生活。与西方更注重物的现代化相比,它从人发展的角度彰显出超越性。在物质主义盛行甚或过度膨胀的国家,人受物质欲望支配,更多地追求物质享受,却忽略精神生活的充盈、精神境界的提升,成为马尔库塞所描述的"单向度的人"。与之相反,以物质文明和精神文明相协调为特征的中国式现代化,不仅明确全面建设社会主义现代化国家需要强大的物质基础、丰富的物质生活资料,而且走出物质主义浅薄狭隘的视界,强调摆脱对物的依赖,避免物欲膨胀、贪图享乐,大力促进人民精神生活

共同富裕。人无精神则不立,国无精神则不强。在全面建设社会主义现代化国家新征程上,我们比以往任何时候都更加需要思想引领、精神力量、文化滋养。以辩证的、全面的、平衡的观点正确处理物质文明和精神文明的关系,有助于提高物质生活水平,丰富精神文化生活,有利于实现人的全面发展,实现中华民族伟大复兴。

## 三、中国式现代化蕴含协和万邦的伦理精神

中国式现代化是走和平发展道路的现代化。和平与发展是时代的主题,是中国人民和世界人民的共同心声。中国走和平发展道路,不是权宜之计,更不是外交辞令,而是从历史、现实、未来的客观判断中得出的结论,是理论自信和实践自觉的有机统一。党中央根据时代发展潮流和我国根本利益作出的战略抉择,体现中华文化的内在基因,彰显协和万邦的伦理精神。协和万邦从天下为公、民胞物与的高度理解不同共同体之间的关系,强调和睦相处、协作共事,摒弃相互排斥、相互消减的对抗性思维,反对孤立、分离或分裂的行径。协和万邦的伦理精神体现为国家具有维护国际公平正义的责任担当,不以零和博弈思维垄断发展优势,国家之间做到相互尊重、开放包容、平等对话、讲信修睦、守望相助、合作共赢,从而凝聚团结力量,共同应对全球性问题。可以说,弘扬和平、发展、公平、正义、民主、自由的全人类共同价值,推动构建人类命运共同体等举措,深刻地体现了中国式现代化所蕴含的协和万邦伦理精神。

中国式现代化蕴含的协和万邦伦理精神以正确义利观为价值依据,因此突破了重利轻义的发展模式,从世界发展的角度体现其超越性。秉持此种伦理精神,中国式现代化不仅着眼于本国的发展,而且给世界上那些既希望加快发展又希望保持自身独立性的国家和民族提供全新选择,不仅致力于为中国人民谋幸福、为中华民族谋复兴,而且致力于为人类谋进步、为世界谋大同。另一方面,协和万邦的伦理精神要求恪守互利共赢原则,反对唯利是图、斤斤计较,甚至必要时做到重义轻利、舍利取义。正是由于坚持正确义利观,中国式现代化不同于以战争、殖民、掠夺等方式实现的现代化,否定霸权主义和强权政治的合理性,超越了扩张主义、殖民主义和保护主义,规避了特殊主义共同体排他式或封闭式的发展困境,有利于团结各国力量,共同应对发展过程中的难题,谋求世界可持续发展。

## 四、中国式现代化蕴含天人合一的伦理境界

中国式现代化是人与自然和谐共生的现代化。大自然是包括人在内一切生物的摇篮,是人类赖以生存发展的基本条件。大自然孕育抚养了人类,人类应该以自然为根,尊重自然、顺应自然、保护自然。人与自然和谐共生的现代化,蕴含了天人合一的伦理追求,展现了中华文明的智慧结晶。"人法地,地法天,天法道,道法自然。"天人合一的伦理境界把人看作自然界的一部分,而不是凌驾于自然之上的超级物种或自然界的主宰,明确人与自然休戚相关、唇齿相依的内在联系,反映天地人和的和合思想与和谐平衡的价值取向,为推动形成人与自然和谐共生新格局、共同构建人与自然生命共同体提供重要支撑。

中国式现代化蕴含的天人合一境界不仅呈现对人与自然的关系性理解,而且从责任担当之自觉与主动的高度体现其超越性。体现天人合一伦理境界的中国式现代化,深刻把握了经济社会发展规律、人类文明发展规律和自然规律,反对把自然单纯理解为工具性存在,改变了主客体对立的思维方式,突破了传统规范理论的框架范式,凸显了人与自然共荣共生的紧密关联,从而丰富发展了马克思主义生态观。与此同时,不同于以破坏环境换取一时发展的模式,中国式现代化否定对自然资源的过度开发与无度索取,要求取之有度、用之有节,从而避免杀鸡取卵、寅吃卯粮、急功近利带来的恶果,彰显出对子孙后代负责的责任意识,具有建设人与自然和谐共生的清洁美丽世界的责任担当,有助于团结世界各国解决当前日益显现的人与自然深层次矛盾,推动实现更加强劲、绿色、健康的全球发展。

习近平总书记指出,当代中国的伟大社会变革,不是简单延续我国历史文化的母版,不是简单套用马克思主义经典作家设想的模板,不是其他国家社会主义实践的再版,也不是国外现代化发展的翻版。中国式现代化内在蕴含的公平正义、全面发展、协和万邦和天人合一伦理意蕴,为把握人与人、人与社会、人与世界、人与自然之间的关系提供价值支撑,为实现中华民族伟大复兴提供更为主动的精神力量。

# 编后记

2022年12月3日，第十九届全国马克思主义论坛暨中国马克思恩格斯研究会2022年年会召开。本届论坛由中国马克思恩格斯研究会、中共中央党史和文献研究院第四研究部、江苏师范大学联合主办，江苏师范大学人文社会科学研究院、江苏师范大学马克思主义学院、《马克思主义与现实》杂志共同承办。论坛主题为"学习贯彻党的二十大精神，推进马克思主义理论研究"。论坛采取线上、线下相结合的方式举行，在中共中央党史和文献研究院设立主会场。论坛分为三个环节，上午在主会场举行开幕式，并安排大会发言，下午组织分论坛讨论。与会专家学者围绕"学习贯彻党的二十大精神""马克思主义经典著作和基本理论研究""马克思主义中国化时代化与习近平新时代中国特色社会主义思想研究"等议题进行了深入研讨。来自中共中央党史和文献研究院、中共中央党校（国家行政学院）、中国社会科学院、军事科学院、国防大学、北京大学、清华大学、中国人民大学、复旦大学、华中科技大学、中山大学、江苏师范大学等研究机构和高等院校的马克思主义理论研究领域的专家学者共140余人参加会议。

按照全国马克思主义论坛的惯例，每届论坛召开之后，选取部分会议论文，以"全国马克思主义论坛丛书"的形式结集出版，至今已出版了17辑。这里编辑出版的第18辑，是以提交第十九届全国马克思主义论坛的论文为主体选编而成的。参与本辑书稿编选工作的有：熊亮华、黄晓武、王刚、周艳辉、张甲秀、方闻昊、赵晓娜。

编者

2023年5月